Heresia Disfarçada de Tradição

Pedro Gabriel

En Route Books and Media, LLC
Saint Louis, MO

En Route Books and Media, LLC
5705 Rhodes Avenue
St. Louis, MO 63109

Contacte-nos em contact@enroutebooksandmedia.com

Crédito da capa: "A Tentação de Santo Antão",
Hieronymus Bosch (modo de) c. 1550 - c. 1600

Copyright © 2023 por Pedro Gabriel.

ISBN: 979-8-88870-137-9
Número de controlo da Biblioteca do Congresso: 2023932110

Nihil Obstat
Imprimatur
Porto, 5 de setembro de 2024

P. António Coelho
Vigário-Geral

Todos os direitos reservados. Impresso nos Estados Unidos da América. Nenhuma parte deste livro pode ser utilizada ou reproduzida, seja de que forma for, sem autorização escrita, exceto no caso de breves citações incluídas em artigos de revisão e crítica.

As personagens Thomas Lawson, Justin Peterson e Lilly Eveson, bem como os seus nomes e os acontecimentos que os envolvem são produto da imaginação do autor ou são usados de forma fictícia. Qualquer semelhança com pessoas reais, vivas ou mortas, eventos ou locais é pura coincidência.

Para mais informações, contacte: pedrogabrielbooks@gmail.com

Dedicação

Dedico este livro a S. Pedro, meu homónimo e santo da minha devoção: Que ele seja a rocha firme onde este livro se alicerça.

Também dedico este livro ao meu querido Papa Bento XVI, recentemente desaparecido da nossa presença: Que esta obra seja uma defesa da verdadeira tradição através do exercício da hermenêutica da continuidade que ele tão enfaticamente defendeu.

Finalmente, peço a intercessão de S. Lino, S. Pio, S. Aniceto, S. Vítor, S. Calisto, S. Dionísio, S. Silvestre, S. Celestino, S. Sisto III, S. Leão Magno, S. Gelásio, S. Hormisda, S. Gregório Magno, S. Agatão, S. Leão II, S. Gregório VII, S. Pio V, Bto. Inocêncio XI, Bto. Pio IX, S. Pio X, Vn. Pio XII, S. João XXIII, S. Paulo VI e S. João Paulo II.

Que Deus, por intercessão destes santos pontífices, me mostre o caminho da verdade e me ajude a assistir a Igreja neste momento de necessidade. Que eu nunca caia no erro, mas que ajude a trazer clareza onde há confusão, e unidade onde há desunião. Que eu, servo inútil, seja sempre um instrumento da Sua vontade, e nunca da minha própria. Amém.

Agradecimentos

Agradeço à minha querida esposa, Claire Navarro Domingues, por todo o seu apoio durante a redação, edição e publicação deste livro. Não o teria conseguido sem a sua inestimável ajuda.

Agradeço também ao Prof. Robert Fastiggi por todo o seu apoio, por ter revisto o meu livro e por ter aceite escrever o prefácio.

Gostaria também de agradecer a Mark Hausam por ter revisto o capítulo 13 e por ter partilhado a sua experiência em apologética sobre os papas alegadamente heréticos.

Por fim, agradeço a Mike Lewis, ao Prof. Rocco Buttiglione e ao Prof. Rodrigo Guerra Lopez pela leitura beta e por terem gentilmente fornecido comentários que melhoraram o meu livro.

Testemunhos

"Pedro Gabriel exibe as mesmas qualidades admiráveis encontradas nos seus outros escritos, ou seja, pesquisa cuidadosa, argumentação clara e refutações caridosas mas convincentes das falsas alegações feitas pelos críticos papais. Embora o Dr. Gabriel seja muito versado em teologia, ele é um médico ... por formação e profissão. Em *Heresia Disfarçada de Tradição*, a sua formação médica é evidente. Ele é capaz de diagnosticar o cancro da falsa teologia disfarçada de tradição e expor as suas qualidades patológicas". **- Dr. Robert Fastiggi, Professor de Teologia Sistemática, Seminário Maior do Sagrado Coração, Detroit, Michigan**

"Pedro Gabriel conseguiu articular uma apaixonada defesa católica da verdadeira Tradição contra as suas deformações pseudo-tradicionalistas. Nada poderia ser mais oportuno para compreender — de uma vez por todas — que o Espírito Santo não foi de férias e assiste constantemente todos os sucessores de Pedro na condução e no governo da Igreja". **- Rodrigo Guerra Lopez, Secretário da Pontifícia Comissão para a América Latina.**

"Pedro Gabriel tem o dom de dar respostas transparentes e honestas a questões complexas. Agora, neste livro, ele explica o que é a Tradição Católica. Uma das pragas da atual discussão sobre o Pontificado do Papa Francisco são os tradicionalistas que não conhecem a tradição da Igreja. Para propor a mesma verdade num contexto diferente, diante de uma cultura diferente e de desafios diferentes, não basta repetir as mesmas palavras. As palavras são sempre interpretadas num contexto. Parece que há apenas a escolha entre separarmo-nos da cultura em que vivemos para nos tornarmos homens da cultura em que a Tradição (que engloba a Escritura) foi originalmente formulada (mas então perdemos a capacidade de iluminar com as palavras da Escritura os dilemas do mundo de hoje) ou ler a Escritura à luz do Espírito do Nosso Tempo (mas então perdemos a capacidade de afirmar aquelas verdades que o nosso tempo não está disposto a aceitar e em vez de nos transformarmos segundo o Espírito de Jesus, transformamos Jesus segundo a nossa Mente). A resposta católica é que Deus instituiu, através do sacramento da Ordem e do Primado de Pedro, o contexto apropriado para a interpretação da sua Mensagem. Este contexto está ao mesmo tempo no tempo e fora do tempo. Sem a ajuda do Espírito Santo não pode haver Tradição, ou pelo menos não pode haver Tradição católica. É por isso que não é possível opor a Tradição católica ao Primado de Pedro. *Simul stabunt, simul cadent* ("juntos se erguem ou juntos caem"). O leitor encontrará respostas claras numa linguagem fácil de compreender e na qual transparece um amor fervoroso à Tradição e ao corpo de Cristo encarnado". **- Rocco Buttiglione, Membro da Pontifícia Academia das Ciências Sociais e da Pontifícia Academia de Santo Tomás.**

"Pedro Gabriel oferece uma defesa bem escrita e profundamente pesquisada da doutrina católica em resposta aos erros do tradicionalismo católico contemporâneo. O Dr. Gabriel envolve-se diretamente com os argumentos dos tradicionalistas radicais e oferece uma resposta completa, não deixando pedra sobre pedra. O livro enfatiza as doutrinas da Igreja relativas ao papado, especialmente o papel crucial do papa na manutenção da unidade da Igreja e como garante da ortodoxia. Recomendo vivamente este livro a qualquer pessoa interessada em eclesiologia católica que queira compreender os debates em curso sobre autoridade e tradição na Igreja". **- Mike Lewis, cofundador e editor do website Where Peter Is.**

Índice

Dedicação i
Agradecimentos iii
Testemunhos v
Lista de abreviaturas xi
Prefácio xiii
Introdução 1

Secção I: Tradição confundida com inovação 19
    Capítulo 1: O que é a tradição? 21
        Tradição na linguagem comum 24
        A tradição como transmissão do mistério da salvação 26
        Tradição em sentido lato e em sentido estrito 29
        O perigo da tradição 32
        Tradição e tradições 33
    Capítulo 2: "De regresso às fontes" 37
        Regresso às fontes ou nova teologia? 41
        Ad fontes: a tradição por detrás do *ressourcement* 44
        O Vaticano II pronuncia-se: O verdadeiro *ressourcement* 47
    Capítulo 3: "Grandes mudanças externas" 51
        As regras de S. Vicente 53
        O "efeito borboleta" doutrinal 55
        A "objeção do avião" 59
    Capítulo 4: "Tensões com o sabor do Evangelho" 63
        Cristo crucificado, Igreja tensionada 66
        Francisco e a teologia da oposição polar 68
        O espectro de Hegel 71
        Tradição dialética tomista 73
        Heresia como relaxamento da tensão 77
        Em resumo: 80

Secção II: A Heresia com as vestes da Tradição 83
Capítulo 5: "Mas Paulo corrigiu Pedro!" 85
"Na vossa carne, a minha aliança perpétua" 87
A nova teologia de Paulo 93
A hermenêutica da continuidade paulina 97
Primeira disputa, primeiro concílio, primeiro papa 101
Paulo resiste a Pedro face a face 105
Comer sangue: Um último tumulto 108
Capítulo 6: "No mesmo sentido, com o mesmo significado" ... 113
O trigo da tradição, o joio da heresia 119
Uma confusão (con)substancial 123
"Inovadores, revolucionários, criadores de novas palavras" .. 128
Confusão de naturezas ou uma conclusão natural? 132
S. Vicente — um desenvolvimento inesperado 137
Capítulo 7: "Aquilo que para as gerações anteriores era
sagrado..." 143
"Obedecer a Deus e não ao Homem" 148
Impondo-se aos ritos dos povos 153
Polémica Boémia: é este o verdadeiro sangue ou é fantasia?. 162
Capítulo 8: "Se alguém vos anunciar outro evangelho..." 171
"Tradições dos homens" 176
A grande apostasia 181
Sola scriptura, sola traditio 186
A perspicuidade da Palavra de Deus 193
Capítulo 9: "Eles criaram uma nova Igreja..." 201
Tradicionalismo versus Ultramontanismo 204
"Inovações ultramontanas" 212
"Um concílio manipulado" 217
A Velha Igreja Católica **223**
Capítulo 10: "O que faria Jesus?" 229
A busca pelo Jesus histórico 233
"A síntese de todas as heresias" 241

"E vós, quem dizeis que Eu sou?" 254
Em resumo: 261

Secção III: Tradição Reconhecida 263
Capítulo 11: "Nem um jota" 265
Uma tensão evangélica com sabor a Evangelho 269
Corações endurecidos: um *ressourcement* 272
Cumprir a Lei: uma continuidade 278
"Com que autoridade?" 281
Capítulo 12: "Sobre esta pedra" 291
Preservada sempre imaculada 293
O Magistério, o intérprete autoritativo 301
Capítulo 13: "As portas do inferno não prevalecerão" 317
"Mas já houve papas maus" 319
Papa Libério 322
Papa Vigílio 327
Papa Honório I 334
Papa João XXII 351

Conclusão 361

Bibliografia 371

Apêndices 407
Lista de Papas 409
Lista de Concílios 416
Lista de Heresias 418

Lista de abreviaturas

Abreviaturas bíblicas:

1 Cor - Primeira Epístola do Apóstolo S. Paulo aos Coríntios
1 Jo - Primeira Epístola do Apóstolo S. João
1 Sam - Primeiro Livro do Profeta Samuel
1 Tim - Primeira Epístola do Apóstolo S. Paulo a Timóteo
2 Cr - Segundo Livro das Crónicas
2 Mac - Segundo Livro dos Macabeus
2 Tess - Segunda Epístola do Apóstolo S. Paulo aos Tessalonicenses
2 Tim - Segunda Epístola do Apóstolo S. Paulo a Timóteo
Ap - Livro do Apocalipse
At - Livro dos Atos dos Apóstolos
Col - Epístola do Apóstolo S. Paulo aos Colossenses
Deut - Livro do Deuteronómio
Ex - Livro do Êxodo
Ez - Livro do Profeta Ezequiel
Gal - Epístola do Apóstolo S. Paulo aos Gálatas
Gén - Livro do Génesis
Heb - Epístola aos Hebreus
Is - Livro do Profeta Isaías
Jer - Livro do Profeta Jeremias
Jo - Evangelho segundo S. João
Lc - Evangelho segundo S. Lucas
Lev - Livro do Levítico
Mc - Evangelho segundo S. Marcos
Mq - Livro do Profeta Miquéias
Mt - Evangelho segundo S. Mateus
Os - Livro do Profeta Oséias
Pr - Livro dos Provérbios
Rom - Epístola do Apóstolo S. Paulo aos Romanos
Sl - Livro dos Salmos
Zac - Livro do Profeta Zacarias

Abreviaturas não bíblicas:

AAS - *Acta Apostolicae Sedes*
CIC - Catecismo da Igreja Católica
CDF - Congregação para a Doutrina da Fé
EN - *Evangelii Nuntiandi*
FSSPX - Fraternidade Sacerdotal S. Pio X
MTL - Missa Tradicional Latina
PDG - *Pascendi Dominici Gregis*

Prefácio

Conheci Pedro Gabriel através do website *Where Peter Is* no outono de 2019. Alguns conhecidos meus estavam perturbados por uma alegada cerimónia pagã que teria ocorrido nos Jardins do Vaticano a 4 de outubro de 2019, com o Papa Francisco presente. Ao procurar informações na Internet sobre esta suposta idolatria, deparei-me com um artigo de Pedro Gabriel intitulado "Paganismo no Vaticano? A Hermenêutica da Suspeita no seu auge." Este foi o primeiro de uma série de artigos perspicazes de Pedro Gabriel que desmascararam a narrativa do culto pagão apresentada por tantos críticos papais. Posteriormente, li outros artigos do Dr. Gabriel defendendo a exortação apostólica *Amoris Laetitia* do Papa Francisco, bem como a posição do Santo Padre sobre a pena de morte. Passei a admirar Pedro Gabriel ainda mais quando li o seu livro de 2022 *"A Ortodoxia da Amoris Laetitia"* e mais tarde tive o prazer e a honra de discutir este livro com ele num podcast.

Na presente obra, *Heresia disfarçada de Tradição*, Pedro Gabriel demonstra as mesmas qualidades admiráveis encontradas nos seus outros escritos, isto é, pesquisa cuidadosa, argumentação clara e refutações caridosas, mas convincentes, das falsas alegações feitas pelos críticos papais. Embora o Dr. Gabriel seja muito versado em teologia, ele é um médico — um oncologista — por formação e profissão. Em *Heresia Disfarçada de Tradição, a* sua formação médica é evidente. Ele é capaz de diagnosticar o cancro da falsa teologia disfarçada de tradição e expor as suas qualidades patológicas. Ele é capaz de examinar as falsas premissas de vários autores tradicionalistas e mostrar como elas contradizem a própria tradição católica que eles dizem defender.

Heresia Disfarçada de Tradição é impressionante nas suas análises bíblicas e históricas. Por exemplo, o Dr. Gabriel explica que a repreensão de Paulo a Pedro em Gal 2,11-14 não foi um desafio à autoridade doutrinária de Pedro. Pelo contrário, dizia respeito à hipocrisia e inconsistência de Pedro numa dada ocasião. De modo algum Gal 2,11-14 justifica a rejeição dos ensinamentos do Papa Francisco ou de qualquer outro papa. O Dr. Gabriel também mostra como muitos tradicionalistas contemporâneos se assemelham a Lutero e a outros protestantes na sua pretensão de restaurar a Igreja à sua original vida e pureza.

O presente volume é impressionante pela sua análise histórica dos alegados lapsos heréticos de papas como Libério, Vigílio, Honório I e João XXII. Como o Dr. Gabriel mostra, nenhum desses papas pode ser justamente acusado de heresia formal, que é a negação ou dúvida pertinaz pós-batismal de uma verdade que deve ser acreditada como fé divina e católica (cf. *Catecismo da Igreja Católica*, 2089). O Dr. Gabriel explica igualmente a verdadeira natureza do desenvolvimento doutrinal como ensinada pelos teólogos S. Vicente de Lérins (século V) e S. John Henry Newman (século XIX). O desenvolvimento doutrinal permite a maturação e a expansão ao longo do tempo, sem contradizer o depósito da fé. O Papa Francisco compreende a verdadeira natureza do desenvolvimento doutrinal, mas muitos dos seus críticos não a compreendem.

Mas como se disfarça a heresia de tradição? Muitos críticos papais de hoje afirmam defender a tradição, mas na realidade distorcem-na e contradizem-na. Este é especialmente o caso com o seu desprezo ou oposição aos exercícios legítimos dos ensinamentos e jurisdição papais. A ironia é que muitos tradicionalistas de hoje não compreendem como a autoridade papal está profundamente enraizada na tradição católica. Eles apelam a S. Pio X como seu herói, mas não olham para o Romano Pontífice da mesma forma que S. Pio X. No seu *Catecismo Maior (Catechismo Maggiore)* de 1905, n.º 204, o santo Pontífice levantou esta questão: "Como deve cada católico comportar-se em relação ao Papa?" A resposta foi: "Cada católico deve reconhecer o Papa como Pai, Pastor e Mestre universal e estar unido a ele na mente e no coração".

Infelizmente, alguns tradicionalistas de hoje não se unem na mente e no coração ao Romano Pontífice. Pelo contrário, procuram todas as ocasiões possíveis para o atacar ou criticar. Alguns chegam ao ponto de afirmar que o Vaticano II (ou mesmo o Vaticano I) ensinou erro; ou afirmam que a Igreja atual foi infiltrada por forças diabólicas. Tais atitudes são de facto heréticas, pois desafiam a indefetibilidade da Igreja em geral e a indefetibilidade da Sé Apostólica Romana em particular. Temos o triste fenómeno de muitos autores que escrevem em sites alegadamente católicos e que criticam constantemente o Vaticano II e os papas que o defendem. O Dr. Gabriel sabe que nem todos os tradicionalistas são iguais. Nem todos chegam ao extremo da heresia. Infelizmente, um bom número deles chega a esse extremo. Apresentam-se como os guardiões da tradição e os apoiantes da "verdadeira Igreja", ao mesmo tempo que minam a autoridade do Romano Pontífice, que é o guardião da tradição e Vigário de Cristo divinamente nomeado.

Há mais de 35 anos que ensino eclesiologia católica a nível universitário e de seminário. Defendo sempre a autoridade dos papas e dos concílios ecuménicos porque sei como esta autoridade é essencial para a manutenção da tradição católica. Sei também que esta autoridade foi solenemente ensinada pelo Vaticano I e afirmada no Vaticano II. A sustentação da tradição católica deve implicar a sustentação da autoridade do Romano Pontífice e a autoridade dos concílios ecuménicos como o Vaticano II. Resistir a esta autoridade em nome da tradição é disfarçar a heresia de tradição. O Dr. Pedro Gabriel diagnosticou este cancro atual, e devemos-lhe muita gratidão por este trabalho.

- Robert L. Fastiggi, Ph.D.
Cátedra Bispo Kevin M. Britt,
Teologia Dogmática e Cristologia,
Seminário Maior do Sagrado Coração,
Detroit, Michigan, EUA

"Como todos os fomentadores de heresia e cisma, eles se gabam falsamente de ter mantido a antiga fé católica, ao mesmo tempo que estão derrubando o principal fundamento da fé e da doutrina católica. Certamente reconhecem na Escritura e na Tradição a fonte da Revelação Divina, mas recusam-se a ouvir o magistério sempre vivo da Igreja."

- Pio IX, *Inter gravissimas*

Introdução

Existe um famoso conto alegórico intitulado "A verdade nua e a mentira disfarçada de verdade". Esta lenda teve provavelmente origem no século XIX, inspirada por uma série de pinturas do artista francês Jean-Léon Gérôme.[1] Segundo esta história, havia duas mulheres: uma chamada Verdade e outra chamada Mentira.[2] Vou agora fazer uma ligeira modificação nesta história. Em vez de chamarmos a uma mulher Verdade, chamemos-lhe Tradição. Do mesmo modo, chamemos à outra mulher Heresia em vez de Mentira. Uma vez que este livro se destina a um público católico, penso que o leitor não se importará com esta alteração.

Heresia era uma mulher muito bonita e bem-educada. As suas feições eram atraentes, a sua voz aveludada, as suas palavras agradáveis. Todos procuravam a sua companhia, pois quem se sentasse ao seu lado deliciava-se com os seus discursos eruditos. Mas, apesar de toda a sua doce conversa e sedutores encantos, o sucesso da Heresia era dificultado pelas suas vestes esfarrapadas e deselegantes. Muitas pessoas, ao olharem para ela, sentiam repulsa e afastavam-se.

Quanto à Tradição. era tão espantosa como a Heresia. Embora fosse mais velha que a Heresia, não aparentava a sua idade, pelo que se poderia pensar que eram gémeas perfeitas. No entanto, não era esse o caso. Ao contrário de Heresia, Tradição era filha de um rei e vestia-se como tal. Usava sempre uma túnica imaculadamente branca, coberta por um manto de púrpura. O seu diadema era de ouro puro, incrustado com as mais preciosas jóias. As suas sandálias eram manufaturadas pelos melhores artesãos do país. Por onde quer que passasse, todos os olhares eram atraídos para ela, e todos se curvavam perante a sua majestade quando ela passava.

Naturalmente, a Heresia ficou com ciúmes dos trajes luxuosos da Tradição. Por isso, ela engendrou um plano. Num dia quente de verão, Heresia pediu à Tradição que a acompanhasse num passeio. Apesar de ser de linhagem real, Tradição gostava de agradar aos seus súbditos, pelo que

---

[1] Hoakley. "Too Real: the narrative paintings of Jean-Léon Gérôme" 7.
[2] Uma versão da história original pode ser lida em Henderson. "According to a 19th century legend."

ela aceitou. Heresia levou a Tradição para fora das muralhas da cidade até chegarem a uma lagoa. Aí, Heresia chamou a atenção para o sol escaldante e para o quão refrescante seria banhar-se naquelas águas. Despiu-se e mergulhou no lago. Tradição hesitou em juntar-se a ela, mas vendo como Heresia se divertia, acabou por ceder. A princesa tirou todas as suas preciosas roupas e mergulhou nas águas frescas e lacustrinas.

A Heresia desafiou então a Tradição para uma competição de natação. Tradição aceitou, confiante nas suas capacidades atléticas, apesar da sua idade mais avançada. Quando a corrida começou, a Tradição rapidamente assumiu a liderança. Tinha deixado Heresia tão para trás que já não conseguia ouvir as suas braçadas nas águas tranquilas da lagoa. Quando a Tradição se apercebeu do engano, já era demasiado tarde. Heresia tinha saltado fora do lago e roubado todas as vestes da Tradição.

Em seguida, Heresia foi para a cidade, pavoneando-se com as suas roupas novas. Toda a gente perguntava: "Quem é esta graciosa senhora?" Ao que Heresia respondia: "Eu sou a Tradição, a filha do rei". Com a sua astúcia, Heresia enganou muitos que tentavam obter o favor do rei. Foi convidada a entrar nas casas das pessoas, onde se banqueteou e se cobriu de presentes, esvaziando despensas e cofres.

Nesse momento, a Tradição regressou. Como ela estava como tinha vindo ao mundo, as pessoas confundiram-na com uma inovação. Por muito que a princesa chorasse: "Eu sou a Tradição, a filha do rei", era recebida com escárnio. "A Tradição é uma hóspede em nossa casa" – diziam – "e nós sabemos como ela é, e é óbvio que tu não és ela. Uma filha de um rei nunca se exibiria de uma forma tão desavergonhada".

Mas alguns indivíduos na aldeia, mais circunspectos, pensaram para si próprios: "Insultar a filha do rei seria muito pouco sensato. E, certamente, as aparências enganam. Não é o vestido que faz a princesa, mas o sangue que corre nas suas veias. Como podemos saber quem é a verdadeira Tradição? Como podemos saber a verdade?"

***

Passemos agora da alegoria ao mundo material. A data: 16 de julho de 2021. A notícia espalhava-se pelas redes sociais como fogo. Vários católicos clicavam em artigos de sites de notícias católicas, correndo depois para o site oficial do Vaticano para ver com os seus próprios olhos. Já tinha havido rumores nas semanas anteriores, mas há sempre rumores envolvendo a Santa Sé. Por isso, estes católicos rezavam e esperavam que não passasse disso mesmo: rumores. Agora, para consternação deles, tornara-se realidade. Ali estava um novo *motu proprio*[3], com a assinatura do Papa Francisco, as suas palavras claramente desenhadas contra o fundo de pergaminho caraterístico do website do Vaticano. O título do documento era *Traditionis Custodes*.

Porque era isto importante? *Traditionis Custodes* restringia severamente o uso da edição de 1962 do missal romano nas celebrações litúrgicas do rito romano. Para quem não conhece o funcionamento interno da Igreja, isto pode parecer uma mera nota de rodapé, sem qualquer significado. No entanto, para um certo grupo de católicos, o impacto desta decisão era enorme. A edição de 1962 foi a última versão do missal romano publicada antes da reforma litúrgica que teve lugar na sequência do Concílio Vaticano II (1962-1965). Isto significa que este missal era ainda muito utilizado e apreciado pelos católicos conhecidos como "tradicionalistas."

Não é de surpreender, portanto, que esta decisão tenha gerado uma onda de indignação entre católicos tradicionalistas, que condenaram o documento como "um ataque contra eles e contra a liturgia antiga".[4] *Rorate Caeli*, um blogue tradicionalista famoso, tweetou o seguinte (minha tradução do inglês, ênfase como no tweet original): "Francisco ODEIA-NOS. Francisco ODEIA a Tradição. Francisco ODEIA tudo o que é bom e belo. Francisco é uma figura anti-cristã para esta época."[5] Apenas três meses após a publicação da *Traditionis Custodes*, Peter Kwasniewski — um teólogo tradicionalista — publicou uma antologia de nada menos do que

---

[3] *Motu proprio* é "o nome dado a certos rescritos papais devido à cláusula *motu proprio* (*de sua própria vontade*) usada no documento. As palavras significam que as disposições do rescrito foram decididas pelo papa pessoalmente, ou seja, não por conselho dos cardeais ou de outros, mas por razões que ele próprio considerou suficientes. O documento tem geralmente a forma de um decreto" (MacErlean, "Motu Proprio").

[4] Winfield. "Pope reverses Benedict, reimposes restrictions on Latin Mass."

[5] Tweet de @RorateCaeli de 16 de julho de 2021.

setenta ensaios e artigos de cardeais, bispos, prelados, teólogos, canonistas e filósofos, todos críticos do *motu proprio*. [6]

É notável que o documento no epicentro desta controvérsia tenha um nome tão apropriado: *Traditionis Custodes* significa "Custódios da Tradição".[7] (ou "Guardiães da Tradição"[8]) em latim.[9] Aqui reside o cerne de toda a questão e a fonte da disputa.[10] Logo na primeira frase do *motu proprio*, o Papa Francisco explica (a tradução e a ênfase a partir de agora são sempre minhas, salvo indicação em contrário):

> Guardiães da tradição, *os bispos em comunhão com o Bispo de Roma constituem o princípio visível e o fundamento da unidade* das suas Igrejas particulares. Sob a direção do Espírito Santo, através do anúncio do Evangelho e da celebração da Eucaristia, governam as Igrejas particulares que lhes foram confiadas.[11]

---

[6] Kwasniewski. *From Benedict's Peace to Francis's War*.

[7] É assim que foi traduzido nas versões italiana e espanhola do *motu proprio*.

[8] Tradução oficial em inglês.

[9] Ainda antes de Francisco, o Papa S. Paulo VI usou o termo *depositum custodi* ("guardião do depósito" [da fé]) para se referir à Igreja Católica hierárquica, citando para o efeito 1 Tim 6,20 e 2 Tim 1,14 (ver Paulo VI. "Audiência Geral", 19 de janeiro de 1972)

[10] A ironia deste título não passou despercebida ao autor de um artigo para o LifeSiteNews: "Tendo em conta este objetivo claramente expresso de obliterar o Rito Romano Tradicional, ponderemos um pouco sobre o título dado ao *motu proprio*, que é um exemplo daquilo a que se poderia chamar uma antífrase orwelliana. A antífrase é o dispositivo retórico que consiste em dizer sarcasticamente o oposto do que realmente se quer dizer, de tal forma que a verdadeira intenção se torna manifesta e óbvia. O Papa Francisco anuncia claramente a sua vontade determinada de eliminar a Missa Tradicional dos Séculos e, no entanto, o decreto é sarcasticamente intitulado: '*Traditionis Custodes*' que significa 'Guardiães da Tradição.' Não são necessários estudos teológicos para ver o óbvio: trata-se de um puro sarcasmo zombeteiro que, pressupondo as melhores intenções da parte do Santo Padre, é uma artimanha do demónio, que tão habilmente conseguiu desorientar a sua mente e o seu coração." (Darantière. "Traditionis Custodes: Guardians of tradition or betrayers of tradition?").

Nota: as traduções nas citações/referências são sempre do original inglês, salvo indicação em contrário.

[11] Francisco. *Traditionis Custodes*.

Aqueles que criticam a *Traditionis Custodes* não parecem estar em desacordo com o conteúdo deste parágrafo. Trata-se de uma declaração bastante tradicional. No entanto, eles argumentam que as circunstâncias atuais alteram a forma como esta declaração deve ser recebida. Segundo eles, o Bispo de Roma e os bispos em comunhão com ele ficaram aquém desta tarefa sagrada. O Papa e os bispos — dizem estes católicos — não têm sido favoráveis a esta tradição, falhando constantemente na sua defesa e salvaguarda.[12] Por vezes — argumentam — a hierarquia tem sido mesmo ativamente antagónica em relação à tradição.[13] Uma vez que ninguém pareceria defender eficazmente a tradição contra um mundo hostil, repleto de modernismo anti-tradicional, caberia a estes católicos assumir a responsabilidade e proteger a tradição — por vezes do próprio Papa.[14] Estes católicos tornam-se então, aos seus próprios olhos e na prática, os verdadeiros guardiães e depositários da tradição.

Como conciliam eles esta dissonância entre o reconhecimento do Papa e dos bispos como "guardiães da tradição" e o facto de eles próprios assumirem esse papel em oposição aos guardiães oficiais? Há várias abordagens. Para alguns, o problema começou com o Concílio Vaticano II e a sua promulgação de vários ensinamentos erróneos que contradiziam a doutrina católica tradicional em questões de liberdade religiosa, ecumenismo, diálogo inter-religioso, relações Igreja-Estado e o estilo do

---

[12] Ver Pelletier "Self-described Catholics abandoning true teachings": "Os bispos católicos, nos últimos 50 anos, falharam largamente. Não promoveram uma boa liturgia, não pregaram o Evangelho na sua plenitude e não protegeram as almas que lhes foram confiadas."

[13] Ver Skojec. "Smashing Traditions: The Vatican War Machine is Back.": "Este tema - *que aqueles que seguem os ensinamentos e a tradição da Igreja são os maus da fita* - é um tema que ele [o Papa Francisco] reiterou ainda esta semana... As vidas dos santos estão cheias de histórias de homens e mulheres, rapazes e raparigas, que tinham todos uma coisa em comum: eram obstinados na sua adesão à verdade católica, até ao ponto de uma morte cruel e ignominiosa. O Papa Francisco ou não compreende este facto ou recusa-se a aceitá-lo, o que *o torna impossível de ser um amigo da tradição católica*".

[14] Ver van den Aardweg et al. "*Correctio Filialis de Haeresibus Propagatis*".

diálogo da Igreja com o mundo moderno. [15] Isto teria ainda sido agravado pelas reformas litúrgicas pós-conciliares que efetivamente substituíram o missal romano promulgado por S. Pio V em 1570 e revisto pela última vez por S. João XXIII em 1962, por um novo missal publicado por S. Paulo VI em 1970.

Entre os críticos do Concílio, alguns acreditam que os papas pós-conciliares, ao promulgarem erro, se auto-excomungaram, não podendo, por isso, exercer funções na Igreja Católica. Para estes crentes, a Santa Sé está vacante (*sede vacante*) e os actos magisteriais oficiais dos papas pós-conciliares são nulos, pois são desprovidos de autoridade.[16] Estes são chamados sedevacantistas.

Alguns outros seguiram os passos de Marcel Lefebvre, um arcebispo francês que se tornou o rosto mais visível da oposição ao Vaticano II.[17] Em 1970, o Arcebispo Lefebvre fundou a Fraternidade Sacerdotal S. Pio X (FSSPX), uma ordem fraterna de padres dedicada a preservar o Catolicismo tal como era praticado antes do Concílio. A FSSPX foi canonicamente suprimida em 1975 e o arcebispo suspenso *a divinis*.[18] Contudo, Lefebvre manteve a sociedade a funcionar, em aberta rebelião contra as diretivas do Papa. Apesar de décadas de diálogo, a FSSPX mantém até hoje um estatuto irregular junto da Santa Sé.[19] Vários católicos, no entanto, continuam a assistir às missas da FSSPX.

Estes católicos lefebvrianos *reconhecem a* autoridade do Papa, mas não se submetem aos seus ensinamentos, pois acreditam que devem *resistir* às

---

[15] Uma excelente coleção de refutações da maioria dos argumentos anti-Vaticano II pode ser vista, em português, no website *Apologistas Católicos* (http://apologistascatolicos.com.br/index.php/vaticano-ii). Também recomendado: Guarino, *The Disputed Teachings of Vatican II*.

[16] Derksen. "White Smoke, Anti-Pope: A Response to Rev. Brian Harrison."

[17] Vere. "A Canonical History of the Lefebvrite Schism."

[18] "A Beautiful Mystery: The History of the Society of St. Pius X" General House; ver também Vere. "A Canonical History of the Lefebvrite Schism."

[19] Bento XVI. "Carta aos Bispos da Igreja Católica a propósito da remissão da excomunhão": "É preciso distinguir este nível disciplinar do âmbito doutrinal. O facto de a Fraternidade São Pio X não possuir uma posição canónica na Igreja não se baseia, ao fim e ao cabo, em razões disciplinares mas doutrinais. Enquanto a Fraternidade não tiver uma posição canónica na Igreja, também os seus ministros não exercem ministérios legítimos na Igreja".

Introdução

doutrinas erróneas e às ordens injustas que contradizem a tradição.[20] Por esta razão, a sua posição foi rotulada de "reconhecer e resistir". Outros acabariam por adotar também a sua própria versão da posição "reconhecer e resistir", como veremos.

Um grupo mais recente começou a gestar-se em 2007, quando o Papa Bento XVI emitiu o seu próprio *motu proprio*: *Summorum Pontificum*. Este documento permitiu muitas concessões à celebração do missal romano de 1962, tornando-o uma forma extraordinária do rito romano[21] (sendo a forma ordinária a promulgada depois do Vaticano II). A partir daí, houve uma propagação de paróquias e padres celebrando esta forma extraordinária. Muitos católicos, ao redescobrirem a beleza da liturgia antiga, sentiram-se infelizmente privados de um património que lhes pertenceria por direito. Alguns deles começaram a tornar-se céticos e até hostis em relação ao Concílio. Já durante o pontificado de Francisco, estes católicos tornaram-se um dos principais baluartes do bloco "reconhecer e resistir"[22]. É bastante plausível que as duras restrições estabelecidas na *Traditionis Custodes* tivessem como objetivo reprimir este movimento.[23]

---

[20] Ver Gleize. "The State of Necessity": "Reconhecemos, de facto, a autoridade do papa, mas quando ele faz uso dela para fazer o contrário daquilo para que lhe foi dada, é óbvio que não podemos segui-lo."

[21] Bento XVI. *Summorum Pontificum*, Art. 1.

[22] Ver Sammons. "Can Catholics 'Recognize and Resist'?": "Reconhecemos que Francisco é o papa legítimo e que, como papa, é o nosso Santo Padre que merece a nossa obediência. No entanto, ao mesmo tempo, resistimos a todos os aspetos do seu trabalho que são contrários à tradição apostólica".

[23] Ver Francisco, "Letter of the Holy Father Francis to the Bishops of the whole world that accompanies the Apostolic Letter *Motu Proprio* Data '*Traditionis Custodes*'": "Com o passar de treze anos, dei instruções à Congregação para a Doutrina da Fé para fazer circular um questionário entre os bispos sobre a aplicação do *Motu Proprio Summorum Pontificum*. As respostas revelam uma situação que me preocupa e entristece, e que me persuade da necessidade de intervir... Uma oportunidade oferecida por S. João Paulo II e, com maior magnanimidade ainda, por Bento XVI, que visava recuperar a unidade de um corpo eclesial com sensibilidades litúrgicas diversas, foi aproveitada para alargar as brechas, reforçar as divergências e favorecer os desacordos que ferem a Igreja, que bloqueiam o seu caminho e a expõem ao perigo da divisão".

Por último, há aqueles que nunca viram o Vaticano II com desconfiança até à eleição do Papa Francisco em 2013 — e possivelmente nem mesmo depois disso. Estes católicos prosperaram durante os pontificados de S. João Paulo II e Bento XVI. No entanto, tiveram dificuldade em conciliá-los com os ensinamentos de Francisco,[24] nomeadamente no que diz respeito à comunhão dos divorciados e recasados[25] e à admissibilidade da pena capital[26]. Além disso, começaram a olhar para o pontificado de Francisco com crescente desconfiança, à medida que as polémicas se acumulavam: o acordo diplomático entre o Vaticano e a China comunista;[27] a assinatura da *Declaração Inter-religiosa sobre a Liberdade Humana e Religiosa*, alegadamente afirmando que Deus desejava outras religiões para além da católica;[28] a suposta cerimónia pagã nos Jardins do Vaticano, alegadamente de culto à deusa Pachamama, durante a abertura do Sínodo para a Amazónia;[29] a homilia em que Francisco afirmou que os apóstatas pertenciam à comunhão dos santos;[30] etc.

Alguns destes críticos do pontificado de Francisco adotaram o seu próprio tipo de "reconhecer e resistir". Aqueles que não aproveitaram esta oportunidade para reavaliar a sua posição em relação ao Vaticano II tornaram-se pelo menos um pouco mais simpatizantes em relação à situação dos seus irmãos tradicionalistas.[31]

Finalmente, alguns chegaram ao ponto de negar a validade da renúncia de Bento XVI e, por conseguinte, a validade da eleição do Papa Francisco[32]

---

[24] Lawler. "This Disastrous Papacy."

[25] Para compreender como conciliar os ensinamentos de Francisco sobre este tema com a tradição, ver Gabriel. *The Orthodoxy of Amoris Laetitia*.

[26] Para a minha opinião sobre esta questão, ver Gabriel. "Death Penalty – continuity or hardness of heart?."

[27] Para uma contextualização sobre esta questão por parte de alguém leal ao Papa, ver Lewis. "Perspective on the China / Vatican deal."

[28] A minha opinião sobre este assunto pode ser vista aqui: Gabriel. "Pluralism and the will of God… is there another way to look at it?"

[29] Pesquisei extensivamente este tópico e refutei minuciosamente esta afirmação. Um resumo das minhas conclusões pode ser visto aqui: Gabriel. "Our Lady of the Amazon: solving the contradictions."

[30] Ver a minha explicação em Gabriel. "Pope Francis and apostates: is this the communion of saints?"

[31] Lawler. "The Liturgical Edsel."

[32] Refuto esta afirmação na minha série de 3 partes: Gabriel. "Was Pope Benedict Forced to Resign?"

Introdução

Estes últimos ficariam conhecidos como benevacantistas, pelo menos enquanto Bento era vivo.

É claro que é impossível descrever todas as variedades de um grupo tão heterogéneo.[33] Também não podemos dizer que estas facções sejam completamente herméticas: alguns católicos podem ter posições que são híbridas de vários destes partidos.[34] No entanto, creio que descrevi com exatidão e justiça os principais contornos dos tipos mais importantes de tradicionalismo na Igreja Católica contemporânea.

Haverá algo que una um grupo tão diverso? Mesmo entre uma tal variedade de posições diferentes (por vezes discutindo intensamente entre si),[35] eles têm pelo menos duas coisas em comum: os seus pontos de vista sobre o que constitui a tradição católica, e a sua ideia de que um Papa ou um Concílio (ou ambos) não foram fiéis a essa mesma tradição. Neste sentido, penso que uma boa síntese dos seus pontos comuns pode ser encontrada nesta definição, retirada de um blogue tradicionalista:

> Tradicionalista: Aquele que contesta as novas práticas e ensinamentos dos católicos (incluindo bispos e padres) que *parecem contradizer a doutrina anterior* da Igreja. Um tradicionalista questiona a prudência das novas abordagens pastorais e acredita que *as coisas geralmente consideradas objetivamente boas ou más há várias décadas atrás continuam a sê-lo hoje*.[36]

Para um católico, esta forma de pensar parece lógica. Afinal de contas, acreditamos que Deus guia a Sua Igreja para a verdade, e essa verdade não

---

[33] Há quem, por exemplo, siga antipapas "eleitos" com base na suposta *sede vacante*.

[34] Por exemplo, um católico pode ter sido crítico em relação a Francisco mesmo nunca tendo assistido a uma missa pré-Vaticano II e depois ter-se sentido inclinado a juntar-se à FSSPX na sequência da *Traditionis Custodes*.

[35] Para uma análise sedevacantista da posição "reconhecer e resistir", ver Derksen. "No, Catholics Can't 'Recognize and Resist': Response to One Peter Five". Para uma refutação do sedevacantismo por parte de um dos principais websites "reconhecer e resistir", ver Massey. "Sedevacantism is Modern Day Luciferianism". Ver também Lewis. "Getting it Half-right: Sedes e SSPX".

[36] Miller. "A Brief Defense of Traditionalism."

muda. Portanto, se a Igreja considerou correta uma determinada crença ou prática no passado, então aqueles que acreditavam ou praticavam essas coisas não podem ter sido induzidos em erro. Por conseguinte, as pessoas que acreditam ou fazem exatamente a mesma coisa hoje também não devem estar em erro.

Se a Igreja muda de posição e parece contradizer-se, então os católicos são confrontados com um dilema: devem submeter-se ao ensinamento atual ou ao ensinamento passado? Se os católicos tivessem de escolher, estariam em terreno mais sólido se continuassem a acreditar ou a praticar o mesmo que os seus antepassados, uma vez que o que não era errado nessa altura não pode ser errado agora.

Parece uma estratégia à prova de falhas, mas há um senão. Pressupõe que a Igreja está errada atualmente. Os tradicionalistas não terão qualquer problema em admitir este facto. Mas se acreditamos que Deus guia a Sua Igreja para a verdade, então isto deve ser tão verdadeiro hoje como foi no passado. Se a Igreja ensinou a verdade ontem, porque não o faz hoje?

Os tradicionalistas argumentarão que "embora a Igreja tenha passado por crises no passado, a *crise atual é quase sem precedentes* na sua desolação e heterodoxia".[37] Dirão que, "*pela primeira vez*, assistimos à aceitação generalizada de uma interpretação do catolicismo que é anti-tradicional, livre para se remodelar de acordo com 'necessidades modernas' indeterminadas".[38] A situação atual é fora do comum, mesmo sem paralelo na história da Igreja. Por isso, este "estado de emergência"[39] (ou "estado de necessidade")[40] justifica a resistência atual.

Todavia, será esta situação tão inédita como os tradicionalistas afirmam? Neste livro, defenderei o contrário. No entanto, não o farei segundo os termos ditados pelos tradicionalistas. Não vou tentar provar que houve momentos na história em que a Igreja falhou em defender a tradição como supostamente está a fazer hoje. Em vez disso, vou concentrar-me nos precedentes históricos para este tipo de raciocínio:

---

[37] Dobbs. "Taking the Tradpill."
[38] Kwasniewski. "What does it mean to be a 'traditional Catholic? Aren't all Catholics traditional?"
[39] Dobbs. "Taking the Tradpill."
[40] Gleize. "The State of Necessity."

Introdução

O Sumo Pontífice merece, de facto, o benefício da dúvida e os seus ensinamentos merecem um "assentimento interno" (*exceto nos casos em que não há nada para o qual assentir ou uma aparente contradição com o ensinamento anterior*). [41]

Pode um católico recusar o consentimento a um ensinamento magisterial que *aparentemente* contradiz o ensinamento anterior? Embora esta afirmação seja muito difundida em círculos tradicionalistas,[42] ainda não vi um documento magisterial que permita este curso de ação. É altamente preocupante que a mera *aparência* de contradição pareça ser motivo suficiente para dissidência, uma vez que, como veremos mais tarde, as aparências enganam. No entanto, também é preocupante a quantidade de tradicionalistas que parecem confundir a *aparência* de contradição com uma contradição *de facto*.[43]

Esta mentalidade não é inócua. Como já disse, como católicos acreditamos que o Espírito Santo guia a Sua Igreja, agora e sempre. Se a Igreja pode estar errada hoje, então também pode ter estado errada no passado. Um mero apelo à tradição como um guia fiável para o que é verdade hoje não se sustenta por si só, porque se baseia na fiabilidade da Igreja no passado, que por sua vez se baseia na fiabilidade da própria Igreja,

---

[41] Miller. "A Brief Defense of Traditionalism."

[42] Ver, por exemplo, Ferrara. "*Amoris Laetitia*: Anatomy of a Pontifical Debacle": "Tal como Deus não se pode contradizer, o Magistério não se pode contradizer. O Magistério é o magistério da Igreja: apresenta o que a Igreja ensina, o que não é determinado pela última declaração do Papa atual. Por conseguinte, tudo o que contradiz a doutrina anterior e constante da Igreja não pode pertencer ao Magistério... Também não se pode argumentar que os fiéis não têm capacidade para reconhecer essas contradições, mas sim que devem presumir cegamente que, de alguma forma, elas não existem. Esta é a Igreja Católica, cujo depósito da Fé é objetivamente cognoscível, não uma seita gnóstica encabeçada pelo Oráculo de Roma, que anuncia o que 'Jesus quer' hoje".

[43] Ver McCusker. "Key doctrinal errors and ambiguities of *Amoris Laetitia*": "É *bastante claro*, então, que a Exortação Apostólica *Amoris Laetitia* do Papa Francisco *contradiz diretamente* a doutrina e a prática da Igreja Católica sobre a questão da admissão dos 'católicos divorciados e recasados' à Sagrada Comunhão." Para compreender por que motivo isto não é verdade, ver Gabriel. *The Orthodoxy of Amoris Laetitia*, 135-233.

em todos os tempos. Ironicamente, os tradicionalistas estão a minar os fundamentos da tradição sob o pretexto de os defender. A tradição não sobreviverá a este tipo de tradicionalismo.

A única maneira de resolver este enigma é aceitar que as aparentes contradições com a doutrina anterior são meramente aparentes, não verdadeiras contradições. Por esta razão, muitos católicos seguiram os passos de Bento XVI e tentaram ler o atual magistério através de uma "hermenêutica da continuidade". Muitos autores (eu incluído) escreveram artigos, livros e ensaios tentando resolver as aparentes contradições entre o Vaticano II e a Igreja pré-conciliar, ou entre o Papa Francisco e os seus antecessores.

Infelizmente, os tradicionalistas frequentemente rejeitam estes esforços como se fossem mera ginástica mental: Os continuístas estariam a contorcer-se para justificar o injustificável.[44] Neste sentido, a repetição de argumentos continuístas a favor do Vaticano II ou de Francisco não produzirá o efeito desejado. Não basta que estes argumentos sejam corretos — para serem aceites, têm de ser considerados mais plausíveis do que a explicação mais simples e mais apelativa: "*parece* haver uma contradição, porque *há de facto* uma contradição". Infelizmente, não se trata tanto de uma questão de debate de minúcias, mas sim de uma visão mais ampla do mundo — a forma como um católico responderá dependerá, em última análise, da confiança que tem no magistério atual. Quanto menos confiança tiver, maior será a probabilidade de aceitar que existe uma contradição e, por conseguinte, menor será a probabilidade de aceitar argumentos continuístas.

Por esta razão, decidi tentar algo diferente neste livro. Os tradicionalistas têm confiança no magistério pré-conciliar. Isso é um dado adquirido. Por isso, convido-os a considerar uma experiência mental: E se houvesse católicos resistindo o magistério pré-conciliar com o argumento de que ele não defende a tradição?

Improvável? É verdade. Há muito poucos tradicionalistas hoje em dia que questionariam a fiabilidade do magistério pré-conciliar. Mas não estou a falar de tradicionalistas contemporâneos. Estou a falar de "tradicionalistas" de épocas passadas.

---

[44] Skojec. "'The Hermeneutic of Ambiguity."

A razão pela qual não lhes chamamos tradicionalistas é porque a ortodoxia católica passou a ser identificada como o oposto do que eles defendiam. Atualmente, são considerados heréticos ou, pelo menos, heterodoxos. A história julgou-os como estando do lado errado do debate doutrinal.

Por que os chamei de "tradicionalistas"? Não é verdade que a heresia constitui sempre um desvio do depósito da fé transmitido desde os tempos apostólicos (ou seja, a tradição)? Por outras palavras, não é verdade que a heresia constitui sempre uma *novidade*? Os católicos estariam protegidos da heresia se evitassem a novidade em favor da tradição. Como pode alguém, portanto, afirmar que os hereges de outrora eram "tradicionalistas"?

É verdade que a heterodoxia é sempre uma novidade, um desvio da tradição. No entanto, também é verdade que os católicos que subscreveram estas heterodoxias nunca se consideraram como estando a afastar-se da tradição. Pelo contrário, muitas vezes (se não sempre) viam-se a si próprios como restaurando o Cristianismo a uma espécie de pureza original, antes de ser corrompido por ideias estranhas das autoridades da Igreja. Estes hereges simplesmente discordavam entre si sobre o momento em que essa corrupção ocorreu. Explícita ou implicitamente, o herege era sempre, na sua própria mente, um guardião da tradição contra o Papa e os bispos em comunhão com ele na altura. *São estes precedentes históricos que este livro pretende explorar.*

Vejamos, por exemplo, o caso do Protestantismo. Os protestantes lêem a Bíblia Sagrada e encontram alguns ensinamentos que parecem, à primeira vista, contradizer a doutrina e a prática católicas (por exemplo: a veneração de imagens) ou que não parecem ter qualquer fundamento bíblico (por exemplo: rezar pela intercessão dos santos). Para eles, estes ensinamentos e práticas católicas contradizem uma tradição muito venerável inscrita nas Escrituras. Eles então resolvem esta tensão afirmando que só a Escritura (*sola scriptura*) está isenta da possibilidade de erro. Consequentemente, quando o protestante sente um conflito entre a Escritura e a doutrina oficial da Igreja, sente a obrigação moral de seguir a (sua interpretação da) Escritura.[45] A *sola scriptura* seria a forma de aceder ao

---

[45] Hay. "Did the Early Christians subscribe to *Sola Scriptura*?"

que Jesus Cristo ensinou e ao que os primeiros cristãos acreditavam antes de uma apostasia geral ter tomado conta da hierarquia.

No entanto, a *sola scriptura* é ela própria uma novidade. [46] O Cristianismo evoluiu a partir do Judaísmo, que era uma religião muito sacerdotal, centrada na realização de rituais no templo por uma classe levítica. Até as Escrituras o confirmam repetidamente, desde o Levítico até à Epístola aos Hebreus. [47] Os ramos mais antigos do Cristianismo (católico, ortodoxo oriental, copta, etc.) são de natureza sacerdotal, com uma hierarquia de padres encarregados de interpretar as Escrituras e a tradição, traçando a sua linha de sucessão até aos próprios apóstolos. Como o Catecismo da Igreja Católica (CIC) afirma, o Cristianismo não era considerado uma "religião do livro" [48] (como, por exemplo, o Islão) até Lutero formular o conceito de *sola scriptura*, um milénio e meio depois de Jesus ascender ao céu. Pelo contrário, o Cristianismo primitivo sempre girou em torno da adoração na Santa Missa. [49]

Isto pode ser óbvio para os tradicionalistas contemporâneos. Afinal de contas, a Igreja condenou a *sola scriptura* durante séculos [50] e continua a fazê-lo atualmente. [51] A condenação da *sola scriptura* é muito tradicional. Da mesma forma, os tradicionalistas aceitarão as condenações da Igreja de todas as heresias do passado e considerarão esses anátemas tradicionais. Mas eu quero salientar que eles parecem óbvios *agora* porque nós assimilámos séculos de explicações teológicas que nos precederam, de modo que nos parecem perfeitamente naturais. No entanto, na altura da controvérsia, teríamos duas facções, cada uma delas pretendendo ser a verdadeira guardiã da tradição, sendo que a interpretação favorecida pela Igreja era por vezes aquela que parecia, à primeira vista, ter raízes menos tradicionais.

Por outras palavras, aderir a uma posição aparentemente tradicional contra a interpretação oficial dada pela Igreja não impede necessariamente que se caia na heterodoxia. Demonstrar esta tese é o principal objetivo deste livro.

---

[46] Hay. "Did the Early Christians subscribe to *Sola Scriptura*?"
[47] Ver, por exemplo, Lev 21,10 e Heb 7.
[48] CIC 108.
[49] Barbour. "We're not a 'Religion of the Book.'"
[50] Trento, 4ª Sessão.
[51] CIC 82.

Para atingir este objetivo, decidi estruturar o livro em três secções, inspiradas no conto alegórico com que começámos. Na primeira secção, veremos como foi possível que os habitantes da cidade olhassem para a Tradição, nua como um bebé, e a confundissem com uma inovação. Na segunda secção, vamos olhar para a Heresia usando as vestes da Tradição e como ela enganou o povo da cidade. Na terceira secção, vamos ajudar os sábios a identificar quem é a verdadeira Tradição. Assim, este livro será dividido da seguinte forma:

- ❖ Primeira secção: Algumas observações introdutórias, onde são definidos alguns conceitos importantes, que ajudarão a ilustrar os precedentes históricos apresentados nas secções seguintes.

  - Capítulo 1: Definição de tradição.
  - Capítulo 2: O conceito de *"ressourcement"*.
  - Capítulo 3: O motivo pelo qual um desenvolvimento doutrinal legítimo pode, por vezes, parecer contraditório com ensinamentos anteriores.
  - Capítulo 4: Como a Igreja discerne frequentemente uma síntese entre duas afirmações opostas e como o facto de não o fazer pode conduzir à heresia.

- ❖ Segunda secção: Uma avaliação de vários precedentes históricos em que a posição heterodoxa foi vista como uma defesa de uma compreensão mais tradicional do Cristianismo.

  - Capítulo 5: A correção de S. Pedro por S. Paulo à luz da controvérsia judaizante.
  - Capítulo 6: O *Commonitorium* de S. Vicente de Lèrins no contexto dos concílios ecuménicos que definiram o credo.
  - Capítulo 7: Controvérsias litúrgicas ao longo dos séculos, em que a Igreja suprimiu práticas outrora consideradas sagradas.

- Capítulo 8: A Reforma, especialmente no que respeita às atitudes protestantes em relação às Escrituras.
- Capítulo 9: Os movimentos tradicionalista e galicano do século XIX, à luz do Concílio Vaticano I.
- Capítulo 10: A visão do Modernismo e do Liberalismo Pós-Moderno sobre Jesus e a Igreja.

❖ Terceira secção: Uma demonstração de como um católico pode discernir onde está a verdadeira tradição, quando esta não é clara.

- Capítulo 11: O precedente aberto pelo próprio Jesus Cristo.
- Capítulo 12: O magistério como intérprete autoritativo da tradição.
- Capítulo 13: Resposta a uma objeção comum à fiabilidade do magistério — a existência de maus papas no passado.

Antes de prosseguirmos com a substância do livro, gostaria de fazer a minha declaração de conflito de interesses. Sou um católico praticante e proclamo a minha fidelidade a todas as doutrinas da Igreja, em todas as matérias. Fui fiel a todos os ensinamentos do Papa Bento XVI, o Papa que me ajudou a converter-me à plenitude da fé católica. A minha fidelidade a Francisco é um simples prolongamento do que fiz durante o pontificado anterior. Também levo a sério a autoridade de *todos os* sucessores de Pedro, tanto pré como pós-conciliares. Não tenho ideologia nem partido político. Não sou nem liberal nem conservador.

Além disso, não é por aversão à tradição que escrevo este livro. Pelo contrário, foi por amor à tradição que me esforcei por fazê-lo. A tradição é um dos depósitos da Palavra de Deus e um dos pilares da verdade. Ela tem um papel estrutural e fundacional na Igreja em geral e para cada fiel em particular. É um tesouro de valor incalculável que desejo ver apreciado na sua totalidade não adulterada, incluindo as tradições do primado papal e da indefetibilidade da Igreja, tão atacadas nos últimos anos.

Para além disso, *gostaria de esclarecer três pontos*. Primeiro, seria infrutífero para uma pessoa que procura refutar o meu livro argumentar algo como "Os tradicionalistas atuais não são como os hereges do passado porque não acreditam em X ou Y". O meu objetivo não é estabelecer um paralelo

Introdução

perfeito entre os tradicionalistas e, digamos, os arianos ou os protestantes. Sei que os seus princípios não são os mesmos. O único ponto que procuro provar é se os arianos ou os protestantes lutaram contra a Igreja do seu tempo porque pensavam estar a defender alguma espécie de tradição. Esta atitude, e *apenas esta atitude*, é o único objeto de estudo deste livro.

Em segundo lugar, quero esclarecer uma ambiguidade que pode surgir do uso que faço da palavra "tradicionalista". Por vezes, a palavra "tradicionalista" é utilizada simplesmente para designar um católico que gosta de frequentar uma forma mais antiga do rito romano. Esse católico não é necessariamente contra o magistério atual e pode ser fielmente obediente às especificações estabelecidas pelo atual papa. Por isso, tenho-me esforçado por fazer uma distinção entre "tradicionalistas" e "tradicionalistas *radicais*".[52] Outros autores fizeram distinções semelhantes.[53] Os primeiros seriam os católicos que exercem as suas preferências litúrgicas em perfeita harmonia com o Papa e o Concílio. Os segundos seriam os católicos que rejeitam, de uma forma ou outra, o atual Papa ou o Vaticano II.

Não sinto senão simpatia pelos tradicionalistas legítimos em comunhão com a Igreja que, sem culpa própria, estão a sofrer por causa das duras restrições da *Traditionis Custodes*.[54] No entanto, este livro não trata deste tipo particular de tradicionalismo. O meu livro preocupa-se apenas com os chamados tradicionalistas radicais. Portanto, por brevidade e simplicidade, usarei doravante a palavra "tradicionalista" para designar apenas aqueles que não concordam, de alguma forma, com o magistério conciliar e/ou pós-conciliar. Em suma, empregarei o termo "tradicionalista" de acordo com a definição que citei anteriormente nesta introdução. Isto significa que "tradicionalista", neste sentido, pode mesmo referir-se a alguém que nunca assistiu a uma liturgia segundo o missal de

---

[52] Gabriel. "Showing mercy towards traditionalists."

[53] Ver, por exemplo, Armstrong. "Definitions: Radical Catholic Reactionaries vs. Mainstream 'Traditionalists.'".

[54] Neste sentido, acolho com entusiasmo iniciativas como "O Manifesto do Novo Tradicionalismo", que buscam promover um novo tipo de tradicionalismo, mantendo a fidelidade devida ao Concílio. Ver Chapp et al. "The Manifesto of the New Traditionalism".

1962, mas que discorda dos atos magisteriais do Papa Francisco com base no facto de estes parecerem contradizer os seus predecessores.

Em terceiro e último lugar, gostaria de explicar um pouco a forma como estruturei este livro. No início de cada capítulo, vou fazer uma pequena introdução onde conto parte da história de um católico tradicionalista. O objetivo é exemplificar melhor como os paralelos históricos funcionam na vida real. Este personagem católico tradicionalista não pretende ser um espantalho ou uma caricatura, mas um arquétipo. Ele foi construído com base nas minhas interações com tradicionalistas reais nas redes sociais e não procura representar nenhum indivíduo em particular, mas sim o próprio movimento. É claro que nem todos os tradicionalistas terão as mesmas opiniões ou usarão os mesmos argumentos que esta versão ideal que eu criei. Mas acredito que é uma representação justa da visão geral do mundo tradicionalista.

De facto, ao contar esta história, utilizarei também o arquétipo de um apologista fiel ao Papa Francisco e até de uma católica secularizada e progressista. Para estas personagens, aplica-se a mesma lógica. Espero que isto torne o livro mais interessante e ajude a humanizar as pessoas envolvidas nestas polémicas, para que possamos crescer na compreensão mútua e no respeito pelas posições de cada um, apesar das divergências.

Então, sem mais demoras, comecemos.

Secção I

Tradição confundida com inovação

Capítulo 1

O que é a tradição?

Na realidade, como podemos ver na história da Igreja, o cristianismo não tem um modelo cultural único, mas permanecendo o que é, na fidelidade total ao anúncio evangélico e à tradição eclesial, [ele] assumirá também o rosto das diversas culturas e dos vários povos onde for acolhido e se radicar. Nos vários povos que experimentam o dom de Deus segundo a sua própria cultura, a Igreja expressa a sua autêntica catolicidade e mostra a beleza deste rosto pluriforme.
— Francisco, *Veritatis Gaudium*

A nossa história começa em 2011, com um jovem na casa dos 20 anos chamado Thomas Lawson. Desde tenra idade, Thomas foi abençoado com um intelecto lembrando um Tomás de Aquino. Infelizmente, este dom também o amaldiçoaria em anos mais tardios, impelindo-o a dúvidas semelhantes a um S. Tomé.

Tom foi criado como um evangélico protestante no seio de uma família americana muito conservadora. A sua fé cristã desempenhava um papel central na sua vida. Por isso, Tom decidiu que não podia guardar somente para si mesmo a alegria do Evangelho que tinha recebido. Precisava de o pregar. Reconheceu então na Internet um local importante para essa pregação — afinal de contas, como *millennial*, tinha habilidade suficiente para utilizar a Net com esse intuito. Procurou websites onde pudesse encontrar ouvidos virtuais para o seu proselitismo. Por fim, deparou-se com fóruns de apologética católica. Aí soltou toda a sua perspicácia retórica, provocando debates ferozes em todos os posts que visitava.

Como protestante, Thomas era particularmente inflexível quanto à doutrina da *sola scriptura*. Ele citava 2 Tim 3,16-17 sobre como "toda a Escritura é inspirada por Deus, e útil para ensinar, para repreender, para corrigir e para formar na justiça". Pensava que tinha ali um argumento infalível. Para sua surpresa, os católicos no fórum começaram a contra-atacar... usando a própria Bíblia. Faziam (corretamente) uma distinção entre "*toda a* Escritura" e "*só a* Escritura" e depois começavam a citar S. Paulo quando ele disse: "Assim, pois, irmãos, ficai firmes e conservai *as tradições* que de nós aprendestes, seja por *palavras*, seja por carta nossa." (2 Tess 2,14). Por outras palavras, o apóstolo estava admitindo que nem todas as tradições tinham sido escritas — algumas tinham sido transmitidas oralmente.

Lentamente, Thomas foi exposto ao conceito católico de tradição. Muitas das doutrinas católicas que Tom acreditava, à primeira vista, não serem bíblicas, começaram a fazer sentido. Gradualmente, a postura adversa de Thomas deu lugar a uma curiosidade genuína.

A dado momento, já não conseguia conter esta atração pelo Catolicismo. Por mais que rezasse, parecia que era o Espírito Santo a empurrá-lo nessa direção. Por fim, decidiu assistir a uma missa católica. O impacto na sua alma foi inimaginável! A liturgia não tinha nada a ver com os serviços protestantes a que estava habituado desde a infância. A solenidade da consagração, em particular, levou-lhe os olhos às lágrimas. Sentia a real presença de Jesus na Eucaristia. Quando o padre disse: "Ide em paz", Thomas Lawson já estava firme na sua decisão de se tornar católico. Mal podia esperar para contar esta alegre notícia aos seus amigos online nos fóruns católicos que o tinham ajudado a converter-se!

Claro que isto foi recebido com muita alegria. Thomas foi felicitado a torto e a direito pela sua decisão de atravessar o Tibre. Mas no meio das felicitações, algo chamou a sua atenção. Alguns comentadores diziam palavras do género: "Se te sentes assim com uma missa *Novus Ordo*,[1] espera só até assistires a uma Missa Tradicional Latina (MTL)."[2]

"Tradicional". Lá estava essa palavra outra vez! Thomas tinha começado a adorar essa palavra! Tinha sido a palavra que o guiara para longe do seu Protestantismo e para a plenitude da verdade contida na fé católica. Certamente, ter mais desta "tradição" só poderia ser benéfico. Por coincidência, a sua paróquia tinha uma missa na forma extraordinária. Afinal de contas, o *Summorum Pontificum* de Bento XVI estava, na altura, em pleno vigor.

Se a forma ordinária da missa teve um impacto tão profundo em Thomas, a forma extraordinária deixou-o de rastos! Nunca, nos seus dias de protestante, tinha experimentado um tal sentido de reverência! Ainda

---

[1] Abreviatura de *Novus Ordo Missae*, que significa literalmente "nova ordem da missa" em latim. Normalmente utilizado de forma depreciativa pelos tradicionalistas para se referirem ao novo missal romano de S. Paulo VI.

[2] Termo frequentemente utilizado online para designar a forma extraordinária da Missa, ou seja, a que é celebrada de acordo com o missal romano de 1962.

Capítulo 1: O que é a tradição?

não conseguia perceber o que significavam as palavras em latim, mas elas pareciam realçar o carácter sagrado de cada um dos gestos do sacerdote. Quando o padre disse *"Ite missa est"*, Thomas já estava firme na sua decisão de assistir sempre à forma extraordinária a partir daquele momento.

Enviou uma mensagem aos seus amigos tradicionalistas online, contando-lhes o que tinha acontecido. Eles retorquiram-lhe que a sua experiência era semelhante à deles e expressaram a sua tristeza pelo facto de a forma extraordinária não estar mais divulgada. Alguns deles tinham de percorrer uma longa distância para encontrar uma paróquia que pudesse satisfazer os seus anseios litúrgicos. Thomas estava escandalizado! Porquê? Falaram-lhe então do Concílio Vaticano II e da "protestantização" da Missa por "Bugnini e os seus cúmplices".[3] Falaram-lhe de como o Modernismo se tinha infiltrado nas mais altas esferas da Igreja, tentado esmagar a "missa dos séculos", privando-os de uma herança que, como católicos, lhes pertencia por direito. Mas, felizmente, Bento XVI tinha implementado o *Summorum Pontificum* alguns anos antes, permitindo a celebração da antiga liturgia como forma extraordinária — em breve, a MTL ultrapassaria a *Novus Ordo*. A tradição seria, um dia, restaurada.

A partir daqui, podemos ver como a "tradição" moldou profundamente o percurso de fé de Thomas Lawson. Contudo, a compreensão que Tom tinha da tradição foi adquirida por uma espécie de osmose, no decurso das suas discussões teológicas online. Tom poderia certamente identificar o significado de "tradição" em termos genéricos e intuitivos. Mas provavelmente teria alguma dificuldade em definir esta palavra com mais precisão teológica do que "o que a Igreja sempre ensinou, pelo menos até ao Vaticano II".

Isto é perigoso porque, como vimos, Tom encontra-se a caminho de se tornar não só católico, mas também "tradicionalista". Por outras palavras, ele está prestes a abraçar um movimento que atribui um "ismo" a um conceito que ele não consegue caraterizar corretamente. Outros

---

[3] Referência ao Arcebispo Annibale Bugnini, secretário da comissão que trabalhou na reforma da liturgia católica após o Concílio Vaticano II. Há um discurso tradicionalista segundo o qual as reformas de Bugnini tinham como objetivo apaziguar os protestantes à custa da tradição.

definiram esta palavra por ele — e esses estão, ao mesmo tempo, a semear no seu coração desconfiança contra a hierarquia. Por outras palavras, os tradicionalistas reivindicaram a palavra "tradição" para si próprios e rotularam qualquer discordância com eles como "anti-tradicional", mesmo que venha de um padre ou bispo. Assim, o amor legítimo que Thomas tem pela tradição, embora louvável, está a torná-lo vulnerável a aceitar definições não autoritativas, redutoras e/ou inexatas da tradição por parte de católicos que ele agora considera mais fiáveis do que os sucessores dos apóstolos.

Por isso, antes de prosseguirmos com a nossa história, é importante definir o que é exatamente a "tradição". Só então poderemos saber onde está a tradição no meio de um oceano de interpretações divergentes.

Tradição na linguagem comum

Embora "tradição" tenha um significado mais amplo e profundo na teologia católica, creio que podemos obter algumas ideias se olharmos primeiro para o seu significado na linguagem quotidiana. A definição do dicionário *Merriam-Webster* parece ser um ponto de partida particularmente valioso:

Tradição (substantivo)...

1. um padrão de pensamento, ação ou comportamento herdado, estabelecido ou habitual (tal como uma prática religiosa ou um costume social)...
2. a transmissão de informações, crenças e costumes de boca em boca ou através do exemplo, de uma geração para outra, sem instrução escrita...
3. continuidade cultural nas atitudes sociais, costumes e instituições.[4]

Tradição significa a *transmissão* de uma determinada informação ou *conteúdo*. Neste sentido, a tradição pode ser considerada tanto no seu *objeto* (tradição objetiva) como de acordo com o seu *ato* (tradição ativa). "Tradição

---

[4] *Merriam-Webster.com*. "Tradition."

objetiva" significa o conteúdo que está a ser transmitido, enquanto que "tradição ativa" significa o modo como esse conteúdo é transmitido. Por outras palavras, a tradição objetiva é "o que é transmitido" e a tradição ativa é o "como é transmitido".

A tradição ativa inclui o objeto, mas não podemos conhecer o objeto sem conhecer a fonte, o ato, o modo e os meios pelos quais esse objeto chegou até aos nossos dias. Por isso, para termos uma visão completa, temos de tomar a tradição no seu sentido *composto*, como sendo constituída por duas partes — o ato de transmissão e a coisa transmitida.[5] Simplificando, temos de considerar sempre o "processo da tradição" e não apenas o seu conteúdo.[6]

Segundo as ciências sociais, entende-se por "tradição" o conjunto de atitudes e valores que identificam a cultura de um determinado grupo humano e que são ensinados às gerações seguintes e modificados por estas em função das necessidades de sobrevivência do grupo.[7] É, portanto, um traço caraterístico do ser humano. O Cardeal Joseph Ratzinger - futuro Papa Bento XVI — chegaria ao ponto de chamar à tradição um "pré-requisito da humanidade".[8]

Ratzinger tira esta conclusão a partir de experiências com um chimpanzé que, apesar de ser capaz de inventar novos tipos de ferramentas, não foi capaz de transmitir essa capacidade às gerações futuras. Segundo Ratzinger, "o facto de os animais não terem intelecto revela-se na sua incapacidade de transformar a invenção em tradição e, portanto, num contexto histórico. Por outras palavras, a invenção só adquire sentido se

---

[5] Agius. *Tradition and the Church*, 1-2. Ver também Bainvel, "Tradition and Living Magisterium": "A palavra tradição... refere-se às vezes à coisa (doutrina, relato ou costume) transmitida de uma geração a outra; outras vezes ao órgão ou modo de transmissão."

[6] Ter isto em mente será importante em capítulos futuros, nomeadamente quando tratarmos dos conceitos de desenvolvimento doutrinal e de magistério vivo.

[7] Martins. *Introdução à Teologia*, 107.

[8] Ratzinger. *Principles of Catholic Theology*, 86.

puder criar tradição, pois só assim se pode gerar história".[9] Tradição é constitutiva de uma humanidade que é verdadeiramente humana.[10]

Sendo simultaneamente humana e divina, a Igreja participa obviamente desta dimensão humana da tradição. No entanto, a noção teológica e católica de tradição é muito mais ampla e fundamental.

A tradição como transmissão do mistério da salvação

A tradição no sentido católico ultrapassa a noção sociológica. É o mistério da salvação transmitido por Deus-Pai ao Filho, e pelo Filho aos apóstolos, e pelos apóstolos a toda a Igreja.[11] A tradição é como uma "comunicação que desce, como em cascata, de Deus, através de Cristo e dos apóstolos"[12] para que aquilo que Deus "revelou para a salvação de todas as nações permaneça perpetuamente na sua plena integridade e seja transmitido a todas as gerações".[13] O Concílio Vaticano II ensina que a sagrada tradição é "como um espelho no qual a Igreja peregrina na terra contempla a Deus, de quem tudo recebe, até ser conduzida a vê-l'O face a face tal qual Ele é".[14] Uma vez que o Pai entregou este mistério da salvação ao Filho, o ato da tradição tem a sua origem na pessoa de Jesus Cristo.[15] Esta tradição consiste em tudo o que aprendemos através das palavras, ações e atitudes de Jesus.[16]

---

[9] Ratzinger. *Principles of Catholic Theology*, 86-87. Atualmente, sabemos que isto pode não ser inteiramente verdade, uma vez que alguns estudos demonstraram que os chimpanzés podem, de facto, transmitir conhecimentos através da imitação. Ver, por exemplo, Vale. "Acquisition of a socially learned tool use sequence in chimpanzees". No entanto, é inegável que esta caraterística é muito mais sofisticada nos seres humanos do que em qualquer outra espécie, pelo que não é incorreto chamar-lhe um traço carateristicamente humano.

[10] Ratzinger. *Principles of Catholic Theology*,, 87.

[11] Martins, *Introdução à Teologia*, 107.

[12] Congar. *La Tradition et la vie de l'Eglise*, 16.

[13] Vaticano II. *Dei Verbum*, 7. Ver também Bento XVI, "Audiência Geral": "A Igreja transmite tudo o que ela é e crê, transmite-o no culto, na vida, na doutrina. A Tradição é, portanto, o Evangelho vivo, anunciado pelos Apóstolos na sua integridade, com base na plenitude da sua experiência única e irrepetível: pela sua ação a fé é comunicada aos outros, até nós, até ao fim do mundo".

[14] Vaticano II. *Dei Verbum*, 7.

[15] Martins. *Introdução à Teologia*, 107.

[16] Martins. *Introdução à Teologia*, 108.

Capítulo 1: O que é a tradição?

Quer isto dizer que o Antigo Testamento não faz parte da tradição, uma vez que é anterior à existência terrena de Jesus? De modo algum. Havia tradição no Antigo Testamento porque havia um sentido de história — o conceito bíblico de "memória".[17] Assim, por exemplo, Israel celebrava a Páscoa como *memória* da noite em que o anjo da morte passou pelo Egito, quebrando a resistência do Faraó para libertar o povo hebreu.[18] Mais tarde, os profetas interpretaram cada novo acontecimento da história de Israel à luz da aliança de Deus e também de outros acontecimentos salvíficos do passado.[19]

No entanto, para nós cristãos, o Antigo Testamento também deve ser lido à luz de Jesus Cristo.[20] Afinal, os profetas do Antigo Testamento não se limitaram a interpretar os acontecimentos do seu tempo através da lente da memória histórica de Israel. Eles também profetizaram a vinda de um Messias que iria inaugurar um novo reino de Deus, não mais limitado ao povo de Israel, mas abrangendo todos os povos.[21] Acreditamos também que o cordeiro sacrificial, cujo sangue marcou as casas dos hebreus para que o anjo da morte os poupasse, foi uma prefiguração do sacrifício de Jesus na cruz, redimindo-nos dos nossos pecados.[22] Cristo foi o cumprimento da Lei do Antigo Testamento (ver capítulo 11).[23]

Por outro lado, Jesus citava frequentemente o Antigo Testamento nos Seus próprios ensinamentos. A tradição significa que temos de seguir o Seu exemplo neste âmbito. Assim, embora o ato de tradição tenha começado com Jesus, o Antigo Testamento também faz parte desta tradição.

Ao ensinar o que Deus queria revelar à humanidade, Jesus não escreveu essas verdades. Ele apenas pregou.[24] Portanto, os discípulos absorveram a revelação de Deus aprendendo com os ensinamentos de Jesus e seguindo o Seu exemplo. No entanto, nem toda a revelação foi

---

[17] Martins. *Introdução à Teologia*, 106.
[18] Ex 12:14
[19] Martins. *Introdução à Teologia*, 106.
[20] Martins. *Introdução à Teologia*, 112.
[21] Ott. *Fundamentals of Catholic Dogma*, 292-93.
[22] 1 Cor 5,7
[23] Ott, *Fundamentals of Catholic Dogma*, 8.
[24] Bainvel. "Tradition and Living Magisterium".

completada por Cristo enquanto Ele habitou na terra. Como Ele disse: "Muitas coisas ainda tenho a dizer-vos, mas não as podeis suportar agora. Quando vier o Paráclito, o Espírito da Verdade, ele vos ensinará toda a verdade, porque não falará por si mesmo, mas dirá o que ouvir, e vos anunciará as coisas que virão".[25]

No dia de Pentecostes, o Espírito Santo desceu sobre os apóstolos e instruiu-os sobre verdades que eles não tinham ouvido antes, ou verdades que eles não podiam entender enquanto viviam com Cristo.[26] Esta instrução — e consequentemente, a revelação de Deus — foi completada quando o último apóstolo morreu.[27]

Tal como Jesus não escreveu, Ele também não ordenou aos apóstolos que escrevessem, mas que ensinassem. Foi através do ensino oral que os apóstolos pregaram o Evangelho às nações.[28] A fim de preservar e transmitir com segurança o depósito da fé de geração em geração, mesmo após a sua morte, os apóstolos instruíram e ordenaram aos seus próprios discípulos — pessoas que ouviam e viam como os apóstolos praticavam a sua fé, aprendendo com eles[29] — que ensinassem tudo o que eles próprios ensinavam. Assim se iniciou o processo da tradição.

Mas alguns apóstolos e os seus discípulos também o fizeram escrevendo estas verdades divinas, juntamente com outras leis e preceitos.[30] Estas tornar-se-iam a parte da Escritura a que chamamos o

---

[25] Jo 16,12-13

[26] Agius. *Tradition and the Church*, 6. O mesmo autor faz uma distinção entre a tradição dominical — da palavra latina *Dominus*, ou Senhor — e a tradição divino-apostólica. A primeira foi revelada pelo próprio Cristo, enquanto a segunda foi revelada pelo Espírito Santo através dos apóstolos. Juntos, estes dois tipos de tradição constituem as tradições divinas, relativas às verdades da fé, que devem ser distinguidas das tradições eclesiásticas, relativas à disciplina da Igreja (ver Agius, *Tradition and the Church*, 5). Veremos mais adiante neste capítulo como é importante a distinção entre tradições divinas e eclesiásticas.

[27] Agius. *Tradition and the Church*, 5. Ver também Ott. *Fundamentals of Catholic Dogma*, 8.

[28] Bainvel. "Tradition and Living Magisterium".

[29] Agius. *Tradition and the Church*, 11.

[30] Agius. *Tradition and the Church*, 7, 11. Ver também Vaticano II. *Dei Verbum*, 7: "Isto foi realizado com fidelidade, tanto pelos Apóstolos que, na sua pregação oral, exemplos e instituições, transmitiram aquilo que tinham recebido dos lábios, trato e obras de Cristo, e o que tinham aprendido por inspiração do Espírito Santo,

Novo Testamento. Mas esta não foi a única forma. Os apóstolos, transmitindo o que eles próprios tinham recebido, advertiram os fiéis para que se apegassem às tradições aprendidas com eles, quer por palavra, quer por carta.[31] Esta é a razão por detrás da passagem de 2 Tess 2,15 que discutimos anteriormente.

Para que o Evangelho se mantenha para sempre inteiro e vivo na Igreja, não bastam apenas as Escrituras. Os apóstolos deixaram bispos (palavra que significa "supervisor" em grego)[32] como seus sucessores, entregando-lhes a autoridade de ensinar no seu próprio lugar.[33] Como S. Paulo disse a Timóteo: "te aplicaste a seguir-me de perto na minha doutrina, no meu modo de vida, nos meus planos, na minha fé, na minha paciência, na minha caridade, na minha constância... permanece firme naquilo que aprendeste e creste. Sabes de quem aprendeste".[34]

Estes bispos, por sua vez, tiveram os seus próprios sucessores que também se tornaram bispos. Assim, uma sucessão apostólica ininterrupta trouxe o depósito da fé até aos nossos dias.

Tradição em sentido lato e em sentido estrito

Pelo que foi dito acima, podemos entender que há uma intrincada proximidade entre as Escrituras e o ensino oral dos apóstolos. Ambos vêm de Deus, através de Jesus e do Espírito Santo. Ambos foram transmitidos às gerações seguintes pelos apóstolos e seus discípulos imediatos. A única diferença é o meio de transmissão: por escrito ou por via oral. Como o Catecismo descreve, há uma *fonte comum*, mas dois *modos de transmissão diferentes*.[35]

---

como por aqueles Apóstolos e varões apostólicos que, sob a inspiração do mesmo Espírito Santo, escreveram a mensagem da salvação".

[31] Vaticano II. *Dei Verbum*, 8.
[32] Mullin, *A Short World History of Christianity*, 23. Ver também O'Malley, *Vatican I*, 7.
[33] Vaticano II. *Dei Verbum*, 7.
[34] 2 Tim 3,10-14.
[35] CIC, 80-81.

Neste sentido, se considerarmos a tradição como tudo aquilo que foi transmitido por Deus para a salvação dos homens, independentemente do modo de transmissão, então a Escritura *também* deve ser considerada tradição.[36] Como o Concílio Vaticano II afirma:

> A sagrada Tradição [oral], portanto, e a Sagrada Escritura estão ìntimamente unidas e compenetradas entre si. Com efeito, derivando ambas da *mesma fonte divina*, fazem como que uma coisa só e tendem ao mesmo fim.... A sagrada Tradição e a Sagrada Escritura constituem *um só depósito sagrado* da palavra de Deus, confiado à Igreja [37]

Por outras palavras, o conjunto da tradição constitui um único depósito de fé confiado à Igreja. Esta tradição foi transmitida através de dois modos: pela palavra oral e pela escrita. Se quisermos ter acesso à plenitude do depósito da fé, devemos considerar ambos.[38]

No entanto, quando falamos de tradição, normalmente referimo-nos apenas ao que foi transmitido *oralmente*. Mais uma vez, como ensina o Concílio Vaticano II no mesmo parágrafo:

> A Sagrada Escritura é a palavra de Deus enquanto foi escrita por inspiração do Espírito Santo; a sagrada Tradição, por sua vez, transmite integralmente aos sucessores dos Apóstolos a palavra de Deus confiada por Cristo Senhor e pelo Espírito Santo aos

---

[36] Agius. *Tradition and the Church*, 10. Ver também Martins. *Introdução à Teologia*, 108.

[37] Vaticano II. *Dei Verbum*, 9-10. Ver também Vaticano I. *Dei Filius*, Capítulo 2, 5: "Ora, esta revelação sobrenatural, segundo a crença da Igreja universal, declarada pelo sagrado Concílio de Trento, está contida em livros escritos e tradições não escritas, que foram recebidas pelos apóstolos dos lábios do próprio Cristo, ou chegaram aos apóstolos por ditado do Espírito Santo, e foram transmitidas como que de mão em mão até chegarem a nós".

[38] Ver Vaticano II. *Dei Verbum*, 9: "[D]onde resulta assim que a Igreja não tira *só* da Sagrada Escritura a sua certeza a respeito de todas as coisas reveladas. Por isso, ambas [Escritura e Tradição] devem ser recebidas e veneradas com igual espírito de piedade e reverência"

Apóstolos, para que eles, com a luz do Espírito de verdade, a conservem, a exponham e a difundam fielmente na sua pregação. [39]

Por conseguinte, há dois sentidos para a palavra "tradição": um sentido *lato* e um sentido *estrito*. O *sentido lato* inclui *tudo o* que foi revelado por Deus, incluindo a Escritura. O sentido estrito, mais habitualmente usado, refere-se ao que foi transmitido por *outros meios além da escrita*, excluindo, portanto, a Escritura.[40] No decorrer deste livro, usarei o sentido estrito, exceto quando tratar de heresias que se aproveitam da Escritura para parecerem mais tradicionais (por exemplo, nos capítulos 5, 8 e 10).

Este sentido estrito da palavra "tradição", no entanto, não inclui apenas a repetição das palavras de Jesus e dos apóstolos, mas também a vida e as experiências concretas que a Igreja viveu ao longo da sua história, mesmo até aos dias de hoje.[41] Mais uma vez, devemos recordar que a tradição se refere não só ao conteúdo (tradição objetiva), mas também ao ato de transmissão deste conteúdo (tradição ativa)[42] i.e., o "processo da tradição".[43] Portanto, a tradição é uma *realidade viva*.[44] Os tradicionalistas têm muitas vezes dificuldade em compreender isto[45] e, assim, põem em

---

[39] Vaticano II. *Dei Verbum*, 9.
[40] Agius. *Tradition and the Church*, 10. Ver também Martins. *Introdução à Teologia*, 108.
[41] Martins. *Introdução à Teologia*, 108-09.
[42] Agius. *Tradition and the Church*, 1-2.
[43] Martins. *Introdução à Teologia*, 122.
[44] Ver Vaticano II. *Dei Verbum*, 12: "Mas, como a Sagrada Escritura deve ser lida e interpretada com o mesmo espírito com que foi escrita, não menos atenção se deve dar, na investigação do reto sentido dos textos sagrados, ao contexto e à unidade de toda a Escritura, tendo em conta a *Tradição viva* de toda a Igreja e a analogia da fé".
[45] Ver, por exemplo, Vennari, "Modernism in a Nutshell": "'Tradição' para o modernista, não é mais do que as antigas expressões dos sentimentos coletivos de um grupo religioso ao longo dos tempos. Mas o modernista insistirá numa 'tradição viva' que ponha de lado os velhos dogmas e práticas se não forem considerados relevantes para o homem moderno... Se o dogma é para ser 'vivo', deve ser submetido às 'novas percepções' dos teólogos modernos. A tradição católica 'desatualizada' deve ser substituída pela 'tradição viva'. Assim, a religião católica moderna ideal, que mostra que está viva, deve ter uma Nova Teologia, uma Nova Missa, um Novo Código de Direito Canônico, um Novo Catecismo e

perigo a tradição sob o pretexto de a defenderem, uma vez que estão a pôr em perigo o próprio "processo da tradição".

O perigo da tradição

O Papa Francisco, tal como os seus antecessores, alude frequentemente a este conceito de "tradição viva". Uma das suas intervenções mais famosas é esta:

> A tradição é a garantia do futuro, e não a guardiã das cinzas. Não é um museu. A tradição não guarda as cinzas. A nostalgia dos fundamentalistas, voltar às cinzas, não. A tradição são raízes que garantem à árvore crescer, florescer e dar fruto... Tudo aquilo que a árvore tem de florido, vem-lhe do que está enterrado.[46]

O Cardeal Joseph Ratzinger concordou com esta proposição, pois ele mesmo disse que "o passado só pode ser descoberto como algo a ser preservado se o futuro for considerado como um dever; a descoberta do futuro e a descoberta do passado estão inseparavelmente ligadas, e é esta descoberta da indivisibilidade do tempo que faz de facto a tradição".[47] Ratzinger diria ainda:

> Pudemos afirmar que a verdadeira tradição não está de modo algum relacionada apenas com o passado, mas está também intimamente ligada ao futuro. Chegamos agora a um outro ponto. *A tradição, que é por natureza o fundamento da humanidade do homem, está por todo o lado misturada com as coisas que o privam da sua humanidade.* A base da humanidade do homem — a tradição — está contaminada. Traz simultaneamente em si mesma e, por isso mesmo, as sementes do anti-humanismo. A sua origem e a sua destruição estão indissoluvelmente ligadas — esta é a verdadeira tragédia da

---

uma Nova Evangelização. E cada um destes 'novos' itens conterá aspetos que, de uma forma ou de outra, contradizem o ensino e a prática católicos tradicionais ('estáticos')".

[46] Francisco, "Coletiva de imprensa durante o voo de retorno da Roménia".
[47] Ratzinger. *Principles of Catholic Theology*, 87.

humanidade. O homem deve agarrar-se à tradição se quiser agarrar-se à sua humanidade, mas, ao fazê-lo, agarra-se inevitavelmente também às forças da alienação. A simples afirmação com que começámos adquire assim uma estranha ambiguidade, pois temos de a expandir para a afirmação: A tradição é a condição prévia da humanidade do homem, *mas é também o seu perigo*. Quem destrói a tradição destrói o homem... *Mas mesmo aquele que quer preservar a tradição cai igualmente no perigo de a destruir.* [48]

Um aviso sombrio para aqueles que se dizem tradicionalistas. Como tudo o que de bom que Deus nos deu, a tradição pode ser pervertida, especialmente se lhe associarmos um "ismo". E para que ninguém pense que Ratzinger está a falar aqui apenas de tradições humanas e não de tradições da Igreja, ele rapidamente acrescenta: "uma nação deve ser assídua na purificação das suas próprias tradições; a Igreja deve fazer o mesmo." [49]

Mas, se a tradição sagrada veio do próprio Deus, como podemos ousar purificar essa tradição ou acreditar que ela pode ser perigosa? A resposta está numa distinção muito importante, que Ratzinger também faz:

> Por conseguinte, temos de analisar a tradição a partir de duas perspetivas muito diferentes. Do ponto de vista teológico, é necessário, em primeiro lugar, *guardar a tradição contra as tradições*; isto é, não nos devemos deixar sufocar pelo crescimento luxuriante de tradições individuais, mas devemos ser assíduos em cortar o que é acidental e temporário, e mantê-lo dentro de limites, para dar lugar ao que é fundamental. [50]

Tradição e tradições

---

[48] Ratzinger. *Principles of Catholic Theology*, 89-90.
[49] Ratzinger. *Principles of Catholic Theology*, 90.
[50] Ratzinger. *Principles of Catholic Theology*, 90.

Qual é, então, a diferença entre "tradição" e "tradições"? O que significa dizer que algumas tradições são "acidentais ou temporárias"? Ratzinger está a aludir à distinção entre tradição *apostólica* e tradição *eclesial*.[51] Os apóstolos foram promulgadores das verdades que lhes foram reveladas por Deus, mas foram também legisladores e pastores das igrejas que fundaram. Do mesmo modo, os bispos e papas ao longo da história, até aos nossos dias, não foram apenas professores, mas também legisladores e decisores políticos.

O que os apóstolos pregaram e escreveram sobre a revelação constitui a tradição apostólica e não pode ser mudado, porque é o que Deus lhes transmitiu de forma irrepetível. No entanto, como legisladores e pastores, eles também estabeleceram certas leis e regras que consideraram necessárias ou úteis nas igrejas particulares que fundaram. Estas tradições eclesiais estão sujeitas a revisão, dispensa ou mesmo abrogação, nomeadamente pelo Papa, sucessor de S. Pedro. Isto é especialmente verdadeiro para as tradições eclesiais nos tempos pós-apostólicos.[52] Assim, o Catecismo ensina que:

> *Tradição deve ser distinguida das várias tradições teológicas, disciplinares, litúrgicas ou devocionais*, nascidas nas igrejas locais ao longo do tempo. Estas são as *formas particulares*, adaptadas a diferentes lugares e épocas, em que se *exprime* a grande Tradição. À luz da Tradição, estas tradições podem ser conservadas, modificadas ou mesmo abandonadas sob a direção do Magistério da Igreja.[53]

Portanto, em cada momento, devemos verificar se uma tradição eclesial é vinculante para a fé da Igreja ou não.[54] Muitas vezes, o erro do tradicionalista é não entender como isso é possível. Para ele, abandonar as tradições é o mesmo que abandonar a tradição. O tradicionalista confunde isso com Modernismo. Mas há uma diferença crucial. O Modernismo afirma que partes da tradição divina devem ser abandonadas para se adaptarem aos tempos modernos. Pelo contrário, o Catolicismo afirma que

---

[51] Ou entre tradição divina e tradição eclesiástica, segundo a terminologia empregue por Agius. *Tradition and the Church*, 9.
[52] Agius, *Tradition and the Church*, 6-9.
[53] CIC, 83.
[54] Martins. *Introdução à Teologia*, 110.

a tradição deve permanecer inalterada, mas a *forma* como a tradição é *expressa* pode mudar. O Modernismo postula que devemos adaptar-nos aos tempos porque nada é eterno. O Catolicismo afirma firmemente que há realidades eternas, mas que devem ser transmitidas de uma forma que o temporal compreenda.

É verdade que o Evangelho deve permanecer intocado, mas a sua universalidade (i.e., "catolicidade") exige que as suas *expressões* se adaptem às várias situações existenciais e culturais do mundo e da história. É no seio destas "tradições", e nunca sem elas, que o Evangelho é anunciado.[55] É uma loucura presumir que temos acesso à tradição na sua forma pura, sem as "tradições" que a recobrem.

Além disso, as tradições que, ao longo dos séculos, expressaram o acontecimento salvífico de Jesus Cristo não são meros "revestimentos exteriores", mas enriquecem significativamente a mensagem única do Evangelho, permitindo-lhe chegar a todas as partes do mundo.[56] Deus, que entregou o Seu Filho ao mundo para que este tivesse vida em abundância, quer estar sempre presente em cada momento da história e em cada cultura, para que *todos os* homens tenham acesso à sua salvação.[57]

De acordo com o Concílio Vaticano II, encontrar soluções para os problemas humanos significa que temos de discernir a melhor maneira de aplicar as verdades eternas da revelação às condições mutáveis dos assuntos humanos.[58] Para levar a cabo tal tarefa, a Igreja sempre teve o dever de examinar os "sinais dos tempos" e de os interpretar à luz do Evangelho. Assim, numa linguagem inteligível para cada geração, a Igreja pode responder às questões perenes que os homens colocam sobre a vida presente e a vida futura, e sobre a relação de uma com a outra.[59] Como o Papa S. João XXIII explicou durante a abertura do Concílio: "Uma coisa é a substância do '*depositum fidei*', isto é, as verdades contidas na nossa doutrina, e outra coisa é a formulação com que se exprimem, conservando,

---

[55] Martins. *Introdução à Teologia*, 110.
[56] Martins. *Introdução à Teologia*, 111.
[57] Martins. *Introdução à Teologia*, 122.
[58] Vaticano II. *Optatam totius*, 16.
[59] Vaticano II. *Gaudium et Spes*, 4.

porém, o mesmo sentido e o mesmo significado".[60] É esta a base de um conceito que teve grande importância durante o Concílio Vaticano II, chamado *aggiornamento* (significando "atualizar" em italiano). Este *aggiornamento* não é uma invenção de João XXIII, mas já tinha sido formulado antes do Vaticano II pelo Papa Bento XV. Na sua primeira encíclica, Bento escreveu que, em assuntos "sujeitos a mudanças", a regra deveria ser "coisas antigas, mas de uma maneira nova" (*non nova, sed noviter*).[61]

Para que o "processo da tradição" tenha lugar, a Igreja tem de se purificar de tradições eclesiais, não vinculativas, que não falam — ou até impedem o diálogo — com a cultura com a qual está a interagir nesse momento específico, mesmo que tenham sido adequadas noutros tempos e lugares. Quando a Igreja o faz, está de facto a permitir que a tradição eterna e apostólica seja comunicada a uma nova geração e cultura, como é próprio da tradição. Mas recuperar a tradição do meio das tradições, embora seja a ação verdadeiramente tradicional, pode criar a ilusão de anti-tradicionalismo. Iremos explorar esta ilusão no próximo capítulo.

---

[60] João XXIII, "Discorso del Santo Padre" (minha tradução do italiano original).
[61] Bento XV. *Ad Beatissimi Apostolorum*, 25.

Capítulo 2

"De regresso às fontes"

> *Irmãos e irmãs, voltemos ao Concílio, que redescobriu o rio vivo da Tradição sem estagnar nas tradições; reencontrou a fonte do amor, não para ficar a montante, mas para que a Igreja desça a jusante e seja canal de misericórdia para todos.*
>
> — Francisco, Homilia por ocasião do 60º aniversário do Concílio Vaticano II

A 10 de fevereiro de 2013, Thomas Lawson acordou com uma surpresa amarga. O seu despertador tocou, como de costume. Ele desligou-o, como de costume. Levantou-se, escovou os dentes, vestiu-se e preparou o pequeno-almoço, como de costume. E viu as notícias da manhã, como de costume. Mas algo de invulgar acontecera. Algo tão invulgar que não acontecia há 718 anos.[1] O Papa tinha renunciado voluntariamente ao ministério de Bispo de Roma.[2]

Thomas foi tomado por uma grande tristeza. Ele amava Bento XVI profundamente, pois ele fora o papa que o tinha convertido. Por que, de todos os papas que existiram ao longo dos séculos, tinha de ter sido Bento a demitir-se? Esta pergunta revolveu a cabeça e o coração de Thomas durante todo o dia, toda a semana, todo o mês. Com os olhos marejados de lágrimas, viu em 28 de fevereiro as imagens em direto de Bento XVI a apanhar um helicóptero para Castel-Gandolfo, para nunca mais ser visto como papa reinante. Não era apenas Bento que estava a voar, era todo o seu pontificado.

A tristeza de Thomas atenuou-se um pouco nos dias seguintes. O Vaticano estava em plena atividade, preparando-se para receber os cardeais para o próximo conclave. A tristeza deu lugar à curiosidade. Quem seria o próximo papa? Todos os canais de notícias faziam previsões, ao mesmo tempo que explicavam os pormenores da realização do conclave.

---

[1] de Sousa. "Father Raymond J. de Souza on the Pope: The Holy Father takes his leave."

[2] Bento XVI. *Declaratio*.

O nosso jovem amigo ouviu tudo isto com interesse. Tinha vivido a eleição de Bento mas, como protestante, não lhe prestara muita atenção. Este era o primeiro conclave que ele iria efetivamente seguir. No dia 12 de março, Thomas estava colado ao televisor. Toda a pompa e cerimónia que rodearam a preparação e a abertura do conclave agradaram às tendências tradicionalistas de Tom. Mas tudo isso seria em breve removido dos seus sentidos, pois as portas da Capela Sistina estavam agora fechadas e trancadas. Só se abririam quando a Sé deixasse de estar vaga.

Nesse dia, saiu fumo negro da chaminé do Vaticano, anunciando que a primeira votação não tinha reunido votos suficientes para eleger o pontífice. O fumo negro voltaria a subir mais três vezes no dia seguinte. Mas, às 19 horas (hora da Europa Central) de 13 de março, saiu fumo branco. Boas notícias! *Habemus Papam!* [3]

Os sinos tocaram. As pessoas na Praça de S. Pedro regozijavam-se. O coração do Thomas batia forte. Quem seria o próximo Papa? O Cardeal Protodiácono apareceu na varanda da Basílica de S. Pedro. Todos os olhares, todas as câmaras, todas as atenções do mundo estavam viradas para ele. Depois, anunciou o nome:

Dominum Georgium Marium *Sanctae Romanae Ecclesiae Cardinalem* Bergoglio, *qui sibi nomen imposuit* Franciscum. [4]

Thomas viu o novo Papa sair para a varanda. Vestia uma batina branca e uma *pellegrina* a condizer. Como alguém que nunca tinha visto um anúncio como este, Thomas não se apercebeu que Francisco não usava os trajes papais característicos de uma ocasião tão solene. Ao prescindir da *mozzetta* vermelha e branca com arminho e da estola papal bordada a ouro, Francisco estava a romper com uma tradição de vestuário em vigor desde, pelo menos, a eleição de Pio XI. [5] No entanto, isto indicava que Francisco queria regressar a uma Igreja mais simples, uma Igreja "pobre e para os

---

[3] "Temos um papa", em latim — expressão tradicional proferida aquando da eleição de um novo pontífice.

[4] "Senhor *Jorge Mario*, Cardeal da Santa Igreja Romana, *Bergoglio*, que toma para si o nome de *Francisco*." (traduzido do latim).

[5] Ver Urbano, "Clothes and the Man: How popes communicate through clothing."

Capítulo 2: "De regresso às fontes" 39

pobres"[6] — uma tradição mais antiga e mais venerável do que qualquer código de vestuário.[7]

Ignorando esta mensagem codificada, Tom estava fascinado com o sorriso e a autenticidade do novo Papa, especialmente quando saudou a multidão com um simples *"Buona sera"*.[8] Quando o Papa pediu a todos os católicos que estavam a assistir que rezassem por ele,[9] Tom ajoelhou-se e pediu a Deus que abençoasse o pontificado de Francisco.

Depois da bênção papal, Thomas correu para o seu computador. Queria saber mais sobre este Jorge Mario Bergoglio. Infelizmente, a página de Bergoglio na Wikipédia estava a ir abaixo devido ao excesso de tráfego. Como as fontes mais habituais não estavam disponíveis, Tom recorreu aos blogues tradicionalistas que tinha aprendido a seguir. E encontrou, de facto, novas informações. Trinta minutos após a bênção papal, o famoso website tradicionalista *Rorate Caeli* já tinha publicado um artigo intitulado *"O Horror"*, descrevendo Bergoglio como um "inimigo jurado da Missa Tradicional".[10]

A alegria de Thomas Lawson quebrou-se. A sua felicidade deu lugar a pavor. Seria possível? Teria Deus abandonado a Sua Igreja às mãos de um modernista anti-tradicionalista? Infelizmente para ele, os anos seguintes não o ajudariam a acalmar as suas preocupações.

É verdade que, nessa altura, ninguém dizia que os ensinamentos de Francisco eram heréticos ou heterodoxos. Afinal de contas, todos esses ensinamentos podiam ser encontrados nas encíclicas sociais de Bento XVI e João Paulo II, ou mesmo anteriores a eles. Mas a sua ênfase excessiva na justiça social parecia mostrar uma tendência liberal. Os antecessores de

---

[6] Davies, "Pope Francis declares: 'I would like to see a church that is poor and is for the poor.'"

[7] Podemos recordar a famosa história apócrifa de S. Tomás de Aquino visitando o Papa, tendo-o encontrado a contar uma grande soma de dinheiro. Referindo-se ao episódio de At 3,6, o Papa teria dito: "Ah, Tomás, Pedro já não pode dizer 'não tenho prata nem ouro'", ao que Aquino teria respondido: "É verdade, Sua Santidade, mas Pedro também já não pode dizer: 'Levanta-te e anda'". Ver Chesterton. *St. Thomas Aquinas*, 18.

[8] Italiano para "boa noite".

[9] Francisco, "Primeira saudação do Papa Francisco".

[10] New Catholic [pseudo.], "The Horror."

Francisco também ensinavam sobre justiça social, mas Tom tinha aprendido que esses ensinamentos eram meros juízos prudenciais dos papas, ou seja, não vinculativos para os fiéis.[11] O magistério católico sobre questões políticas tinha partes que podiam ser sublinhadas com um marcador dourado (as que deviam ser seguidas por todos os fiéis, sem exceção) e outras que podiam ser sublinhadas com um marcador vermelho (e podiam ser ignoradas).[12] As questões verdadeiramente inegociáveis eram o aborto e outras questões diretamente ligadas à bioética católica e à antropologia sexual.[13]

Tendo sido criado no seio de uma família evangélica conservadora, uma das coisas que tinha atraído Thomas para a fé católica era a sua firme defesa da verdade nesses temas. O Ocidente em geral, e os EUA em particular, estavam envolvidos numa guerra cultural em que os liberais usavam a justiça social para minar a posição da Igreja nas questões da vida e da família. Agora Francisco estava a dar força aos inimigos políticos da Igreja. Claro, Francisco ainda defendia a doutrina da Igreja sobre o aborto e outras questões relacionadas com a vida.[14] Mas, por alguma razão, a sua ênfase na justiça social era mais difícil de ignorar do que a dos seus antecessores. Por que estava Francisco tão empenhado em trazer para a ribalta do seu pontificado esses ensinamentos anteriormente esquecidos? Por que não deixar essas doutrinas adormecidas?

No entanto, Francisco sabia que a sua atenção para com os pobres não era tão radical como algumas coisas propostas pelo Evangelho[15] ou por muitos Padres da Igreja.[16] Todas as suas ações e todos os seus discursos não eram motivados por um ódio à tradição. Muito pelo contrário, o novo pontífice procurava regressar a uma tradição mais profunda, mais

---

[11] Ver Horn, "'Prudential Judgment,' and Voting Q+A."
[12] Ver Weigel. "Caritas in Veritate in Gold and Red."
[13] Ver *Voter's Guide for Serious Catholics*, 2006.
[14] Recolhi muitas das intervenções pró-vida de Francisco numa série de três partes: Gabriel, "Pope Francis, Pro-Life Champion."
[15] Como um exemplo não exaustivo, ver Mc 10,21: "Jesus fixou nele o olhar, amou-o e disse-lhe: 'Uma só coisa te falta; vai, vende tudo o que tens e dá-o aos pobres e terás um tesouro no céu. Depois, vem e segue-me'".
[16] Mais uma vez, como exemplo não exaustivo, ver S. João Crisóstomo, citado por Francisco em *Fratelli tutti*, 119: "não fazer os pobres participar dos próprios bens, é roubar e tirar-lhes a vida; não são nossos, mas deles, os bens que aferrolhamos".

fundamental, que tinha sido desvalorizada anteriormente — não pelos seus predecessores, mas pelos meios de comunicação social que os interpretavam para as massas católicas. Por outras palavras, Francisco queria que os católicos "regressassem às fontes".

Regresso às fontes ou nova teologia?

Para sabermos se há precedentes históricos para uma resistência "tradicionalista" ao magistério pré-conciliar, devemos primeiro entender como o magistério conciliar e pós-conciliar passou a ser visto como anti-tradicional. Na sua obra fundamental sobre a história do Concílio Vaticano II, o célebre historiador John O'Malley explica que, para compreender verdadeiramente as reformas do Concílio, é preciso entender três conceitos: 1) *aggiornamento*, 2) desenvolvimento doutrinal e 3) *ressourcement*. Todos eles partem do princípio de que a tradição católica é "mais rica, mais ampla e mais maleável" [17] do que a forma como é por vezes apresentada. Já abordei o conceito de *aggiornamento* no meu último capítulo. Quanto ao desenvolvimento doutrinal, vou explorá-lo com mais pormenor no meu próximo capítulo. Debrucemo-nos então no *ressourcement*, o mais tradicional dos três — e, paradoxalmente, o mais potencialmente radical. [18]

Ressourcement significa "regresso às fontes" em francês. [19] Esta palavra foi originalmente cunhada pelo grande pensador católico francês Charles Péguy no início do século XX. [20] Não é, portanto, surpreendente que os franceses tenham sido aqueles mais familiarizados com este termo — e os que o desenvolveram até à sua expressão mais profunda.

Péguy morreria em 1914 nas trincheiras da Primeira Guerra Mundial, mas o seu legado intelectual perdurou. Duas décadas mais tarde, o fervilhante meio teológico da França dos anos 30 iria pegar neste conceito

---

[17] O'Malley. *What Happened at Vatican II*, 37. Ver também Guarino, *The Disputed Teachings of Vatican II*, 55-56.

[18] O'Malley. *What Happened at Vatican II*, 301.

[19] O'Malley. *What Happened at Vatican II*, 40.

[20] Flynn e Murray. *Ressourcement, a Movement for Renewal*, 4.

e aplicá-lo às suas obras teológicas. Isso aconteceria principalmente em dois focos.

O primeiro desses focos foi a Faculdade Jesuíta de Lião-Fourvière. Entre os mestres desta escola, Henri de Lubac é considerado o mais excelente teólogo do *ressourcement*.[21] Para explicar melhor o pensamento de de Lubac, temos de entender a distinção que ele faz entre dois tipos de teólogos. Como explica Mons. Thomas Guarino na sua obra seminal sobre o Vaticano II:

> De um lado, estão aqueles que não querem "corrigir uma palavra sequer" dos ensinamentos papais *do século passado*... Por outras palavras, o ensino eclesial *recente* é tomado como o guia preeminente para toda a investigação teológica. Do outro lado, estão os teólogos... que desejam reler as Escrituras e os Padres, os escritores orientais e toda a *tradição viva* da Igreja, e trazê-los para os problemas contemporâneos. O argumento simples de de Lubac é que o magistério ordinário dos últimos cem anos não pode ser equiparado à grande tradição teológica do Cristianismo. É a tradição mais ampla e mais profunda que deve ser explorada para obter recursos quando a Igreja enfrenta novos desafios.[22]

O segundo pólo floresceu numa faculdade fundada pelos dominicanos em Le Saulchoir na Bélgica, que seria transferida para Paris em 1937 (embora conservando o nome Le Saulchoir). O mais influente dos teólogos desta escola foi Yves Congar, cuja obra também se dedicou a uma recuperação da tradição cristã para além dos ensinamentos papais e magisteriais recentes.[23] Ele escreveria, no seu livro "Verdadeira e Falsa Reforma":

> Muitos receberiam a fé com bastante mais facilidade se ela lhes fosse oferecida na forma que recebe das suas *fontes* (a Bíblia e a tradição primitiva). Mas eles têm dificuldade em reconhecer o Evangelho debaixo de toda a bagagem histórica que esconde a sua realidade viva e que lhes parece estranha... "Voltar às fontes",

---

[21] Guarino. *The Disputed Teachings of Vatican II*, 60.
[22] Guarino. *The Disputed Teachings of Vatican II*, 60.
[23] Guarino. *The Disputed Teachings of Vatican II*, 61.

como dizemos agora, significa repensar a situação em que nos encontramos à luz e no espírito de tudo o que a integridade da tradição nos ensina sobre o significado da Igreja. [24]

Por outras palavras, o *ressourcement* defendia que se contornasse o presente para aceder ao passado, recuperando assim da história da Igreja algo de espiritualmente mais enriquecedor. [25] Os estudiosos do *ressourcement* eram céticos em relação ao presente, [26] pelo que nunca se propuseram criar uma "revolução". Pelo contrário, queriam avançar para uma tradição mais profunda. [27] Para estes teólogos, a tradição não era uma mera repetição do passado *recente*, mas a unidade da tradição *sempre viva*. [28] Tinham uma "visão dinâmica da tradição" [29] — que, como vimos no último capítulo, é a forma correta de a entender. Como diria de Lubac: o que ele mais lamentava no meio teológico do seu tempo não era tanto a "falta de abertura aos problemas e às correntes do pensamento contemporâneo", mas a "falta de um espírito verdadeiramente tradicional". [30]

Na prática, porém, este movimento foi uma reação contra a corrente católica dominante do seu tempo. Esta corrente dominante, por sua vez, assentava no neoescolasticismo, baseado na teologia tomista. Paradoxalmente, este movimento neoescolástico foi também muito vibrante em França. Um dos neoescolásticos mais influentes desse período foi o padre dominicano Garrigou-Lagrange, antigo aluno e professor de Le Saulchoir.

O confronto era iminente. Os pensadores do *ressourcement* não gostavam da aridez tomista dos neoescolásticos, procurando, em vez disso,

---

[24] Congar. *True and False Reform*, 50, 295.
[25] O'Malley. *What Happened at Vatican II*, 300-301.
[26] O'Malley. *What Happened at Vatican II*, 40.
[27] Congar, "The Brother I have known", citado por Flynn e Murray. *Ressourcement, a Movement for Renewal*, 4.
[28] Flynn e Murray. *Ressourcement, a Movement for Renewal*, 5.
[29] Flynn e Murray. *Ressourcement, a Movement for Renewal*, 8.
[30] De Lubac, *At the Service of the Church*, citado por Flynn e Murray. *Ressourcement, a Movement for Renewal*, 8.

uma tradição mais antiga e espiritualmente nutritiva,[31] mais influenciada pelas Escrituras e pelos Padres da Igreja dos primeiros séculos.

Curiosamente, embora o seu objetivo fosse descobrir uma tradição mais profunda e primordial, estes teólogos foram acusados exatamente do oposto. Por serem um movimento recente que se insurgia contra a corrente dominante, foram considerados uma "nova teologia". Aqui, já podemos vislumbrar um tema recorrente na história da Igreja, a premissa maior deste livro: aqueles que buscam uma tradição mais profunda são frequentemente vistos como sendo anti-tradição.

Não é de surpreender que a maior resistência ao movimento do *ressourcement* tenha vindo dos neoescolásticos a que se opunham. Para esse efeito, os neotomistas referiam-se aos seus adversários com o termo pejorativo *"la nouvelle théologie"* (ou "nova teologia").[32] O termo tem a sua origem em 1942, com Pietro Parente, assessor do Santo Ofício[33], mas difundiu-se quando o Padre Garrigou-Lagrange escreveu um artigo em 1946, perguntando no título: "Aonde nos leva a nova teologia?". A sua resposta: "Ao modernismo".[34]

Evidentemente, os teólogos *do ressourcement* rejeitaram veementemente o rótulo de *"nouvelle théologie"*. De Lubac detestava a expressão.[35] Como poderiam estar a propor uma nova teologia, quando a sua principal preocupação era recuperar uma tradição mais profunda?

Talvez possamos responder a esta pergunta se olharmos para ela de um outro ângulo. É verdade que os teólogos do *ressourcement* tentaram desenterrar uma tradição mais profunda do passado e aplicá-la ao presente. Mas será que esta prática é, ela própria, tradicional? Por outras palavras, existe uma tradição para usar *ressourcement*?

Ad fontes: a tradição por detrás do *ressourcement*

Embora o *ressourcement* seja um neologismo cunhado por Charles Péguy no século XX, a sua prática fazia parte de uma tradição mais venerável. O

---

[31] O'Malley. *What Happened at Vatican II*, 41, 75.
[32] O'Malley. *What Happened at Vatican II*, 41.
[33] O'Malley. *What Happened at Vatican II (O que aconteceu no Vaticano II)*, 75.
[34] Flynn e Murray. *Ressourcement, a Movement for Renewal*, 36. Ver também O'Malley. *What Happened at Vatican II*, 86.
[35] Flynn e Murray. *Ressourcement, a Movement for Renewal*, 6.

Capítulo 2: "De regresso às fontes"

historiador John O'Malley chega a dizer que "alguma forma de *ressourcement* esteve por detrás de todos os movimentos reformistas do Cristianismo ocidental... pelo menos até ao Iluminismo". [36]

É possível observar uma forma preliminar de *ressourcement* no século XI, durante as chamadas reformas gregorianas. Estas constituíram um movimento de reforma religiosa, cujo nome deriva do seu defensor mais vigoroso: o Papa S. Gregório VII. Este pontífice foi inflexível na repressão da imoralidade clerical do seu tempo, nomeadamente na luta contra a simonia (ou seja, a compra de cargos eclesiásticos) e a imoralidade sexual. Para o efeito, Gregório proibiu a "tradicional" investidura de bispos e abades, que até então podia ser feita por governantes leigos e reis — uma fonte óbvia de corrupção política. Em vez disso, Gregório insistiu que estes membros do clero deveriam ser eleitos canonicamente. O pontífice acreditava que a Igreja tinha perdido a pureza original dos tempos apostólicos e citava frequentemente Jo 10,1-18 como o seu ideal para o sacerdócio. [37]

Algumas décadas mais tarde, esta reforma gregoriana seria condensada em leis sobre eleições episcopais canónicas e celibato clerical promulgadas pelo Primeiro e Segundo Concílios de Latrão. Como diz O'Malley: "Os reformadores entenderam a sua posição sobre estes dois assuntos como reafirmações da prática normativa de uma época anterior, o que implicava um mandato para restabelecer a prática mais antiga". [38]

Alguns séculos mais tarde, o Renascimento assistiu ao ressurgimento do classicismo, com o seu fascínio e adoção de formas de arte, arquitetura, literatura e filosofia gregas e latinas antigas. [39] De facto, pode argumentar-se que Renascimento e *ressourcement* são quase sinónimos. [40]

Foi também durante o Renascimento que o conceito de *ressourcement* foi nomeado pela primeira vez. *Ad fontes!* — em latim, "às fontes!" — seria o lema do grande movimento humanista deste período. Tal como os

---

[36] O'Malley. *What Happened at Vatican II*, 41.
[37] Blumenthal. "Gregorian Reform."
[38] O'Malley. *What Happened at Vatican II*, 41.
[39] Davis. "Classicism and the Renaissance."
[40] O'Malley. *What Happened at Vatican II*, 300.

teólogos do *ressourcement*, Erasmo de Roterdão procurou substituir o escolasticismo medieval por um regresso às fontes, nomeadamente a Bíblia e os Padres da Igreja.[41]

Já durante o século XX, as reformas litúrgicas do Papa S. Pio X seriam também consideradas uma espécie de *ressourcement*.[42] Curiosamente, Pio usaria a expressão "*Revertimini ad fontes*" ("voltemos às fontes") para designar o tipo de renovação teológica, pastoral e litúrgica que ele desejava.[43]

Mas o exemplo mais interessante de *ressourcement* pode ser encontrado um pouco antes. Em 1879, o Papa Leão XIII publicou a sua encíclica *Aeterni Patris*, que incitava a um renovado estudo de S. Tomás de Aquino e do método escolástico.[44]

> Imediatamente, os Doutores da Idade Média, *que são chamados de Escolásticos*, empreenderam uma grande obra, a saber: reunir diligentemente as colheitas fecundas e abundantes da doutrina *formuladas nas volumosas obras dos Santos Padres*, e uma vez reunidas, colocá-las num único lugar para uso e conforto dos vindouros. No que diz respeito, veneráveis irmãos, à origem, orientação e excelência desta aprendizagem escolástica, pode ser bom aqui falar mais detalhadamente nas palavras de um dos mais sábios dos Nossos predecessores, Sisto V: "Pelo divino favor d'Aquele que dá o espírito da ciência, sabedoria e entendimento, e que, em todas as épocas, conforme a necessidade, *enriquece a Sua Igreja com novas bênçãos* e a fortalece com salvaguardas, foi fundada *a teologia escolástica* pelos Nossos pais, homens de eminente sabedoria, em particular dois gloriosos doutores, o angélico S. Tomás de Aquino, e o seráfico S. Boaventura... e que, com excelente engenho, estudo assíduo e grandes trabalhos, a *transmitiram à posteridade*.[45]

---

[41] O'Malley. *What Happened at Vatican II*, 41.
[42] Flynn e Murray. *Ressourcement, a Movement for Renewal*, 4.
[43] Congar. *Chrétien en dialogue*.
[44] O'Malley. *What Happened at Vatican II*, 41.
[45] Leão XIII. *Aeterni Patris*, 14.

Capítulo 2: "De regresso às fontes"

Assim, ao tentar recuperar a teologia tomista medieval das prateleiras da história, Leão XIII plantou as sementes do movimento neoescolástico — o mesmo movimento que mais tarde se oporia a de Lubac e seus companheiros. Isto levanta a questão: se ambos se baseiam numa espécie de *ressourcement*, qual deles é mais tradicional?

O Vaticano II pronuncia-se: O verdadeiro *ressourcement*

O renascimento tomista de Leão XIII foi entusiasticamente apoiado por Pio X e pelos papas seguintes. Portanto, era apenas uma questão de tempo até que a oposição dos teólogos do *ressourcement* ao neoescolasticismo os colocasse em rota de colisão com a visão do Vaticano. Em 1950, o Papa Pio XII publicou a encíclica *Humani Generis*. Embora Pio não tenha nomeado aqueles que condenou neste documento, as implicações pareciam óbvias:

> *O desprezo dos termos e noções que os teólogos escolásticos* costumam empregar leva naturalmente a abalar a teologia especulativa, a qual, por fundar-se em razões teológicas, eles julgam carecer de verdadeira certeza... Desgraçadamente, esses amigos de novidades facilmente passam do desprezo da teologia escolástica ao pouco caso e até mesmo *ao desprezo do próprio magistério da Igreja, que tanto prestígio tem dado com a sua autoridade àquela teologia...* Alguns há que de propósito desconhecem tudo quanto os sumos pontífices expuseram nas encíclicas sobre o caráter e a constituição da Igreja, a fim *de fazer prevalecer um conceito vago, que eles professam e dizem ter tirado dos antigos Padres*, principalmente dos gregos. Os sumos pontífices, dizem eles, não querem dirimir questões disputadas entre os teólogos; e, assim, *cumpre voltar às fontes primitivas e explicar com os escritos dos antigos as modernas constituições e decretos do magistério*.[46]

Embora de Lubac e Congar não tenham considerado que as críticas de Pio XII fossem um retrato exato da sua teologia, a verdade é que a *Humani*

---

[46] Pio XII. *Humani Generis*, 17-18.

Generis levou à sua demissão — juntamente com muitos outros teólogos do *ressourcement* — dos seus postos de ensino.[47] No entanto, tem sido argumentado que Pio XII não tinha de Lubac em mente quando escreveu a sua encíclica, pois oito anos mais tarde o pontífice enviou uma carta ao confessor de de Lubac, expressando gratidão pelas obras dele, abençoando-o e encorajando-o a prosseguir com os seus estudos.[48] Além disso, é muito importante sublinhar que, mesmo na sua encíclica, Pio XII não excluiu a possibilidade de um certo tipo de *ressourcement*. Como típico católico, o pontífice filtrou a teologia que condenava, deixando intacto o que era compatível com a fé:

> Também é verdade que os teólogos devem sempre *voltar às fontes* da revelação; pois, a eles cabe indicar de que maneira "se encontra, explícita ou implicitamente" na Sagrada Escritura e na divina Tradição o que ensina o magistério vivo. Ademais, ambas as fontes da doutrina revelada contêm tantos e tão sublimes tesouros de verdade que nunca realmente se esgotarão. Por isso, *com o estudo das fontes sagradas rejuvenescem continuamente as sagradas ciências*; ao passo que, pelo contrário, a especulação que deixa de investigar o depósito da fé torna-se estéril, como vemos pela experiência.[49]

Lendo a encíclica com atenção, podemos perceber que o que acabou por perturbar Pio XII não foi tanto o *ressourcement* em si, mas uma certa atitude arrogante em relação ao escolasticismo e, por extensão, à autoridade magisterial que o promovia. Poderia o *ressourcement* ser ainda recuperado?

De Lubac meditou sobre esta crítica durante vários anos. Será que a sua teologia dava a impressão de uma recusa de todo o desenvolvimento teológico sucessivo aos Padres — e, portanto, também da teologia de S. Tomás de Aquino? De Lubac não era contra o tomismo, mas apenas contra uma certa interpretação moderna do tomismo, elaborada a partir do século XVI. Para sublinhar esta nuance, o padre jesuíta reescreveu parcialmente o seu livro *Surnaturel*, chamando-lhe *Augustinisme et theologie moderne*. Aqui, ele mostra de forma convincente como toda a obra de S. Tomás está

---

[47] Flynn e Murray. *Ressourcement, a Movement for Renewal*, 6-7.
[48] Kirby. "Seven Persistent Myths."
[49] Pio XII. *Humani Generis*, 21.

Capítulo 2: "De regresso às fontes" 49

plenamente inserida na tradição patrística. A tese principal dos dois livros de de Lubac é a mesma. No entanto, o segundo livro é mais maduro e tem em devida conta a formidável contribuição de S. Tomás de Aquino.[50]

Mais tarde, os teólogos sancionados seriam reabilitados durante o Concílio Vaticano II. Tanto de Lubac e Congar seriam convidados a ser *periti*[51] durante os trabalhos do Concílio. No entanto, também é verdade que o Concílio Vaticano II continuou a ter em grande consideração a obra de Aquino.[52] O Concílio, portanto, absorveu os dois tipos de *ressourcement* e, embora tomando partido por de Lubac e Congar (tal como Leão XIII favorecera o neoescolasticismo), conseguiu uma síntese equilibrada entre os dois. Este tipo de dialética é extremamente característico da tradição católica, como veremos no capítulo 4. O facto de a preferência do Vaticano II ter levado a um enfraquecimento do neoescolasticismo não significa que o Concílio não tenha tido uma posição mais moderada do que os extremos de ambas as partes em disputa.

Esta síntese foi melhor expressa por Gérard Philips, um padre belga que, como secretário-adjunto da Comissão Teológica do Concílio, desempenhou um papel fundamental em muitos episódios do Vaticano II. Como explica Thomas Guarino, para Philips não se deve conceber o *ressourcement* como um regresso a uma fonte que foi durante muito tempo abandonada e agora finalmente recuperada, mas antes como uma questão de olhar para a Palavra Divina de Deus tal como foi pregada, escrita e transmitida numa *tradição viva*. Esta tradição era como uma corrente que descia dos apóstolos, através dos Padres, dos concílios e dos atos do magistério. O escolasticismo *também fazia parte* desta cadeia de tradição: como católicos preocupados com a tradição, não devemos quebrar um único elo desta cadeia.[53]

Por outras palavras, segundo Philips, o *ressourcement* deve ter em conta *toda a* tradição da Igreja, incluindo a Escritura e os Padres, por um lado, e

---

[50] Agradeço ao Prof. Rocco Buttiglione o facto de ter trazido estes pontos à minha consideração.

[51] Consultores especializados.

[52] Ver, por exemplo, Vaticano II. *Optatam totius*, 16, e *Gravissimum educationis*, 10.

[53] Guarino. *The Disputed Teachings*, 59.

o tomismo e os teólogos pós-tridentinos, por outro lado.[54] Neste sentido, *ressourcement* significa *suplementar*, em vez de *suplantar*.[55] Conseguiu-se aqui uma síntese, em que o *ressourcement* se tornou verdadeiramente tradicional, sem esquecer nenhuma parte da história católica.[56]

Se quisermos manter a tradição hoje, temos de "voltar às fontes". Isto inclui a venerável tradição do *ressourcement* no seu verdadeiro sentido. Isso significa que não podemos simplesmente descartar a Igreja como ela era antes do concílio. Esta é a razão pela qual Joseph Ratzinger — teólogo da segunda geração do *ressourcement* e *peritus* durante o Vaticano II — enfatizava a necessidade de uma "hermenêutica da continuidade" na forma como devemos implementar o Concílio.[57] No entanto, seria igualmente antitradicional descartar os desenvolvimentos do Concílio Vaticano II, pois também estes pertencem à totalidade da tradição. Não nos é permitido ignorar o magistério conciliar e pós-conciliar, pois estes também fazem parte da cadeia ininterrupta da tradição viva que remonta aos apóstolos.

No entanto, é importante notar que, como vimos neste capítulo, os exercícios de *ressourcement*, embora tradicionais, podem criar a ilusão de antitradicionalismo. Isto é especialmente verdade se o *ressourcement* for associado ao *aggiornamento* e ao desenvolvimento doutrinal. Falaremos sobre este último no próximo capítulo.

---

[54] De facto, os próprios teólogos do *ressourcement* não se opuseram à teologia de Aquino, mas apenas ao neo-tomismo dos seus intérpretes modernos. Ver Flynn e Murray. *Ressourcement, a Movement for Renewal*, 355-358.

[55] Guarino. *The Disputed Teachings of Vatican II*, 61.

[56] Ver também "Manifesto of the New Traditionalism": "A teologia do *ressourcement*, que está no cerne do Concílio Vaticano II, foi a primeira de muitas abordagens teológicas que *desenvolveram* a Sagrada Tradição de uma forma inteiramente compatível com os fundamentos de S. Tomás. Enquanto todas estas novas teologias foram, por vezes, desdenhosas em relação a outras tradições ou mesmo promovidas por heréticos, nós, alicerçados na sólida rocha da ortodoxia, não temos medo de um diálogo frutuoso, na procura da harmonia que existe entre os 'elementos da fé' (*DV* 12)".

[57] Flynn e Murray. *Ressourcement, a Movement for Renewal*, 19, 429. Ver também Bento XVI. "Discurso à Assembleia Geral", e também Ratzinger, Joseph. "Santa Missa '*Pro Eligendo Romano Pontifice*.'"

Capítulo 3

"Grandes mudanças externas"

A Palavra de Deus não pode ser conservada em naftalina, como se se tratasse de uma velha coberta que é preciso proteger da traça! Não. A Palavra de Deus é uma realidade dinâmica, sempre viva, que progride e cresce, porque tende para uma perfeição que os homens não podem deter. Esta lei do progresso – segundo a fórmula feliz de São Vicente de Lérins – "fortalece-se com o decorrer dos anos, cresce com o andar dos tempos, desenvolve-se através das idades" – pertence à condição peculiar da verdade revelada, enquanto transmitida pela Igreja, e não significa de modo algum uma mudança de doutrina.

— Francisco, Discurso ao Pontifício Conselho para a Nova Evangelização

Com o passar dos anos e a acumulação de artigos tradicionalistas, aumentou a desconfiança de Thomas Lawson em relação ao Papa Francisco. Porém, naquela altura, apenas uma franja mais extrema diria que o seu magistério era heterodoxo ou herético. Afinal de contas, cada um dos seus ensinamentos podia ser atribuído aos seus antecessores imediatos. Mas tudo isso estava prestes a mudar.

Como parte dos seus esforços para uma Igreja mais sinodal, Francisco apelou à realização de dois sínodos, um em 2014 e outro em 2015, sobre um assunto premente na sociedade ocidental atual: a crise da família — uma preocupação que Tom certamente partilhava.

Mas isso não agradou a Thomas. Os comentadores conservadores e tradicionalistas não paravam de levantar preocupações acerca de certos movimentos no seio dos sínodos. Os bispos liberais estavam a pressionar para uma maior abertura no sentido de dar a comunhão aos divorciados e civilmente recasados que continuavam a ter relações sexuais[1] — uma possibilidade excluída por S. João Paulo II em *Familiaris Consortio*.[2] Tom ficou particularmente alarmado quando Francisco chamou o Cardeal Walter Kasper — a figura de proa da ala liberal nesta questão — para fazer

---

[1] Como exemplo, ver Douthat. "The Plot to Change Catholicism."
[2] João Paulo II. *Familiaris Consortio*, 84.

um discurso sobre o assunto a um consistório de cardeais convocado para preparar o sínodo.³

Mas, como explica o biógrafo papal Austen Ivereigh, dizer que Francisco estava do lado dos liberais era interpretá-lo mal. O objetivo de Francisco, especialmente nesta fase pré-sinodal, era criar as condições para um discernimento autêntico. Francisco não quis seguir a via da permissividade. No entanto, também notou os problemas que a atual disciplina sacramental colocava aos cuidados pastorais de muitos divorciados e recasados. A maioria dos delegados concordou: era necessária uma solução que mantivesse a norma geral, mas permitisse maior flexibilidade pastoral na sua aplicação. Era necessário um meio-termo.⁴

Em 2016, após dois anos de discussão entre os bispos, Francisco publicou finalmente a sua exortação apostólica pós-sinodal *Amoris Laetitia*. Neste documento, Francisco implementou de facto uma nova disciplina sacramental, mas com base na doutrina tradicional das circunstâncias atenuantes,⁵ evitando assim tanto as abordagens laxista e rigorista.⁶

No entanto, este equilíbrio foi gravemente mal interpretado pelos tradicionalistas, que viram a *Amoris Laetitia* como uma capitulação total à facção liberal. Pior ainda, o documento tinha alegadamente alterado o ensinamento perene da Igreja.⁷ Afinal, Francisco era heterodoxo, como sempre haviam suspeitado — assim diziam os tradicionalistas.

Tom estava perturbado. Aparentemente, o Espírito Santo tinha falhado em proteger a Igreja contra a heresia. O Papa não estava agora apenas, por astúcia ou negligência, a permitir a propagação do liberalismo na Igreja, sob um verniz de ortodoxia. O Santo Padre estava agora — assim pensava ele — a usar os canais do magistério para promover ativamente a heterodoxia. Como reagir a isto? Como submeter-se aos ensinamentos de um papa que está ativamente a espalhar heresias?

---

³ McCusker. "The almost unbelievable account."
⁴ Ivereigh. *The Wounded Shepherd*, 252-53, 272.
⁵ Francisco. *Amoris Laetitia*, 300-305, n351.
⁶ Ver Gabriel. *The Orthodoxy of Amoris Laetitia*, 31-42.
⁷ Ferrara, "Amoris Laetitia: Anatomy of a Pontifical Debacle": "Todo o católico digno desse nome tem o dever de resistir a esta tentativa de subversão do *Magistério perene* por um Papa desastrado que claramente não tem respeito pelo ensino dos seus próprios predecessores".

Capítulo 3: "Grandes mudanças externas"

Thomas acompanhou a polémica com muita ansiedade. Com o passar do tempo, os críticos do Papa continuaram a encontrar supostas contradições entre *Amoris Laetitia* e os anteriores pronunciamentos do magistério, nomeadamente *Familiaris Consortio*, *Veritatis Splendor*, o Concílio de Trento, o Código do Direito Canónico, etc. [8] Alguns defensores do Papa insistiram que este era um caso de desenvolvimento doutrinal, o qual é um mecanismo válido na doutrina da Igreja. No entanto, Thomas não acreditava nessa explicação. Ele tinha aprendido que a doutrina podia *desenvolver-se*, mas não *contradizer-se*. Mas *Amoris Laetitia* era claramente contraditória com a tradição anterior. Qualquer pessoa conseguia ver isso. Como podia ser, então, um desenvolvimento legítimo?

As regras de S. Vicente

Como foi referido no último capítulo, um dos três conceitos necessários para compreender o Concílio (e a Igreja pós-conciliar) é o de "desenvolvimento doutrinal". Segundo a definição dada por Thomas Guarino, desenvolvimento significa uma expansão progressiva e proporcional de uma ideia, mantendo intacta a natureza fundamental dessa ideia. [9] Se essa natureza fundamental for alterada, não temos um desenvolvimento correto, mas uma perversão. Por isso, perante uma mudança doutrinal, há que distinguir entre um verdadeiro e legítimo desenvolvimento (*profectus fidei*) e uma corrupção ilícita (*permutatio fidei*). [10]

Muitas vezes, há desacordo entre o magistério e os tradicionalistas sobre o que constitui desenvolvimento e corrupção. É muito comum que os tradicionalistas acreditarem que os ensinamentos recentes do magistério constituem *permutationes fidei*, enquanto o magistério o nega. Quem tem razão? Para nos ajudar a responder a esta questão, temos de recorrer a dois dos maiores teólogos sobre o desenvolvimento doutrinal: S. Vicente de Lérins e S. Cardeal Henry Newman.

---

[8] Eu explico a continuidade entre a *Amoris Laetitia* e os itens desta lista em Gabriel. *The Orthodoxy of Amoris Laetitia*, 152-201.

[9] Guarino. *The Disputed Teachings*, 59.

[10] Guarino, *The Disputed Teachings*, 12-15.

Comecemos pelo mais antigo: S. Vicente, um monge do século V. Na sua obra fundamental *Commonitorium*, S. Vicente estabelece duas regras que nos ajudam a distinguir entre desenvolvimentos legítimos e ilegítimos. São elas:

- *"id teneamus Quod ubique, quod semper, quod ab omnibus creditum est"*: isto é, que mantemos aquela fé que foi acreditada em todo o lado, sempre, por todos.[11]
- *"in eodem sensu eadamque sententia"*: ou seja, a doutrina da Igreja deve desenvolver-se apenas na sua própria espécie, isto é, na mesma doutrina, no mesmo sentido e no mesmo significado.[12]

À primeira vista, estas duas regras parecem excluir todo e qualquer tipo de desenvolvimento doutrinal. Mas não é o caso. O capítulo do *Commonitorium* onde S. Vicente de Lérins expõe sobre *"in eodem ..."* é intitulado "Sobre o desenvolvimento do conhecimento religioso".[13] O santo observa:

> Mas alguém dirá, talvez, "Não haverá, então, progresso na Igreja de Cristo? *Certamente; todo o progresso possível*. Pois que ser há, tão invejoso dos homens, tão cheio de ódio a Deus, que procure proibi-lo? *Mas com a condição de que seja um progresso real, não uma alteração da fé*. Porque o progresso exige que o assunto seja ampliado em si mesmo, a alteração, que seja transformado em outra coisa. A inteligência, portanto, o conhecimento, a sabedoria, tanto dos indivíduos como de todos, tanto de um homem como de toda a Igreja, deve, no curso das eras e dos séculos, aumentar e fazer muito e vigoroso progresso; mas ainda assim somente em sua própria espécie; isto é, *na mesma doutrina, no mesmo sentido e no mesmo significado*.[14]

Por outras palavras, S. Vicente permite, de facto, o desenvolvimento doutrinal, desde que cumpra as duas regras que expus anteriormente. No

---

[11] Vicente de Lérins, *Commonitorium*, cap. 2.
[12] Vicente de Lérins, *Commonitorium*, cap. 23.
[13] Vicente de Lérins, *Commonitorium*, cap. 23.
[14] Vicente de Lérins, *Commonitorium*, cap. 23.

entanto, o que significa ensinar uma doutrina "no mesmo sentido e no mesmo significado"? E o que significa manter uma fé que foi "acreditada em todo o lado, sempre, por todos"? [15] Muitos dos tradicionalistas de hoje limitar-se-ão a apontar as alegadas contradições entre Francisco e os seus predecessores, ou entre os documentos conciliares e os pronunciamentos pré-conciliares, e usar esta *mera aparência* de contradição como prova de que os desenvolvimentos doutrinais recentes são uma *permutatio fidei* ilegítima. [16]

No entanto, só porque *parece* haver uma contradição, não significa que essa contradição realmente exista. Argumentar assim seria, aliás, ir contra o que S. Vicente escreveu sobre o desenvolvimento doutrinal. Afinal de contas, S. Vicente advertiu que *"Pode sobrevir variação na forma, no formato, na aparência externa*, mas a natureza de cada tipo deve permanecer a mesma". [17]

Aprofundarei as regras vicentinas e a sua relação com as heresias pseudo-tradicionalistas no capítulo 6 deste livro. Por agora, devemos colocar a questão: se a mera aparência de contradição não é suficiente para violar as regras vicentinas, então como podemos distinguir entre um desenvolvimento e uma corrupção? Aqui, teremos de pedir a ajuda do segundo grande teólogo católico do desenvolvimento doutrinal: S. Henry Newman, um cardeal inglês do século XIX.

O "efeito borboleta" doutrinal [18]

---

[15] Ver Martins, *Introdução à Teologia*, 115: "É preciso reconhecer que é difícil encontrar uma afirmação que tenha sido acreditada sempre, explicitamente, e por todos... No entanto, mesmo que seja verdade que, se tomado ao pé da letra, o cânone de S. Vicente de Lérin não produz resultados satisfatórios, o facto é que ele fornece elementos importantes para o discernimento da Tradição"

[16] Ver, por exemplo, Ferrara, "*Amoris Laetitia*: Anatomy of a Pontifical Debacle": "Também não se pode argumentar que os fiéis não têm capacidade para reconhecer estas contradições, mas sim que devem presumir cegamente que, de alguma forma, elas não existem. Esta é a Igreja Católica, cujo depósito da Fé é objetivamente cognoscível, e não uma seita gnóstica encabeçada pelo Oráculo de Roma, que anuncia o que 'Jesus quer' hoje".

[17] Vicente de Lérins, *Commonitorium*, cap. 23.

[18] Este capítulo foi baseado no meu artigo: Gabriel. "The Flight of the Doctrinal Butterfly."

Para fazer a ponte entre as teologias de S. Vicente e de S. Newman, devemos prestar atenção a uma metáfora que ambos usam, embora com ênfases diferentes. Ambos comparam o desenvolvimento doutrinal ao crescimento de um ser vivo. Mais uma vez, podemos ver como uma compreensão adequada da tradição a vê como "viva". Como explica S. Vicente:

> Há uma grande diferença entre a flor da juventude e a maturidade da idade; no entanto, aqueles que já foram jovens são os mesmos que se tornaram velhos, de modo que, embora a estatura e a forma externa do indivíduo tenham mudado, sua natureza é uma e a mesma, sua pessoa é uma e a mesma. Os membros de uma criança são pequenos, os de um mancebo são grandes, mas a criança e o mancebo são o mesmo.[19]

O Cardeal Newman também retoma esta analogia do desenvolvimento doutrinal como um corpo vivo e em crescimento no seu ensaio seminal *"Do desenvolvimento da doutrina cristã"*. No entanto, ele não se limita a repeti-la, mas constrói sobre as suas fundações. Pode mesmo dizer-se que o Cardeal Newman desenvolveu o conceito de desenvolvimento doutrinal, nomeadamente permitindo muito mais variação exterior. A diferença: ele compara o desenvolvimento doutrinal, não tanto com o crescimento de um corpo humano, mas com a metamorfose de uma lagarta:

> *Isto é facilmente sugerido pela analogia do crescimento físico...* O animal adulto tem a mesma forma que tinha à nascença; as aves jovens não se transformam em peixes, nem a criança degenera em besta, seja selvagem ou doméstica... No entanto, como os últimos exemplos nos sugerem, esta unidade de tipo, característica como é dos desenvolvimentos fiéis, *não deve ser pressionada ao ponto de negar toda a variação, ou mesmo alteração considerável de proporção e relação*, à medida que o tempo passa, nas partes ou aspetos de uma ideia. *Grandes mudanças na aparência externa e na harmonia interna ocorrem no exemplo da própria criação animal.* O pássaro que voa difere muito de sua

---

[19] Vicente de Lérins, *Commonitorium*, cap. 23.

Capítulo 3: "Grandes mudanças externas"

forma rudimentar no ovo. A borboleta é o desenvolvimento, mas não em qualquer sentido a imagem, da larva. [20]

Exteriormente, uma borboleta é muito diferente de uma lagarta. No entanto, não se pode negar que uma borboleta já foi uma lagarta, e que uma lagarta evoluirá naturalmente para uma borboleta. A borboleta e a lagarta são a mesma criatura, embora em diferentes fases de desenvolvimento.

Os católicos não estão alheios a este tipo de raciocínio. Por exemplo, reconhecemos este tipo de continuidade e desenvolvimento natural quando defendemos a dignidade humana intrínseca do nasciturno. Um argumento pró-escolha muito frequente é a afirmação de que uma bolota não é uma árvore.[21] A resposta pró-vida é que uma árvore e uma bolota são, de facto, o mesmo organismo, mas em diferentes fases de desenvolvimento.[22] A posição católica é que os fetos, embriões e zigotos são pessoas humanas nas primeiras fases da vida, enquanto os defensores pró-escolha insistirão que estes são meros "aglomerados de células".[23]

---

[20] Newman, *Development of Christian Doctrine*, 171-172, 175. É importante notar que Newman estava a escrever o seu ensaio principalmente como uma resposta às objeções protestantes de que a Igreja Católica não corresponde à igreja dos primeiros séculos (ver capítulo 8). Ver também Bento XVI. "Saudação de despedida" (citando Romano Guardini): "A Igreja não é uma instituição pensada e construída sob um projeto.... mas uma realidade viva... Ela vive ao longo do tempo, no futuro, como todos os seres vivos, transformando-se... E no entanto na sua natureza permanece sempre a mesma, e o seu coração é Cristo".

[21] Este argumento foi classicamente estabelecido em Thomson. "A Defense of Abortion": "É-nos pedido que reparemos que o desenvolvimento de um ser humano, desde a conceção até ao nascimento e à infância, é contínuo; depois diz-se que traçar uma linha, escolher um ponto neste desenvolvimento e dizer 'antes deste ponto a coisa não é uma pessoa, depois deste ponto é uma pessoa' é fazer uma escolha arbitrária, uma escolha para a qual, na natureza das coisas, não pode ser dada nenhuma boa razão. Conclui-se que o feto é uma pessoa desde o momento da conceção. Mas esta conclusão não colhe. Coisas semelhantes podem ser ditas sobre o desenvolvimento de uma bolota num carvalho, e não se depreende que as bolotas sejam carvalhos ... Um óvulo recentemente fertilizado, um aglomerado de células recentemente implantado, não é mais uma pessoa do que uma bolota é um carvalho".

[22] Ver, por exemplo, van der Breggen. "Acorns and oak trees ... and abortion."

[23] Branco. "A clump of cells."

O milagre do desenvolvimento do corpo humano, desde o seu início como zigoto unicelular até ao adulto plenamente formado, atesta como o desenvolvimento pode ocorrer de formas surpreendentes, por vezes até aparentemente impossíveis. A Igreja Católica ensina que, ao longo de todas estas fases da vida, a pessoa humana é dotada de uma alma, de uma personalidade e de uma dignidade humana invioláveis.[24] Apesar das dramáticas mudanças físicas, o ser humano mantém o que Newman chama "unidade de tipo"[25] (a primeira das sete notas que caracterizam um verdadeiro desenvolvimento doutrinal.)

Podemos explorar a analogia ainda mais e aplicá-la aos tradicionalistas de hoje. A sua abordagem é análoga à de alguém que olha para a borboleta e — lembrando-se da lagarta de onde lhe disseram que ela veio — assume que é impossível que uma se tenha desenvolvido na outra. Uma pessoa que pensasse assim poderia, por exemplo, apontar para uma minhoca e argumentar que a lagarta se desenvolveu nela.

As lagartas e as minhocas são certamente muito mais semelhantes à primeira vista. Instintivamente, poder-se-ia achar mais intuitiva a ideia de uma lagarta transformar-se numa minhoca do que uma lagarta transformar-se numa borboleta. No entanto, uma inspeção mais atenta derruba essas expectativas. Os cientistas envolvidos nos domínios da genética, da taxonomia e da histologia descobrirão que as semelhanças externas ocultam descontinuidades extremas. Um nemátodo ou um anelídeo (ou seja, um verme) não tem nada a ver com um inseto (como seja uma lagarta).

De forma análoga, os tradicionalistas que desconsideram o magistério pós-conciliar estão a rejeitar as explicações oficiais daqueles que têm autoridade para fazer tais determinações, porque não conseguem conciliar essas conclusões com o seu conhecimento e compreensão. Eles postularão que as suas conclusões são "auto-evidentes", o que lhes dá permissão para rejeitar a autoridade legítima, como se um matemático lhes tivesse dito para acreditar que 2+2=5.[26]

---

[24] CIC, 2270: "Desde o primeiro momento da sua existência, devem ser reconhecidos a todo o ser humano os direitos da pessoa, entre os quais o direito inviolável de todo o ser inocente à vida".

[25] Newman. *Development of Christian Doctrine*, 171.

[26] Gabriel. "2+2=5?"

É claro que não é isso que as autoridades lhes estão a dizer. Não lhes é dito para aceitarem algo contraditório, mas sim a verdade, que é mais estranha e maior do que tudo o que possam imaginar. Caso contrário, corre-se o risco de se ficar preso num mundo de aparências, recusando ser ensinado por quem tem competência para o fazer.

A minhoca, tal como um certo tradicionalismo desligado de uma tradição viva, não tem qualquer relação com a lagarta, apesar das aparências. Está condenada a rastejar à superfície da terra e a alimentar-se de matéria morta de tempos idos. Mas a borboleta é muito mais livre, muito mais bela do que um verme. A lagarta, que antes estava presa ao chão, está teleologicamente determinada a transformar-se num organismo voador, subindo às alturas para as quais foi criada. A borboleta, e o milagre que a criou, é um testemunho do poder, da criatividade e da sabedoria de Deus. Faríamos bem em apreciar simplesmente o voo da borboleta doutrinal, pois ela guiará o nosso olhar para o alto, onde Deus habita.

A "objeção do avião"

Quando confrontado com a analogia de Newman, um tradicionalista poderá argumentar: "Então, o que é que impede uma autoridade de proclamar que uma borboleta pode transformar-se, digamos, num avião?" Por um lado, esta objeção parece razoável. O "efeito borboleta" doutrinal parece exigir que nunca confiemos nos nossos sentidos, pelo que uma autoridade deve sempre interpretar a realidade por nós. Isto parece cultista e fideísta e, portanto, profundamente anti-católico.

Por outro lado, terá algum cientista alguma vez argumentado que uma borboleta poderia transformar-se num avião? Não, de todo. Isso seria absurdo. O absurdo do cenário é intencional, pois este é um argumento do tipo *reductio ad absurdum*. Mas o absurdo do cenário também faz com que a analogia falhe. Um cientista nunca faria uma afirmação tão bizarra. A prova está no facto de nenhum o ter feito.

Mas não é verdade que, no passado, os cientistas falharam e propuseram coisas que se revelaram falsas? Correto. No entanto, normalmente não descartamos verdades científicas anti-intuitivas por causa disso. Normalmente não dizemos: "Acredito que o Sol gira à volta da Terra, porque os meus sentidos vêem o Sol a mover-se no firmamento ao longo do dia; os cientistas podem dizer o contrário, mas já falharam no passado quando promoveram o tabaco como um medicamento, por isso o que os impede de estarem errados agora?" Se as autoridades científicas são falíveis, uma opinião sem instrução e baseada apenas em aparências externas é ainda mais falível.

Recordo-me aqui de alguns argumentos protestantes clássicos contra a transubstanciação. De acordo com esta doutrina católica tradicional — que, creio, nenhum tradicionalista contemporâneo contesta — a hóstia e o vinho no cálice tornam-se no Corpo e no Sangue de Cristo durante a consagração na Missa.[27] Como, então, continuamos a vê-los e a saboreá-los como se fossem pão e vinho? Porque, segundo a doutrina católica, há uma distinção entre "substância" e "acidentes". Os "acidentes" são as qualidades, propriedades e atributos que os sentidos podem percecionar. No entanto, os sentidos não podem perceber a coisa em si mesma — ou seja, a sua substância. Os nossos sentidos apercebem-se dos acidentes, mas só a mente pode conhecer a substância. Normalmente, a mente assume com segurança que a substância e os acidentes não são separáveis, correlacionando uma dada substância com o conjunto de acidentes que os sentidos intuem quando lidam com essa coisa em particular. Mas no caso da Eucaristia, a substância do pão e do vinho transforma-se na substância do Corpo e do Sangue de Cristo, conservando os acidentes do pão e do vinho.[28]

A isto, o protestante responde: se a substância e os acidentes são separáveis, então o que me impede de argumentar que esta bíblia que tenho na mão não é, na realidade, o papa e todos os bispos do mundo reunidos

---

[27] CIC 1376: "O Concílio de Trento resume a fé católica declarando: 'Porque Cristo, nosso Redentor, disse que o que Ele oferecia sob a espécie do pão era verdadeiramente o seu corpo, sempre na Igreja se teve esta convicção que o sagrado Concílio de novo declara: pela consagração do pão e do vinho opera-se a conversão de toda a substância do pão na substância do corpo de Cristo nosso Senhor, e de toda a substância do vinho na substância do seu sangue; a esta mudança, a Igreja católica chama, de modo conveniente e apropriado, transubstanciação'".

[28] Sheed. *Theology for Beginners*, 162.

em concílio?[29] É um *reductio ad absurdum* muito semelhante ao que consideramos previamente. O que ambas as objeções têm em comum é a desconfiança em relação à autoridade que promulga o ensinamento, pelo que pensam que é possível o magistério definir uma bíblia como um papa e um concílio — ou, inversamente, definir uma borboleta como evoluindo para um avião.

À primeira vista, a doutrina da transubstanciação parece irracional. No entanto, os católicos tradicionalistas consideram satisfatórias as explicações tomistas-aristotélicas para esta doutrina. Existe, de facto, um substrato intelectual e teológico para esta doutrina, um substrato que não existe para a crença de uma bíblia que se transforma num papa e em bispos. Do mesmo modo, existe uma base científica e empírica para o facto de uma lagarta se transformar numa borboleta, ao passo que uma borboleta nunca se transforma num avião.

O mesmo se pode dizer de desenvolvimentos doutrinais legítimos que parecem contraditórios. A Igreja não nos obriga a aceitá-los meramente por fé. Normalmente, o magistério fornece uma explicação para esses desenvolvimentos. Se isso não acontecer, é fácil encontrar académicos e apologistas providenciando essa explicação.

Mas tudo isto exige que se mantenha a mente aberta para aceitar essas explicações, e não as descartar como inerentemente irracionais só porque assim parecem, e especialmente porque se fomenta uma atitude de desconfiança em relação às autoridades que conhecem a substância das coisas, independentemente das aparências exteriores. Apenas não rejeitando imediatamente a noção bizarra da transubstanciação, pode uma pessoa receber as sublimes explicações que a filosofia tomista-aristotélica oferece.

Do mesmo modo, só se pode aceitar o Vaticano II ou o magistério de Francisco como desenvolvimentos legítimos se não se ridicularizar esta ideia à partida. Mas isto só dará frutos se o tradicionalista renunciar à sua desconfiança na Igreja moderna. Ao confiar no magistério conciliar e pós-conciliar da mesma forma que confia no pré-conciliar, o tradicionalista nunca entreterá a ideia de que as autoridades eclesiásticas podem pedir aos

---

[29] Johnson. *The Absolute Impossibility of Transubstantiation*, 2.

católicos que acreditem que uma borboleta se pode transformar num avião. Daí o objetivo do meu livro. Ao desenterrar exemplos de desenvolvimentos doutrinais pré-conciliares que parecem contraditórios, pretendo levar o tradicionalista a encarar duas conclusões possíveis: ou 1) existe a possibilidade de uma extrema variação externa no desenvolvimento da doutrina, e isto é verdade agora como era antes do Concílio; ou 2) a Igreja ensinou que as borboletas são aviões muitas vezes, mesmo antes do Vaticano II. O que não é plausível é acreditar que a Igreja tenha ensinado que as lagartas se transformam em borboletas durante 1960 anos de história e, de repente, tenha começado a ensinar que as borboletas se transformam em aviões.

Capítulo 4

"Tensões com o sabor do Evangelho"

Por isso, é necessário postular um princípio que é indispensável para construir a amizade social: a unidade é superior ao conflito. A solidariedade, entendida no seu sentido mais profundo e desafiador, torna-se assim um estilo de construção da história, um âmbito vital onde os conflitos, as tensões e os opostos podem alcançar uma unidade multifacetada que gera nova vida. Não é apostar no sincretismo ou na absorção de um no outro, mas na resolução num plano superior que conserva em si as preciosas potencialidades das polaridades em contraste.
— Papa Francisco, *Evangelii Gaudium*

A ansiedade de Thomas Lawson não parava de aumentar. Durante algum tempo, tentou dar a Francisco o benefício da dúvida. Afinal, alguns apologistas diziam que *Amoris Laetitia* podia ser interpretada de uma "forma ortodoxa" — ou seja, como se a disciplina sacramental não tivesse mudado desde a *Familiaris Consortio*.[1] Esta era, na sua opinião, a única forma de conseguir uma continuidade sem contradição.

Mas, em breve, Francisco publicaria uma carta dizendo que "não há outras interpretações"[2] do documento para além da que foi dada pelos bispos da Região Pastoral de Buenos Aires. Estas orientações argentinas permitiam a comunhão aos divorciados e recasados que tivessem circunstâncias atenuantes que diminuíssem a sua culpabilidade subjetiva. Esta possibilidade não era contemplada na *Familiaris Consortio*.[3] Depois, Francisco elevou tanto a sua carta como as diretrizes de Buenos Aires a "magistério autêntico".[4]

Thomas não sabia como resolver esta tensão.

Mais uma vez, recorreu aos seus fóruns católicos de confiança. Encontrou-os em alvoroço. Mesmo os católicos que, até então, tinham evitado criticar abertamente o papa, estavam agora a desabafar contra este "papado desastroso". Tom sentiu um certo alívio, um relaxamento das

---

[1] Ver, por exemplo, Gagliarducci, "Interpreting Amoris Laetitia"
[2] *Acta Apostolicae Sedes* (*AAS*) 108 (2016), n.º 10, 1071-1072.
[3] Bispos da Região Pastoral de Buenos Aires, "Carta do Santo Padre Francisco".
[4] *AAS* 108 (2016), n.º 10, 1074.

tensões acumuladas, pois estava agora seguro de que as suas dúvidas não eram irracionais e que não precisava de continuar a procurar formas de conciliar o irreconciliável.[5] Em breve, Tom juntaria a sua voz ao coro virtual de lamentações contra Francisco.

Um dos amigos virtuais de Tom percebeu a sua angústia. O nome desse amigo era Justin Peterson. Era um jovem, mais ou menos da mesma idade de Tom. Desde o início dos anos 2000, Justin tinha sido inspirado pelo seu homónimo do primeiro século, S. Justino Mártir, para ser um apologista de redes sociais. Ele tinha testemunhado a conversão de Tom em 2011. De facto, Justin tinha contribuído para essa conversão, através de oração intensa e de uma paciente troca de e-mails.

Durante meses, Justin tinha estado a apontar que *Amoris Laetitia* tinha de facto mudado a disciplina sacramental, embora mantendo-se ortodoxa. Nessa altura, ninguém lhe deu ouvidos. Agora que as diretrizes de Buenos Aires tinham sido validadas, provando assim que Justin tinha razão... ninguém lhe dava ouvidos outra vez. Ele era também um dos que tinham tentado explicar a Thomas que se tratava de um desenvolvimento doutrinal legítimo. Sem sucesso.

Ocasionalmente, Justin enviava uma mensagem a Tom em nome dos velhos tempos, partilhando com ele algumas das citações pró-vida ou pró-família do Papa Francisco, ou algumas das reflexões espirituais — e obviamente tradicionais — do Santo Padre. Ao fazê-lo, esperava dissipar as preocupações de Tom quanto ao facto de o Papa ser heterodoxo. Talvez então o seu amigo começasse a ler as palavras do pontífice por si próprio e não confiasse nas interpretações distorcidas vindas de comentadores da Internet. Mais uma vez, em vão.

Tom sabia que o Papa Francisco diria algo ortodoxo de vez em quando. Os seus amigos tradicionalistas tinham-lhe explicado que tudo isto fazia parte da estratégia de Bergoglio. Ao ser ambíguo, Francisco podia permitir que os seus amigos liberais causassem estragos na Igreja, ao mesmo tempo que mantinha uma certa negação plausível de que alguma vez tivesse dito algo heterodoxo.[6] Uma estratégia diabólica! — dizia Tom.

---

[5] Foi assim que o sentimento foi descrito em Lawler. "This Disastrous Papacy".

[6] Chapman, "Catholic Scholar: 'Pope Francis Has Created Enough Confusion'": "Porque é que não se quereria clareza, a não ser que a intenção fosse fornecer esse espaço difuso no qual as pessoas podem manobrar em torno dos

Capítulo 4: "Tensões com o sabor do Evangelho"

Em breve, os seus amigos tradicionalistas estavam a dizer-lhe que uma estratégia semelhante de ambiguidade propositada tinha sido também utilizada durante o Vaticano II para promover ensinamentos modernistas que iam contra o ensinamento perene da Igreja.[7]

No entanto, como vimos no último capítulo, esta é uma forma de interpretar mal o Papa Francisco. O Santo Padre não procurou promover uma agenda liberal. De facto, tanto ele como os Padres Sinodais rejeitaram essa abordagem. Mas Francisco apercebeu-se de que havia uma tensão em jogo ali. Por um lado, a proposta de uma abordagem mais expansiva à questão da comunhão era heterodoxa; por outro lado, o paradigma anterior colocava sérias dificuldades pastorais aos divorciados e recasados. O pontífice resolveu esta tensão através de uma solução extremamente elegante: recorrendo a uma doutrina ortodoxa e tradicional — a doutrina das circunstâncias atenuantes — e aplicando aos divorciados recasados a regra geral que anteriormente era aplicada a todos os outros penitentes.[8]

Este é um *modus operandi* frequentemente utilizado pelo Papa Francisco. Confunde-se com ambiguidade, porque é impossível de enquadrar em posições herméticas, como as que travam uma guerra cultural dicotómica a partir dos pólos opostos de uma divisão ideológica. No entanto, como pretendo explicar neste capítulo e no resto do livro, a *complexio oppositorum* é uma operação muito tradicional na história da Igreja e também uma razão

---

ensinamentos da Igreja? O Papa Francisco criou confusão suficiente para que haja um enorme espaço de manobra, para as pessoas que querem, de uma forma ou de outra, contornar os ensinamentos morais da Igreja".

[7] Alexander, "Vatican II Cannot Be Separated from Its 'Spirit'": "Em primeiro lugar, Monsenhor Pope explicou o fenómeno do Espírito do Vaticano II como 'Ambiguidade Armada'. Ele argumenta que os padres conciliares do Vaticano II escreveram os documentos com frases propositadamente ambíguas, para que os crentes ortodoxos da Fé, pudessem ler os documentos sem se escandalizarem." Refuto esta ideia em Gabriel, "Vatican II and 'Weaponized Ambiguity.'"

[8] Buttiglione, *Risposte amichevoli*, 37, 68, 146. Ver também pp. 144-45: "Antes, os divorciados e recasados eram pecadores de um tipo particular, quase excomungados (mesmo que não fossem formalmente excomungados, não podiam comungar a não ser que vivessem 'como irmãos e irmãs'). Agora, tornaram-se pecadores comuns" (tradução minha do italiano original).

pela qual a tradição é por vezes confundida com afirmações anti-tradicionais.

Cristo crucificado, Igreja tensionada [9]

A Igreja é o Corpo de Cristo.[10] Uma vez que nenhum discípulo está acima do seu mestre,[11] os cristãos são chamados a imitar a Cristo. Nomeadamente, a Igreja é chamada a completar em si as coisas que ainda faltam aos sofrimentos de Cristo.[12]

Uma das imagens mais características e pungentes de Cristo é a imagem da Sua crucificação. Por isso, a Igreja tem sido desafiada ao longo de toda a sua existência a ser essa imagem de Cristo crucificado. Não apenas, note-se, nos sofrimentos e sacrifícios quotidianos, mas também na tensão entre valores concorrentes (e aparentemente contraditórios).

O cristão, tal como Cristo, deve apresentar-se ao mundo com dois braços estendidos. Por um lado, este cristão tem a verdade da Igreja, enquanto a outra mão está a estender-se, não a uma religião ou ideologia, mas a um indivíduo. Deste modo, o cristão torna-se uma ponte viva entre a Igreja e outra pessoa. Uma pessoa com os dois braços estendidos é a imagem de um crucificado. As pessoas de um lado dirão: "Está a comprometer-se demasiado! Estão a ser demasiado generosos com estes hereges e pecadores!" Do outro lado, ouvir-se-ão gritos como: "Está a ser rígido e intolerante!"[13]

Qualquer tensão entre dois extremos na fé cristã invoca os braços estendidos de Jesus crucificado. Humanamente, a crucifixão é um escândalo. É por isso que o mau ladrão pede a Jesus que o liberte da cruz.[14] É uma reação muito humana. Quando nos sentimos estendidos para além

---

[9] Esta parte do capítulo baseia-se no meu artigo Gabriel. "The Crucified Church: Tensions with the flavor of the Gospel."
[10] 1 Cor 12,12-14
[11] Mt 10,24
[12] Col 1,24
[13] Foi com esta metáfora que Paul Fahey, cofundador do website *Where Peter Is*, contou uma palestra que ouviu da Dra. Mary Healy, professora de Sagrada Escritura no Seminário Maior do Sagrado Coração, na Conferência Encounter de 2020. Ver Fahey. "The Living Bridge to LGBT Catholics."
[14] Lc 23,39

dos nossos limites, entram em ação os instintos de autopreservação: um crucificado, estendido com os braços abertos, quase a ponto de romper músculos e tendões, tenta libertar-se e, assim, encontrar uma forma de escapar ao suplício que é obrigado a suportar. Se esse crucificado conseguisse libertar apenas um braço, a tensão ficaria de certo modo resolvida e ele sentiria um certo alívio. Mas, como veremos, aliviar a tensão libertando-se de um dos valores em competição não é uma solução correta.

Não é esse o caminho da Igreja, porque não é esse o caminho de Cristo. Jesus suportou a Sua cruz, porque essa era a vontade do Seu Pai. Por isso, a Igreja, como Corpo de Cristo, também suportou estas tensões, mesmo que os seus membros humanos o tenham feito, por vezes, de forma imperfeita. O Papa Francisco considera a Igreja uma *coincidentia oppositorum*[15] (que significa "coincidência de opostos" em latim):

> O que está na origem desta tentação é pensar que, perante tantos problemas e carências, a melhor resposta seria reorganizar as coisas, fazer mudanças e sobretudo "remendos", que permitam colocar a vida da Igreja em ordem e harmonia, adaptando-a à lógica atual de um determinado grupo. Neste caminho, parece que tudo se resolveria se a vida eclesial adquirisse uma ordem predeterminada, nova ou antiga, *que acabasse com as tensões próprias do nosso ser humano*, e mesmo com aquelas que o Evangelho procura provocar.
> Este caminho eliminaria as tensões, por estar "em ordem e em harmonia", mas só faria, com o tempo, entorpecer e domesticar o coração do nosso povo e diminuir e até silenciar a força vital e evangélica que o Espírito quer dar... Hoje, somos chamados a gestar o desequilíbrio. Não podemos fazer algo de bom e de evangélico se tivermos medo do desequilíbrio. Não podemos esquecer que *há tensões e desequilíbrios que têm o sabor do Evangelho*.[16]

---

[15] Ver Borghesi, *The Mind of Pope Francis*, 300
[16] Francisco. "Carta del Santo Padre Francisco al Pueblo de Dios que Peregrina en Alemania".

Esta noção permeia o pontificado de Francisco e ajuda a esclarecer muita da confusão dos seus detratores. Para a compreender, temos de explorar a formação intelectual de Jorge Bergoglio.

Francisco e a teologia da oposição polar

Há uma crença prevalente entre os seus críticos de que Francisco é teologicamente pouco sofisticado.[17] A sua suposta falta de conhecimentos teológicos é então contrastada com a perspicácia teológica do seu predecessor. Nada poderia estar mais longe da verdade.[18] A formação teológica de Bergoglio é extremamente rica. As suas raízes, porém, não são bem conhecidas no Catolicismo anglo-saxónico, o lugar de onde provêm estas ideias preconceituosas. Para saber mais sobre estas raízes, aconselho a leitura da excelente biografia intelectual do atual pontífice, escrita pelo Prof. Massimo Borghesi.[19]

Comecemos pelos anos de seminário do Papa. Durante os seus estudos, o jovem Jorge Bergoglio entrou em contacto com a obra de Gaston Fessard,[20] um jesuíta francês e amigo pessoal de Henri de Lubac (ver capítulo 2). Uma das maiores contribuições de Fessard foi a de formar o pensamento de Bergoglio de uma forma dialética.[21] "Dialética" significa "oposição de contrários". É uma ferramenta muito útil, tanto em teologia como em filosofia, como veremos em breve.

Como jesuíta, Fessard aplicou este pensamento dialético especialmente à espiritualidade de S. Inácio de Loiola, o fundador da ordem. No seu

---

[17] Ver, por exemplo, Dougherty, "Pope Francis is a humble man, but a terrible choice."

[18] Por outro lado, Bento é visto como um homem pouco prático quando comparado com a abordagem pastoral de Francisco. O Papa emérito rejeitou estas duas ideias no *The Italian Insider*. "Ratzinger comes to defence of Pope Francis." Ver também Aucone, "Tomismo dialettico".

[19] Borghesi, *The Mind of Pope Francis*.

[20] Borghesi, "I Maestri di Papa Francesco" (Os Mestres do Papa Francisco)

[21] Ver Borghesi, "I Maestri di Papa Francesco": "Mas um autor ... que teve uma grande influência sobre mim [Papa Francisco] foi Gaston Fessard. Li várias vezes *A Dialética dos 'Exercícios Espirituais de S. Inácio de Loyola'* e outras obras dele. Aí ele deu-me tantos elementos que depois foram incorporados" (tradução minha do italiano original).

Capítulo 4: "Tensões com o sabor do Evangelho"

suposto epitáfio, Inácio escreveu a seguinte frase: *"non coerceri a maximo, contineri a minimo, divinum est"*. Grosso modo, isto traduz-se por: "não ser limitado pelo maior e, no entanto, estar contido no menor, isto é divino".[22] Neste lema, podemos ver uma oposição entre os conceitos de "maior" e "menor". Analisar esta oposição de forma dialética foi uma das conquistas da teologia de Fessard.

Mais tarde, quando Bergoglio era já provincial dos jesuítas argentinos, foi moldado pela violenta oposição dialética que dividiu a Igreja e a sociedade argentinas durante a década de 1970.[23] Em 1975, seria também profundamente influenciado pela exortação *Evangelii Nuntiandi* (EN) do Papa S. Paulo VI, sobre a evangelização no nosso tempo. Neste documento pontifício, Paulo VI menciona várias dicotomias apresentadas à Igreja como uma falsa escolha, nomeadamente: entre Deus e a Igreja,[24] entre o Evangelho e o desenvolvimento humano,[25] e entre a conversão pessoal e a mudança social estrutural.[26] Para todas estas dicotomias, a resposta de Paulo VI é: não escolher entre uma ou outra, não dividir o que Deus uniu.[27] Segundo Paulo VI, o poder da evangelização é consideravelmente diminuído se o evangelho for dilacerado por disputas doutrinais e polarizações ideológicas.[28] Este facto teve um impacto significativo nas ideias de Bergoglio, que ainda hoje ressoa no seu conceito de evangelização.

Em 1986, Bergoglio viajou para a Alemanha para trabalhar na sua tese de doutoramento, sobre outro grande teólogo do século XX: Romano Guardini.[29] Nunca chegou a terminar nem a publicar esta tese, mas os conhecimentos que nela adquiriu seriam fundamentais após a sua eleição papal, nomeadamente para delinear os princípios estabelecidos na sua exortação apostólica programática *Evangelii Gaudium*.[30]

---

[22] Borghesi, *The Mind of Pope Francis*, 5-6
[23] Borghesi, *The Mind of Pope Francis*, 57
[24] EN 16.
[25] EN 31-34.
[26] EN 36.
[27] Borghesi, *The Mind of Pope Francis*, 67.
[28] EN 77.
[29] Borghesi, "I Maestri di Papa Francesco"
[30] Borghesi, *The Mind of Pope Francis*, 103

Grande parte da teologia de Guardini baseava-se no conceito de *opposizione polare* (oposição polar, em italiano). Francisco explicaria numa entrevista:

> [Romano Guardini] falava de uma oposição polar em que *os dois opostos não se anulam*. Um pólo não destrói o outro. Não há *contradição* nem identidade. Para ele, a oposição é resolvida a um nível superior. Nessa solução, no entanto, a tensão polar permanece. *A tensão mantém-se, não é anulada.* Os limites são ultrapassados, não negados. As oposições são úteis. A vida humana está estruturada numa forma oposicional. E vemos isso acontecer agora também na Igreja. As tensões não são necessariamente resolvidas e eliminadas; *não são como as contradições.*[31]

Embora nenhum dos pólos seja anulado, Guardini postula que, num dado momento, um dos pólos é dominante.[32] Escrevi noutro lugar como uma mudança de ênfase (i.e., de um pólo para o outro) em pronunciamentos magisteriais pode ser confundida com contradição.[33] Os dois pólos, no entanto, não são contraditórios — estão apenas em ambas as extremidades de um continuum. Se houvesse uma contradição entre os pólos, não seria possível haver um continuum entre eles.

No entanto, o domínio de um pólo sobre o outro não pode ser mantido por muito tempo. Para Guardini, um equilíbrio é uma situação de exceção, possível apenas temporariamente. Um sistema de opostos vivos, fixado num equilíbrio constante, onde todas as forças opostas estão equilibradas e todas as tensões estabilizadas, é 1) autossuficiente (o que só é possível para um ser absoluto, não para seres finitos como nós) ou 2) simplesmente morto.[34] A vida humana, portanto, deve existir sempre nesta oposição polar.

Como o Prof. Stefano Martini expressou magnificamente numa conferência, "a *opposizione polare* exprime a visão guardiniana da existência

---

[31] Borghesi, *The Mind of Pope Francis*, 105
[32] Borghesi, *The Mind of Pope Francis*, 120
[33] Gabriel, *The Orthodoxy of Amoris Laetitia*, 140-141.
[34] Borghesi, *The Mind of Pope Francis*, 120

Capítulo 4: "Tensões com o sabor do Evangelho"

como polaridade, como método para abraçar a realidade em toda a sua complexidade, através da tensão dos opostos que não se podem eliminar, nem manipular, nem subjetivar, nem parcializar, mas que se devem reconhecer e manter juntos".[35]

O espectro de Hegel

É fácil confundir a dialética de Fessard ou Guardini com a dialética de Hegel. Este último foi um filósofo alemão do século XIX, que popularizou um método dialético consistindo em três passos: 1) uma proposição inicial chamada "tese", 2) uma negação dessa tese chamada "antítese", e 3) uma proposição que reconcilia as duas ideias em conflito, chamada "síntese".[36] Depois, a síntese torna-se uma tese no passo seguinte e assim por diante. Repetindo este método infinitamente, Hegel procurava explicar racionalmente toda a realidade.

O Catolicismo pré-conciliar desconfiava muito do hegelianismo. Como veremos, no entanto, isto tem menos a ver com o método dialético de Hegel e mais a ver com o resto da sua filosofia, em que ele tentou alcançar uma síntese completa da realidade em termos da razão — uma visão gnóstica do mundo em que toda a realidade pode ser expressa em categorias racionais.[37] Além disso, o hegelianismo teve uma influência decisiva em certas escolas de materialismo, panteísmo e marxismo[38] que vieram a opor-se à Igreja nos tempos modernos. Os tradicionalistas pegaram nesta desconfiança católica tradicional em relação a Hegel e extrapolaram-na para tudo o que diz respeito a este filósofo, lançando dúvidas sobre Francisco e a Igreja pós-conciliar sempre que tentavam algum tipo de síntese dialética.[39]

---

[35] Martini, "La malinconia" (tradução minha do italiano original).
[36] Schnitker, Sarah, e Robert Emmons "Hegel's Thesis-Antithesis-Synthesis Model."
[37] Modello, "Hegelianism."
[38] Modello, "Hegelianism."
[39] Milles, "A Hegelian papacy?". Ver também Derksen. " "Ratzinger, Hegel, and 'Summorum Pontificum.'"

No entanto, mesmo que a dialética de Hegel seja a mais famosa, há outros tipos de pensamento dialético. Alguns são, de facto, bastante católicos e tradicionais, como veremos em breve. Para já, basta examinar como a dialética de Fessard, Guardini e Bergoglio difere do método dialético de Hegel. Estes pensadores católicos não são hegelianos – se tanto, usam Hegel para o transcender.[40] Como diria Bergoglio:

> É necessário despojar o termo "dialética" de toda a ressonância hegeliana, e entendê-lo simplesmente como a expressão de uma interação recíproca da realidade. Poder-se-ia chamar-lhe *pensamento sineidético*, no qual as particularidades devem ser consideradas em função do todo.[41]

Aqui reside a diferença crucial. O pensamento sineidético aludido por Bergoglio vê o todo em relação às partes, e as partes em relação ao todo, sem separar o todo das partes.[42] Em Hegel, pelo contrário, o particular só é aparentemente "conservado" no universal. Isto está, por exemplo, na raiz do coletivismo marxista, onde o particular só aparentemente se "conserva" no universal, onde a realidade do indivíduo é dissolvida no coletivo.[43]

Mas o Catolicismo é, por definição, "universal" (isto é, *katholikos* em grego). A diferença é que no Catolicismo *o universal exige o cuidado do particular*.[44] Este é o significado do epitáfio de S. Inácio: "Não se limitar ao que é maior, mas ocupar-se do que é menor: isto é divino". Como disse antes, a dialética de Fessard toma este lema inaciano como ponto de partida.

Uma das dialéticas de Hegel era a dicotomia entre senhor e servo. Esta dicotomia esteve na base de duas ideologias ateias opostas dos tempos modernos: o marxismo e o nacional-socialismo (este último, inspirado por Nietzsche).[45] Nietzsche representava o mundo do ponto de vista do senhor e Marx do ponto de vista do servo.[46] Mas Fessard complementou

---

[40] Borghesi, *The Mind of Pope Francis*, 81
[41] Borghesi, *The Mind of Pope Francis*, 128
[42] Borghesi, *The Mind of Pope Francis*, 128.
[43] Borghesi, *The Mind of Pope Francis*, 91.
[44] Borghesi, *The Mind of Pope Francis*, 65.
[45] Borghesi, *The Mind of Pope Francis*, 81.
[46] Borghesi, *The Mind of Pope Francis*, 97.

Capítulo 4: "Tensões com o sabor do Evangelho"

Hegel com a dialética do apóstolo S. Paulo: a dialética senhor/servo, sim, mas também homem/mulher e judeu/grego.[47] A dialética de Fessard não se baseia, portanto, numa relação senhor/servo, mas na amizade ou mesmo no amor entre um homem e uma mulher.[48]

Para Guardini, só há *opposizione polare* quando os pólos não são absolutos. Por outras palavras, um pólo não exclui o outro, mas pressupõe-no.[49] Há confronto, mas não como a luta contra um inimigo, mas sim como uma tensão que dá frutos.[50] A totalidade autêntica (isto é, o "Catolicismo") não é totalitarismo. Não sacrifica o particular, como propunha a filosofia de Hegel.[51]

Tradição dialética tomista

Os tradicionalistas podem também criticar o conceito de *opposizione polare* com o argumento de que não é um pensamento tradicional, ou que pode levar ao sincretismo. Como prova disso, podem apontar para um axioma tomista-aristotélico: a lei da não-contradição. Assim, por exemplo, um objeto não pode existir e não existir simultaneamente. Não se pode acreditar em duas afirmações contraditórias ao mesmo tempo. Se assim fosse, todas as opiniões seriam verdadeiras,[52] uma noção condenada pela Igreja (nomeadamente por Bento XVI) como o erro do relativismo.[53]

A oposição do tomismo a este tipo de relativismo foi descrita de forma soberba pelo grande escritor e apologista G.K. Chesterton na sua descrição do debate entre S. Tomás de Aquino e o seu contemporâneo Siger de Brabante:

---

[47] Gal 3,28. Borghesi, *The Mind of Pope Francis*, 92.
[48] Borghesi, *The Mind of Pope Francis*, 96.
[49] Borghesi, *The Mind of Pope Francis*, 107.
[50] Borghesi, *The Mind of Pope Francis*, 107.
[51] Borghesi, *The Mind of Pope Francis*, 65.
[52] Aristóteles, *Metaphysics*, 67.
[53] Ver Ratzinger, "Relativism: The Central Problem": O relativismo é definido como a filosofia em que não se pode afirmar a "existência de uma verdade válida para todos".

E Siger de Brabante, seguindo alguns dos aristotélicos árabes, avançou uma teoria, que a maioria dos leitores de jornais modernos teria imediatamente declarado ser a mesma que a teoria de S. Tomás. Foi isso que levou S. Tomás ao seu último e mais enfático protesto... Siger de Brabante disse o seguinte: a Igreja deve estar certa teologicamente, mas pode estar errada cientificamente. Há duas verdades, a verdade do mundo sobrenatural e a verdade do mundo natural, que contradiz o mundo sobrenatural... Por outras palavras, Siger de Brabante dividiu a cabeça humana em duas, como o golpe de uma velha lenda de batalha; e declarou que um homem tem duas mentes, com uma das quais deve acreditar inteiramente e com a outra pode descrer totalmente. Para muitos, isto pareceria pelo menos uma paródia do tomismo. Na verdade, foi um assassinato do tomismo. Não se tratava de duas formas de encontrar a mesma verdade, mas de uma forma inverídica de fingir que existem duas verdades... S. Tomás estava disposto a permitir que a única verdade fosse abordada por dois caminhos, precisamente porque estava certo de que havia apenas uma verdade.[54]

Mas é disto que estamos a falar quando discutimos a *complexio oppositorum*? Será que Bergoglio se assemelha mais Aquino ou a Brabante? Note-se que Chesterton menciona como a filosofia de Siger poderia ser facilmente confundida com o tomismo — daí a defesa apaixonada pela parte de Aquino. Como se pode confundir uma coisa com a outra? Simplesmente porque a filosofia escolástica em geral — e a filosofia de Aquino em particular — é profundamente dialética.

Quem tiver dado uma vista de olhos à *Summa Theologiae*, a maior obra de Aquino, pode apreciar a forma como está estruturada da seguinte maneira: "*Parece que...*" (tese), "*Pelo contrário...*" (antítese), "*Eu respondo que...*" (síntese).[55] O método escolástico consistia em ler minuciosamente as obras

---

[54] Chesterton, *St. Thomas Aquinas*, 53-54.
[55] Ver também Turner, "Scholasticism": "Existe uma grande divergência entre os principais escolásticos em relação aos pormenores de disposição, bem como nos valores relativos dos subtítulos, 'parte', 'questão', 'disputa', 'artigo', etc. Todos, no entanto, adotam o modo de tratamento pelo qual a tese, as objeções e as soluções das objeções se destacam distintamente na discussão de cada problema."

Capítulo 4: "Tensões com o sabor do Evangelho"

de um determinado autor, conhecer criticamente as suas teorias, avaliar os pontos de desacordo e de discórdia com outras fontes e, em seguida, tentar conciliar os dois lados do argumento através da dialética.[56] Por conseguinte, a marca distintiva do escolasticismo na época do seu maior desenvolvimento é a utilização do método dialético.[57]

Esta dialética tomista teve também um profundo impacto em Jorge Bergoglio. Em 1978, Bergoglio almoçou com vários teólogos, no âmbito da preparação de uma conferência dos bispos católicos da América Latina. Um dos teólogos que conheceu durante esse almoço foi Alberto Methol-Ferré, o maior pensador católico leigo latino-americano da segunda metade do século XX.[58]

Methol-Ferré, por sua vez, baseou a sua própria dialética numa ideia muito importante de S. Tomás de Aquino: o conceito de "hilomorfismo." Isto significa que existe uma unidade inseparável entre "matéria" e "forma". No nosso mundo material, não há forma sem matéria e não há matéria sem forma [59]:

> Seria sobre-humano compreender plenamente a *coincidentia oppositorum* que é a Igreja. Algumas dimensões reais permanecem sempre na sombra ou são esquecidas. A Igreja tem essencialmente dois pólos, nascida do Espírito de Deus e de Jesus Cristo nos Apóstolos. É visível e invisível, num sopro único e indissolúvel. As eclesiologias tendem a acentuar um ou outro dos pólos: em certos momentos inclinam-se para a "espiritualização", noutros para a "encarnação"... Não é possível libertar-se de nenhum dos dois pólos, mas é humanamente impossível não dar uma certa supremacia a um deles. O equilíbrio é sempre instável, em movimento, em restabelecimento. Se se deixa quebrar, a Igreja não pode "respirar" e então ou se dissolve num misticismo abstrato ou

---

[56] Colaboradores da *New World Encyclopedia*. "Scolasticism."
[57] Turner. "Scholasticism".
[58] Borghesi, "I Maestri di Papa Francesco". Ver também Borghesi, *The Mind of Pope Francis*, p. 89: "Foi lendo Methol-Ferré e Podetti que eu [Francisco] aprendi alguma coisa da dialética".
[59] Borghesi, *The Mind of Pope Francis*, 91.

se atola em formas institucionais. Espírito sem instituição ou instituição sem Espírito — ambas são falsas oposições que destroem a igreja. Um risco sempre presente. [60]

Tal como Fessard antes dele transcendeu a dialética mestre/escravo de Hegel, sobrepondo-lhe os pares paulinos (nomeadamente homem/mulher), Methol-Ferré fez o mesmo, empregando a dicotomia matéria/forma do hilomorfismo de Aquino. [61]

Por outras palavras, a *complexio oppositorum* defendido pelos professores de Bergoglio não era uma lei de contradição, como a filosofia de Siger de Brabante. Se houvesse contradição, a dialética cessaria, pois um dos termos teria de ser excluído. [62]

Também não estamos a falar de sincretismo. O *complexio oppositorum* não se trata de encontrar um meio-termo fácil, [63] nem de uma mistura ou de uma espécie de compromisso. O que emerge deste processo é algo completamente distinto e original. [64] Os dois pólos não são absorvidos um pelo outro — em vez disso, há uma resolução que ocorre num plano superior que preserva o que é válido e útil em ambos os lados. [65] Um sincretismo conciliatório é, de acordo com Bergoglio, uma forma velada de totalitarismo moderno, que tenta conciliar sem levar em conta os valores em jogo. De facto, este tipo de sincretismo totalitário gera sempre fundamentalismo, porque as pessoas reagirão contra ele, buscando uma "pureza" equivocada. [66]

Também não se pode dizer que este tipo de dialética não seja tradicional. Como vimos, ela mergulha as suas raízes, através de Methol-Ferréna, na dialética de Aquino e dos escolásticos. Além disso, este tipo de dialética também existia nos Padres da Igreja. [67] Afinal, o Concílio de Calcedónia descreve Cristo da seguinte forma:

---

[60] Ferré, "La Chiesa, popolo tra i popoli", citado por Borghesi, *The Mind of Pope Francis*, 88-89.
[61] Borghesi, *The Mind of Pope Francis*, 92.
[62] Borghesi, *The Mind of Pope Francis*, 95.
[63] Borghesi, *The Mind of Pope Francis*, 57.
[64] Borghesi, *The Mind of Pope Francis*, 114.
[65] Borghesi, *The Mind of Pope Francis*, 115.
[66] Borghesi, *The Mind of Pope Francis*, 127.
[67] Aucone. "Tomismo dialettico."

Capítulo 4: "Tensões com o sabor do Evangelho"

> Por isso, seguindo os Santos Padres, todos nós, de comum acordo, ensinamos os homens a reconhecer um só e mesmo Filho, Nosso Senhor Jesus Cristo. Cristo... reconhecido em duas naturezas, *sem confusão, sem mudança, sem divisão, sem separação*; a distinção das naturezas não sendo de *forma alguma anulada pela união*, mas sim as características de *cada natureza sendo preservadas e se unindo para formar uma* pessoa e subsistência, não como dividida ou separada em duas pessoas, mas um e o mesmo Filho e Deus Unigénito, o Verbo, Senhor Jesus Cristo.[68]

É este o tipo de tensão entre princípios opostos que temos vindo a descrever até agora.

Heresia como relaxamento da tensão

Como vimos, no centro do *complexio oppositorum* está a ideia de uma unidade que não anula as diferenças nem reduz o conflito. É uma *unidade em tensão* que reconhece o valor da polaridade, recusando a resolução pela contradição.[69]

Voltemos à metáfora do Cristo crucificado com que iniciámos este capítulo. Mais uma vez: Por um lado, o cristão detém a verdade da Igreja, enquanto a outra mão está a estender a mão a um indivíduo, formando assim uma ponte entre a Igreja e o indivíduo. Como instituição de origem divina, a Igreja é chamada a gestar a mesma tensão de Cristo crucificado. Humanamente, porém, os elementos que compõem a Igreja tendem a fugir do desconforto da tensão. Há sempre a tentação de tentar dissolver a tensão ou, pelo menos, de reduzir a tensão, escolhendo um dos pólos em detrimento do outro.[70] Trata-se, como vimos, da tentação de aliviar a tensão da crucifixão, soltando um dos braços da cruz.

---

[68] A Fórmula de Calcedónia, tal como expressa em Bettenson, *Documents of the Christian Church*, 51-52.
[69] Borghesi, *The Mind of Pope Francis*, 61.
[70] Borghesi, *The Mind of Pope Francis*, 123-124.

Mas fazer isso põe em perigo a própria tradição, porque desconecta essa tradição da realidade prática do indivíduo que estamos a tentar alcançar. A rutura desta ponte tensional conduz inevitavelmente a que a teologia se torne uma ideologia.[71] Isto é, como assinala Guardini, um terreno fértil para a heresia. Historicamente, as heresias aconteciam quando um dos pólos "crescia demasiado", quase ao ponto de dominar a Igreja. Embora essas heresias não tenham conseguido dominar a Igreja, certamente a restringiram e a empobreceram.[72] Como muito bem diz o famoso escritor Hillaire Belloc:

> Heresia é a deslocação de um esquema completo e auto-sustentado pela introdução de uma nova negação de uma parte essencial do mesmo.... A heresia significa, então, a deformação de um sistema por "Exceção": ao "Escolher" uma parte da estrutura, implica que o esquema é prejudicado pela remoção de uma parte dele, negando uma parte dele, e deixando o vazio não preenchido ou preenchendo-o com alguma nova afirmação.[73]

É isto que é verdadeiramente diabólico. Afinal de contas, a palavra grega "*diabolus*" significa precisamente "dividir", sendo diretamente oposta a "símbolo" (grego "*symbolus*") — aqui significando um credo, como o símbolo niceno.[74]

Vejamos alguns exemplos históricos. Logo no início, na era apostólica, os gentios batizados colocaram um problema: como receber estes novos cristãos? Por um lado, argumentava-se que não deviam ser atormentados com a obrigação de seguir toda a Lei Mosaica. Eles eram gentios, não judeus. Por outro lado, a fé em que estavam a ser batizados não podia negar as suas raízes judaicas, pois Jesus era de facto um judeu observante, e muitas das profecias relativas ao Messias só podiam ser compreendidas se

---

[71] Borghesi, *The Mind of Pope Francis*, 118.
[72] Borghesi, *The Mind of Pope Francis*, 70.
[73] Belloc, *The Great Heresies*, 7-8.
[74] Joseph Ratzinger tem uma bela explicação para a definição original da palavra "símbolo" como um objeto dividido ao meio, no qual duas pessoas (cada uma com uma metade) se poderiam reconhecer se as suas metades coincidissem (ver Bento XVI, *Introduction to Christianity*, 97).

Capítulo 4: "Tensões com o sabor do Evangelho"

se conhecesse o Antigo Testamento. Vamos explorar esta situação no próximo capítulo.

Mais tarde, quando a Igreja saiu das catacumbas, precisou de se encontrar entre os cacos deixados pelo caos das perseguições romanas. A Igreja precisava de o fazer, definindo claramente quem era a pessoa que adorava. Por um lado, Jesus era um homem. Por outro lado, Cristo era Deus (ver capítulo 6). Seria possível resolver todas estas tensões?

Estes são apenas dois exemplos. Não são certamente exaustivos, mas são instrutivos. Em todos eles, encontramos tensões que, à primeira vista, parecem irreconciliáveis. Os judaizantes lidaram com a tensão eliminando a liberdade que o Evangelho tinha proporcionado aos gentios. Os marcionistas lidaram com a mesma tensão eliminando o Antigo Testamento. Os arianos lidaram com a tensão minimizando a divindade de Jesus. Os monofisitas fizeram o mesmo, menosprezando a humanidade de Cristo.

Por isso, quando os judaizantes e os marcionistas disseram à Igreja: "tens de escolher", a Igreja disse: "Eu escolho tanto o Novo Testamento como o Antigo. Não me separarei de nenhum deles". A Igreja escolheu a tensão, para escândalo de gregos e judeus. Da mesma forma, quando os arianos e monofisitas disseram à Igreja: "tens de escolher", a Igreja disse: "Jesus é ao mesmo tempo plenamente humano e plenamente divino".

O presente não está isento do mesmo tipo de tensões. Numa sociedade altamente secularizada e hedonista, a maior tensão é como equilibrar o amor pelos pecadores com o ódio ao pecado. A tensão entre ortodoxia e cuidado pastoral. Note-se que não são contraditórios: o oposto da ortodoxia é a heterodoxia, não o cuidado pastoral. No entanto, muitas pessoas hoje em dia têm dificuldade em compreender este facto. Os secularistas avaliarão esta tensão como demasiado difícil de suportar e exigirão que a Igreja descarte a ortodoxia.

Há uma imagem espelhada disto: aqueles que, sem qualquer autoridade para o fazer, se autoproclamam guardiões da ortodoxia e destroem a noção de cuidado pastoral. Exigirão que a Igreja tenha de escolher entre a pureza da fé e a confusão da realidade.

Aqui, como nos séculos passados, a Igreja continua a manifestar a sua natureza e mandato divinos, não cedendo à tensão, mas abraçando-a. As pessoas podem gritar: "É preciso escolher! Tens de escolher entre Bento XVI e Francisco! Tens de escolher entre *Amoris Laetitia* e *Veritatis Splendor*! Tens de escolher entre o pré-Vaticano II e o pós-Vaticano II!"

E a Igreja olhará para estas exigências e passará simplesmente por elas, afastando-se destas falsas dicotomias, não escolhendo nenhum dos extremos. A Igreja não pode, de facto, fazer outra coisa, porque está configurada a Cristo crucificado, com os braços estendidos até à desarticulação, abraçando toda a humanidade e toda a Criação.

Em resumo:

No final desta secção, estabelecemos que existem três conceitos teológicos fundamentais para compreender o Concílio Vaticano II: 1) *aggiornamento*, 2) *ressourcement* e 3) desenvolvimento doutrinal. A estes, devemos acrescentar um quarto conceito para compreender melhor o magistério do Papa Francisco: 4) *complexio oppositorum*. Como vimos, todos estes quatro conceitos são perfeitamente tradicionais, mas podem ao mesmo tempo criar a ilusão de anti-tradição:

1) *Aggiornamento*: mantendo a *substância* da tradição, este processo procura melhores formas de a *expressar*, permitindo que esta tradição seja transmitida a todas as épocas e culturas. Assim, o *aggiornamento* pode purificar a Igreja de "tradições" eclesiais não vinculativas (ver capítulo 1). Isto pode parecer anti-tradicional para alguém que não sabe a diferença entre tradição e tradições.

2) *Ressourcement*: ao voltar às fontes, a Igreja pode recuperar uma tradição mais profunda. Aqueles que confundem o *status quo* com a única tradição possível podem ver isto como uma nova teologia (ver capítulo 2).

3) Desenvolvimento doutrinal: mesmo que a doutrina não se contradiga a si própria, pode desenvolver-se de formas surpreendentes, com variações exteriores extremas, preservando ao mesmo tempo uma unidade de tipo (capítulo 3). Os tradicionalistas podem confundir este facto com uma permutação ilegítima da fé.

4) *Complexio oppositorum*: a Igreja abraça a unidade na tensão entre pólos opostos, sem eliminar nenhum dos pólos, mas resolvendo essas tensões num plano superior, preservando o que é válido e útil em ambos os lados. As pessoas podem ser tentadas a aliviar esta tensão escolhendo um pólo em detrimento do outro, identificando o primeiro com a tradição e o segundo com a anti-tradição.

Se dominarmos estes quatro conceitos, estaremos melhor preparados para avaliar criticamente os precedentes históricos das heresias pseudo-tradicionalistas que vamos explorar na secção seguinte.

Secção II

A Heresia com as vestes da Tradição

Capítulo 5

"Mas Paulo corrigiu Pedro!"

> *De facto, alguns cristãos vindos do Judaísmo infiltraram-se e começaram a semear teorias contrárias ao ensinamento do Apóstolo, chegando mesmo a denegri-lo. Começaram por doutrinar — "Não a isto, sim àquilo" — e depois denegriram o Apóstolo. É o método habitual: minar a autoridade do Apóstolo... Estes opositores de Paulo defendiam que até os gentios deviam ser circuncidados e viver de acordo com as regras da Lei Mosaica. Voltaram às observâncias anteriores, que tinham sido ultrapassadas pelo Evangelho.*
>
> — Francisco, Audiência Geral

Thomas Lawson continuou a acompanhar a controvérsia em torno de *Amoris Laetitia* com muita apreensão. No entanto, um vislumbre de esperança estava a começar a surgir. Poucos dias após a publicação da polémica exortação apostólica, o Cardeal Raymond Burke, um clérigo conservador, deu uma entrevista ao National Catholic Register. Nesta entrevista, o cardeal explicou que *Amoris Laetitia* era apenas a opinião pessoal do Papa, e não um ensinamento magisterial, pelo que os fiéis não precisavam de concordar com ela.[1] Pouco depois, o Cardeal Burke juntou-se a três outros cardeais e apresentou cinco *dubia* ("questões") ao Santo Padre, pedindo esclarecimentos sobre o significado do documento. Estes cardeais tornaram então públicas estas *dubia*, juntamente com algumas notas que pareciam lançar dúvidas sobre a ortodoxia da interpretação preferida do Papa.[2]

No dia seguinte a tornar as *dubia* públicas, o Cardeal Burke deu outra entrevista ao National Catholic Register, onde disse que se o Santo Padre não conseguisse dar a clarificação do ensinamento da Igreja que esperava alcançar, desencadearia um ato formal de correção.[3] Francisco nunca respondeu às *dubia*, e a correção do Cardeal Burke nunca chegou.

---

[1] Burke, "'*Amoris Laetitia*' and the Constant Teaching and Practice of the Church". Eu refuto estes argumentos em Gabriel. *The Orthodoxy of Amoris Laetitia*, 4-8.

[2] Pentin, "Full Text and Explanatory Notes of Cardinals' Questions on '*Amoris Laetitia*.'" Eu explico por que isto não era apropriado em Gabriel. *The Orthodoxy of Amoris Laetitia*, 117-122.

[3] Pentin, "Cardinal Burke on *Amoris Laetitia Dubia*."

No entanto, a ideia de uma "correção" continuava a pairar no ar, e esse tigre não podia voltar a entrar na jaula. Alguns meses mais tarde, sessenta e dois clérigos e estudiosos leigos emitiriam de facto um ato formal de correção — a autodenominada "correção filial". [4]

Justin Peterson ficou chocado com este facto. Como se atreviam estes teólogos a corrigir o Papa? Com que autoridade pretendiam fazê-lo? Mas ele estava sozinho nas suas queixas. Nas redes sociais católicas, parecia que todos os outros estavam a aplaudir os corretores — incluindo Tom. Finalmente, alguém tinha feito o que o Papa já devia ter feito há muito tempo! Alguém tinha corrigido os erros e as heresias do documento, para que a confusão pudesse começar a dissipar-se. Que importava se esses académicos tinham autoridade ou não? A verdade estava do lado deles, por isso podiam (ou melhor, *deviam*) corrigir um papa errado.

No entanto, Justin continuou a insistir. Claro que a questão da autoridade era importante! A Igreja não era uma democracia! O Papa era o sucessor de S. Pedro, que tinha recebido essa autoridade do próprio Jesus Cristo! A sua autoridade não podia ser simplesmente sequestrada por qualquer católico, por mais erudito ou proeminente que fosse!

Tom interveio. Tinha lido toda a *Correctio filialis*, do princípio ao fim, acenando positivamente com a cabeça da primeira à última palavra. Sabia que os corretores se tinham defendido preventivamente contra as objeções de Justin. Tinham estabelecido os precedentes para este curso de ação. Quase por reflexo, Thomas respondeu:

"Mas Paulo também corrigiu Pedro!" [5]

Thomas estremeceu. Fazia tempo que ele não digitava essas palavras num teclado. De facto, não desde a sua conversão ao Catolicismo. Antes

---

[4] van den Aardweg et al. *Correctio filialis*.

[5] Ver van den Aardweg et al. *Correctio filialis*, 1: "Estamos autorizados pela lei natural, pela lei de Cristo e pela lei da Igreja—por três leis cuja guarda a Divina Providência confiou a Sua Santidade — a emitir esta correção... Pela lei de Cristo: pois Seu Espírito inspirou o Apóstolo Paulo a repreender publicamente Pedro quando este não agiu de acordo com a verdade do Evangelho (Gal. 2). São Tomás de Aquino nota que essa repreenda pública de um súdito a um superior foi lícita devido ao perigo iminente de escândalo relativo à fé (Summa Theologiae 2ª 2ae, 33, 4 ad 2), e 'a glosa de Santo Agostinho' acrescenta que nessa ocasião 'Pedro deu um exemplo aos superiores de que se lhes acontecesse de em algum momento se afastarem do reto caminho, não deveriam desdenhar ser criticados por seus súditos'".

dessa conversão, porém, durante os seus anos de protestante, tinha de facto digitado estas palavras várias vezes. Era um dos seus argumentos mais úteis, sempre que os católicos afirmavam que o papa era infalível.[6]

Normalmente, os apologistas católicos trabalhavam incansavelmente para desmistificar essa afirmação protestante.[7] Agora, porém, num golpe de ironia, eram os católicos que propagavam este argumento. "Mas agora é diferente!" — pensava Thomas consigo — "A*gora* este precedente é verdadeiramente aplicável!"

Isto levanta a questão: será este precedente aplicável ao Papa Francisco (ou, já agora, aos papas pós-conciliares)? Por que estariam os protestantes errados e os tradicionalistas corretos ao invocar o mesmo episódio histórico? Para responder a estas questões, temos de saber mais sobre a correção de Paulo a Pedro. O que aconteceu então, e porquê? Todavia, não podemos ainda compreender verdadeiramente a correção de Paulo sem um contexto adequado. Para entender esse contexto, precisamos de voltar ao princípio. Não um princípio qualquer, mas o *princípio efetivo de tudo*.

"Na vossa carne, a minha aliança perpétua"

Logo no primeiro capítulo da Bíblia, ficamos a saber que Deus criou tudo o que existe e que tudo o que criou era bom.[8] Isto inclui a humanidade, criada à imagem e semelhança de Deus.[9] No entanto, as Escrituras continuam, descrevendo como o mal entrou no mundo quando os seres humanos se afastaram do seu Criador. Os dez capítulos seguintes do livro do Génesis descrevem uma espiral descendente, em que os seres humanos se afastam cada vez mais de Deus: desde o ato primordial de

---

[6] Baker. *Exodus from Rome*, 103: "Se Pedro era infalível, esta severa correção de Paulo foi desnecessária e, pior ainda, um ato de infidelidade se, como a Igreja Católica Romana afirma, Pedro é o mestre infalível da fé e da moral, como todos os Papas que se seguiram a ele".

[7] Ver, por exemplo, Broussard, "Paul's Rebuke and Peter's Infallibility." Ver também Armstrong, "Does Paul's Rebuke of Peter Disprove Papal Infallibility?"

[8] Gén 1,31.

[9] Gén 1,27.

desobediência de Adão no jardim do Éden[10] ao assassinato de Abel pelo seu irmão Caim,[11] à depravação que deu origem ao dilúvio,[12] ao incidente da torre de Babel e à subsequente dispersão das nações,[13] assistimos a uma deterioração progressiva da relação entre a humanidade e Deus.

Esta espiral descendente é apenas temporariamente interrompida pela fidelidade de Noé durante o episódio do dilúvio.[14] Por isso, Deus poupou Noé e a sua família, juntamente com a Sua criação, ordenando a Noé que construísse uma arca flutuante contendo um par de cada espécie de animal.[15] Quando o dilúvio terminou, Deus estabeleceu uma aliança com Noé[16] — a *aliança de Noé*.

Os termos desta aliança foram os seguintes: Deus prometeu não voltar a destruir a terra através de um dilúvio universal.[17] Quanto a Noé — e, por extensão, toda a humanidade descendente dele — teria que se submeter a certos preceitos universais. Para o propósito deste capítulo, vamos destacar apenas um desses preceitos:

> Tudo o que se move e vive vos servirá de alimento ... Somente *não comereis carne* com a sua alma, *com sangue*.[18]

Infelizmente, este período de paz foi de curta duração. No mesmo capítulo em que Deus estabeleceu o pacto com Noé, este embebedou-se. Então, o seu filho Cam praticou um ato hediondo,[19] levando-o a ser amaldiçoado pelo pai.[20] O mal tinha entrado novamente no mundo.

É apenas no capítulo 12 do Génesis que vemos uma inversão desta trajetória negativa. Este movimento ascendente, já não para *longe* de Deus,

---

[10] Gén 3.
[11] Gén 4.
[12] Gén 6,1-7.
[13] Gén 11.
[14] Gén 6,8.
[15] Gén 6,11-8,19.
[16] Gén 9.
[17] Gén 8,21.
[18] Gén 9,3-4.
[19] A natureza exata deste ato pecaminoso é ainda debatida entre os académicos. Um bom resumo das várias hipóteses pode ser visto em Bergsman, "Noah's nakedness."
[20] Gén 9,21-25.

Capítulo 5: "Mas Paulo corrigiu Pedro!"

mas *na direção de* Deus, tornar-se-á constante a partir de então (embora, é certo, sempre instável e não com poucos desvios).

Esta restauração da humanidade começou quando Deus pôs os olhos num simples pastor de ovelhas da Mesopotâmia, filho de um fabricante de ídolos. O nome desse homem era Abrão. Deus ordenou a Abrão que saísse da casa de seu pai e O seguisse para onde quer que Ele mandasse. Por sua vez, Deus prometeu fazer de Abrão uma grande nação e abençoar toda a terra através dele.[21]

Tal como com Noé, Deus estabeleceu uma aliança com Abrão. Esta aliança foi tão significativa que mudou o nome de Abrão, transformando toda a sua identidade e essência. Abrão passaria a chamar-se Abraão e a aliança seria chamada *aliança abraâmica*.[22] Como sinal externo desta aliança, Deus pediu a todos os judeus do sexo masculino que se submetessem à circuncisão:

> Cortareis a carne de vosso prepúcio, e isso será o sinal da aliança entre mim e vós. Todo homem, no oitavo dia do seu nascimento, será circuncidado entre vós nas gerações futuras, tanto o que nascer em casa, como o que comprardes a preço de dinheiro de um estrangeiro qualquer, e que não for de tua raça... Assim será marcado *em vossa carne o sinal de minha aliança perpétua*.[23]

Mais tarde, os numerosos descendentes de Abraão tornar-se-iam o povo hebreu e seriam escravizados no Egito.[24] Mais uma vez, Deus tomou a iniciativa, chamando Moisés[25] para ir ao Egito e libertar os hebreus da terra

---

[21] Gén 12,1-3.

[22] Gén 17.

[23] Gén 17,11-13. A circuncisão era tão importante no Antigo Testamento, que é considerada uma prefiguração do sacramento do batismo. Ver, por exemplo, Col 2,11-12: "Nele também fostes circuncidados com circuncisão não feita por mão de homem, mas com a circuncisão de Cristo, que consiste no despojamento de nosso ser carnal. Sepultados com ele no batismo, com ele também ressuscitastes por vossa fé no poder de Deus, que o ressuscitou dos mortos".

[24] Ex 1,8-15.

[25] Como curiosidade, vale a pena referir que Moisés negligenciou a circuncisão do seu filho mais novo e, por isso, quase foi castigado por Deus com a morte (Ex

dos seus captores.[26] Uma vez livres, os hebreus acamparam no monte Sinai, onde Deus estabeleceu outra aliança, desta vez com Moisés — a *aliança mosaica*.[27] Também no Sinai, Moisés recebeu as tábuas com os dez mandamentos, a pedra basilar onde assenta o resto da Lei judaica.[28]

O resto da Torá — os primeiros cinco livros das Escrituras — intercala a narrativa da viagem dos hebreus pelo deserto com o facto de Deus estabelecer várias outras leis: penais, civis e religiosas.[29] Entre estas últimas encontram-se as leis de pureza ritual, nomeadamente no que se refere aos animais que se podiam comer. Os hebreus deviam abster-se da carne de animais considerados "impuros".[30] Quando os hebreus se estabeleceram na terra prometida, fundaram a nação de Israel e as leis mosaicas tornaram-se o seu sistema jurídico.[31]

Antes de prosseguirmos, é importante compreender exatamente o que é um pacto e quão significativos eram estes atos. Na antiga cultura do Próximo Oriente, um pacto é melhor traduzido como um "tratado". Os reis costumavam celebrar tratados com os seus súbditos da seguinte forma: primeiro, havia um prólogo histórico em que o rei recordava aos súbditos as ações benéficas que tinha realizado em nome dos vassalos; depois, o rei apresentava a lei que esperava que os seus súbditos obedecessem; por fim, o rei enunciava as sanções, bênçãos e maldições que se seguiam à obediência ou desobediência a essas leis.[32]

Neste sentido, Deus, o rei supremo, celebrou um tratado com o seu povo, primeiro recordando-lhe todas as coisas boas que tinha feito por ele, depois estabelecendo as leis a que devia obedecer e, por fim, definindo as bênçãos e as maldições que advêm da obediência ou desobediência às suas leis. Através de Noé, Deus estabeleceu uma aliança com toda a humanidade, uma vez que todos são descendentes de Noé. Através de Moisés, Deus estabeleceu uma aliança com Israel.

4,24-26). Este facto mostra como a circuncisão era tão importante que nem mesmo o próprio Moisés podia desobedecer sem pôr em perigo a sua vida.

[26] Ex 3
[27] Ex 6-8
[28] Skeel, "The Mosaic Law in Christian Perspective", 9.
[29] Skeel, "The Mosaic Law in Christian Perspective", 9.
[30] Lev 11.
[31] Skeel, "The Mosaic Law in Christian Perspective", 3.
[32] Skeel, "The Mosaic Law in Christian Perspective", 2.

Naturalmente, isto era uma grande responsabilidade para os israelitas, que não deviam desobedecer à lei de Deus, a fim de não quebrarem esta aliança. Se o fizessem, isso resultaria em penas terríveis, nomeadamente que Deus "vos dispersaria [a Israel] entre as nações" e "desembainharia a espada atrás de vós", de modo que "a vossa terra seria uma desolação, e as vossas cidades seriam uma ruína".[33] A religião judaica, portanto, destacava a importância da "justiça", ou seja, de seguir a Lei.

A Lei estava no centro da identidade nacional e religiosa de Israel: tal como noutras civilizações antigas, a etnia definia o culto e o culto definia a etnia.[34] Nos séculos seguintes, porém, Israel perderia várias vezes a sua independência perante conquistadores estrangeiros, dispersando muitos judeus pelo mundo mediterrânico. Este facto colocaria desafios à forma como os judeus deviam seguir a lei dos seus antepassados e a sua religião, tanto na sua terra natal como na diáspora.

Particularmente importante para o presente capítulo foi o domínio grego. No século IV a.C., Alexandre Magno conquistou um vasto império, incluindo os territórios da Judeia. Muitos dos judeus da diáspora também caíram sob o domínio de Alexandre. A cultura grega assentava no cosmopolitismo e na filosofia, noções aparentemente em tensão com a ênfase do Judaísmo num "povo separado" e na fé monoteísta. A forma de responder à helenização (isto é, "*greguificação*") dos seus antigos costumes tornou-se uma questão que dividiu o Judaísmo no seu âmago.[35]

Os judeus da diáspora, vivendo em terras estrangeiras sob o domínio grego, depressa adotaram a língua grega, a *língua franca* da época. Outros, como Filo de Alexandria, tornaram-se filósofos e tentaram explicar as suas Escrituras em termos mais amigáveis para os gregos, através da alegoria.[36]

Na Judeia conquistada, as divisões eram mais profundas. Como diz o historiador Robert Mullin: "O ginásio, símbolo do mundo helenístico, onde os jovens nus exercitavam os seus corpos, e o Templo judaico, onde homens piedosos em longas vestes rezavam ao Deus de Israel, pareciam

---

[33] Skeel, "The Mosaic Law in Christian Perspective", 4.
[34] Fredricksen, "Judaizing the Nations", 234.
[35] Mullin, *A Short World History of Christianity*, 4.
[36] Mullin, *A Short World History of Christianity*, 4-5.

mundos diferentes".[37] Uma vez que os atletas participavam nus nos seus jogos e desportos, alguns judeus helenizados tentaram apagar o seu sinal distintivo e reverter a sua circuncisão através de um procedimento chamado "epispasmo". A circuncisão tornou-se então, não só um sinal externo da aliança que Deus tinha estabelecido com o seu povo, mas também uma declaração de lealdade à nação judaica.[38]

As fricções acentuaram-se no tempo do rei Antíoco IV Epifânio, em 160 a.C. Antíoco tentou forçar os judeus a helenizar os seus costumes. Proibiu a circuncisão e profanou o Templo judaico com um culto sincrético pagão-judaico.[39] Um episódio particularmente pungente retrata uma mãe e os seus sete filhos sendo martirizados por se recusarem a comer carne de porco, uma carne impura.[40] Esta perseguição religiosa resultou na revolta dos Macabeus e na reinstituição de um estado judaico autónomo até à conquista romana do século I a.C.

O domínio grego, porém, não trouxe apenas uma fratura entre judeus helenizados e judeus zelosos. Pôs também muitos gentios (ou seja, não-judeus) em contacto com o Judaísmo. Surgiram então debates sobre a forma como os prosélitos (ou seja, os gentios convertidos à fé judaica) deveriam ser integrados. Deveriam submeter-se à circuncisão ou não? A facção zelosa respondia afirmativamente, mas os judeus helenizados da diáspora afirmavam que os prosélitos não necessitavam de outra iniciação para além de um banho ritual purificativo.[41] A ideia para este banho (*tevilah* em hebraico) emergiu das várias lavagens cerimoniais e absoluções prescritas pela Lei Mosaica, significando limpeza espiritual interior e renovação. Por conseguinte, a *tevilah* poderia ser também um sinal de conversão. É este, de facto, o sentido empregue por S. João Batista.[42] O leitor astuto pode já ter intuído que a *tevilah* judaica se tornaria uma prefiguração do batismo cristão.

---

[37] Mullin, *A Short World History of Christianity*, 5.
[38] Hirsch, "Circumcision", 93.
[39] Mullin, *A Short World History of Christianity*, 5.
[40] 2 Mac 7.
[41] Hirsch, "Circumcision", 94-95.
[42] Marshall. *The Crucified Rabbi*, 71-76.

Capítulo 5: "Mas Paulo corrigiu Pedro!"

Neste debate, porém, a posição rigorosa tendeu a prevalecer sobre a liberal, tendo muitos gentios sido submetidos à circuncisão [43] — chegando mesmo a ser condenados à morte pelos seus pares pagãos por esse ato.[44] Foi neste contexto histórico que o Cristianismo surgiu e deu o seu contributo para o debate em curso.

A nova teologia de Paulo

Depois de Jesus ascender ao céu, uma questão premente impôs-se com todo o peso de uma nova realidade: quem iria agora liderar a nova igreja, nomeadamente em Jerusalém? Afinal, ninguém podia ocupar as sandálias de Jesus. Hoje em dia, podemos pensar que a resposta é óbvia, mas os primeiros cristãos só tinham a tradição para os guiar. E, tradicionalmente, a sucessão do cargo de sumo-sacerdote era feita de acordo com a linhagem. Assim, foi Tiago, meio-irmão de Jesus, que assumiu a direção da igreja em Jerusalém.

Também não é estranho que S. Tiago seguisse não só as formas tradicionais de liderança, mas também as formas tradicionais de devoção. Afinal de contas, a igreja de Jerusalém era maioritariamente composta por judeus devotos, que continuavam a seguir a Lei Mosaica e a frequentar o Templo.[45] No entanto, havia também alguns judeus helenizados que se tornaram extremamente ativos na pregação do Evangelho aos gentios.[46] Mais uma vez, acabaria por surgir a questão: deveriam estes cristãos gentios ser circuncidados ou não? Deveriam seguir a totalidade da Lei Mosaica ou não?

Um dos principais intervenientes neste debate foi S. Paulo. Paulo não era o seu nome de nascimento, mas uma latinização do seu nome original. Ele nasceu como Saulo, o nome do primeiro rei de Israel. Paulo não era

---

[43] A *Enciclopédia Judaica* (Hirsch, "Circumcision", 95) menciona, entre outros, o rei parto Izates II. Para mais informações sobre este caso concreto, ver também Rosner, "Paul and the Law", 33-34.

[44] Mais uma vez, a *Enciclopédia Judaica* (Hirsch, "Circumcision", 95) menciona o caso de Flávio Clemente, sobrinho dos imperadores romanos Tito e Domiciano.

[45] Mullin, *A Short World History of Christianity*, 14.

[46] Mullin, *A Short World History of Christianity*, 15.

judeu apenas de nome, mas de convicção — uma convicção muito forte. Ele foi discípulo de Gamaliel, o grande doutor da lei. Por fim, ingressou no partido dos fariseus, uma das correntes judaicas mais rigorosas da época. Segundo o seu próprio testemunho: "avantajava-me no judaísmo a muitos dos meus companheiros de idade e nação, extremamente zeloso das tradições de meus pais".[47]

Paulo estava provavelmente presente quando Estêvão, um judeu cristão helenizado, foi julgado por alegadamente ter dito que "Jesus de Nazaré... há de mudar as tradições que Moisés nos legou".[48] Estêvão seria considerado culpado e apedrejado, tornando-se o primeiro mártir cristão.[49]

Paulo tornou-se um feroz perseguidor da Igreja primitiva. Um dia, quando se dirigia para Damasco para caçar mais cristãos, Jesus apareceu-lhe num clarão de luz, cegando-o. Depois de ter sido milagrosamente curado da sua cegueira, Paulo converteu-se ao Cristianismo e começou a pregar o Evangelho ao lado do seu novo amigo, S. Barnabé.[50]

Paradoxalmente, e apesar do seu passado religioso, Paulo concentrou a sua pregação sobretudo nos gentios e não nos seus compatriotas judeus. Fundou e protegeu várias igrejas em territórios que são hoje Grécia e Turquia — uma região maioritariamente helenizada na altura. Por este incansável trabalho missionário, Paulo viria a ser conhecido como o "Apóstolo dos Gentios".

No entanto, a doutrina que Paulo estava a ensinar aos novos convertidos tinha elementos completamente novos. Como o historiador Robert Mullin mais uma vez diz, ele "reinterpretou corajosamente a história de Israel".[51] A interpretação tradicional era que a aliança abraâmica tinha colocado os descendentes de Abraão à parte do resto da humanidade, sendo a circuncisão o selo desta aliança. Mas Paulo ensinou, em vez disso, que a aliança de Deus se baseava na *fé* de Abraão, e não nas *ações* de Abraão.[52] Por isso, a aliança não estava ligada à circuncisão ou à linhagem

---

[47] Gal 1,14
[48] At 6,14.
[49] At 7,57-59
[50] At 9,1-27
[51] Mullin, *A Short World History of Christianity*, 17.
[52] Ver Rom 4,2-3: "Porque, se Abraão foi justificado em virtude de sua observância, tem de que se gloriar; mas não diante de Deus. Ora, que diz a Escritura? Abraão creu em Deus e isso lhe foi imputado em conta de justiça".

de sangue; pelo contrário, estava aberta a todos os crentes.[53] Ao reinterpretar completamente a aliança abraâmica, Paulo "inventou" o Antigo Testamento, porque agora as Escrituras antigas só podiam ser entendidas corretamente quando lidas através de Jesus [54] (ver capítulo 1). Além disso, como corolário das suas opiniões sobre a circuncisão, Paulo exortou os seus convertidos gentios a não se submeterem ao ritual.

Façamos agora uma experiência mental. Pensemos em nós próprios como cristãos do primeiro século, convertidos de um ambiente judaico. Lembremo-nos de tudo o que foi dito antes sobre a circuncisão e a Lei Mosaica. Recordemos todos aqueles que foram perseguidos e martirizados por não se atreverem a desviar um milímetro da Lei. Lembremo-nos da venerável antiguidade dessas tradições e de como elas estavam indissociavelmente ligadas à nossa identidade nacional, cultural e religiosa. E imaginemos agora como reagiríamos se Paulo chegasse e dissesse estas palavras:

> O que era circunciso quando foi chamado (à fé), não dissimule sua circuncisão. Quem era incircunciso não se faça circuncidar. *A circuncisão de nada vale, e a incircuncisão de nada vale,* o que importa é a observância dos mandamentos de Deus. [55]

No entanto, os ensinamentos excêntricos de Paulo não acabavam por aqui. Mesmo quando Paulo falava favoravelmente sobre a "observância dos mandamentos de Deus", ele também parecia repudiar a Lei, ou falar sobre ela em termos negativos. Aqui estão alguns exemplos:

> Com efeito, *não foi em virtude da Lei que a promessa de herdar o mundo foi feita a Abraão* ou à sua posteridade, *mas em virtude da justiça da fé.* Porque, *se a herança é reservada aos observadores da Lei, a fé já não tem*

---

[53] Ver Rom 4,23-24: "Ora, não é só para ele que está escrito que a fé lhe foi imputada em conta de justiça. É também para nós, pois a nossa fé deve ser-nos imputada igualmente, porque cremos naquele que dos mortos ressuscitou Jesus, nosso Senhor".
[54] Mullin, *A Short World History of Christianity*, 17.
[55] 1 Cor 7,18-19.

razão de ser e a promessa fica sem valor. Porquanto *a Lei produz a ira; e onde não existe Lei, não há transgressão.* Logo, é pela fé que alguém se torna herdeiro. Portanto, gratuitamente; e a promessa é assegurada a toda a posteridade de Abraão, *não somente aos que procedem da Lei, mas também aos que possuem a fé de Abraão,* que é pai de todos nós. [56]

E também:

Se *fosse dada uma Lei que pudesse vivificar,* em verdade a justiça viria pela Lei; mas a Escritura encerrou tudo sob o império do pecado, para que a promessa mediante a fé em Jesus Cristo fosse dada aos que crêem. *Antes que viesse a fé, estávamos encerrados sob a vigilância de uma Lei,* esperando a revelação da fé. Assim a Lei se nos tornou pedagogo encarregado de levar-nos a Cristo, para sermos justificados pela fé. Mas, *depois que veio a fé, já não dependemos de pedagogo.* [57]

Finalmente, sobre as carnes impuras, Paulo tinha isto a dizer:

Acolhei aquele que é fraco na fé, com bondade, sem discutir as suas opiniões. Um crê poder comer de tudo; outro, que é fraco, só come legumes. Quem come de tudo não despreze aquele que não come. *Quem não come não julgue aquele que come, porque Deus o acolhe do mesmo modo.* [58]

Para qualquer pessoa minimamente familiarizada com o Antigo Testamento, esta teologia parece uma novidade, uma contradição flagrante com as tradições constantes transmitidas a Abraão e Moisés, praticadas durante séculos antes de Paulo. Além disso, se a justificação não era feita pelas obras da Lei, isso só poderia, por definição, levar à licenciosidade e à anarquia. [59] Esta era, pelo menos, a crença de um partido dentro da Igreja primitiva que ficou conhecido como "os Judaizantes".

---

[56] Rom 4,13-16.
[57] Gal 3,21-25.
[58] Rom 14,1-3.
[59] Rosner, "Paul and the Law", 21.

Capítulo 5: "Mas Paulo corrigiu Pedro!"

Por isso, quando Paulo foi a Jerusalém para discutir a questão dos gentios, poder-se-ia pensar que a tarefa dos apóstolos seria fácil: Teriam de condenar inequivocamente a Paulo e exortar todos os convertidos, tanto judeus como gentios, a submeterem-se à circuncisão e a seguir os preceitos da Lei Mosaica. Era isto que a tradição parecia exigir.[60] Contudo, havia aqui mais em jogo do que parece.

A hermenêutica da continuidade paulina

Apesar destas contradições aparentes e supostamente insolúveis, há de facto uma continuidade entre Paulo e a Lei, embora isso exigisse uma hermenêutica adequada. Como salienta o estudioso do Novo Testamento Brian Rosner, esta continuidade assenta num facto: a Lei não é considerada como uma exigência legal, mas como uma *nova justiça que só Jesus Cristo foi capaz de realizar*.[61] Segundo Paulo, os cristãos não somente *guardam* os mandamentos, mas também os *cumprem*, numa obediência muito mais radical do que a observância de qualquer código legalista.[62] Para Paulo, a questão não é saber *que partes* da Lei devem ser seguidas, mas em *que sentido devem* ser seguidas.[63]

Para tornar esta continuidade mais evidente, é preciso "voltar às fontes". Temos de recuperar alguns aspetos da Lei que, embora tradicionais, podem não ter sido tão evidentes para os contemporâneos de Paulo como a observância literal dos preceitos mosaicos. Vou enumerar três desses aspetos que evidenciam os elementos tradicionais da teologia de Paulo.

---

[60] Ver Mathews, "The Council at Jerusalem", 338: "Nada mais natural do que a posição dos cristãos de Jerusalém nesta altura. Jesus era judeu; eles eram judeus; o evangelho era judeu... Era natural para estes cristãos primitivos sentirem que seria sempre assim... O apelo, portanto, à comunidade gentia de Antioquia para que se circuncidassem e obedecessem à Torá, se os seus membros quisessem desfrutar da salvação messiânica, não deve ser tomado no espírito de proselitismo, mas antes como um esforço consciente para estabelecer os novos convertidos do Cristianismo numa relação segura com o reino vindouro."

[61] Rosner, "Paul and the Law", 29.
[62] Rosner, "Paul and the Law", 38.
[63] Rosner, "Paul and the Law", 41.

Em primeiro lugar, temos de regressar à cultura de pactos do antigo Próximo Oriente. Como já foi dito, um pacto obedecia à seguinte estrutura: o rei começava por recordar os súbditos das acções benéficas que tinha realizado em seu favor e só depois apresentava a lei que esperava que eles cumprissem. Isto significa que, como diz o professor de Direito David Skeel: *a lei não cria a relação, a lei é uma resposta às ações anteriores do soberano.* [64] Do mesmo modo, no que diz respeito aos pactos de Deus, a Sua graça precede a Lei. Paulo tenta lembrar-nos que a *lei não estabelece uma relação com Deus, mas é uma forma de expressar gratidão a Deus pela Sua redenção gratuita.* [65]

Em segundo lugar, devemos lembrar que, ao longo da história de Israel, o próprio Antigo Testamento tinha sofrido algum desenvolvimento doutrinal. [66] Nomeadamente, nota-se uma mudança de ênfase da mera observância externa da Lei para uma predisposição mais interior. Ainda na Torá, no livro do Deuteronómio, lemos que Deus "te *circuncidará o coração* e o de tua descendência, para que ames o Senhor de todo o teu coração e de toda a tua alma, a fim de que possas viver". [67] Este tema da "circuncisão do coração" seria expandido nos tempos proféticos, com Jeremias e Ezequiel a admoestarem aqueles que tinham "corações incircuncisos". [68]

Mais tarde, esta interiorização da Lei tornar-se-ia uma marca do ensino de Jesus Cristo (ver capítulo 11). Numa clara referência às leis de pureza ritual sobre carnes puras e impuras, Jesus diria: "Não é aquilo que entra pela boca que mancha o homem, mas aquilo que sai dele". [69] Esta ideia seria ainda mais desenvolvida durante o Sermão do Monte:

---

[64] Skeel, "The Mosaic Law in Christian Perspective", 2.

[65] Skeel, "The Mosaic Law in Christian Perspective", 2.

[66] Isto foi confirmado mesmo pela Igreja pré-conciliar. Em 1906, a Comissão Bíblica reconheceu que "ninguém hoje duvida da existência destas [modificações e adições posteriores a Moisés ou não admite um acréscimo progressivo das leis mosaicas devido às condições sociais e religiosas de tempos posteriores, uma progressão que também se manifesta nos registos históricos". (tradução minha do francês original). Esta declaração foi mais tarde consagrada na *Acta Apostolicae Sedes*, onde são publicados os atos oficiais da Santa Sé. Ver *AAS* 40, (1948).

[67] Deut 30,6

[68] Jer 9,26, Ez 44,7.9. É interessante que, durante o seu julgamento, S. Estêvão tenha também chamado aos seus acusadores "incircuncisos de coração e de ouvidos" (At 7,51).

[69] Mt 15,11

> Ouvistes o que foi dito aos antigos: Não matarás, mas quem matar será castigado pelo juízo do tribunal. Mas eu vos digo: *todo aquele que se irar contra seu irmão* será castigado pelos juízes. Aquele que disser a seu irmão: *Raca*,[70] será castigado pelo Grande Conselho. Aquele que lhe disser: Louco, será condenado ao fogo da geena... Ouvistes que foi dito aos antigos: Não cometerás adultério. Eu, porém, vos digo: *todo aquele que lançar um olhar de cobiça para uma mulher* já adulterou com ela em seu coração.[71]

A teologia de S. Paulo parece ser uma extensão deste desenvolvimento doutrinal, uma evolução lógica neste raciocínio. A Lei não é uma simples adesão a um código jurídico exterior a nós, mas uma adesão radical a uma nova justiça, que vem do coração de cada um.

Por último, a Lei Mosaica foi dada a Israel como nação, ao passo que a Igreja era composta por pessoas de muitas nações.[72] Isto é especialmente importante se repararmos que, na Torá, há leis que são especificamente dirigidas não só aos judeus, mas ao "estrangeiro que vive entre vós"[73] i.e., imigrantes gentios nas terras de Israel. Isto implicaria que o resto da Lei não era aplicável aos gentios, mas apenas aos israelitas.

Aqui, temos de fazer uma distinção importante entre duas dicotomias diferentes que podem não ser óbvias para os leitores modernos da Bíblia: 1) *puro/impuro* e 2) *santo/profano*. Não são a mesma coisa, e isso reflete-se na forma como a Lei deve ser recebida. "Santo" pode ser traduzido como "separado", ou "à parte de". Neste sentido, Israel era uma nação santa porque foi "separada" das outras nações ao ter sido escolhida por Deus. A "impureza", por outro lado, era uma condição ritual que era consequência de certos processos naturais do corpo (por exemplo, a menstruação) ou do contacto com esses processos (por exemplo, tocar em sangue).

---

[70] Expressão de desprezo e reprovação em aramaico.
[71] Mt 5,21-22.27-28.
[72] Skeel, "The Mosaic Law in Christian Perspective", 3. Ver também Matthews, "The Council at Jerusalem", 337: "O evangelho é uma esperança messiânica moralizada e desnacionalizada."
[73] Savelle, "A Reexamination of the Prohibitions", 460.

No que diz respeito à impureza, devemos fazer outra distinção entre a impureza puramente *ritual* (por exemplo, quando uma pessoa tocava em sangue) e a impureza *moral* (por exemplo, quando alguém cometia adultério ou incesto). A impureza *ritual* era contagiosa, mas não era uma condição moral, nem um estado de pecado. Pelo contrário, era um estado virtualmente inevitável, embora temporário, que podia ser revertido através de certas práticas ritualísticas. Em contraste, a impureza *moral* não era contagiosa, mas voluntária e evitável.[74]

A legislação de pureza ritual era aplicável *apenas a Israel*, não aos gentios. Uma vez que a impureza ritual era inevitável, os pagãos seriam, não *intrinsecamente impuros*, mas *funcionalmente impuros*.[75] Contudo, mesmo que os gentios não fossem intrinsecamente impuros, eram *inerentemente profanos*, na medida em que não pertenciam à nação santa de Israel, que tinha sido separada por Deus das outras nações.[76]

A impureza moral, porém, apresentava a possibilidade de outro tipo de divisão. Ao contrário da pureza ritual, aos gentios era de facto pedido que seguissem a Lei no que diz respeito à pureza moral. Por isso, os gentios cristãos, ao separarem-se dos seus congéneres pagãos através da castidade, podiam dizer-se "separados" também do resto do mundo.[77] Assim, mesmo que os israelitas concebessem apenas duas categorias de pessoas — os israelitas santos e os gentios profanos — Paulo resolveu estes opostos num plano superior: dividindo também os gentios entre os santos crentes de Deus e o resto do mundo.[78]

Em resumo, quando Paulo foi a Jerusalém para se encontrar com os outros apóstolos, havia dois pontos de vista distintos e irreconciliáveis sobre a forma como os gentios deviam cumprir a Lei. Por um lado, havia o partido judaizante que gozava da simpatia de S. Tiago — que acreditava que os gentios deveriam ser circuncidados e submeter-se à totalidade da Lei Mosaica, como pareceria óbvio a partir de uma leitura simples das Escrituras. Por outro lado, havia o partido paulino, que tinha uma visão

---

[74] Fredricksen, "Judaizing the Nations", 245.
[75] Fredricksen, "Judaizing the Nations", 246.
[76] Fredricksen, "Judaizing the Nations", 246.
[77] Fredricksen, "Judaizing the Nations"247.
[78] Rosner, "Paul and the Law", 32.

mais matizada sobre o assunto que, como vimos, não era menos tradicional do que a visão judaizante, embora fosse menos evidente.

Primeira disputa, primeiro concílio, primeiro papa

O livro dos Atos dos Apóstolos explica como alguns cristãos da Judeia foram ao encontro da próspera igreja de Paulo em Antioquia, na Ásia Menor. Aí, começaram a dar instruções aos gentios para se circuncidarem, caso contrário não poderiam ser salvos. Paulo e Barnabé tiveram então uma grande discussão com eles. O veredito final: Paulo e Barnabé teriam de ir a Jerusalém para discutir a questão com os apóstolos e presbíteros de lá.[79]

Sem o conhecimento de Paulo e dos outros apóstolos, estavam prestes a iniciar uma tradição própria, uma tradição que faria parte da Igreja durante os dois mil anos seguintes. A partir daí, sempre que houvesse disputas importantes envolvendo a Igreja, elas seriam resolvidas por meio de um concílio. A Bíblia relata que "reuniram-se os apóstolos e os anciãos para tratar dessa questão",[80] como fariam os bispos posteriores sempre que surgisse algum conflito importante em matéria de doutrina ou disciplina. Este concílio em particular viria a ser conhecido como o Concílio de Jerusalém (ca. 49 d.C.).

Apesar de a teologia de Paulo parecer uma inovação, ou mesmo uma rutura com a tradição, o concílio permitiu a livre discussão sobre este assunto.[81] Isto não significa que o debate não tenha sido aceso ("uma grande discussão")[82] No entanto, numa abordagem que parece espelhar a tão difamada sinodalidade do Papa Francisco, foi permitido que todas as partes envolvidas expressassem as suas opiniões sobre a controvérsia.

Em primeiro lugar, Paulo e Barnabé falaram da enorme expansão cristã nos territórios helenizados. De facto, os capítulos anteriores dos Atos relatam as façanhas de Paulo em todo o mundo gentio e a surpreendente receção do Evangelho nestes solos inesperados. Note-se que esta notícia

---

[79] At 15,1-2.
[80] At 15,6.
[81] Mathews, "The Council at Jerusalem", 340.
[82] At 15,7.

"causou a todos grande alegria".[83] A maravilhosa conversão dos gentios ao Evangelho era, de facto, uma boa notícia — isso era indiscutível. O problema era: a que custo tinha isto acontecido? Deveriam as suas tradições mais sagradas ser sacrificadas no altar da conveniência?

Os judaizantes contra-argumentaram. É muito bom que os gentios se estejam a converter em massa. Mas eles têm de ser circuncidados e têm de ser obrigados a seguir as leis de Moisés [84] assim como os judeus têm feito durante séculos. A teologia de Paulo negava que isso fosse necessário, como já vimos. Além disso, fazê-lo poria em perigo esta vaga de conversões gentias, porque muitos gentios não estariam dispostos a obedecer a tantas prescrições, especialmente a circuncisão. Os ideais de ambos os pólos pareciam não ser conciliáveis...

Quem poderia desatar os nós deste impasse? Quem teria autoridade para tomar uma decisão tão importante e difícil, quando o debate já estava esgotado? Sentir-nos-íamos tentados a olhar para Tiago, o bispo de Jerusalém, o superintendente com jurisdição sobre o local da reunião e também o irmão de Jesus e seu sucessor como sumo-sacerdote. No entanto, quando todos os presentes ergueram os olhos, não foi a Tiago que viram, mas a presença imponente de uma outra personagem, que até agora não tínhamos considerado: S. Pedro.

A tradição considera Pedro o primeiro papa. A forma como isto aconteceu será explorada mais adiante neste livro, no capítulo 12. Por agora, basta dizer que Pedro não era propriamente inexperiente no que diz respeito aos convertidos gentios.[85] Tudo tinha começado alguns anos antes, quando Pedro foi acometido por uma visão desconcertante: um grande lençol desceu do céu, sendo baixado à terra pelos seus quatro cantos. Em cima desse lençol, estavam expostos todos os tipos de animais: aves e ovelhas, claro, mas também porcos e até répteis. Como Pedro tinha muita fome, ouviu uma voz vinda do alto, que lhe dizia "mata e come". É claro que Pedro ficou escandalizado com esta ordem, porque havia ali animais impuros, que a Lei Mosaica proibia de comer. A voz, porém, respondeu-lhe: "Não chames tu comum ao que Deus purificou". Mas

---

[83] At 15,3.
[84] At 15,5.
[85] E não apenas Pedro, aliás. At 8,26-39 narra o episódio do baptismo de um eunuco etíope pelo apóstolo S. Filipe.

Capítulo 5: "Mas Paulo corrigiu Pedro!"

Pedro não cedeu. Como judeu observante, ele preferia morrer a quebrar a lei de Moisés. A voz insistiu três vezes antes de levar o lençol e os animais de volta para o céu, deixando Pedro para trás, completamente desnorteado.[86] Teria Deus acabado de o pôr à prova? E o mais importante: tinha passado no teste ou não? A lógica humana diria que sim, Pedro tinha procedido bem. Não tinha violado a Lei. Mas então, por que motivo continuava esta visão a agitar-se no seu cérebro?

Enquanto Pedro continuava a refletir, recebeu a visita de três homens. Tinham sido enviados por Cornélio, um centurião romano — por outras palavras, um gentio. Os enviados falaram de Cornélio como de um homem justo e temente a Deus. Também ele tinha tido uma visão que lhe dizia para mandar chamar a Pedro. Este, ao receber a confirmação do Espírito Santo que esta era a vontade de Deus, seguiu os mensageiros até à casa de Cornélio.[87]

Cornélio tinha reunido toda a sua família e amigos íntimos e fiéis. Quando Pedro atravessou a soleira da casa, o bom gentio correu para o santo apóstolo e lançou-se a seus pés — um ato certamente escandaloso para um centurião romano, rebaixar-se assim perante um judeu conquistado. Pedro, por seu lado, também não se sentia à vontade. Afinal de contas, era "proibido a um judeu aproximar-se de um estrangeiro". Cornélio, porém, não se deixou intimidar por todas estas considerações humanas. O centurião explicou a sua visão a Pedro, e como Deus lhe tinha dito: "a tua oração foi atendida e Deus se lembrou de tuas esmolas". Agora que Pedro estava ali, Cornélio faria tudo o que o Senhor lhe ordenasse através do primeiro papa. Pedro estava maravilhado. Todas as suas ideias e preconceitos humanos tinham sido destruídos. Afinal, "Deus não faz distinção de pessoas". Muito pelo contrário, todos os que temiam a Deus e trabalhavam em prol da justiça eram-Lhe aceitáveis, independentemente da nação.[88]

Depois de Pedro ter acabado de pregar o Evangelho, todos os presentes começaram a falar em línguas, um sinal claro de que o Espírito

---

[86] At 10,11-16.
[87] At 10,19-23.
[88] At 10,24-35.

Santo tinha descido sobre eles. A Bíblia diz-nos que "fiéis da circuncisão, que tinham vindo com Pedro, profundamente se admiraram". Mas Pedro sabia que não podia negar as águas do batismo àqueles que tinham recebido o Espírito Santo. Assim Cornélio e toda a sua casa foram batizados.[89]

Mais tarde, outros "fiéis da circuncisão" na Judeia souberam do sucedido e "repreenderam" Pedro. O primeiro papa contou então tudo o que se tinha passado, desde a sua visão até ao batismo de Cornélio. Ao ouvirem-no, os cristãos judeus "se calaram e deram glória a Deus, dizendo: 'Portanto, também aos pagãos concedeu Deus o arrependimento que conduz à vida!'".[90]

Agora, anos mais tarde, quando todos os apóstolos estavam reunidos em Jerusalém para discutir a situação dos gentios, chegou a altura de Pedro dizer o que pensava. Ele levantou-se no Conselho, as suas experiências passadas informando as suas palavras, o Espírito Santo guiando a sua decisão. Eis o que ele disse:

> Irmãos, vós sabeis que já há muito tempo Deus me escolheu dentre vós, para que da minha boca os pagãos ouvissem a palavra do Evangelho e cressem. Ora, Deus, que conhece os corações, testemunhou a seu respeito, dando-lhes o Espírito Santo, da mesma forma que a nós. *Nem fez distinção alguma entre nós e eles, purificando pela fé os seus corações.* Por que, pois, *provocais agora a Deus, impondo aos discípulos um jugo* que nem nossos pais nem nós pudemos suportar? Nós cremos que *pela graça do Senhor Jesus seremos salvos, exatamente como eles.*[91]

Por outras palavras, não haveria diferença entre cristãos judeus e cristãos gentios, mesmo que estes últimos purificassem o seu coração pela fé. Eles podiam ser salvos pela graça de Jesus e, por isso, não precisavam de mais nenhum jugo. Pedro tinha tomado o partido de Paulo. Perante esta decisão autoritária, não houve gritos de "temos de seguir a tradição, não Pedro". Pelo contrário, a Bíblia diz, mais uma vez, que os presentes "o ouviram

---

[89] At 10,44-48.
[90] At 11,1-18.
[91] At 15,7-11.

silenciosamente".[92] Naquele dia, a autoridade petrina foi acatada, dando início a uma tradição veneravél que se tornaria uma constante ao longo da história e ao longo deste livro.

No entanto, é preciso ter em conta que este Concílio se situava na jurisdição de S. Tiago. A última palavra cabia, portanto, ao chefe da igreja de Jerusalém. Tiago concordou com a decisão de Pedro, mas procurou acrescentar algumas condições, como forma de concessão ao partido judaizante. Os prosélitos não deviam ser perturbados, mas deviam abster-se de quatro coisas: 1) a poluição dos ídolos, 2) a fornicação, 3) a carne de animais estrangulados e 4) *o sangue*.[93] Assim foram encerrados os trabalhos do Concílio de Jerusalém e foram enviadas cartas para Antioquia com todas estas decisões. Paulo e Barnabé respeitaram escrupulosamente esta decisão. A primeira controvérsia da história cristã tinha sido resolvida com sucesso... ou assim parecia.

Paulo resiste a Pedro face a face

Uma vez que Pedro validou o partido paulino no Concílio de Jerusalém, perguntamo-nos: então por que corrigiu Paulo a Pedro? O problema que levaria Paulo a tomar medidas drásticas não foi o resultado do concílio, mas do seu rescaldo. O Concílio de Jerusalém, por mais definitivo que parecesse, não apagou completamente a polémica, como acontece frequentemente com a Igreja, hoje como ontem. O partido judaizante ainda estava presente e tentou opor-se às decisões do Concílio ou interpretá-las de uma forma favorável à sua visão do mundo.

Após o encerramento do Concílio de Jerusalém, Pedro foi visitar Antioquia[94] para testemunhar aquele maravilhoso milagre gentio — uma igreja constituída quase exclusivamente por prosélitos! Essa visita tornou-se o pano de fundo do que mais tarde seria chamado de: "O Incidente de Antioquia". No início, tudo parecia correr muito bem. Pedro comia com os gentios, tal como tinha feito antes com Cornélio. Mas eis que chegou

---

[92] At 15,12.
[93] At 15,19-20.
[94] Gal 2,11.

uma comitiva de Jerusalém, enviada pela parte de Tiago, que começou a semear confusão. A partir desse momento, Pedro "retraiu-se e separou-se destes [gentios], temendo os circuncidados".[95] Por outras palavras, deixou de comer com os gentios para evitar a impureza ritual. Na sua epístola aos Gálatas, Paulo lamenta que até o seu bom amigo Barnabé acabasse fazendo o mesmo.[96] Parecia que, para os gentios serem totalmente aceites à mesa dos seus companheiros cristãos judeus, teriam de se submeter às leis mosaicas da pureza e da dieta alimentar, negando na prática o que o Concílio tinha decidido anteriormente em teoria. Paulo não o aceitaria. Este é o contexto no qual o apóstolo disse que foi até Cefas ("pedra / Pedro" no original aramaico) e "resistiu-lhe francamente, porque era censurável".[97] Esta é a famosa correção de Paulo a Pedro.

Ao longo dos séculos, os apologistas e exegetas católicos compreenderam a seriedade desta passagem bíblica. Não é usada apenas pelos tradicionalistas ou protestantes de hoje, mas foi usada pelos pagãos, mesmo nos tempos da Patrística, para questionar a fiabilidade do papado e da Igreja.[98] Por esta razão, muitos Padres da Igreja tentaram encontrar formas de justificar esta flagrante inversão da hierarquia da Igreja, em que um bispo podia corrigir o próprio Papa. Alguns, como S. Clemente de Alexandria, postularam que Cefas era outra pessoa para além de S. Pedro, embora "Cefas" fosse o nome que Jesus usou em Mt 16,18. Outros, como S. Jerónimo ou Orígenes, afirmaram que a correção foi encenada por Pedro e Paulo como um momento de ensino. Outros ainda, como Tertuliano, acusaram Paulo de ter exagerado. E ainda outros, como S. Agostinho, simplesmente rejeitaram esse tipo de apologética e afirmaram que Pedro era de facto culpado e que nenhum líder está acima de correção.[99]

Penso que não é necessário ir tão longe para dar sentido ao que aconteceu. Pedro não estava a agir magisterialmente quando deixou de comer com os gentios. Pelo contrário, estava a agir na sua capacidade

---

[95] Gal 2,12.
[96] Gal 2,13.
[97] Gal 2,11.
[98] Ver Griffith, "Apostolic Authority and the 'Incident at Antioch,'" 120 : "O desafio da retórica pagã anti-cristã fornece o outro contexto exegético principal. Orígenes e Jerónimo estavam cientes de que esta passagem em Gálatas fornecia munições às críticas pagãs".
[99] Griffith, "Apostolic Authority and the 'Incident at Antioch,'", 118.

privada.[100] Embora a Igreja peça a submissão da mente e da vontade aos seus *ensinamentos magisteriais* (como veremos no capítulo 12), não é verdade que as *ações privadas* de qualquer bispo ou papa estejam acima de qualquer censura. Isto é especialmente importante, porque o comportamento de Pedro estava a ser usado para minar a sua própria decisão magisterial no Concílio de Jerusalém.[101]

Voltemos, pois, à *Correctio filialis*. Os seus signatários afirmam que podem usar a reprovação paulina como precedente para a sua própria correção da *Amoris Laetitia*, sustentando que este documento magisterial contém sete proposições heréticas. No entanto, não foi isso que aconteceu no século I. De facto, os autores da *Correctio filialis* teriam razão se, após a intervenção de Pedro no Concílio de Jerusalém, Tiago tivesse enfrentado o papa na cara dele, dizendo que ele acabara de ensinar uma heresia e que os gentios convertidos deviam submeter-se à venerável tradição mosaica dos seus antepassados. Mas não é esse o caso. *Paulo não acusou Pedro de heresia, mas de hipocrisia.*

Neste sentido, um melhor paralelo seria se o Papa Francisco, depois de ter consultado o Sínodo dos Bispos sobre este tema, e depois de ter promulgado *Amoris Laetitia*, se tivesse retraído perante as críticas dos quadrantes tradicionalistas e se tivesse recusado pessoalmente a dar a comunhão aos divorciados e recasados que o procurassem, mesmo que tivessem circunstâncias atenuantes que diminuíssem a sua culpabilidade subjetiva, de modo a não estarem em pecado mortal. Isto significaria que, mesmo que ele tivesse publicado magisterialmente a sua decisão sobre o assunto, estaria a pôr em dúvida a legitimidade da sua própria decisão, por medo de escandalizar os tradicionalistas. Nesta situação, um bispo com uma mentalidade pastoral voltada para o acompanhamento dos divorciados e recasados na sua diocese faria bem em criticar o Santo Padre pela sua duplicidade de critérios e por estar a desvirtuar o seu próprio

---

[100] Esta interpretação é partilhada por Broussard, "Paul's Rebuke and Peter's Infallibility", e também por Akin, "Peter in Galatians".

[101] Alguns académicos acreditam que a correção de Paulo aconteceu *antes do* Concílio de Jerusalém. Seja como for, isso não altera a distinção feita aqui, entre o ensino magisterial de Pedro no Concílio (seja antes ou depois da correção) e o comportamento de Pedro (que era de facto reprovável).

magistério. Este seria o paralelo perfeito se existisse de facto. No entanto, não creio que um tal precedente agradasse aos autores da *Correctio filialis*.

Comer sangue: Um último tumulto

A correção de Paulo a Pedro parece ter encerrado de vez a controvérsia judaizante. Não temos um relato do lado de Pedro, mas é seguro assumir que Pedro aceitou a repreensão e voltou para a mesa dos seus irmãos gentios. Atualmente, a ideia de que os cristãos não precisam de se submeter à circuncisão ou seguir todos os preceitos da Lei Mosaica é relativamente incontestável. No entanto, um leitor atento terá notado uma certa discrepância entre a práxis da Igreja primitiva e a da Igreja moderna.

Como já foi referido, S. Tiago introduziu quatro proibições no final do Concílio de Jerusalém. Entre elas estava a proibição de comer sangue ou carne de animais estrangulados. No entanto, é sabido que esta proibição não é aplicada nos países cristãos. O meu país, Portugal, é tradicionalmente muito católico[102] e, no entanto, também tem alguns pratos tradicionais preparados com sangue. Entre estes, gostaria de destacar a *morcela* — um enchido de sangue[103] — e a *cabidela* — uma espécie de arroz cozinhado com sangue de galinha.[104] No entanto, nunca ouvi nenhum padre condenar estas iguarias gastronómicas no púlpito, nem uma única vez. Então, qual é a razão para isso?

Para compreender por que razão comer sangue é aceitável para os católicos apesar da proibição apostólica, temos também de compreender a razão por detrás desta proibição. Qual é o significado das quatro proibições? Por que insiste S. Tiago nelas, mesmo depois do discurso de S. Pedro? Sabemos que Tiago estava a tentar apaziguar de alguma forma os cristãos judeus. Mas por que propôs estas proibições específicas e não outras, não sabemos ao certo. Os académicos propõem três teorias principais para a origem destas injunções.

---

[102] Num censo de 2011, oitenta e um por cento da população total identificou-se como católica. Ver Instituto Nacional de Estatística, *Censos 2011 Resultados Definitivos - Portugal*, 530.

[103] Uma receita de morcela pode ser encontrada em "Portuguese Black Pudding (Morcela) Recipe", *Portuguese Recipes*.

[104] Uma receita de cabidela pode ser encontrada em "A Portuguese favorite: Arroz de cabidela recipe", *Taste Porto*.

Capítulo 5: "Mas Paulo corrigiu Pedro!"

A primeira teoria é que Tiago se baseavra na sabedoria rabínica do seu tempo, em que os judeus eram autorizados, em tempos de perseguição, a transigir em todos os costumes da lei, exceto na idolatria, no incesto e no derramamento de sangue. A segunda teoria é que Tiago estava a referir-se à aliança de Noé, uma vez que este pacto era aplicável a toda a humanidade descendente de Noé, ao contrário do pacto mosaico celebrado apenas com Israel. Entre as proibições de Noé estava a ordem de nunca comer sangue.[105] A terceira teoria é que Tiago estava a pensar em Lev 17-18, as partes da Lei Mosaica que se aplicavam, não só aos israelitas, mas também ao "estrangeiro que vive entre vós". Nenhuma destas três teorias explica as quatro proibições na sua totalidade ou de uma forma que seja completamente congruente textualmente com o que lemos no livro dos Atos dos Apóstolos. Assim, a explicação mais provável é que todas as três justificações contribuam de alguma forma para explicar o raciocínio de S. Tiago.[106]

Qualquer que seja a base teórica das quatro proibições, elas tinham um único objetivo prático: melhorar as relações entre cristãos judeus e cristãos gentios, permitindo-lhes sentar-se à mesma mesa e partilhar as mesmas refeições (especialmente no contexto da comunhão), sem suscitar escrúpulos entre os cristãos judeus quanto à possibilidade de se tornarem ritualmente impuros ao fazê-lo. Além disso, evitava o escândalo, uma vez que todas as actividades proibidas pelo Concílio de Jerusalém podiam ser associadas a práticas pagãs.[107] Neste sentido, é fácil compreender a frustração de Paulo com a hipocrisia de Pedro, uma vez que a relutância do primeiro papa em comer com os gentios estava a minar até o próprio fundamento prático das proibições do Concílio de Jerusalém. Se estas injunções não estavam a atenuar o escândalo e a aproximar os cristãos judeus e gentios, qual era afinal o seu propósito?

No entanto, devemos perguntar-nos: será que estas proibições se aplicam a nós hoje em dia? Afinal, a Igreja atual é composta maioritariamente por gentios, pelo que o problema da partilha das refeições

---

[105] Gén 9,3-4.
[106] Savelle, "A Reexamination of the Prohibitions", 457-461.
[107] Savelle, "A Reexamination of the Prohibitions", 463-464.

já não se coloca. Além disso, as cerimónias pagãs associadas à ingestão de sangue já não são comuns. Esta é a razão pela qual a Igreja já não aplica a proibição apostólica. Em 1442 d.C., o Concílio de Florença promulgaria o seguinte:

> "[A Santa Igreja Romana] acredita firmemente, professa e ensina que toda a criatura de Deus é boa e nada deve ser rejeitado se for recebido com ação de graças, porque, de acordo com a palavra do Senhor, nem tudo o que entra na boca contamina uma pessoa, e porque a diferença na lei mosaica entre alimentos puros e impuros pertence a práticas cerimoniais, *que passaram e perderam a sua eficácia com a vinda do evangelho*. Declara também que a proibição apostólica de se abster do que é sacrificado aos ídolos, do sangue e do que é sufocado, *era adequada à época* em que uma única igreja estava a surgir de judeus e gentios, que anteriormente viviam com cerimónias e costumes diferentes. Isto era para que os gentios tivessem algumas observâncias em comum com os judeus, e fosse oferecida a ocasião de se reunirem numa só adoração e fé em Deus e uma causa de dissensão pudesse ser removida, uma vez que, pelo costume antigo, o sangue e as coisas estranguladas pareciam abomináveis para os judeus, e os gentios poderiam ser considerados como retornando à idolatria se comessem alimentos sacrificiais. Em lugares, porém, onde a religião cristã foi promulgada a tal ponto que não se encontra nenhum judeu e todos se uniram à igreja, praticando uniformemente os mesmos ritos e cerimónias do evangelho e acreditando que para os puros todas as coisas são puras, uma *vez que a causa dessa proibição apostólica cessou, o seu efeito também cessou*. Não condena, pois, nenhuma espécie de alimento que a sociedade humana aceite e ninguém, nem homem nem mulher, deve fazer distinção entre os animais, não importa como tenham morrido". [108]

Se vamos dizer que um concílio introduziu novidades na doutrina, de tal modo que a Igreja se contradisse a si própria, então temos de reconhecer que o mesmo aconteceu muitos séculos antes do Vaticano II. As

---

[108] Florença. "Sessão 11".

prescrições bíblicas (incluindo as leis de Noé) eram "adequadas à época", mas de facto "cessaram" e "passaram". Algum tradicionalista distraído poderia confundir esta formulação com Modernismo se proferida pela Igreja hoje. No entanto, a Igreja de facto permitiu com autoridade algo que parecia perpetuamente proibido, mesmo pela aliança de Noé. A Igreja concedeu tal permissão ao interpretar autoritativamente essas proibições, usando um contexto histórico e religioso apropriado. Ao fazê-lo, a Igreja recentrou esta passagem bíblica naquilo que é verdadeiramente importante.

Na mentalidade antiga, o sangue simbolizava uma força vital que devia ser oferecida aos deuses. Por isso, tinha um enorme significado religioso e estava indissociavelmente ligado à idolatria. A sociedade atual simplesmente não atribui ao sangue o mesmo valor religioso e ritualístico que as antigas sociedades pagãs e judaicas lhe atribuíam (mesmo nos tempos apostólicos). Ao defendermos uma interpretação literalista de Gén 9,4, corremos o risco de o interpretar de forma anacrónica e até perigosa, como fazem as Testemunhas de Jeová em relação às transfusões de sangue. Se nos centrarmos demasiado na parte do sangue, podemos distrair-nos de tratar a idolatria, que é o tema principal da passagem bíblica em questão e que se manifesta de formas completamente diferentes hoje em dia.[109] É por isso que *a tradição viva* é tão importante.

---

[109] Gabriel, "Death penalty—the Gen 9:6 objection."

Capítulo 6

"No mesmo sentido, com o mesmo significado"

Alguém pode pensar... que se estes pagãos eram pecadores e estavam condenados e depois mudarem, a fé muda?. Não. A fé nunca muda, a fé é a mesma, mas está em movimento, cresce, expande-se... um velho monge do século V, S. Vicente de Lérins, disse estas palavras: "As verdades da Igreja avançam", "ut annis consolidetur, dilatetur tempore, sublimetur aetate". Ou seja, consolidam-se ao longo dos anos, desenvolvem-se ao longo do tempo, aprofundam-se com a idade.

— Francisco, *Dio Delle Sorprese*

Estávamos a 11 de outubro de 2017. Thomas Lawson preparava-se para as suas orações habituais. Tirou o seu rosário de uma gaveta do escritório. Depois, com grande devoção, segurou a cruz do rosário com firmeza na mão, de forma tão apertada que lhe imprimiu vincos na palma. "Por favor, Espírito Santo, guia o Papa Francisco para que ele deixe de desencaminhar a Igreja". Começou a rezar, em latim: *"Credo in unum Deum, Patrem omnipotentem..."* [1]

Thomas sentiu uma sensação de alívio. Nessas orações, ele podia sentir uma tradição ininterrupta de dois mil anos percorrendo sua alma: *"...genitum, non factum, consubstantialem Patri..."* [2] Nestes versículos milenares, não havia qualquer vestígio de ambiguidade, apenas palavras resistindo à prova do tempo: *"...qui ex Patre Filioque procedit..."* [3] Nenhuma inovação introduzida nas fórmulas por *fiat* papal, num exercício de pura autoridade. Depois de terminar o credo, Thomas passou ao Pai-Nosso e, finalmente, à Avé-Maria: *"Sancta Maria, Mater Dei..."* [4]

Quando Thomas pronunciou o último "Amém", estava confiante de que as suas orações tinham sido recebidas pelos ouvidos do Todo-Poderoso. Imagine-se o seu horror quando entrou nos seus sites de notícias católicas! O Papa Francisco tinha acabado de celebrar o vigésimo quinto aniversário da constituição apostólica *Fidei Depositum*, pela qual João Paulo

---

[1] "Creio em só Deus, Pai Todo-Poderoso".
[2] "Gerado, não criado, consubstancial ao Pai".
[3] "Que procede do Pai e do Filho".
[4] "Santa Maria, Mãe de Deus".

II havia promulgado o Catecismo da Igreja Católica. Durante o seu discurso, Francisco manifestou a sua intenção de alterar o ensinamento do Catecismo sobre a pena de morte. Nomeadamente, a pena de morte devia agora ser vista como "inadmissível". [5]

Mais uma vez, Tom perturbou-se. Tratava-se de uma substancial inversão da doutrina da Igreja! Tradicionalmente, mesmo até ao pontificado de Pio XII (o último dos papas pré-conciliares), a Igreja tinha permitido a pena de morte como um meio de exercer a justiça. [6] É verdade que isso tinha mudado desde S. João Paulo II. O pontífice polaco ensinara que a pena de morte era "tanto cruel como inútil" [7] e apelara pública e vigorosamente à sua abolição em todo o mundo. No entanto, João Paulo II teve o cuidado de não permitir que a sua posição abolicionista ensombrecesse a fiabilidade da Igreja. Ele sabia que a Igreja não podia declarar como "intrinsecamente maligno" (ou seja, não moralmente justificável em qualquer circunstância) algo que tinha declarado aceitável em tempos anteriores. Caso contrário, as pessoas poderiam dizer que a Igreja não era uma professora fiável em matéria de fé e moral. João Paulo II tinha chegado a uma solução muito elegante para este dilema: permitir a pena de morte em teoria, enquanto afirmava que os casos práticos em que tal castigo era moralmente aplicável hoje em dia eram tão raros que eram "praticamente inexistentes", permitindo assim a sua total abolição. [8] É por

---

[5] Francisco. "Aos participantes no encontro".

[6] Ver Pio XII, "A los participantes en el I Congreso Internacional de Histopatología", 28 (em espanhol).

[7] João Paulo II "Concelebração Eucarística". Este apelo à abolição foi continuado pelo sucessor imediato de João Paulo II: ver Bento XVI, *Africae Munus*, 83: "chamo a atenção dos responsáveis da sociedade para a necessidade de fazer todo o possível a fim de se chegar à eliminação da pena capital, bem como para a reforma do sistema penal a fim de que a dignidade humana do preso seja respeitada".

[8] João Paulo II, *Evangelium Vitae*, 56: "Nesta linha, coloca-se o problema da pena de morte, à volta do qual se regista, tanto na Igreja como na sociedade, a tendência crescente para pedir uma aplicação muito limitada, ou melhor, *a total abolição da mesma*. O problema há-de ser enquadrado na perspectiva de uma justiça penal, que seja *cada vez mais conforme com a dignidade do homem* e portanto, em última análise, com o desígnio de Deus para o homem e a sociedade... Claro está que, para bem conseguir todos estes fins, a medida e a qualidade da pena hão-de ser atentamente ponderadas e decididas, não se devendo chegar à medida extrema da execução do réu *senão em casos de absoluta necessidade*, ou seja, quando a defesa da sociedade não fosse possível de outro modo. Mas, hoje, graças à organização cada

Capítulo 6: "No mesmo sentido, no mesmo significado"   115

isso que a versão do Catecismo, promulgada por João Paulo II, ensinava o seguinte:

> *O ensinamento tradicional da Igreja não exclui,* pressupondo o pleno apuramento da identidade e da responsabilidade do autor do crime, o recurso à pena de morte, *quando este é o único meio praticável para defender eficazmente a vida dos seres humanos* contra o agressor. Se, pelo contrário, *bastarem meios não sangrentos* para a defesa contra o agressor e para a proteção da segurança das pessoas, *a autoridade pública deve limitar-se a esses meios...* Hoje, de facto, dados os meios de que o Estado dispõe para reprimir eficazmente o crime, tornando inofensivo aquele que o cometeu, sem o privar definitivamente da possibilidade de se redimir, os casos de necessidade absoluta de supressão do delinquente *"são hoje muito raros, se não mesmo praticamente inexistentes".* ⁹

No entanto, muitos comentadores católicos, especialmente nos EUA, pegaram nesta concessão teórica — concebida especificamente para salvaguardar a integridade do magistério passado da Igreja — e usaram-na como uma desculpa para ignorar os claros apelos abolicionistas do Papa e defender, em vez disso, o *status quo*. ¹⁰ Isto foi agravado pelo vazamento de uma carta privada do então Prefeito da Congregação para a Doutrina da Fé (CDF) Joseph Ratzinger ao Cardeal norte-americano McCarrick, na qual ele dizia: "Pode haver uma legítima diversidade de opiniões, mesmo entre os católicos, sobre a guerra e a aplicação da pena de morte, mas não em relação ao aborto e à eutanásia". ¹¹ Esta carta era privada e não foi divulgada com a aprovação papal que a tornaria magisterial. ¹² Ainda assim, estes

---

vez mais adequada da instituição penal, *esses casos são já muito raros, se não mesmo praticamente inexistentes".*

⁹ CIC 2267 (2º edição, versão de 1997).
¹⁰ Ver Ferrara, "Can the Church ban Capital Punishment?"
¹¹ Ratzinger, "Worthiness to receive Holy Communion."
¹² Ver CDF, *Donum Veritatis,* 18: "Consequentemente, os documentos desta Congregação [para a Doutrina da Fé], aprovados expressamente pelo Papa, participam do magistério ordinário do sucessor de Pedro". Não é este o caso,

mesmos comentadores católicos agarraram-se a esta citação para justificar a sua posição.[13]

Como católico americano conservador, a opinião de Tom sobre este tema foi moldada por estes comentadores. Assim, Tom apelava ao seu juízo prudencial para rejeitar o apelo do Papa à abolição da pena de morte, ao mesmo tempo que afirmava ser fiel à "doutrina perene da Igreja" sobre o assunto. Mas agora, o Papa Francisco estava a ameaçar perturbar este cuidadoso equilíbrio.

Em 2018, a tão esperada (ou temida) revisão do Catecismo do Papa Francisco foi finalmente promulgada. Agora lia-se:

> *Durante muito tempo, considerou-se o recurso à pena de morte por parte da autoridade legítima,* depois de um processo regular, como uma resposta adequada à gravidade de alguns delitos e um meio aceitável, ainda que extremo, para a tutela do bem comum. Hoje vai-se tornando cada vez mais viva a consciência de que a *dignidade da pessoa não se perde, mesmo depois de ter cometido crimes gravíssimos...* Por isso a Igreja ensina, à luz do Evangelho, que a pena de morte é *inadmissível,* porque atenta contra a inviolabilidade e dignidade da pessoa e empenha-se com determinação a favor da sua abolição em todo o mundo.[14]

Tom estava completamente desorientado. O Papa Francisco tinha, mais uma vez, ultrapassado os limites da sua autoridade para ensinar algo contrário à tradição da Igreja! Como de costume, Tom correu para os seus fóruns católicos online para desabafar. Justin Peterson, o nosso amigo

---

como explica um posterior prefeito da CDF, o Cardeal Luís Ladaria: "Relativamente à carta de 2004 do Cardeal Ratzinger ao Cardeal McCarrick, esta Congregação respeita as estipulações do Cardeal Ratzinger de que '*estes princípios não se destinavam a publicação*'. A carta tinha a forma de uma *comunicação privada* dirigida aos bispos". (ver Crary, "Vatican warns US Bishops").

[13] Ver, por exemplo, Feser. "Capital punishment should not end (UPDATED)": "Poder-se-ia supor, a partir desta afirmação, que todos os católicos fiéis estão de acordo. Mas não é esse o caso. Como o então Cardeal Ratzinger afirmou em 2004, um católico pode estar 'em desacordo com o Santo Padre' sobre a questão da pena capital e 'haver uma legítima diversidade de opiniões mesmo entre os católicos sobre... a aplicação da pena de morte'".

[14] CIC 2267 (2ª edição, versão 2018).

apologista, estava lá e notou a angústia de Tom. Numa mensagem privada, Justin explicou que Francisco não tinha contradito os seus antecessores, muito pelo contrário. Ele tinha dito exatamente o mesmo que João Paulo II e Bento XVI, ao mesmo tempo que colmatava uma lacuna ao declarar a pena de morte "inadmissível" na prática.

"Inadmissível?" — perguntou Tom em voz alta, como se as pessoas o pudessem ouvir por detrás do ecrã — "Isso não pode ser!" A Igreja tinha tradicionalmente ensinado que os estados podiam recorrer à pena de morte! Como podia ela agora declarar que a pena de morte era intrinsecamente maligna?

Justin recordou muito calmamente que "intrinsecamente maligno" e "inadmissível" não eram sinónimos. O primeiro referia-se a um ato que nunca poderia ser moralmente justificado, nem mesmo em teoria, enquanto o segundo se referia a todas as suas aplicações práticas num determinado momento. Foi isto, de facto, que João Paulo II tinha tentado fazer. Francisco simplesmente passou de "praticamente inexistente" para "inexistente na prática".[15] Tinha de haver uma razão para Francisco ter usado "inadmissível" e não "intrinsecamente maligno".

Infelizmente, isto não convenceu Thomas. Se "inadmissível" não significava intrinsecamente maligno, não deixava de ser um termo confuso, suscetível de ser mal interpretado.[16] Além disso, era uma palavra nova, sem

---

[15] Para mais explicações apologéticas sobre este tema, ver Gabriel. "Death Penalty – continuity or hardness of heart?".

[16] Ver Rutler. Pope Francis' new comments": "O Papa Francisco usa o termo 'inadmissível' para descrever a pena de morte, embora não tenha substância teológica, e ao evitar palavras como 'imoral' ou 'errado' inflige no discurso uma ambiguidade semelhante a partes da *Amoris Laetitia*. O significado óbvio é que a pena capital é intrinsecamente maligna, mas dizê-lo abertamente seria demasiado flagrante".

precedentes na tradição.¹⁷ Era uma inovação do Papa Francisco e, portanto, anti-tradicional.¹⁸

Justin tentou explicar que, mesmo que a palavra "inadmissível" fosse nova, não era necessariamente não-tradicional ou mesmo anti-tradicional. Pelo contrário, era nova porque era um desenvolvimento na doutrina.¹⁹ Mas Thomas contrapôs: não podia ser um desenvolvimento legítimo, porque contradizia o que vinha antes. Citando S. Vicente de Lérins, Thomas defendeu que a doutrina deve desenvolver-se apenas no seu género, isto é, "no mesmo sentido e com o mesmo significado" (ver capítulo 3). Por isso, esta revisão do Catecismo não era um verdadeiro desenvolvimento, mas uma corrupção da fé.

Curiosamente, o Papa Francisco *também* tinha citado S. Vicente de Lérins no seu muito criticado discurso, em que expressara a sua intenção de rever o Catecismo sobre a pena de morte. O Santo Padre tinha dito:

> A Tradição é uma realidade viva; e somente uma visão parcial pode conceber o "depósito da fé" como algo de estático... A Palavra de Deus é uma realidade dinâmica, sempre viva, que progride e cresce, porque tende para uma perfeição que os homens não podem deter. Esta lei do progresso – segundo a fórmula feliz de São Vicente de Lérins: "annis consolidetur, dilatetur tempore, sublimetur aetate" – *fortalece-se com o decorrer dos anos, cresce com o andar dos tempos, desenvolve-se através das idades* pertence à condição peculiar da verdade revelada, enquanto transmitida pela Igreja, e não significa de modo algum uma mudança de doutrina.²⁰

---

¹⁷ Ver Pakaluk. "Cardinal Dulles's Dubia": "Toda a gente chamou a atenção para a estranheza da palavra 'inadmissível' no novo ensinamento... a palavra 'inadmissível' não aparece em nenhum outro lugar do Catecismo. É quase um solecismo em teologia moral".

¹⁸ Esta afirmação é falsa, uma vez que existem abundantes precedentes para o uso desta palavra em pronunciamentos magisteriais. Uma recoleção de várias dessas instâncias pode ser encontrada em Lewis. "Simply Inadmissible."

¹⁹ Ver CDF, "Carta aos Bispos", 7: "A nova revisão do número 2267 do Catecismo da Igreja Católica, aprovada pelo Papa Francisco, situa-se em *continuidade* com o Magistério precedente, ao mesmo tempo que apresenta um *desenvolvimento coerente* da doutrina católica".

²⁰ Francisco. "Aos participantes no encontro".

Capítulo 6: "No mesmo sentido, no mesmo significado"   119

Então, quem interpretou adequadamente o cânone de S. Vicente? Thomas Lawson ou o Papa Francisco?[21] O que é mais importante? A parte em que S. Vicente postula: "consolidado pelos anos, alargado pelo tempo", como afirma o pontífice? Ou é, como afirmam os críticos do papa, a parte em que Vicente ensina: "o mesmo sentido, com o mesmo significado"?

Não podemos responder a essas perguntas sem saber por que S. Vicente formulou suas famosas regras. E não podemos saber isso sem mergulhar no contexto histórico que moldou este teólogo do século V nas suas ideias sobre tradição, inovação e desenvolvimento doutrinal. Assim, começamos por voltar os nossos olhos para a Igreja dos primeiros séculos.

O trigo da tradição, o joio da heresia

Era o ano 100 d.C. e o apóstolo S. João estava no seu leito de morte. Como este foi o único apóstolo a morrer de velhice, era o único dos Doze vivo nessa altura. Todos os outros tinham sido perseguidos pela sua fé e martirizados. S. Tiago, bispo de Jerusalém, tinha sido apedrejado até à morte por volta do ano 60 d.C.[22] S. Paulo fora decapitado fora das muralhas de Roma. Quanto a S. Pedro, fora condenado a morrer como o Senhor. Sentindo-se indigno de tal honra, pediu para ser crucificado de cabeça para baixo.[23]

Mas agora que João estava a exalar o seu último suspiro, a Igreja enfrentava outro dilema. A última pessoa a receber o Espírito Santo no dia

---

[21] É de notar que Thomas Guarino, o respeitado estudioso do Concílio Vaticano II que citei extensivamente na primeira secção deste livro, acredita que o Papa Francisco está incorreto ao aplicar a citação Vicentina de "consolidado pelos anos..." ao caso da pena de morte, porque S. Vicente só aplicaria essa lógica a um desenvolvimento, não a uma reversão. Ver Guarino. "Pope Francis and St. Vincent of Lérins": "Note-se que S. Vicente nunca fala positivamente de reviravoltas. Uma inversão, para S. Vicente, não é um avanço na compreensão da verdade pela Igreja; não é um exemplo de um ensinamento 'alargado pelo tempo'". No entanto, isto pressupõe que houve aqui uma inversão, não um desenvolvimento adequado, como expliquei ao longo deste capítulo pela boca de Justin Peterson, e também em Gabriel. "Death Penalty – continuity or hardness of heart?"

[22] Nash. "Who are the Twelve Apostles?"

[23] Curtis. "Whatever Happened to the Twelve Apostles?"

de Pentecostes acabara de falecer. Não havia mais apóstolos para pregar a tradição, nem por escrito nem de boca em boca. A revelação divina tinha chegado ao fim. Como poderia a barca da Igreja navegar nos mares tempestuosos dos novos desafios? É verdade que os apóstolos tinham deixado "supervisores" para cuidar do rebanho em seu lugar. S. Lino tinha-se tornado sucessor de S. Pedro como bispo de Roma. Mas seria isso suficiente? E o que implicaria isso, exatamente?

O Império Romano não se limitou a matar os apóstolos. As perseguições aos cristãos continuaram a surgir esporadicamente nos dois séculos seguintes. Os imperadores tentaram esmagar este movimento cristão, porque ele punha em perigo — assim pensavam — o próprio tecido da sociedade.[24] Isto, por sua vez, levou a Igreja à clandestinidade, uma situação que também dificultou a livre comunicação entre as várias igrejas e, por conseguinte, a plena sincronização das suas crenças entre si. Isto era muito importante, uma vez que os cristãos estavam a braços com um *complexio oppositorum* de três cabeças. Tinham de defender três afirmações ao mesmo tempo, todas aparentemente em tensão umas com as outras: 1) Havia apenas um Deus; 2) Cristo era Deus; e 3) o Pai e o Filho eram distintos.[25] Falhar em manter este delicado equilíbrio poderia conduzir à heresia.

Foi, de facto, o que aconteceu. Nos primeiros quatro séculos da história da Igreja, multiplicaram-se as heresias, nomeadamente no que diz respeito à natureza de Cristo. No início, havia duas heresias diametralmente

---

[24] Ver Fredricksen, "Judaizing the Nations", 240: "Pior do que virar as costas aos seus parentes humanos, porém, era o facto de essas pessoas virarem também as costas aos deuses que lhes pertenciam por nascimento e sangue. Assim, perturbavam a relação fundamental entre os deuses e os seus humanos. Tal comportamento não só insultava a comunidade pagã: Colocava a comunidade pagã em perigo, porque insultava os deuses dessa comunidade, e deuses zangados levam a humanos infelizes". Ver também Mullin, *A Short World History of Christianity*, 42-43.

[25] Mullin, *A Short World History of Christianity*, 64. Ver também Bickerton. "The Development of a Theology of Tradition", 11: "Todos os lados concordavam com estes princípios do Cristianismo: era monoteísta; Jesus não era um simples humano comum; através de Cristo a salvação tinha chegado à humanidade; as Escrituras eram a palavra de Deus... Embora surjam diferenças na interpretação destes quatro princípios fundamentais, a raiz da controvérsia 'ariana' é a forma de resolver o paradoxo dos dois primeiros. Como é o Cristianismo monoteísta, se Jesus Cristo não é um mero humano?"

opostas. De um lado, os ebionitas, que se apegavam à observância da Lei judaica e que negavam a divindade de Cristo.[26] Para eles, Jesus era apenas um messias humano. Do outro lado, estavam os docetistas, que afirmavam que Jesus apenas *parecia* ser um homem, ou ter nascido, vivido e sofrido.[27]

Contra os dois extremos estava um bispo, S. Inácio de Antioquia, um dos discípulos de S. João.[28] Como explica o historiador Robert Mullin: "Contra os ebionitas, ele [Inácio] declarou que Cristo tinha nascido de uma *virgem*. Contra os docetistas ele declarou que Cristo *tinha nascido* de uma virgem".[29]

Por outras palavras, a posição ortodoxa era a defendida pelo bispo. Aqui, podemos ver uma cristalização progressiva de certos tons tipicamente católicos que só mais tarde se desenvolveriam plenamente. A Igreja era o baluarte contra a heresia, e o centro da Igreja era o bispo.[30] Como S. Inácio pregava: "Todos vós deveis seguir a direção do bispo, como Jesus Cristo seguiu a do Pai... Onde está o bispo, aí está o povo, tal como onde está Jesus Cristo, aí está a Igreja Católica".[31] Esta foi, de facto, a primeira vez que a palavra "católico" foi historicamente usada neste contexto.

Outra heresia dominante foi o Gnosticismo. Embora os gnósticos constituíssem um grupo muito heterogéneo, tinham uma crença comum: a ideia de que a salvação vem do conhecimento (*gnosis* em grego). Podem ser definidos como: "Um nome coletivo para um grande número de seitas muito variadas e panteístas-idealistas, que floresceram desde algum tempo antes da Era Cristã até ao século V, e que, embora tomando emprestados a fraseologia e alguns dos princípios das principais religiões da época, e especialmente do Cristianismo, consideravam a matéria uma deterioração do espírito, e todo o universo uma depravação da Divindade, e ensinavam que o fim último de todos os seres era a superação da grosseria da matéria

---

[26] Arendzen. "Ebionites."
[27] Arendzen. "Docetae."
[28] Bennett. *Four Witnesses*, 104.
[29] Mullin, *A Short World History of Christianity*, 27.
[30] Mullin, *A Short World History of Christianity*, 27.
[31] Inácio. "Epístola aos Esmirnenses", 8.

e o retorno ao Espírito-Pai, retorno esse que eles consideravam inaugurado e facilitado pelo aparecimento de algum Salvador enviado por Deus". [32]

Contra os gnósticos, ergueu-se outro bispo, S. Ireneu de Lião. Como Robert Mullin explica mais uma vez, Ireneu fez duas afirmações que ajudaram a distinguir entre a verdadeira fé cristã e as depravações gnósticas: 1) esta fé era *católica* (ou seja, universal, ao passo que os ensinamentos gnósticos eram locais); e 2) era *apostólica* (ligada por fortes tradições aos próprios apóstolos).[33] Mais uma vez, vemos tomar forma um conceito embrionário de tradição (ver capítulo 1). A tradição era fundamental: era o que mantinha a conexão entre a Igreja da época e os ensinamentos dos apóstolos recentemente falecidos.[34] Assim, era importante reconhecer, no meio de um vórtice de interpretações contraditórias, onde estaria a verdadeira doutrina e tradição: na Igreja. Isso seria especialmente relevante quando a Igreja saísse do anonimato da sua condição de perseguida.

Acabou por ser exatamente isso que aconteceu. Quando Diocleciano — o imperador romano que mais severamente perseguiu os cristãos — abandonou o poder em 305 d.C., desencadeou uma crise de sucessão. Um dos candidatos ao trono era um ambicioso arrivista chamado Constantino. Para atingir o seu objetivo, Constantino teria de derrotar o seu rival Maxêncio que, na altura, controlava a capital romana. Os dois exércitos defrontaram-se então perto da Ponte Mílvia, junto ao rio Tibre.[35]

O historiador da Igreja Eusébio de Cesareia conta que, na véspera da batalha, Constantino teve uma visão. Uma cruz em chamas desceu do céu, com a seguinte inscrição: *"in hoc signo vinces"* (latim para "sob este símbolo, vencerás"). Por esta razão, Constantino ordenou aos seus soldados que pintassem o símbolo cristão *Chi-Rho* nos seus escudos. Durante a batalha, Constantino derrotou as forças do seu rival, empurrando-as para uma retirada caótica sobre a Ponte Mílvia. A ponte desmoronou-se com o peso dos homens e das armaduras e Maxêncio afogou-se no rio Tibre. Alguns anos mais tarde, Constantino seria o único candidato ao título de imperador romano.[36]

---

[32] Arendzen. "Gnosticism."
[33] Mullin, *A Short World History of Christianity*, 28. Ver também Bennett. *Four Witnesses*, 249-252.
[34] Price. *Chalcedon in Context*, 9.
[35] "How Constantine's Victory at The Milvian Bridge." *History Hit*.
[36] "How Constantine's Victory at The Milvian Bridge." *History Hit*.

Capítulo 6: "No mesmo sentido, no mesmo significado"

Constantino nunca esqueceu o significado religioso da sua vitória. Converteu-se ao Cristianismo e promulgou o Édito de Milão em 313 d.C., concedendo tolerância religiosa em todo o império, nomeadamente aos cristãos. A Igreja podia agora sair das catacumbas. Mas a tensão entre as três afirmações cristológicas aparentemente contraditórias continuava, em grande parte, por resolver. A Igreja era agora livre, mas não estava livre das heresias que a assolavam. Uma heresia em particular tornar-se-ia predominante e espalhar-se-ia como fogo: o Arianismo.

Uma confusão (con)substancial

Ário era um presbítero em Alexandria e um adversário ferrenho dos Sabelianos,[37] os discípulos de um sacerdote romano chamado Sabélio. De acordo com Sabélio, a Divindade é uma unidade, expressando-se em três *operações* (não *pessoas*): o Pai, para a criação; o Filho, para a redenção; e o Espírito Santo para a santificação.[38] Ário lutou contra este erro, e com razão. Mas ao fazê-lo — e como é normalmente o caso — caiu no extremo oposto. Para Ário, o Filho também era uma criatura (isto é, criado) e não podia, portanto, ser coeterno com o Pai.[39] Para Ário, dizer que o Pai e o Filho eram coeternos significava que havia dois deuses, não um.[40] Como Ário diria: "Houve um tempo em que Ele não era".[41] O Filho de Deus seria a mais elevada das criaturas, mas ainda assim uma criatura.[42]

Como a controvérsia se alastrou para além de Alexandria, o Imperador Constantino sentiu-se forçado a atuar. Desde que promulgara o Édito de Milão, o Cristianismo tinha-se tornado uma força social a ter em conta. Muitos romanos abandonaram as suas raízes pagãs, quer por conversão sincera, quer porque sentiam a oportunidade de se converterem à religião preferida do imperador. O número de fiéis da Igreja disparou. Por isso, o aparecimento de diferentes fações no seio da Igreja ameaçava agora a

---

[37] Barry. "Arianism."
[38] Editores da Encyclopaedia Britannica. "Sabelianism".
[39] Mullin. *A Short World History of Christianity*, 64.
[40] Bickerton. "The Development of a Theology of Tradition," 10.
[41] Mullin. *A Short World History of Christianity*, 64.
[42] Bickerton. "The Development of a Theology of Tradition," 10.

unidade imperial.[43] Além disso, alguns membros do clero tinham tentado excomungar um bom amigo de Constantino, o historiador Eusébio de Cesareia (que citei anteriormente), pela sua simpatia com Ário.[44] Como imperador, Constantino precisava de acabar com esta controvérsia de uma vez por todas, antes que as coisas ficassem fora de controlo.

O problema era: como reprimir a confusão? Que regra deveria ser aplicada para distinguir entre os que estavam certos e os que estavam errados? Na Igreja primitiva, como vimos, o conceito de "tradição" estava ainda na sua fase embrionária. Ou seja, a melhor maneira de aceder à tradição transmitida pelos apóstolos era através do que eles tinham escrito. Mas havia um problema: tanto os arianos como os seus opositores citavam as Escrituras a favor das suas conclusões.[45]

Por exemplo, Ário citaria o livro dos Provérbios em sua defesa: "O Senhor *me criou, como primícia de suas obras,* desde o princípio, antes do começo da terra".[46] Ele também citaria a Epístola aos Hebreus, onde se diz: "Tu és meu Filho; *eu hoje te gerei.* Ou, então: Eu serei para ele um Pai e ele será para mim um Filho".[47] Por outro lado, os antiarianos contra-argumentavam que este "gerado" se referia à encarnação de Jesus, e não à Sua alegada criação como *Logos*, a Palavra de Deus.[48] Podiam então citar o Evangelho segundo S. João: "Eu e o Pai somos um"[49] e "Naquele dia, conhecereis que estou em meu Pai".[50]

O simples apelo às Escrituras não era suficiente. Era necessária uma nova forma de solucionar o problema. Portanto, para resolver esta confusão, Constantino decidiu reunir os bispos do seu império num único concílio, tal como os apóstolos tinham feito no século I. Diz a lenda que,

---

[43] Bickerton. "The Development of a Theology of Tradition," 10.
[44] Mullin. *A Short World History of Christianity*, 65.
[45] Ver Bickerton. "The Development of a Theology": "os bispos e professores do século IV perceberam que tanto eles como os seus oponentes podiam usar as Escrituras para defender as suas posições teológicas". Ver também Price. *Chalcedon in Context*, 9: "Debates doutrinários complexos dividiram a Igreja em expansão numa nova escala, debates em que todos os envolvidos apelavam para as Escrituras e as questões em jogo não podiam ser decididas em termos bíblicos".
[46] Pr 8,22. Ver Corbellini. "A Participação de Atanásio," 401 (em português).
[47] Heb 1,4.
[48] Corbellini. "A Participação de Atanásio", 401.
[49] Jo 10,30.
[50] Jo 14,20. Ver também Corbellini. "A Participação de Atanásio", 406.

Capítulo 6: "No mesmo sentido, no mesmo significado"

a mando do imperador, 318 bispos se reuniram na cidade de Niceia, na Ásia Menor (atual Turquia) — embora o número real fosse provavelmente cerca de 220. [51]

O ano era 325, e este tornou-se o maior concílio cristão realizado até então. Foi também o primeiro concílio desde a era apostólica que poderia plausivelmente afirmar representar todo o corpo cristão. [52] Por esta razão, o Primeiro Concílio de Niceia (doravante designado simplesmente por "Concílio de Niceia") é considerado o primeiro concílio ecuménico. A partir daí, a tradição cristã seria definida não apenas pelas Escrituras, mas também pelos concílios. [53]

No final da discussão, os bispos decidiram definir a ortodoxia através da promulgação de um credo. Este facto foi, em si mesmo, uma inovação. Como Robert Mullin explica mais uma vez: "Até então, os credos eram dirigidos aos *catecúmenos* e destinavam-se a *instruir* — agora, o credo niceno era dirigido ao *clero* e destinava-se a *definir*". [54]

Neste novo credo, uma única palavra sobressaía: *homoousios*. Esta palavra destinava-se a descrever a relação correta entre o Pai e o Filho. Significa "mesma substância" em grego e é traduzida em latim / vernáculo como "consubstancial". O Pai e o Filho eram da mesma substância. Atualmente, "consubstancial" é inegável e incontroversamente uma palavra-chave da ortodoxia. No entanto, na altura, *homoousios* levantava muitos problemas.

Os académicos debatem quem introduziu o *homoousios* no Concílio de Niceia. Uma teoria postula que o *homoousios* foi um triunfo dos bispos ocidentais que exprimiam uma teologia ocidental. No entanto, foi salientado que os ocidentais (incluindo os legados papais) teriam dificuldade em acompanhar a discussão em grego. [55] Além disso, a sua

---

[51] Price. *Chalcedon in Context*, 10. Ver também Mullin. *A Short World History of Christianity*, 65.
[52] Price. *Chalcedon in Context*, 9.
[53] Price. *Chalcedon in Context*, 9.
[54] Mullin. *A Short World History of Christianity*, 65.
[55] Cristescu. "The Expression of True Faith," 110.

receção da palavra depois de Niceia foi, na melhor das hipóteses, morna.[56] Consequentemente — e se pudermos aceitar a palavra de Eusébio de Cesareia — o principal culpado parece ser o próprio Constantino. O imperador desempenhou um papel ativo no concílio. Além disso, falava grego e provavelmente discutiu previamente o *homoousios* com os bispos orientais.[57]

Isto não significa que o *homoousios* tenha sido uma imposição de um monarca absoluto, empenhado em impor ao concílio as suas ideias inteligentes. Mas, depois de ter apreendido cuidadosamente onde se encontrava o equilíbrio de poder entre os bispos, o imperador provavelmente procurou a unidade através da sua participação ativa — mesmo veemente.[58] Se o Arianismo não podia triunfar, então precisava de ser decisivamente condenado, de modo a deixar de criar divisões na Igreja e no Império. No final dos trabalhos, todos os bispos, à exceção de três, assinaram o credo contendo o *homoousios*.[59] No entanto, mesmo que uma maioria significativa de bispos tenha assinado o credo, a nova palavra deixou muitos deles inquietos. Ao contrário do resto do credo de Niceia, este termo não figurava em nenhuma parte das Escrituras[60] — por outras palavras, não era tradicional.[61]

De facto, o *homoousios* não só era uma inovação, como a sua linhagem também era altamente questionável. Poucos (se é que algum) autores ortodoxos tinham empregado o termo antes, pelo menos na teologia trinitária.[62] Para piorar as coisas, os primeiros autores a usar *homoousios*

---

[56] Isto é verdade especialmente no que diz respeito a Ósio de Córdova, o presidente do concílio, a quem alguns académicos atribuem o papel de principal promotor da palavra. Para uma refutação desta afirmação, ver Cristescu. "The Expression of True Faith," 111-112. Ver também Beatrice. "The word 'homoousios,'" 255-256.

[57] Cristescu. The Expression of True Faith," 111.

[58] Cristescu The Expression of True Faith,", 110.

[59] Bickerton. "The Development of a Theology of Tradition," 10.

[60] Mullin. *A Short World History of Christianity*, 66. Ver também Bickerton. "The Development of a Theology of Tradition", e Beatrice. "The word 'homoousios,'" 244.

[61] Lossky. *In the Image and Likeness of God*, 159.

[62] Orígenes parece tê-lo usado neste contexto, mas apenas como uma forma de analogia. Ver Beatriz. "The word 'homoousios,'" 251.

foram teólogos gnósticos no século II.[63] Um filósofo gnóstico chamado Basílides falara de "uma filiação tríplice consubstancial com o deus que não é" e um certo Marcos, o Mago, dissera que "a Tétrade *Dynamis* (Poder) original é consubstancial com a *Monas* (Unidade)".[64] Portanto, é muito provável que o *homoousios* soasse para os nossos Padres do século IV da mesma forma que termos *New Age* (como "energias") soam para os tradicionalistas de hoje.

Além disso, o *homoousios* estava também associado aos sabelianos. Em meados do século III, alguns cristãos da Líbia pediram ao Papa S. Dionísio que condenasse o bispo de Alexandria, também ele chamado Dionísio, porque o bispo se tinha recusado a proclamar que o Filho era *homoousios* com o Pai. Embora não saibamos quem eram esses cristãos, é muito provável que fossem sabelianos. Dionísio de Alexandria parece ter suprimido o *homoousios* precisamente para se opor à propagação do Sabelianismo. Dionísio de Roma aproveitou a oportunidade para criticar certas doutrinas erradas que iam na direção oposta à dos sabelianos — uma correção que Dionísio de Alexandria aceitou. Mesmo assim, o Papa nunca defendeu o termo *homoousios*, sugerindo assim que Roma via esta palavra com suspeita.[65]

Mas onde é que Constantino foi buscar esta palavra? A resposta a esta pergunta ainda não é clara.[66] Há uma teoria segundo a qual o *homoousios* tinha como objetivo excluir firmemente o Arianismo.[67] Por outro lado, é muito provável que Constantino conhecesse a teosofia hermética egípcia, onde o uso do *homoousios* era predominante.[68] É plausível que ele quisesse desatar os nós das complexas considerações trinitárias recorrendo aos

---

[63] Ver Beatriz. "The word 'homoousios,'": "Por mais surpreendente que possa parecer, há total concordância entre os estudiosos em pelo menos um ponto... todos, sem exceção, concordam em afirmar que os gnósticos foram os primeiros teólogos a usar a palavra *homoousios*, ou pelo menos que antes dos gnósticos não há qualquer vestígio da sua existência".

[64] Beatriz. "The word 'homoousios,'" 249.

[65] Beatriz. "The word 'homoousios,'" 251. Ver também Cristescu. "The Expression of True Faith," 114-118.

[66] Cristescu. "The Expression of True Faith," 111.

[67] Bickerton. "The Development of a Theology of Tradition," 19.

[68] Beatriz. "The word 'homoousios,'" 264.

conceitos teológicos mais sofisticados do seu tempo, mesmo que fossem de origem pagã.[69] Um "pensar fora da caixa", se quisermos.

Seja como for, no final do Concílio de Niceia, o Arianismo foi condenado. Mas, para o fazer, os bispos tinham "inovado", elaborando um credo com uma palavra ambígua e de proveniência duvidosa, que a poucos entusiasmou.[70] Para piorar a situação, o concílio não pôs instantaneamente fim aos debates cristológicos. Nalguns aspetos, a controvérsia ainda estava para chegar ao auge.[71]

"Inovadores, revolucionários, criadores de novas palavras"

Nos anos que se seguiram ao concílio, a polémica não se extinguiu. Pelo contrário, intensificou-se. Durante três décadas, o credo foi praticamente ignorado. É preciso recordar que o *homoousios* não era universalmente aceite, dadas as suas reverberações gnósticas. Além disso, como vimos, o termo era suficientemente ambíguo para permitir várias interpretações. Naquela altura, ainda não havia uma compreensão profunda do que a palavra realmente significava.[72] Tal como nos tempos pré-nicénicos, quando tanto ortodoxos como hereges podiam citar as Escrituras em seu favor, agora diferentes bispos podiam citar o credo de formas diversas e contraditórias.[73] Uma vez que nem as Escrituras nem o credo podiam responder diretamente à controvérsia, a interpretação verdadeira tinha de vir do seio da comunidade viva e crente. Assim, o

---

[69] Beatriz. "The word 'homoousios,'" 269.

[70] Cristescu. "The Expression of True Faith," 111: "A atitude oriental em relação ao *homousios* pode ser totalmente esclarecida provavelmente devido à ressonância gnóstica da palavra e das ideias materialistas dadas por esta".

[71] Bickerton. "The Development of a Theology of Tradition," 19. Ver também Mullin. *A Short World History of Christianity*, 66: "Niceia não encerrou a controvérsia sobre o Arianismo, foi apenas o primeiro '*round*'". Como nota lateral, não posso deixar de notar como os tradicionalistas criticam o Concílio Vaticano II por ter permitido que confusão e caos se espalhassem no seu rescaldo, ao mesmo tempo que propõem uma visão romantizada dos concílios passados, como se estes tivessem clarificado tudo de forma imediata.

[72] Bickerton. "The Development of a Theology of Tradition," 14.

[73] Price. *Chalcedon in Context*, 9. Ver também Bickerton. "The Development of a Theology of Tradition," 19, 22, e Mullin. *A Short World History of Christianity*, 67.

conceito de "tradição" (e, mais importante, de "tradição viva") amadureceu.[74]

Então, como veio *o homoousios* a ser identificado como uma marca da ortodoxia, tal como a conhecemos atualmente? Como resume maravilhosamente o teólogo ortodoxo oriental Vladimir Lossky, esta palavra, que tinha sido usada por gnósticos e hereges, foi "transformada" pela Igreja "em palavras que são prata pura, refinada numa fornalha na terra, purificada sete vezes [75] no cadinho do Espírito Santo e na livre consciência daqueles que julgam no interior da tradição".[76] Nomeadamente, devemos agradecer a dois grandes santos e Padres da Igreja: S. Atanásio de Alexandria e S. Basílio de Cesareia. Vejamos como eles conseguiram esta proeza.

A maior resistência ao *homoousios* veio de Eusébio. Não somente Eusébio de Cesareia — agora reabilitado pelo Concílio, graças à influência do imperador — mas sobretudo Eusébio de Nicomédia,[77] o padre que batizou Constantino no seu leito de morte. Após a morte de Eusébio, os seus seguidores tentaram chegar a uma espécie de compromisso, uma posição intermédia entre a ortodoxia e o Arianismo. Esta posição "moderada" seria retrospetivamente rotulada de Semi-Arianismo.[78]

Os semi-arianos tentaram suavizar o *homoousios* sugerindo um substituto: o *homoiousios*. Embora as palavras pareçam muito semelhantes, note-se que diferem por um "i". Enquanto *homoousios* significava que o Pai e o Filho eram da *"mesma* substância", o *homoiousios* significava que eles eram de "substâncias *semelhantes*". Nas palavras de Robert Mullin, a batalha pela ortodoxia "pendia sobre um iota, a mais pequena das letras gregas".[79]

Na década de 350, Atanásio começou a resistir. Primeiro, ele teve que se defender das acusações arianas e semi-arianas de que o *homoousios* não era bíblico. Como vimos, os arianos não eram os únicos que podiam usar

---

[74] Bickerton. "The Development of a Theology of Tradition," 18.
[75] Sl 11,7.
[76] Lossky. *In the Image and Likeness of God*, 159.
[77] Mullin. *A Short World History of Christianity*, 65-66.
[78] Darras. *General History of the Catholic Church*, 463.
[79] Mullin. *A Short World History of Christianity*, 66. Ver também Bickerton. "The Development of a Theology of Tradition," 19.

as Escrituras para reforçar a sua afirmação.[80] Atanásio podia fazer o mesmo, nomeadamente citando o Evangelho segundo S. João. Depois disso, Atanásio estava suficientemente fundamentado para interrogar os seus oponentes: "Então, por que apresentam eles impiedosamente frases não-bíblicas e acusam aqueles que piedosamente usam frases não-bíblicas?"[81] Como Atanásio explicaria, o Concílio de Niceia não tentou introduzir ilegitimamente expressões filosóficas alheias à tradição cristã, mas *usou* essas expressões para compreender corretamente essa tradição. Embora *homoousios* não pudesse ser encontrado nas Escrituras, expressava com exatidão o *significado* das Escrituras, ao passo que as citações erradas de Ário traíam esse significado.[82]

Depois de estabelecer isso, Atanásio solidificou a autoridade do concílio como a medida da ortodoxia, usando uma hermenêutica correta através da qual as Escrituras podiam ser lidas. Nas suas obras-primas, *De Synodis* e *De Decretis Nicaenae Synodi*, Atanásio cimentou a primazia de Niceia sobre todos os concílios regionais que tinham ocorrido até então.[83] A partir daí, os concílios ecuménicos seriam considerados guias autoritativos para distinguir corretamente entre ortodoxia e heterodoxia.

São Basílio, por seu lado, inicialmente apoiou o compromisso *homoiousios*, e só se aproximou do *homoousios* nos anos 360.[84] Os estudiosos especulam que este atraso se deveu a um certo "desconforto" com a palavra por causa da "falta de clareza na sua interpretação".[85] No entanto, Basílio foi (juntamente com os outros Padres Capadócios, S. Gregório de Nissa e S. Gregório de Nazianzo) fundamental para clarificar o significado do *homoousios*: em Deus haveria "uma *substância*" (*ousia*), mas "três *pessoas*" (*hypostaseis*). Esta é a formulação trinitária atualmente considerada ortodoxa.[86]

O que conduziu Basílio à interpretação correta foi o seu trabalho teológico sobre o Espírito Santo. Uma vez que o debate se tinha centrado

---

[80] Corbellini. "A Participação de Atanásio", 402-406.
[81] Bickerton. "The Development of a Theology of Tradition," 16.
[82] Corbellini. "A Participação de Atanásio", 405.
[83] Price. *Chalcedon in Context*, 9-10.
[84] Bickerton. "The Development of a Theology of Tradition," 8.
[85] Bickerton. "The Development of a Theology of Tradition," 21.
[86] Mullin. *A Short World History of Christianity*, 67. Ver também Bickerton. "The Development of a Theology of Tradition," 21.

Capítulo 6: "No mesmo sentido, no mesmo significado"

na relação correta entre o Pai e o Filho, a terceira pessoa da Trindade permanecerá relativamente indefinida. Basílio tentou corrigir a situação na sua obra: *Do Espírito Santo*.[87] É claro que, no polémico clima teológico da época, a obra de Basílio não podia permanecer sem contestação. O santo resume as acusações que lhe foram feitas:

> Acusam-nos de inovação, formulando assim a acusação contra nós porque confessamos três Pessoas... [E]les alegam em sua acusação que seu costume não prevê isto, e que a Escritura não concorda... Que nome abjeto não nos chamaram: inovadores, revolucionários e criadores de novas palavras?[88]

Note-se que, para Basílio, o termo "inovador" era pejorativo: o venerável Padre da Igreja "relaciona a inovação com o afastamento dos costumes e da regra de fé, colocando o inovador fora da comunhão da Igreja".[89] E, no entanto, era precisamente isso que os seus adversários o acusavam de ser! Basílio precisava de se defender para que o conceito teológico das três hipóstases pudesse sobreviver. Basílio respondeu:

> Como sou eu, então, um inovador e um cunhador de novas palavras, quando forneço em meu nome povos e cidades inteiras, um costume mais antigo do que toda a memória humana, e homens, pilares da Igreja, que se distinguiram em toda a ciência e poder do Espírito e que foram os criadores e autores da palavra?[90]

Por outras palavras, S. Basílio afirmava que o seu entendimento era de facto "apostólico"[91] mas fá-lo apelando não só à Escritura, mas também a fontes não escritas, como os costumes, os santos, os escritos dos Padres da Igreja, o culto e a comunidade cristã. Através deste ato de *ressourcement*, Basílio

---

[87] Price. *Chalcedon in Context*, 10.
[88] Bickerton. "The Development of a Theology of Tradition," 27-28.
[89] Bickerton. "The Development of a Theology of Tradition," 28.
[90] Bickerton. "The Development of a Theology of Tradition," 26.
[91] Bickerton. "The Development of a Theology of Tradition," 26.

desenvolve o conceito de tradição não-escrita que explorámos no capítulo 1 deste livro:

> Ambas [escritura e tradição] têm o mesmo poder no que diz respeito à verdadeira religião... Ninguém negaria estes pontos, pelo menos ninguém que tenha um pequeno vislumbre de instituições eclesiásticas... Permanecer firme em tradições não bíblicas é, penso eu, apostólico. [92]

Embora, evidentemente, as tradições a que S. Basílio se referia não sejam inovações, a sua defesa é de facto inovadora.[93] Ao longo da história da Igreja, tornar-se-ia um precedente argumentar a partir da tradição. No entanto, na altura, esta era uma forma criativa de usar e interpretar as fontes tradicionais. Ao mostrar que a evidência não-bíblica era uma fonte venerável para o uso habitual de frases como "dar glória ao Espírito Santo"[94] S. Basílio desenvolveu efetivamente a doutrina de uma forma que os católicos de hoje podem considerar como certa.

Em 379 d.C., o novo imperador romano Teodósio convocou outro concílio, desta vez a ter lugar na cidade imperial de Constantinopla. Este concílio viria a ser o Primeiro Concílio de Constantinopla e seria considerado o segundo concílio ecuménico (ver capítulo 13). Para além de confirmarem Niceia, os bispos em Constantinopla acrescentaram uma cláusula ao credo, segundo a qual o Espírito Santo procedia do Pai e devia ser glorificado.[95] Os escritos de S. Basílio em *Do Espírito Santo* alicerçaram estas novas afirmações do credo. O credo como nós o conhecemos estava agora completamente completo.

Mas as polémicas ainda não tinham terminado.

Confusão de naturezas ou uma conclusão natural?

Embora Niceia e Constantinopla tenham definido a relação correta entre o Pai e o Filho, estas definições geraram novas tensões. Surgiu um novo *complexio oppositorum* no que respeita à relação correta entre as

---

[92] Bickerton. "The Development of a Theology of Tradition," 26, 34.
[93] Bickerton. "The Development of a Theology of Tradition," 2, 26, 48.
[94] Bickerton. "The Development of a Theology of Tradition," 32-33.
[95] Mullin. *A Short World History of Christianity*, 67.

Capítulo 6: "No mesmo sentido, no mesmo significado" 133

naturezas humana e divina de Cristo. Os cristãos sabiam agora que Jesus, sendo humano, era também Deus, coeterno com o Pai. Mas o que é que isto significava? Como podemos dizer que Jesus era ao mesmo tempo totalmente humano e totalmente divino?

Uma das formas em que este novo *complexio oppositorum* se manifestou de forma mais pungente foi na devoção popular. Por volta do século IV, uma palavra relativamente recente começou a aparecer nas orações marianas, tratando a Virgem com o título *Theotokos* ("A portadora de Deus" em grego, normalmente traduzido como "Mãe de Deus"). Por razões óbvias, o termo encontrou favor entre o clero antiariano pelas suas claras implicações: se Maria era a portadora de Deus, então este termo testemunhava a plena divindade de Jesus.[96]

Tal como o *homoousios*, a palavra *Theotokos* não se encontrava em nenhuma parte das Escrituras. A primeira aparição do termo é frequentemente atribuída a Orígenes em 230 d.C., seguido em 250 por Dionísio de Alexandria (o mesmo da "controvérsia dos dois Dionísios" mencionada anteriormente neste capítulo).[97] No entanto, esta origem é contestada. O primeiro uso indiscutível da palavra pode ser encontrado numa encíclica de S. Alexandre em 319 d.C., anunciando a deposição de Ário.[98] Os subsequentes Padres da Igreja, como Atanásio, Basílio ou Gregório Nazianzeno certamente usaram *Theotokos* também.[99] Mas, mais uma vez, foi na devoção popular mariana que o termo ganhou mais força nos séculos IV e V. Alguns, porém, não gostavam muito da palavra. Para eles, Maria nunca poderia ter sido a Mãe de Deus, mas apenas a mãe do Jesus terreno. Estes teólogos propuseram o termo *Anthropotokos* (significando "portadora do Homem") como uma alternativa.[100]

A controvérsia acabou por chegar à corte de Nestório, o arcebispo de Constantinopla, em 428 d.C. John McGuckin, um arcipreste ortodoxo e

---

[96] Mullin. *A Short World History of Christianity*, 69.
[97] Marinou-Boura. The term Mother of God."
[98] Tawfike. "The Mother of God."
[99] Artemi. "Cyril of Alexandria's critique."
[100] Mullin. *A Short World History of Christianity*, 70.

professor de Teologia na Universidade de Oxford, descreve Nestório nos seguintes termos:

> De facto, em todas as suas declarações doutrinais, Nestório mostra-se um expoente consistente, embora não muito claro, da tradição dogmática antioquena de longa data. Não é um génio criativo; a maior parte do que diz é uma reafirmação do ponto de vista do seu mestre Teodoro de Mopsuéstia. No entanto, é um repetidor suficientemente capaz de uma velha tradição, embora tragicamente não seja alguém cujo génio pudesse estender-se a remodelá-la criativamente à luz de uma nova e premente necessidade de reformular a sua compreensão da integridade pessoal de Cristo. [101]

Nestório recebeu e ouviu ambas as partes: tanto a do *Theotokos* como a do *Anthropotokos* tiveram a sua audiência. No final, o arcebispo Nestório considerou que ambos os termos podiam ser interpretados de forma ortodoxa e que ambos eram imprecisos. Para evitar confusão, deveriam adotar a formulação mais precisa *Christotokos* ("portadora de Cristo"). [102]

Esta decisão não pôs fim à polémica. Aqueles que eram a favor do *Anthropotokos* viram nesta decisão uma confirmação de que *Theotokos* era problemática. Por outro lado, os adeptos da *Theotokos* não estavam dispostos a abandonar a sua adorada devoção e começaram a provocar o caos em Constantinopla. Isso, por sua vez, levou Nestório a reprimir a *Theotokos* com ainda mais fervor. Em 429 d.C., Nestório iniciou uma série de conferências em que ele e os seus capelães pregavam contra o uso de *Theotokos*. [103] Por fim, toda a confusão chegou a Alexandria, onde o Bispo S. Cirilo tinha estado a acompanhar a controvérsia com muita apreensão. Cirilo iniciou o seu próprio estudo teológico sobre esta questão e começou a promover a *Theotokos* através de uma carta aos monges do Egito.

---

[101] McGuckin. *St. Cyril of Alexandria and the Christological controversy*, 22.
[102] McGuckin. *St. Cyril of Alexandria and the Christological controversy*, 28-29.
[103] McGuckin. *St. Cyril of Alexandria and the Christological controversy*, 29-33.

Capítulo 6: "No mesmo sentido, no mesmo significado"

Nestório ficou furioso.[104] Houve uma troca de correspondência entre os dois bispos. Cirilo começou por exortar Nestório a reconsiderar a sua posição. A resposta de Nestório é instrutiva para o objetivo deste livro:

> Lendo *superficialmente a tradição desses santos homens* (tu és culpado de uma ignorância perdoável), concluístes que eles diziam que o Verbo coeterno com o Pai era passível. Por favor, olhai mais atentamente para a linguagem deles e descobrireis que aquele coro divino de antepassados nunca disse que a divindade consubstancial era capaz de sofrer, ou que todo o ser que era coeterno com o Pai tinha nascido recentemente, ou que tinha ressuscitado, visto que ele próprio tinha sido a causa da ressurreição do templo destruído. Se aplicardes as minhas palavras como remédio fraterno, *apresentar-vos-ei as palavras dos santos padres e libertá-las-ei da calúnia contra eles e, através deles, contra as sagradas escrituras.* "Creio", dizem eles, "também em Nosso Senhor Jesus Cristo, seu Filho unigénito". Vede como eles primeiro colocam como fundamentos "Senhor" e "Jesus" e "Cristo" e "unigênito" e "Filho", os nomes que pertencem conjuntamente à divindade e à humanidade. *Depois, sobre esse fundamento, constroem a tradição da encarnação, da ressurreição e da paixão.* Deste modo, prefixando os nomes comuns a cada natureza, pretendem evitar a separação das expressões aplicáveis à filiação e ao senhorio de Deus e, ao mesmo tempo, escapar ao perigo de destruir o caráter distintivo das naturezas, absorvendo-as no único título de "Filho"... *Estas são as tradições dos santos padres. Estes são os preceitos das Sagradas Escrituras.*[105]

Entretanto, Roma também estava a acompanhar esta discussão. Cirilo de Alexandria estivera informando o Papa S. Celestino I sobre os desenvolvimentos deste debate. Nestório, por sua vez, também enviou algumas cartas ao Papa. Numa delas, Nestório chegou a admitir que não se

---

[104] McGuckin. *St. Cyril of Alexandria and the Christological controversy*, 33.
[105] Nestório. "Resposta a Cirilo de Alexandria".

opunha à palavra *Theotokos* em si, apenas a que ela poderia espalhar "*confusão*" sobre as naturezas humana e divina de Jesus.[106]

O Papa, no entanto, tinha tomado o partido de Cirilo. Em 430, Celestino investiu Cirilo com a sua autoridade papal e encarregou-o de entregar uma última carta a Nestório: ou ele renunciava à sua posição em dez dias, ou seria excomungado e deposto. Nestório não cedeu. Pelo contrário, usou a sua influência junto do Imperador Teodósio II para o convencer a convocar um novo concílio ecuménico, o terceiro do seu género.[107] Este concílio teve lugar em Éfeso, na Ásia Menor — o lugar onde, segundo a tradição, a Virgem Maria viveu os seus últimos anos na terra.

Tanto Nestório como Cirilo, juntamente com os seus próprios bispos sufragâneos, chegaram na data especificada para a abertura do concílio. Contudo, um contingente de bispos de Antioquia — apoiantes de Nestório — e os legados de Roma atrasaram-se vários dias. Dois dos bispos antioquenos foram enviados à frente e pediram que a abertura do concílio fosse adiada por cinco dias. Como ao fim de dezasseis dias ainda não estavam em Éfeso, Cirilo e os seus bispos — que eram a maioria — interpretaram esta atitude como um atraso propositado e votaram a favor do início dos trabalhos. Cirilo assumiu a presidência e convocou Nestório para comparecer perante o concílio. Este recusou como protesto pela forma como as coisas estavam a ser conduzidas.

A primeira sessão teve início em 22 de junho de 431. Cirilo leu o credo niceno e, em seguida, as suas próprias cartas a Nestório, bem como as respostas de Nestório e as cartas do Papa a Cirilo. Os bispos então declararam Nestório anátema e assinaram uma declaração em que ele era deposto. Nestório recusou-se a recebê-la. Alguns dias depois, chegou o contingente de Antioquia. Sabendo do que tinha acontecido, recusaram-se a ser recebidos por S. Cirilo e, em vez disso, realizaram o seu próprio sínodo paralelo, onde depuseram Cirilo de Alexandria e declararam que os outros bispos conciliares seriam perdoados se renegassem os anátemas.

Entretanto, os legados papais chegaram e puseram-se da parte de Cirilo, permitindo que os procedimentos do Concílio de Éfeso prosseguissem. Com o passar do tempo, Nestório compreendeu que a sua

---

[106] Nestório. "Terceira Epístola a Celestino".
[107] Chapman. "Council of Ephesus."

Capítulo 6: "No mesmo sentido, no mesmo significado" 137

derrota era inevitável e pediu para se retirar para um mosteiro.[108] O Concílio de Éfeso anatematizou aqueles que não confessassem que a Virgem Maria era a Mãe de Deus. A *Theotokos*, como o *homoousios* antes dela, tinha entrado definitivamente na tradição cristã.

S. Vicente — um desenvolvimento inesperado

Alguns anos após o encerramento do Concílio de Éfeso, um certo Peregrino escreveu um livro chamado *Commonitorium*. É amplamente aceite entre os estudiosos que Peregrino era o pseudónimo de um monge da Gália (hoje França) chamado Vicente de Lérins. Este é o famoso autor que mencionei no início deste capítulo, o teólogo que articulou as regras que um verdadeiro desenvolvimento doutrinal deve seguir para ser legítimo e não uma corrupção da fé. Entre essas regras está o célebre lema: "no mesmo sentido, com o mesmo significado".

Mas por que escreveu S. Vicente este livro? Qual era o seu objetivo? Como explica Thomas Guarino, S. Vicente estava preocupado com o que acontecera em Éfeso alguns anos antes, e também com o ressurgimento do Arianismo. O seu objetivo era defender a autoridade dos Concílios de Niceia e de Éfeso. Para isso, explicava como distinguir entre ortodoxia cristã e heresia.[109] Eram três os critérios para determinar onde estava a doutrina correta: "universalidade, antiguidade, consentimento".[110]

Estes três critérios estão dispostos na sua ordem de apelação. Assim, por exemplo, o critério da universalidade é definido por S. Vicente como a confissão "daquela única fé, que toda a Igreja do mundo inteiro confessa".[111] Mas e se "uma pequena parte da Igreja" (ou mesmo a sua

---

[108] Os procedimentos do Concílio aqui descritos foram baseados em Chapman. "Council of Ephesus." Como um aparte, não posso deixar de notar como o Concílio Vaticano II foi muito mais ordenado e isento de forças políticas externas do que os Concílios de Niceia e Éfeso. E, no entanto, os tradicionalistas acreditam que estes concílios anteriores foram guiados pelo Espírito Santo. Por isso, considero perturbadora a sua falta de fé no Vaticano II.

[109] Guarino. *The Disputed Teachings*, 11.

[110] Vicente de Lérins, *Commonitorium*, cap. 2.

[111] Vicente de Lérins, *Commonitorium*, cap. 2.

totalidade) "se separou da comunhão da fé universal?"[112] Nesse caso, devemos apelar para a antiguidade. Este é o raciocínio usado por muitos tradicionalistas de hoje, pois acreditam que uma parte significativa da Igreja se extraviou.

Mas como reconhecer a antiguidade? S. Vicente define-a como não se afastando "das interpretações que manifestamente foram sustentadas por nossos santos antepassados e pais".[113] A esta regra de antiguidade, ele opõe a "novidade": toda heresia é um mal resultante de uma doutrina nova.[114]

No entanto, Vicente reconhece um problema, o mesmo problema que mencionamos no início do capítulo. Embora o cânone da Escritura seja "completo", ele ainda requer a autoridade da Igreja para a interpretação, pois "devido à profundidade da Sagrada Escritura, nem todos a aceitam no mesmo sentido, mas um entende suas palavras de uma maneira, outro de outra; de modo que parece ser capaz de tantas interpretações quanto há intérpretes".[115] Assim, no capítulo 25 de seu *Commonitorium*, o santo reconhece que os hereges podem recorrer à Escritura para mais facilmente desencaminharem a Igreja.[116]

Acontece que, embora os hereges sejam sempre inovadores, tentam frequentemente apropriar-se do critério da antiguidade. Este *modus operandi*, porém, não se limita ao uso das Escrituras. Os hereges também podem citar passagens de escritores antigos para apoiar suas novidades, "para que tenham o crédito de não serem nem os primeiros nem os únicos a sustentá-las".[117] Assim, S. Vicente adverte:

> *Mas quanto mais secretamente eles [os hereges] se escondem sob o abrigo da Lei Divina, tanto mais devem ser temidos e guardados.* Pois sabem que o mau odor da sua doutrina dificilmente será aceite por alguém, se for exalado puro e simples. *Por isso, borrifam-na com o perfume da linguagem celestial, a fim de que aquele que esteja pronto a desprezar os erros humanos, possa hesitar em condenar as palavras divinas. Fazem, de facto,*

---

[112] Vicente de Lérins, *Commonitorium*, cap. 3.
[113] Vicente de Lérins, *Commonitorium*, cap. 2.
[114] Vicente de Lérins, *Commonitorium*, cap. 4.
[115] Vicente de Lérins, *Commonitorium*, cap. 2.
[116] Além disso, no capítulo 26, ele recorda o precedente de o Diabo também ter citado a Escritura quando tentou a Jesus (cf. Mt 4,6).
[117] Vicente de Lérins, *Commonitorium*, cap. 7.

o que as amas fazem quando preparam uma bebida amarga para as crianças; untam a borda da taça com mel, para que a criança desavisada, tendo provado primeiro o doce, não tenha medo do amargo. Assim também agem os que disfarçam as ervas venenosas e os sucos nocivos sob o nome de remédios, de modo que quase ninguém, ao ler o rótulo, suspeita do veneno.

Foi por isso que o Salvador clamou: "Guardai-vos dos falsos profetas. Eles vêm a vós disfarçados de peles de cordeiro, mas por dentro são lobos arrebatadores" (Mt 7,15). O que se entende por "pele de cordeiro"? Que outra coisa não são do que as palavras que os profetas e os apóstolos, com a inocência das ovelhas, teceram de antemão, como velo, para aquele Cordeiro imaculado que tira o pecado do mundo? O que são os lobos arrebatadores? Que mais não são do que as glosas selvagens e raivosas dos hereges, que continuamente infestam os redis da Igreja e despedaçam o rebanho de Cristo onde quer que possam? *Mas para que possam, com mais êxito, roubar as ovelhas desprevenidas,* conservando a ferocidade do lobo, *eles despem-se da sua aparência e envolvem-se, por assim dizer, na linguagem da Lei Divina,* como num velo, para que alguém, tendo sentido a maciez da lã, não tenha medo das presas do lobo.[118]

De facto, o engano pode ser tão grande que até "homens eminentes", isto é, "certas pessoas excelentes, e de posição na Igreja, são muitas vezes autorizadas por Deus a pregar doutrinas novas aos Católicos".[119] Estas pessoas podem até ter sido grandes campeões da ortodoxia contra a heresia, antes de caírem elas próprias numa heresia. Entre muitos exemplos, S. Vicente menciona ninguém menos que Nestório, pois no início de seu episcopado, Nestório "empenhava-se zelosamente contra as blasfêmias de todas as heresias".[120] Vicente admoesta e conforta o infeliz

---

[118] Vicente de Lérins, *Commonitorium*, cap. 25.
[119] Vicente de Lérins, *Commonitorium*, cap. 10.
[120] Vicente de Lérins, *Commonitorium*, cap. 11. Cf. McGuckin. *St. Cyril of Alexandria and the Christological controversy*, 23-24: "Ao assumir o cargo, Nestório

católico que se sinta tentado a seguir esses antigos defensores da fé: "E, certamente, é uma grande provação quando um profeta, um discípulo de profetas, um doutor e defensor da verdade, a quem vós abraçastes no vosso peito com a maior veneração e amor, quando esse alguém, de repente, secreta e furtivamente, traz erros nocivos, que vós não podeis detetar rapidamente, sendo mantidos pelo prestígio da autoridade anterior, nem achar que é justo condenar, sendo impedido pela afeição ao vosso antigo mestre".[121]

Finalmente, o critério da antiguidade também pode não ser plenamente aplicável quando a heresia "já está amplamente difundida e é antiga... visto que, com o passar do tempo, eles têm tido oportunidade de corromper a verdade".[122]

Assim, tal como quando o critério da universalidade falha, temos de recorrer à antiguidade, também quando o princípio da antiguidade não é suficiente, temos de recorrer à regra do "consentimento", definida como: "as definições e determinações consentidas por todos, ou pelo menos de quase todos os padres e doutores".[123] Isto faz-se apelando, em matéria doutrinal já definida, aos decretos de um concílio geral (ecuménico).[124]

---

começou a trabalhar, da mesma forma que Cirilo dezasseis anos antes, tentando levar a sua diocese a uma visão e prática religiosa comuns... Também resistiu a muitos membros da aristocracia quando começou a aplicar as proscrições legais contra os hereges, sem se preocupar com as ramificações políticas. É possível que tenha composto, por iniciativa própria, os duros termos da legislação anti-herética que encontramos emanados da corte de Teodósio nessa época (428). Um dos seus primeiros atos na concretização da política legal foi ordenar a demolição da última capela ariana que restava em Constantinopla". Além disso, não podemos esquecer que Ário era um opositor ferrenho da heresia sabeliana.

[121] Vicente de Lérins, *Commonitorium*, cap. 10.
[122] Vicente de Lérins, *Commonitorium*, cap. 27.
[123] Vicente de Lérins, *Commonitorium*, cap. 2.
[124] Vicente de Lérins, *Commonitorium*, cap. 27: "E se, em algum momento, uma parte se opõe ao todo, a novidade à antiguidade, a dissidência de um ou de alguns que estão no erro ao consentimento de todos ou, em todo caso, da grande maioria dos católicos, então eles devem preferir a solidez do todo à corrupção de uma parte; nesse mesmo todo eles devem preferir a religião da antiguidade à profanação da novidade; *e na própria antiguidade, da mesma forma, à temeridade de um ou de muito poucos, eles devem preferir, em primeiro lugar, os decretos gerais, se existirem, de um Concílio Universal*, ou se não existirem, então, o que é melhor em seguida, eles devem seguir a crença consentida de muitos e grandes mestres".

Assim, regressamos ao ponto de partida: A defesa pela parte de S. Vicente da autoridade dos concílios contra as heresias do seu tempo, mesmo que os hereges também apelassem à antiguidade para as suas reivindicações. Escrevendo três anos após o Concílio de Éfeso, S. Vicente procurou solidificar teologicamente os decretos deste concílio e reduzir a propagação da heresia nestoriana. Não é de se admirar, portanto, que o antepenúltimo capítulo do *Commonitorium* elogie Éfeso como um marco de "constância", "humildade e santidade", de tal modo que os bispos conciliares "nada inovaram, nada presumiram, não se arrogaram absolutamente nada, mas usaram todo o cuidado possível para não transmitir à posteridade senão o que eles próprios tinham recebido dos seus Padres". [125] O capítulo seguinte é dedicado a elogiar o Papa S. Celestino e o seu sucessor Sisto III, no seu "zelo... na oposição à novidade" durante toda a provação nestoriana. [126] O *Commonitorium* é um hino à autoridade magisterial da Igreja Católica.

Mas como podemos dizer, depois de tudo o que aprendemos neste capítulo, que os Padres Conciliares "nada inovaram"? Não promulgaram eles novas palavras, como *homoousios* ou *Theotokos*? Certamente, S. Vicente não ignorava que esses termos eram não-bíblicos, pois essa era uma das principais críticas vindas do lado herético. Então, como podemos dizer que os concílios interpretavam a tradição (isto é, a antiguidade) "no mesmo sentido, com o mesmo significado?" [127]

Para responder a esta pergunta, temos de voltar à defesa do *homoousios* por Atanásio. Esta palavra não se encontra nas Escrituras, mas *exprime* com exatidão o *sentido* das Escrituras, um sentido que esteve sempre presente na comunidade cristã, mesmo que *esta comunidade não tenha podido articular plenamente este ensinamento na altura*. É assim que "o mesmo sentido, o mesmo significado" deve ser interpretado, e não como uma forma de negar que a mudança ocorra. De facto, isso seria contrário ao sentido claro do *Commonitorium* uma vez que, como vimos no capítulo 3, negar o progresso da religião — mesmo considerando grandes variações na forma, no

---

[125] Vicente de Lérins, *Commonitorium*, cap. 31.
[126] Vicente de Lérins, *Commonitorium*, cap. 32.
[127] Guarino. *The Disputed Teachings*, 12.

formato e na aparência externa — seria motivado pela "inveja dos outros" e pelo "ódio a Deus".[128]

O *Commonitorium* aceita "todos os progressos possíveis". Ele usa os Concílios de Niceia e de Éfeso como exemplos desse progresso. Se quisermos conciliar as regras vicentinas com o que a história nos diz sobre a origem das palavras *homoousios* e *Theotokos*, então temos de aceitar corretamente a regra "no mesmo sentido, com o mesmo significado". Nomeadamente, temos de a ler em conjunto com a citação vicentina favorita do Papa Francisco, segundo a qual a doutrina deve ser *"consolidada pelos anos, ampliada pelo tempo, refinada pela idade"*.[129] Foi o que aconteceu nos primeiros concílios ecuménicos, como vimos.

Para S. Vicente, o desenvolvimento doutrinal não é apenas possível, mas também o *único* resultado possível. É impossível parar o desenvolvimento doutrinal, como é impossível parar o crescimento de um corpo humano saudável (ver capítulo 3). Ao defender o uso do *homoousios* pelo Concílio de Nicéia e do *Theotokos* pelo Concílio de Éfeso, S. Vicente exemplifica o verdadeiro equilíbrio entre "o mesmo sentido, com o mesmo significado" e "consolidado pelos anos, ampliado pelo tempo, refinado pela idade" que um desenvolvimento doutrinal legítimo deve cumprir. Não se trata, como vimos, de um apelo simplista à antiguidade, como os heréticos também são capazes de fazer. Para S. Vicente, as piores novidades do seu tempo eram as tentativas de reverter as decisões dos concílios, mesmo que aqueles que as buscavam também apelassem para as Escrituras e para a antiguidade.[130]

---

[128] Vicente de Lérins, *Commonitorium*, cap. 23.

[129] Vicente de Lérins, *Commonitorium*, cap. 23. Cf. Guarino. *The Disputed Teachings*, 12-13.

[130] Guarino. *The Disputed Teachings*, 13.

Capítulo 7

"Aquilo que para as gerações anteriores era sagrado..."

Volto a sublinhar que a vida litúrgica e o seu estudo devem conduzir a uma maior unidade eclesial e não à divisão. Quando a vida litúrgica se torna uma espécie de bandeira de divisão, há aí o odor do Demónio, o enganador. Não é possível adorar a Deus e, ao mesmo tempo, fazer da liturgia um campo de batalha para questões que não são essenciais, ou mesmo para questões ultrapassadas e tomar partido, a partir da liturgia, por ideologias que dividem a Igreja. O Evangelho e a Tradição da Igreja exigem que estejamos firmemente unidos nas questões essenciais e que partilhemos as diferenças legítimas na harmonia do Espírito.

— Francisco, Discurso ao Pontifício Instituto Litúrgico

Retrocedamos os nossos calendários para 2016. Num discurso proferido a 5 de julho numa conferência sobre liturgia, o Cardeal Robert Sarah, então Prefeito da Congregação para o Culto Divino, disse acreditar que "é muito importante que regressemos o mais rapidamente possível ao culto *ad orientem*".[1]

Para contextualizar, *ad orientem* ("para o oriente" em latim) significa que, durante a Missa, tanto o padre como a congregação estão virados na mesma direção, para o "oriente" litúrgico (a direção do Sol nascente, simbolizando a ressurreição de Jesus). Isto contrasta com o *versus populum* ("em direção ao povo"), em que o padre e a congregação estão virados um para o outro.

Estas posições, por muito válidas que sejam, transbordaram do domínio das rubricas litúrgicas para o domínio das guerras litúrgicas. Embora existam exemplos de *versus populum* antes do Concílio Vaticano II, esta posição está normalmente associada às reformas litúrgicas que resultaram do Concílio. Por outro lado, *ad orientem*, embora se encaixe na liturgia reformada, é preferido pelos tradicionalistas, dada a sua antiguidade.[2]

---

[1] Blackman. "Cardinal Sarah Promotes Advent Launch."
[2] Blackman. "Cardinal Sarah Promotes Advent Launch."

O Cardeal Sarah continuou, perante aplausos estrondosos: "Sacerdotes e congregação voltados para a mesma direção, para oriente, ou pelo menos para a ábside, para o Senhor que vem, nos momentos em que nos dirigimos a Deus no rito litúrgico... Por isso, caríssimos padres, peço-vos que ponhais em prática esta rubrica sempre que possível, com prudência e com a necessária catequese e competência pastoral, sabendo que isto é algo de bom para a Igreja e para o povo de Deus".[3]

Na mesma conferência, o Cardeal Sarah também declarou que o Papa Francisco lhe tinha dado luz verde para "estudar a questão de uma reforma da reforma e em como enriquecer as duas formas do rito romano".[4] "Reforma da reforma" é um termo frequentemente empregue por aqueles que acreditam que as reformas litúrgicas pós-Vaticano II foram implementadas de forma errada e que uma nova reforma deve ser efectuada, reconduzindo a liturgia a uma prática mais tradicional.

Thomas Lawson estava deleitado em ouvir isto. Talvez este pudesse ser o ponto de inflexão! O primeiro passo para a normalização do tradicionalismo! O princípio do fim do *Novus Ordo* e de todos os seus abusos litúrgicos! Ele podia apenas desejar...

As suas expectativas seriam em breve goradas. Alguns dias mais tarde, o porta-voz do Vaticano, Federico Lombardi, declarou à imprensa que o Santo Padre se tinha encontrado com o Cardeal Sarah a 9 de julho, indicando que não havia novas diretivas litúrgicas. Segundo o Padre Lombardi, "a missa pode ser celebrada de frente para o povo, o que é desejável sempre que possível". Além disso, era melhor "evitar o uso da expressão 'reforma da reforma', referindo-se à liturgia, uma vez que às vezes esse termo é fonte de mal-entendidos". Além disso, o Papa Francisco teria expressamente "recordado que a forma 'ordinária' da celebração da missa é a prevista pelo missal promulgado por Paulo VI e que a forma 'extraordinária' permitida por Bento XVI não deve tomar o lugar dessa forma 'ordinária'".[5]

Um mês mais tarde, o Cardeal Sarah também esclareceu que a forma como as suas observações foram transmitidas não foi exata. No entanto, ele também reiterou: "Quando a liturgia moderna é celebrada em vernáculo

---

[3] Blackman. "Cardinal Sarah Promotes Advent Launch."
[4] Cornwell. "Cardinal Sarah to conduct study."
[5] Catholic News Service. "Vatican rejects Cardinal Sarah's *ad orientem* appeal."

Capítulo 7: "Aquilo que para as gerações anteriores era sagrado..." 145

com o sacerdote 'virado para o povo,' há o perigo de o homem, mesmo o próprio sacerdote e a sua personalidade, se tornarem demasiado centrais".[6]

Quanto ao Papa Francisco, foi ainda mais contundente um ano depois, quando, num discurso aos liturgistas italianos, colocou toda a sua autoridade magisterial sobre as reformas litúrgicas pós-Vaticano II: "Podemos afirmar com certeza e com *autoridade magisterial* que a reforma litúrgica é *irreversível*".[7] Explicaria também que "falar da 'reforma da reforma' é um erro".[8] Embora o Papa Francisco reconheça que é preciso evitar os abusos litúrgicos cometidos a coberto das reformas do Concílio, é preciso também evitar uma resistência às reformas do Concílio empreendida a coberto da expressão "reforma da reforma".[9] Por mais

---

[6] Backler. "Cardinal Sarah reiterates ad orientem."

[7] Francisco. "Aos Participantes da 68ª Semana Litúrgica Nacional". N.A., quero evitar aqui futuros mal-entendidos, como o que é avançado pelos tradicionalistas quando afirmam que a MTL não pode ser reformada porque S. Pio V, na sua constituição *Quo Primum*, decretou que este missal deveria ser seguido "perpetuamente". Nem Pio, nem Francisco, pretendiam vincular futuros papas e concílios. Esta linguagem pretende apenas ser abrangente e forte, de modo a que a autoridade do agente magisterial seja colocada nas reformas litúrgicas pretendidas, para acabar com a resistência nos seus dias e época. Significa que o papa "pretendia vincular a Igreja à sua política litúrgica até ao momento em que fosse alterada pela autoridade competente (ou seja, papal) e, portanto, 'perpetuamente' se nunca fosse alterada". (Ver Mirus, "Pope St. Pius V and Quo Primum.") Embora exista uma forte possibilidade — dada a vasta extensão da história humana que o futuro ainda nos reserva — de que as reformas do Concílio Vaticano II possam um dia ser elas próprias reformadas, isso não pode servir de desculpa para a resistência no presente. Se o Papa usou a sua autoridade magisterial para dizer que a reforma é irreversível, os tradicionalistas que resistem às reformas litúrgicas porque estão à espera de um papa simpático à sua causa estão a ser desobedientes à mente e vontade manifestas do papa. Este é o mesmo erro que o dos dissidentes progressistas: não seguir o magistério tal como ele é, mas como se espera que venha a ser um dia.

[8] Connell. "Pope Francis: There will be no 'the reform of the reform.'"

[9] Ver Francisco, "Carta do Papa Francisco aos Bispos de todo o mundo para apresentar o Motu Proprio 'Traditionis custodes' sobre o uso da Liturgia Romana anterior à Reforma de 1970": "Ao mesmo tempo, entristecem-me os *abusos* na celebração da liturgia em todas as partes. Tal como Bento XVI, deploro o facto de que em muitos lugares, as prescrições do novo Missal não são observadas na celebração, mas chegam a ser interpretadas como uma autorização ou mesmo uma

legítimas que sejam as preocupações com os abusos litúrgicos, esta expressão carrega agora uma pesada bagagem ideológica que é preciso evitar.

É claro que Thomas Lawson ficou furioso com este retrocesso. Num e-mail ao seu amigo Justin, escreveu: "Como se atreve Bergoglio a impedir-nos de celebrar *ad orientem*, quando esta tradição litúrgica remonta aos primeiros séculos da Igreja e foi celebrada por tantos santos?" Justin tentou explicar que ninguém tinha impedido ninguém de fazer nada, apenas se tinha retomado o *status quo* antes da *Summorum Pontificum*. Mas Thomas insistiu. Enviou ao seu amigo uma citação de Bento XVI:

> "Na história da Liturgia, há crescimento e progresso, mas nenhuma ruptura. *Aquilo que para as gerações anteriores era sagrado, permanece sagrado e grande também para nós, e não pode ser de improviso totalmente proibido ou mesmo prejudicial.* Faz-nos bem a todos conservar as riquezas que foram crescendo na fé e na oração da Igreja, dando-lhes o justo lugar". [10]

Esta citação tornar-se-ia uma das favoritas de Thomas. Ele geraria um *meme* com ela, com uma fotografia a preto e branco de Bento XVI no fundo. Depois, recircularia este *meme* sempre que se via confrontado com algum obstáculo litúrgico pela parte de Francisco. Duas ocasiões despoletaram este reflexo. A primeira foi em 2020, no auge da pandemia da COVID-19, quando a Igreja impôs sensatas restrições à assistência à Missa para conter a propagação do vírus.[11] A segunda foi, obviamente, quando o Papa Francisco publicou a *Traditionis Custodes*.

---

exigência de criatividade, o que leva a distorções quase insuportáveis. No entanto, entristece-me que o uso instrumental do *Missale Romanum* de 1962 *seja muitas vezes caracterizado por uma rejeição não só da reforma litúrgica, mas do próprio Concílio Vaticano II*, afirmando, com afirmações infundadas e insustentáveis, que este traiu a Tradição e a 'verdadeira Igreja'".

[10] Bento XVI. "Carta aos Bispos que acompanha o 'Motu Proprio' *Summorum Pontificum*".

[11] Hall. "Prayers answered": "Quando os confinamentos foram impostos em março de 2020, milhões de católicos na América do Norte foram privados do acesso à missa. Para muitos, este foi um momento de provação espiritual e um teste de fé, uma vez que os católicos são obrigados — em circunstâncias normais — a assistir à missa todos os domingos, mas não podiam. Quando os receios

Capítulo 7: "Aquilo que para as gerações anteriores era sagrado..."

Mas de onde veio esta citação? Quando Bento XVI publicou o *Summorum Pontificum*, transformando a edição pré-Vaticano II do missal romano numa forma extraordinária do rito romano, publicou também uma carta a todos os bispos do mundo para explicar melhor como queria que o seu *motu proprio* fosse implementado. Claro que, se Tom tivesse lido esta carta na sua totalidade, teria visto o contexto correto da sua citação. A frase que imediatamente precede a citação diz: "Não existe qualquer contradição entre uma edição e outra do *Missale Romanum*." [12] — algo que Tom negava, pois considerava a *Novus Ordo* ilícita. A frase que se segue à citação é a seguinte: "Obviamente, para viver a plena comunhão, também os sacerdotes das Comunidades aderentes ao uso antigo não podem, em linha de princípio, excluir a celebração segundo os novos livros. De facto, não seria coerente com o reconhecimento do valor e da santidade do novo rito a exclusão total do mesmo" [13] — o que, mais uma vez, não era a posição de Thomas.

Além disso, como Justin teve o cuidado de salientar, não era suposto a *Summorum Pontificum* ser a palavra final sobre o assunto. Bento pediu aos bispos que enviassem um relatório das suas experiências três anos depois. Disse especificamente que: "Se verdadeiramente tiverem surgido sérias dificuldades, poder-se-á procurar meios para lhes dar remédio". [14] Certamente que a quantidade de resistência à autoridade papal e conciliar vinda dos círculos tradicionalistas constitui uma "séria dificuldade".

No entanto, a questão mantém-se: a citação de Bento XVI deve ser tomada como uma verdade imutável, a aplicar indiscriminadamente sempre e em todo o lado? Ou tratava-se de uma afirmação revisível, feita num contexto particular, nada paralelo a 2021, quando uma parte significativa

---

acerca da COVID começaram a desvanecer-se, depois de ter ficado claro que não tinha surgido uma nova praga, muitos católicos sentiram-se frustrados pelo facto de os seus bispos não terem defendido o seu direito a receber Cristo na Eucaristia."

[12] Bento XVI. "Carta aos Bispos que acompanha o 'Motu Proprio' *Summorum Pontificum*".

[13] Bento XVI. "Carta aos Bispos que acompanha o 'Motu Proprio' *Summorum Pontificum*".

[14] Bento XVI. "Carta aos Bispos que acompanha o 'Motu Proprio' *Summorum Pontificum*".

dos meios de comunicação católicos tradicionalistas atacava severamente o Vigário de Cristo?

"Obedecer a Deus e não ao Homem"

No século II d.C., a Igreja estava dividida. O ponto da discórdia era como se devia observar a Páscoa, a celebração mais importante do calendário cristão. Havia duas maneiras diferentes de o fazer:

Por um lado, a grande maioria da Igreja usava um calendário solar, desenvolvido por uma seita judaica chamada "os Essénios". Neste calendário, os dias festivos caíam sempre no mesmo dia da semana em cada ano. Por outras palavras, a Páscoa caía sempre num domingo,[15] pois Jesus ressuscitara no dia seguinte ao sábado.[16] De facto, vários artigos académicos sugerem que o domingo *semanal* cristão, tão familiar para nós hoje em dia, poderia ter evoluído a partir da celebração *anual* do Domingo de Páscoa.[17]

O outro lado da disputa, constituído principalmente pela igreja da província romana da Ásia (atual Turquia), utilizava um calendário lunar em que os dias festivos podiam cair em dias diferentes da semana em cada ano.[18] Nesta prática, os cristãos celebravam a Páscoa no mesmo dia que a *Pascha* judaica, no décimo quarto dia do mês hebraico de *Nisan*.[19] Estes cristãos eram chamados quartodecimanos, do latim *quarta decima*, que significa "décimo quarto".

Em meados do século II, o Bispo S. Policarpo de Esmirna — um discípulo do apóstolo S. João — foi a Roma para se encontrar com o Papa S. Aniceto e resolver a disputa sobre a Páscoa. De acordo com o historiador Eusébio de Cesareia (ver capítulo 6): "Policarpo não conseguiu persuadir o Papa, nem o Papa a Policarpo. A controvérsia não terminou, mas os laços de caridade não foram quebrados". Por outras palavras, o Papa tolerou a

---

[15] Strand. "John as a Quartodeciman", 251.

[16] Lc 23,53-24,6. Além disso, pode ter havido uma influência da prática essénia de celebrar as primícias da colheita da cevada num domingo, de modo a estabelecer um paralelo entre o conceito de primícias e da ressurreição de Cristo. Ver Strand. "Sunday Easter and Quartodecimanism," 131.

[17] Strand. "Sunday Easter and Quartodecimanism," 127, 131.

[18] Strand. "John as a Quartodeciman", 251.

[19] Strand. "Sunday Easter and Quartodecimanism,"127.

Capítulo 7: "Aquilo que para as gerações anteriores era sagrado..."

diversidade de práticas, permitindo que Policarpo continuasse a celebrar a Páscoa da forma a que ele estava habituado.[20] Mas em breve, esta divisão iria transformar-se numa grande cisão...

No ano 189 d.C., um certo Vítor foi eleito papa. Ele teria um impacto significativo na liturgia durante os milénios seguintes, por duas razões. A primeira razão tem a ver com a controvérsia pascal. A segunda com o uso do latim. Vamos explorar um pouco esta última, pois os conhecimentos que podemos obter aqui são, por si só, extremamente interessantes.

Antes do papado de Vítor, a Igreja tinha historicamente usado duas línguas na sua liturgia: 1) o hebraico e 2) o grego *koiné*. A primeira tinha sido a língua que Jesus e os apóstolos haviam usado nas suas orações, tanto na sinagoga como no Templo. Mas depressa foi substituída como língua sagrada pelo grego, a *língua franca* em todo o Império Romano, particularmente na sua metade oriental (onde a cristianização dos gentios foi inicialmente mais intensa — ver capítulo 5).[21] Ainda hoje, algumas palavras do léxico cristão têm vestígios do tempo em que estas línguas eram vistas como as únicas capazes de transmitir com exatidão certos elementos religiosos. Assim, temos amém, hossana e aleluia em hebraico, e eucaristia, apóstolo e bispo ("*episcopus*") em grego.[22] Não podemos esquecer que até as palavras "cristão" e "católico" provêm do grego.

Esta situação mudaria com o Papa S. Vítor. De acordo com S. Jerónimo, um Padre da Igreja, Vítor foi o primeiro escritor eclesial latino, pois escreveu várias cartas e tratados teológicos em latim e não em grego.[23] Este facto fez com que o latim se tornasse a língua oficial da Igreja Romana durante o pontificado de Vítor.[24] Também se argumentou que Vítor pode ter sido o primeiro papa a ter usado o latim na sua liturgia.[25]

Com estes pequenos e subtis passos, Vítor pôs em marcha uma progressiva latinização da Igreja. Este facto viria a moldar profundamente

---

[20] Campbell. "Pope St. Anicetus."
[21] Groen. "The Interplay of Hebrew, Greek and Latin," 40-41.
[22] Mohrmann. "How Latin Came to Be," 284. Ver também Groen. "The Interplay of Hebrew, Greek and Latin," 43.
[23] Kirsch. "Pope St. Victor I."
[24] Editores da Encyclopaedia Britannica. "Saint Victor I."
[25] Catholic News Agency. "Pope St. Victor I." 00000

o rosto do Catolicismo tal como o conhecemos hoje. À medida que o Cristianismo se difundia cada vez mais na metade ocidental do Império Romano, o número de falantes de latim coloquial foi gradualmente ultrapassando o número de falantes de grego no seio da Igreja. Durante alguns séculos, o grego continuou a ser a língua litúrgica, uma vez que tinha sido introduzido pelos missionários orientais que tinham trazido o Cristianismo para o Ocidente. Em verdade, as línguas litúrgicas tendem a ser conservadoras, pois as pessoas têm relutância em mudá-las por respeito ao que as precedeu.[26] Como afirma a Prof.ª Christine Mohrmann, uma especialista do século XX em grego antigo e latim: "no momento em que as comunidades cristãs ocidentais foram latinizadas, já existia um património grego bem estabelecido: várias gerações de cristãos tinham falado grego e, consequentemente, todas as instituições eclesiásticas tinham nomes gregos; as ideias cristãs eram formuladas em grego; a Bíblia circulou durante várias gerações em grego".[27]

Mas, em meados do século III, o grego tinha-se tornado quase ininteligível para a maioria dos cristãos. Cerimónias mistas, celebradas ao mesmo tempo com elementos de grego e de latim vernáculo, tornaram-se mais comuns. Este facto teve um impacto positivo na evangelização do império, pois tornou o Cristianismo mais acessível. Por exemplo, nas zonas rurais e isoladas, o latim podia ser a língua exclusiva da liturgia, uma vez que essas regiões não tinham um contacto substancial com o grego. Seguindo a tradição iniciada pelo Papa Vítor, a correspondência oficial das dioceses romanas passou a ser emitida em latim (pelo menos, quando se dirigia à parte ocidental do império).[28]

Quando o Império Romano (do Ocidente) caiu no século V, o latim já se tinha tornado uma língua cristã, modificada para responder às exigências da religião cristã.[29] Sem a estrutura fornecido pelo império, o latim transformou-se gradualmente nas várias línguas românicas atuais, caindo em desuso na vida quotidiana. Mas a Igreja manteve o latim vivo na sua liturgia, nas escrituras e na tradição.[30] Atualmente, o latim já não é o

---

[26] Groen. "The Interplay of Hebrew, Greek and Latin,"49-50.
[27] Mohrmann. "How Latin Came to Be," 282.
[28] Groen. "The Interplay of Hebrew, Greek and Latin,"50-51.
[29] Mohrmann. "How Latin Came to Be," 277.
[30] Mohrmann. "How Latin Came to Be," 279.

Capítulo 7: "Aquilo que para as gerações anteriores era sagrado..."   151

vernáculo, mas a língua litúrgica da Igreja Católica. Os tradicionalistas resistem hoje à implementação do vernáculo na Missa, enquanto procuram incansavelmente a restauração do papel central do latim — não do grego ou do hebraico.

Mas voltemos agora à controvérsia pascal. O Papa S. Vítor revolucionou a Igreja também neste ponto. De facto, alguns dos tratados teológicos que Vítor escreveu em latim eram precisamente sobre a correta datação da Páscoa.[31] Vítor queria um consenso na Igreja universal sobre este assunto. Por isso, pediu a realização de sínodos em todo o mundo para resolver esta questão.[32]

De acordo com Eusébio, foram realizados sínodos em Roma, Jerusalém, Gália (atual França), Ponto (Turquia), Osroena (Turquia e Síria) e Corinto (Grécia). Todos estes sínodos votaram unanimemente a favor da celebração da Páscoa dominical.[33] Restou uma única dissidência quartodecimana: a igreja da Ásia, liderada pelo Bispo Polícrates de Éfeso.

Polícrates enviou uma carta a Vítor explicando o seu raciocínio. Apresentou uma lista impressionante de santos irrepreensíveis que tinham celebrado segundo a tradição quartodecimana. Entre eles estava S. Policarpo de Esmirna, como já vimos, mas também — e sobretudo — os apóstolos S. Filipe e S. João.[34] Em resposta a esta carta, Vítor excomungou, não só Polícrates, mas todos os cristãos quartodecimanos da província romana da Ásia.

Tanto os bispos da época como os historiadores de hoje julgam duramente as ações do Papa Vítor como um exercício desproporcionado da sua autoridade. No entanto, tendem a ignorar um facto importante. Polícrates não se limitou a defender que a prática quartodecimana era

---

[31] Kirsch. "Pope St. Victor I."
[32] Ybarra. "Pope Victor I & the Roman Primacy."
[33] Daneshmand. "When Heresy was Orthodox."
[34] Daneshmand. "When Heresy was Orthodox." O Prof. Strand, da Universidade de Andrews, levanta uma questão interessante: talvez essa divergência tenha realmente acontecido nos tempos apostólicos, e isso poderia explicar as discrepâncias na cronologia dos eventos da Semana da Paixão, como são descritos no Evangelho segundo S. João e nos evangelhos sinóticos (ver Strand. "John as a Quartodeciman," 254).

apostólica e legítima. O bispo asiático também afirmou que a sua prática era a mais antiga.³⁵ Na sua carta, Polícrates escreveu que tinha "guardado o décimo quarto dia da Páscoa de acordo com o Evangelho, nunca se afastando dele, mas obedecendo à *regra da fé*... Devemos obedecer a Deus e não aos homens". Essa frase é muito forte. "Regra de fé" era o termo usado para descrever aquilo que separava a ortodoxia da heterodoxia. Ao dizer que estava a seguir a regra de fé, Polícrates estava implicitamente a acusar de heterodoxia não só a Vítor, mas também todos os sínodos realizados no resto do mundo.³⁶ As medidas drásticas do Papa Vítor tinham como objetivo restaurar a unidade católica quebrada pela carta de Polícrates.

De qualquer modo, o Papa Vítor recebeu, de facto, algumas repreensões dos seus colegas bispos. Entre eles estava S. Ireneu de Lião, o formidável confutador de gnósticos de que falámos no início do capítulo 6. Embora fosse bispo na Gália, Ireneu nascera na Ásia e, por isso, simpatizava com os quartodecimanos. Na sua carta ao pontífice, Ireneu recordou as relações cordiais que Roma tinha tradicionalmente estabelecido com os quartodecimanos. Enumerou nada mais nada menos do que cinco papas que tinham permitido a diversidade na prática, incluindo o já mencionado Papa Aniceto (aquele que recebeu Policarpo de Esmirna).³⁷ Para ele, ambas as tradições eram apostólicas e, portanto, legítimas.

Seja como for, mesmo que alguns bispos, como S. Ireneu, discordassem das acções do Papa Vítor, considerando-as demasiado duras ou imprudentes, nunca ninguém afirmou que Vítor estava a agir fora dos limites da sua autoridade.³⁸ Como bispo de Roma, Vítor tinha autoridade para convocar sínodos para resolver uma questão litúrgica e para excomungar igrejas inteiras fora da sua diocese. Neste ponto, podemos já ver uma consolidação do conceito de primado papal, que se desenvolveria ainda mais com o passar dos séculos.

---

³⁵ Daneshmand. "When Heresy was Orthodox."
³⁶ Ybarra. "Pope Victor I & the Roman Primacy."
³⁷ Strand. "Sunday Easter and Quartodecimanism," 128-129.
³⁸ Uma impressionante coleção de citações de historiadores — alguns até hostis ao papado — que concordam com esta proposição pode ser encontrada em Ybarra. "Pope Victor I & the Roman Primacy."

Não sabemos se o Papa Vítor cedeu ou não no que diz respeito às excomunhões.[39] Mas sabemos que o problema precisou de ser abordado uma vez mais no século IV. Como vimos no capítulo 6, o Imperador Constantino queria acabar com a desunião doutrinal dentro da Igreja. Era justo que aproveitasse a oportunidade para resolver também a desunião litúrgica. Por isso, pediu ao Concílio de Niceia que se debruçasse mais uma vez sobre este assunto.

É interessante notar que, embora a prática quartodecimana se tenha tornado mais generalizada no século IV, a sua demografia tinha entretanto mudado. Nessa altura, a província romana da Ásia celebrava a Páscoa, na sua esmagadora maioria, num domingo. A tradição do Quartodecimanismo, por outro lado, tinha-se deslocado para leste, para longe da esfera de influência de Roma, para as regiões da Síria e da Mesopotâmia.[40]

Previsivelmente, o Concílio de Niceia reafirmou a tradição mais popular do Domingo de Páscoa. Foi enviada uma carta pedindo a "todos os irmãos do Oriente que até agora seguiram a prática judaica" que "doravante observassem o costume dos romanos".[41] A prática quartodecimana sobreviveu mais umas centenas de anos, mas já tinha recebido o seu golpe de morte às mãos do papa e do concílio. Lentamente, mas inexoravelmente, a antiga e apostólica tradição do Quartodecimanismo foi-se apagando no esquecimento...

Impondo-se aos ritos dos povos

Atualmente, a Igreja Católica permite a coexistência de nada menos que sete tradições litúrgicas — também chamadas "famílias de ritos" — no seu seio.[42] Entre estas, a mais predominante (nomeadamente no Ocidente) é a família dos ritos latinos. Por sua vez, esta família de ritos engloba vários ritos, como o rito romano. Este último é a fonte da polémica com os

---

[39] Ybarra. "Pope Victor I & the Roman Primacy."
[40] Strand. "Pope Victor I & the Roman Primacy." 134-135.
[41] Ybarra. "Pope Victor I & the Roman Primacy."
[42] CIC 1203.

tradicionalistas de hoje. Antes das reformas litúrgicas pedidas pelo Concílio Vaticano II, o rito romano em uso era o missal do Papa S. Pio V, revisto pela última vez por S. João XXIII. Como muitos tradicionalistas pareciam recusar as reformas litúrgicas do Vaticano II, o Papa Bento XVI procurou alcançar a unidade fazendo do missal anterior uma forma *extraordinária* do rito romano, enquanto o missal reformado seria a forma *ordinária* (comum). *Traditionis Custodes* tentou restaurar a uniformidade na liturgia pós-Vaticano II, recuando nas concessões de Bento.

Basta olhar para este exemplo recente para percebermos como, em matéria de liturgia, a Igreja parece oscilar entre períodos de tolerância de diversidade e de imposição de uniformidade. Mas como surgiu o rito romano? O estudo da sua história permitir-nos-á certamente compreender o que se passa hoje.

Embora alguns autores do primeiro século, como S. Justino Mártir, forneçam um esboço geral de como a Missa era celebrada nos primeiros tempos, ainda não temos muitos pormenores sobre a liturgia primitiva dos primeiros três séculos. A *Enciclopédia Católica* afirma que "havia uma certa uniformidade de tipo... não uma uniformidade de pormenor, mas uma uniformidade de contorno geral". Por outras palavras, não podemos falar de um rito fixo, mas de uma liturgia mais fluida, com certas expressões significativas e recorrentes que acabaram por se cristalizar em fórmulas litúrgicas. [43]

Eventualmente, este proto-rito condensou-se nas principais "liturgias-mãe" que conhecemos hoje, nomeadamente a antioquena (de Antioquia-Jerusalém), a copta (Alexandrina), a bizantina (Constantinopolitana) e a romana. [44] Isto não é surpreendente, dado que estes eram os cinco antigos patriarcados, com os bispos de mais alto nível. Por outras palavras, a difusão de um determinado rito não estava apenas associada à sua antiguidade ou beleza, mas sobretudo à "posição exaltada da Sé que o usava". [45] Tendo em conta estas considerações, não é de estranhar que o rito de Roma, a sede do sucessor de Pedro, se tornasse o mais difundido de todos.

---

[43] Fortescue. "Liturgy."
[44] Fortescue. "Liturgy." Ver também Griffin. "Rites."
[45] Fortescue. "The Roman Rite". Ver também Ramis. "Liturgical Families in the West," 26.

Capítulo 7: "Aquilo que para as gerações anteriores era sagrado..."

O nosso conhecimento da liturgia aumenta exponencialmente à medida que nos aproximamos do século IV e seguintes. Aqui, não precisamos de nos basear em referências dispersas e casuais de obras não litúrgicas, mas podemos consultar textos litúrgicos reais.[46] Relativamente ao rito romano, o livro litúrgico mais antigo que existe é o sacramentário atribuído ao Papa S. Leão Magno no século V. O segundo mais antigo é o sacramentário gelasiano do Papa Gelásio I, embora nesta fonte o rito já não seja puramente romano, mas contenha uma mistura de elementos romanos e galicanos (mais sobre isso em breve). Finalmente, temos o sacramentário composto pelo Papa S. Gregório Magno na transição do século VI para o século VII.[47] Foi este papa que deu o seu nome ao canto gregoriano.[48]

Gregório não se limitou a transcrever o rito romano tal como o recebeu dos seus antecessores. O seu biógrafo João, o Diácono, escreveu que "ele reuniu o Códice Gelasiano sobre as solenidades das missas, tirando muitas coisas, adaptando algumas coisas, acrescentando várias coisas".[49] Entre as suas muitas reformas litúrgicas, Gregório 1) inseriu palavras no cânone da missa; 2) ordenou que o Pai-Nosso fosse recitado antes da fração da hóstia; 3) determinou que o Aleluia fosse entoado depois do Gradual fora do tempo pascal; 4) proibiu o uso da casula pelos subdiáconos que assistiam à missa; e 5) proibiu os diáconos de executarem qualquer das partes musicais da Missa, para além do canto do Evangelho.[50] Em muitos aspetos, a missa do rito romano não evoluiu organicamente, mas através de um *fiat* papal.

No final do pontificado de Gregório, a liturgia romana tinha-se materializado numa forma que podemos reconhecer como o "rito romano", por vezes também chamado "rito gregoriano" em atenção ao grande pontífice. E embora Gregório nunca tenha imposto as suas

---

[46] Fortescue. "Liturgy."
[47] Ramis. "Liturgical Families in the West," 26.
[48] Os Editores da *Encyclopaedia Britannica*. "Gregorian Chant."
[49] Mews. "Gregory the Great," 126.
[50] Huddleston, Gilbert. "Pope St. Gregory I ('the Great')."

reformas ou o seu rito à Igreja em geral, a sua fama evoluiria gradualmente para uma figura idealizada simbolizando a unidade litúrgica. [51]

Seja como for, durante muitos séculos, os papas não impuseram o seu próprio rito. Pelo contrário, permitiram diversidade litúrgica no seu patriarcado. [52] Isto, porém, representa uma anomalia. As outras "liturgias-mãe" (antioquena, alexandrina e bizantina) eram usadas uniformemente nos seus respetivos patriarcados. O princípio natural era que o rito seguisse o patriarcado. Nenhum outro patriarca, para além do bispo de Roma, permitira uma liturgia estrangeira no seu domínio. [53]

Uma das razões históricas para este facto pode ter a ver com a atomização do patriarcado romano a partir do século V, algo que os patriarcados orientais só experimentaram muito mais tarde. Em 476 d.C., o Império Romano do Ocidente caiu, não deixando uma entidade política única para impor a unidade, quer religiosa quer de qualquer outra ordem. O vácuo de poder atraiu povos bárbaros do norte, agravando ainda mais a fragmentação. Isto aconteceu justamente quando o rito romano começava a se cristalizar. Não podemos esquecer que foi o Papa S. Leão Magno — suposto autor do primeiro sacramentário — que saiu das muralhas de Roma para suplicar a Átila, o Huno, que poupasse a cidade. [54]

Muitos povos bárbaros diferentes acabaram por se instalar nos escombros do império, criando muitos reinos novos no seu rasto. Para efeitos deste capítulo, é importante reter apenas três povos: 1) os Francos, que conquistaram a atual França (e eventualmente a Alemanha e o norte de Itália); 2) os Suevos, que ocuparam a parte noroeste da Península Ibérica; e 3) os Visigodos, que subjugaram a Península Ibérica e parte do sul da França. Os francos converteram-se diretamente do paganismo ao Catolicismo, mas os suevos e os visigodos foram originalmente convertidos por missionários arianos. [55] Tudo isto tornou impossível a Roma ter um único rito dentro das fronteiras do seu patriarcado.

Na Gália franca, reinava a anarquia litúrgica. Mais uma vez, não havia uma entidade política única para regular a liturgia. Um novo rito

---

[51] Mews. "Gregory the Great,"125.
[52] Griffin. "Rites."
[53] Griffin. "Rites."
[54] Mullin, *A Short World History of Christianity*, 86.
[55] Mullin, *A Short World History of Christianity*, 67.

Capítulo 7: "Aquilo que para as gerações anteriores era sagrado..."   157

desenvolveu-se simultaneamente em vários lugares,[56] um rito tão heterogéneo que pode ser melhor descrito como um grupo de muitos ritos, partilhando apenas os contornos gerais: o rito galicano. Este rito galicano acabou por se cruzar com o rito romano emergente, explicando assim o caráter misto do sacramentário gelasiano.

No entanto, como já foi dito, o rito romano gozava de um certo prestígio pelo facto de ser o rito utilizado pelo venerável bispo de Roma.[57] Os reis bárbaros, procurando capitalizar com as glórias passadas de Roma, tentaram imitar os costumes do falecido império: incluindo o Catolicismo. Por fim, Carlos Magno conseguiu unificar os francos e grande parte da Europa, criando o maior império desde a queda do Império Romano do Ocidente. Embora alguns autores da época afirmassem (erradamente) que o rito galicano tinha chegado à Gália através de S. Ireneu de Lião (ver capítulo 6), que o recebera de S. Policarpo de Esmirna, que o recebera de S. João, o apóstolo,[58] Carlos Magno procurou substituí-lo pelo rito romano. O novo imperador pediu a ajuda do Santo Padre para este projeto. O Papa Adriano I enviou a Carlos Magno uma cópia do sacramentário gregoriano. A partir da sua fonte na capela imperial, o rito romano espalhou-se por todo o império franco e suplantou gradualmente o rito galicano,[59] não permitindo que este se desenvolvesse plenamente antes de desaparecer.[60]

A situação era, no entanto, muito mais complexa na Península Ibérica. A classe dominante — nobres e reis dos povos conquistadores bárbaros — era ariana, mas a população — descendente dos nativos do Império Romano caído — continuava católica. Em 538 d.C., o bispo suevo de Braga pediu ao papa informações sobre os usos romanos da missa. A partir destas informações, começou a surgir um novo rito, regulado pelos concílios locais e revisto por grandes santos como Leandro de Sevilha e seu famoso irmão Isidoro. Eventualmente, tanto os reis suevos como os

---

[56] Jenner. "The Gallican Rite."
[57] Fortescue. "The Roman Rite."
[58] Jenner. "The Gallican Rite."
[59] Jenner. "The Gallican Rite." Ver também Cowdrey. "Pope Gregory VII and the liturgy," 60.
[60] Ramis. "Liturgical Families in the West," 28.

visigodos converteram-se ao Catolicismo e os visigodos conquistaram a totalidade do território suevo.[61] Finalmente, um elemento completamente novo também viria a deixar a sua marca. O Islão, fundado no século VII, expandiu-se militarmente a partir de África, engolindo o reino visigodo, conquistando a totalidade da Península Ibérica, à exceção de um pequeno vestígio cristão no norte. A partir deste vestígio, os cristãos encetaram a Reconquista e fundaram os reinos hispânicos de Leão, Castela, Aragão e Navarra.

Ao longo de todo este processo, o rito ibérico continuou a desenvolver-se e a consolidar-se. Mesmo na Hispânia muçulmana, os cristãos continuaram a celebrar as suas missas. Este rito passou a ser conhecido como rito moçárabe, pois era praticado pelos *muzarabes* (palavra hispânica derivada do árabe *musta'rab*, que significa "alguém que foi naturalizado árabe").[62]

Naturalmente, este facto levantou suspeitas noutras partes do Ocidente: talvez este rito moçárabe pudesse ser sincrético, uma amálgama heterodoxa de elementos cristãos, arianos e muçulmanos. A diplomacia franca, profundamente influenciada pelo papado, pressionou os seus vizinhos do sul a adoptarem o rito romano.[63] Por fim, o Papa João X enviou um legado à Hispânia para examinar o rito moçárabe em 924 d.C. Depois de ouvir relatos positivos, o Papa João aprovou o rito com pequenas modificações.[64]

No entanto, esta diversidade não foi duradoura. Até então, como vimos, a uniformidade litúrgica não era imposta pelos papas — que toleravam a variedade de práticas — mas pelos reis, que procuravam reforçar o Catolicismo dentro das suas fronteiras, celebrando-o da mesma forma que os bispos de Roma. Os papas tinham normalmente muito cuidado para não insultarem outras práticas litúrgicas, uma vez que, ao fazê-lo, ofenderiam sensibilidades conservadoras e perturbariam equilíbrios políticos delicados.[65] Além disso, os papas tinham receio de introduzir reformas litúrgicas, uma vez que a liturgia era vista como

---

[61] Jenner. "Mozarabic Rite."
[62] Jenner. "Mozarabic Rite."
[63] Vones. "The Substitution of the Hispanic Rite," 43.
[64] Jenner. "Mozarabic Rite."
[65] Cowdrey. "Pope Gregory VII and the liturgy," 58.

Capítulo 7: "Aquilo que para as gerações anteriores era sagrado..."   159

divinamente recebida e imutável.⁶⁶ No entanto, os pontífices teriam de equilibrar estas considerações com a defesa da sua autoridade e prerrogativas no seu próprio patriarcado.

A primeira tentativa de suprimir o rito moçárabe e substituí-lo pelo rito romano ocorreu em 1064, com o Papa Alexandre II. Para o efeito, enviou aos reinos hispânicos um cardeal chamado Hugo Cândido. O cardeal encontrou uma resistência incrível, não só da parte dos nobres, mas também dos bispos locais. Uma delegação de bispos hispânicos deslocou-se a Roma para se encontrar com o Papa, a fim de que o seu rito tradicional fosse respeitado. Recordaram ao pontífice que este rito tinha sido aprovado pelo seu antecessor João X, um século antes.⁶⁷ Realizou-se um sínodo local em Mântua, na presença do Papa, e o rito moçárabe foi declarado não só livre de heresia, mas também digno de louvor.⁶⁸

No entanto, a campanha pela centralização litúrgica estava longe de terminar. Pelo contrário, atingiu o seu auge no pontificado seguinte, durante o reinado de outro Gregório: o Papa S. Gregório VII, cujas reformas anticorrupção já discutimos no capítulo 2 deste livro. Embora Gregório tenha sido muito cuidadoso ao permitir diversidade litúrgica na própria cidade de Roma, não estava disposto a fazer o mesmo em relação ao rito moçárabe. A igreja hispânica tinha sido fundada por bispos enviados por S. Pedro e S. Paulo. Por conseguinte, a região estava sob a alçada do patriarcado romano.⁶⁹ Para o pontífice, as heresias arianas e as invasões muçulmanas tinham minado a lealdade devida a Roma e substituído a observância romana por um rito que ele considerava nada menos do que supersticioso.⁷⁰ Assim, Gregório VII iniciou uma campanha total de abolição do rito moçárabe.

Apenas oito dias depois de ter sido eleito (de facto, mesmo antes da sua coroação papal), Gregório VII enviou cartas em que reintegrava Hugo Cândido como seu legado e reivindicava a sua jurisdição sobre a Hispânia.

---

⁶⁶ Cowdrey. "Pope Gregory VII and the liturgy," 55-56.
⁶⁷ Vones. "The Substitution of the Hispanic Rite," 45-46.
⁶⁸ Jenner. "Mozarabic Rite."
⁶⁹ Cowdrey. "Pope Gregory VII and the liturgy," 78. Ver também Vones. "The Substitution of the Hispanic Rite," 46.
⁷⁰ Cowdrey. "Pope Gregory VII and the liturgy," 78.

Promoveu também a ordem de Cluny, que tinha vindo a fazer incursões na Hispânia e que estava estreitamente ligada ao partido papal. Nos anos seguintes, Gregório forçaria a efetiva adoção do rito romano nos reinos de Aragão e Navarra, através da ação dos seus legados e de várias nomeações episcopais na região, expurgando aqueles que considerava adversários.[71]

Mas talvez o exemplo mais claro do zelo litúrgico de Gregório tenha sido o caso de Leão-Castela. O pontífice encontrou um aliado no Rei Afonso VI, que introduziu o rito romano nos seus domínios em 1077. No entanto, também encontrou grande resistência, nomeadamente nas paróquias. No Domingo de Ramos desse mesmo ano, os fiéis organizaram um ato de desafio, exigindo que Deus fosse o juiz direto entre as duas liturgias. Organizaram um duelo entre dois cavaleiros, um representando a liturgica romana e o outro a hispânica. Também organizaram uma luta entre dois touros, um chamado "Roma" e o outro "Toledo". Em ambos os casos, o rito moçárabe venceu o "juízo de Deus".[72]

O Rei D. Afonso, porém, recusou-se a aceitar os resultados destas provas. Apelou a Roma e, em resposta, o Papa enviou um mensageiro com uma chave de ouro com uma relíquia da corrente de S. Pedro, como sinal de boa fé. Lentamente, por influência do seu enviado e da ordem de Cluny, o rito romano começou a infiltrar-se nas paróquias e mosteiros castelhanos. Em 1080, foi convocado um conselho local em Burgos para resolver a questão. O sínodo declarou obrigatório o uso do rito romano.[73]

No entanto, a vitória de Gregório ainda não estava assegurada. No mesmo ano, um monge cluniacense chamado Roberto foi nomeado abade de Sahagún. Esta nomeação deveu-se à influência do Rei Afonso, sem qualquer eleição canónica. Embora o seu objetivo fosse a implantação do rito romano no mosteiro, o abade Roberto deixou-se influenciar pelos conservadores do convento e acabou por se aliar ao rito moçárabe. O escândalo era evidente. O Papa Gregório ficou furioso. Enviou uma carta a qualificar o abade Roberto como um imitador de Simão, o Mago[74] —

---

[71] Vones. "The Substitution of the Hispanic Rite,"46-47.

[72] Vones. "The Substitution of the Hispanic Rite,"48-49. Ver também Jenner. "Mozarabic Rite."

[73] Vones. "The Substitution of the Hispanic Rite," 49. Ver também Jenner. "Mozarabic Rite."

[74] Em referência ao personagem bíblico que se opõe aos apóstolos em At 8,9-24.

Capítulo 7: "Aquilo que para as gerações anteriores era sagrado..." 161

uma vez que este tinha levado milhares de pessoas a cair no erro antigo, desfazendo todo o bom trabalho do pontífice — e destituiu-o das suas funções. Gregório ameaçou ainda excomungar o Rei Afonso pelo seu apoio a Roberto e avisou que, se os castelhanos continuassem a desobedecer à sua vontade manifesta, ele próprio se deslocaria à Hispânia para tratar pessoalmente da situação.[75] Mas, em breve, coroa e tiara reconciliar-se-iam na prossecução dos seus objetivos comuns.

Em 1085, o Rei Afonso reconquistou Toledo, o grande centro do rito moçárabe, aos muçulmanos. Mais uma vez, os fiéis resistiram à imposição do rito romano e organizaram uma nova prova. Atiraram ao fogo dois missais, um romano e um toledano. Mais uma vez, o livro romano foi consumido pelas chamas, ao passo que o toledano não foi. Este facto pode ser atribuído ao velo mais espesso do livro toledano, mas a vitória continuava a pertencer aos moçárabes. Enfurecido, D. Afonso lançou o missal toledano ao fogo uma vez mais.[76]

No entanto, o simbolismo da provação era demasiado forte e a resistência demasiado grande para ser desafiada. Além disso, o Papa Gregório tinha entretanto falecido e já não podia apoiar Afonso na sua reforma litúrgica. O monarca procurou um compromisso. O rito romano seria celebrado em todo o lado, exceto em seis igrejas, onde o rito moçárabe poderia continuar, tanto para os fiéis da época como para os seus descendentes.[77]

No entanto, a desaprovação de Afonso e Gregório eventualmente afetou o rito moçárabe. O rito romano difundiu-se de tal forma que, pouco a pouco, foi introduzido mesmo nas igrejas moçárabes. Houve algumas tentativas pontuais de reavivar o rito no século XV,[78] mas já era demasiado tarde. Atualmente, a liturgia moçárabe é celebrada diariamente apenas em Toledo e, em certos dias, em algumas capelas de Salamanca e Madrid.

---

[75] Vones. "The Substitution of the Hispanic Rite," 49-50.
[76] Vones. "The Substitution of the Hispanic Rite," 48-49. Ver também Jenner. "Mozarabic Rite."
[77] Jenner. "Mozarabic Rite."
[78] Jenner. "Mozarabic Rite."

Mais tarde, o Papa S. Pio V — o pontífice que promulgou o missal romano que os tradicionalistas atualmente veneram— chamou aos Papas Gelásio e Gregório I "os principais criadores do breviário romano", e a Gregório VII o seu "restaurador".[79] Destes três papas, um misturou a pureza do rito romano com o agora extinto rito galicano; outro empreendeu várias alterações e adições ao sacramentário; e o último impôs o seu rito a uma população resistente, que se agarrava à liturgia dos seus antepassados, uma missa revista por santos e previamente aceite por papas e concílios.

Polémica Boémia: é este o verdadeiro sangue ou é fantasia?

Durante a Última Ceia, Jesus tomou o pão, abençoou-o, partiu-o e deu-o aos Seus discípulos, dizendo: "Tomai. Isto é o meu corpo". Depois, pegou num cálice, deu graças e deu-lho, dizendo: "Isto é o meu sangue da nova e eterna aliança, que será derramado por muitos".[80] A partir daí, a Eucaristia tornou-se "a fonte e o cume da vida cristã".[81] Mas o modo como a Eucaristia foi distribuída mudou ao longo dos séculos.

Nos primeiros doze séculos da história cristã, a comunhão era normalmente dada e tomada *sub utraque specie*. Trata-se de um termo em latim que significa "sob as duas espécies", isto é, tanto o pão como o vinho.[82] No entanto, a partir do século XIII, a comunhão sob as duas espécies caiu gradualmente em desuso, pelo menos no Ocidente. Em vez do costume antigo, a comunhão passou a ser administrada aos leigos apenas numa espécie (*sub una specie*): o pão. Quanto ao cálice com o vinho, passou a ser reservado ao clero.[83]

Não sabemos exatamente quando a nova disciplina se generalizou. Nem podemos atribuí-la a um único fator. No entanto, é interessante notar que há uma certa coincidência temporal entre o abandono do cálice partilhado[84] e o auge da peste bubónica na Europa, que matou cerca de

---

[79] Cowdrey. "Pope Gregory VII and the liturgy,"82.
[80] Mc 14,22-24.
[81] CIC 1324.
[82] Toner. "Communion under Both Kinds."
[83] Sparks. "*Sub Utraque Specie*", 2.
[84] Ver Lee. "Coronavirus and Communion": "embora a partilha do cálice da comunhão nos serviços religiosos tenha sido uma prática comum entre muitas

Capítulo 7: "Aquilo que para as gerações anteriores era sagrado..." 163

cinquenta milhões de pessoas (60% da população total do continente) entre 1346 e 1353.[85] A *Enciclopédia Católica* menciona a "objeção não despropositada por motivos higiénicos"[86] como uma das várias razões para permitir aos leigos a comunhão sob apenas uma espécie.

Existem, no entanto, outras razões que precedem a peste. Durante toda a Idade Média, a sacralidade da Eucaristia tornou os leigos cada vez mais hesitantes em consumi-la. Esta reverência acrescida, juntamente com um aumento da popularidade da adoração eucarística, levou a uma mudança da devoção "para longe do cálice e na direção da custódia".[87] A *Enciclopédia Católica* também menciona o perigo de derramar o vinho eucarístico, o inconveniente e a demora em administrar o cálice a grandes multidões, e a possível promiscuidade em beber de um cálice partilhado.[88]

Para fundamentar a nova prática, os teólogos medievais formularam a doutrina da *concomitância*. Segundo esta doutrina, Cristo é indivisível, pelo que não é possível separar o Seu Corpo do Seu Sangue. Por isso, Cristo está totalmente presente em *ambas as* espécies eucarísticas.[89] O pão não contém apenas o Corpo, mas a totalidade de Cristo, incluindo o Seu Sangue.[90]

Aconteceu assim que, como tão bem diz Mark Wedig, Professor de Teologia Litúrgica na Universidade de Barry, a Igreja da Alta Idade Média tinha "desenvolvido uma completa amnésia relativamente ao cálice".[91] Mas as memórias esquecidas não tardariam a ser recuperadas...

Em 1412, um certo padre da Boémia (atual Chéquia), chamado João Huss, estava em apuros com as autoridades. Anteriormente, tinha sido reitor da Universidade de Praga e pregador na Capela de Belém na mesma

---

comunidades cristãs durante muito tempo, para nós, católicos, essa prática tinha sido proibida desde o século XIV devido à peste bubónica — a Peste Negra — que atingiu o auge na Europa de 1347-51".

[85] Benedictow. "The Black Death."
[86] Toner. "Communion under Both Kinds."
[87] Wedig. "Reception of the Eucharist."
[88] Toner. "Communion under Both Kinds."
[89] Hardon. *Catholic Dictionary*, 102.
[90] Sparks. "*Sub Utraque Specie*", 8.
[91] Wedig. "Reception of the Eucharist."

cidade. Mas tinha sido excomungado e exilado por apoiar pontos de vista extremistas sobre propriedades clericais e por incitar a universidade e a população contra o Papa.[92] Foi por volta deste ano que começou a desenvolver as suas ideias sobre um regresso à antiga e venerável prática da comunhão *sub utraque*.[93] Estas ideias acabariam, portanto, por ficar conhecidas como Utraquismo.

O raciocínio de Huss era simples. Jesus tinha dito: "Em verdade, em verdade vos digo: se não comerdes a carne do Filho do Homem, *e não beberdes o seu sangue, não tereis a vida em vós*".[94] Receber a hóstia seria "comer" o Sangue de Cristo, não "bebê-lo".[95] Portanto, a comunhão sob uma espécie era uma violação de um preceito divino vindo do próprio Jesus, um preceito que não poderia, portanto, ser abrogado por um costume posterior.[96] No entanto, Huss ainda acreditava nas doutrinas ortodoxas da transubstanciação (ver capítulo 3) e da concomitância. Para Huss, era uma questão de os dois elementos serem "melhores" do que apenas um, pois ambos ajudariam mais eficazmente na comunhão.[97]

Mas o maior expoente do Utraquismo seria o principal apoiante de Huss (e eventual sucessor como líder do movimento hussita) Jacob de Mies. Cerca de um ano depois de Huss ter começado a defender a comunhão sob as duas espécies, Jacob começou a apoiar publicamente a receção leiga do cálice, uma vez que as ações de Jesus na Última Ceia tinham aplicação direta, duradoura e universal.[98] Jacob ensinava que "deve acreditar-se que, de acordo com o preceito do Evangelho, a comunidade fiel do povo deve espiritual e sacramentalmente receber o corpo de Cristo sob a forma de pão e o Seu sangue sob a forma de vinho".[99] Jacob também negava a transubstanciação e, obviamente, a concomitância. Finalmente, Jacob quebrou o protocolo académico ao levar as suas disputas da sala de

---

[92] Wilhelm. "Jan Hus." Ver também Spinka. "Jan Hus."
[93] Sparks. "*Sub Utraque Specie*", 2.
[94] Jo 6,54.
[95] Hughes. "Utraquism."
[96] Levy. "Interpreting the Intention of Christ," 174.
[97] Sparks. "*Sub Utraque Specie*", 4.
[98] Levy. "Interpreting the Intention of Christ," 174.
[99] Sparks. "*Sub Utraque Specie*", 4.

aula para as ruas. A partir dessa altura, já não se tratava apenas de um erro doutrinal — estava em causa a própria unidade da sociedade e da Igreja.[100]

Em 1414, foi convocado um novo concílio ecuménico. O seu principal objetivo não era a controvérsia da Boémia, mas sim pôr fim a um dos capítulos mais confusos da história da Igreja: o Grande Cisma do Ocidente. Durante este período, havia nada menos do que três candidatos ao título de sucessor de Pedro. Foi realizado um concílio na cidade de Constança (atual Alemanha), onde os três pontífices renunciaram ou foram depostos, tendo sido eleito um novo papa único.

No entanto, o Concílio de Constança decidiu não só pôr fim ao cisma, mas também investigar os ensinamentos hussitas. Vários especialistas em teologia foram convocados a Constança para refutar a doutrina utraquista de Huss e Jacob. A leitura dos seus argumentos tem uma semelhança impressionante, até mesmo inquietante, com o que estamos a assistir hoje.

Um desses peritos foi Peter Pulka, um mestre da Universidade de Viena a quem foi pedido que analisasse o debate entre Jacob e um dos seus anteriores opositores, André de Brod, outro mestre de Praga (tal como Huss). André tinha argumentado com base no desenvolvimento doutrinal: Deus não muda mas, como legislador supremo, dá leis que se adaptam às necessidades dos tempos. Por conseguinte, *uma fé imutável pode ser expressa através de diferentes conjuntos de leis* (ver capítulo 1). A Igreja pode mudar algumas tradições e práticas cerimoniais e estas decisões — não apenas a palavra bíblica de Jesus – também eram preceitos divinos.[101] *Se a salvação depende da obediência a Deus, então devemos também obedecer aos prelados que Deus constituiu.*[102] Quanto ao próprio Pedro Pulka, ele reconheceu que a Igreja não podia alterar a substância do sacramento da Eucaristia, mas que podia, de facto, mudar os usos acidentais, isto é, não essenciais a essa substância imutável. Tudo se resumia à autoridade eclesiástica para abandonar antigas tradições e instituir novas.[103]

---

[100] Levy. "Interpreting the Intention of Christ," 177.
[101] Levy. "Interpreting the Intention of Christ," 178.
[102] Levy. "Interpreting the Intention of Christ," 176.
[103] Levy. "Interpreting the Intention of Christ," 179.

Outro especialista convocado a Constança foi Nicolau de Dinkelsbuhl, também da Universidade de Viena. Nicolau contestou o argumento de Jacob de que a comunhão em ambas as espécies procede do Evangelho e é, portanto, uma lei divina e imutável. Para Nicolau, a comunhão sob uma espécie era um "costume que foi aprovado durante muito tempo e por todos pelo reino da Boémia". Por conseguinte, esta prática tinha "obtido a força da lei através da aceitação pública de longa data, que não pode agora ser derrubada por uma pessoa privada apenas por seu próprio capricho".[104]

É preciso ter em conta que a comunhão sob uma só espécie, embora não fosse habitual, já era possível antes do século XII, a saber: 1) quando o pão eucarístico era levado às casas dos fiéis para a comunhão doméstica privada; 2) quando administrado aos doentes; 3) quando administrado às crianças (só com vinho ou só com pão); e 4) na Missa dos Pré-Santificados.[105] Nunca antes se tinha dito que a Igreja estava a violar um preceito divino ao fazê-lo.

Assim, Nicolau supôs que Huss e Jacob estavam a interpretar a Bíblia de uma forma rigorista (*ad rigorem verborum*) e não estavam a tentar captar o significado autêntico do texto olhando para a intenção do escritor.[106] Nicolau fez uma distinção entre dois tipos de comer e beber: sacramental e espiritual. O sentido espiritual tinha sido explicado pelos teólogos medievais e, para Nicolau, era o sentido em que devíamos interpretar "comer e beber" em Jo 6,53.[107] Assim, a exegese da Escritura devia ser dinâmica. O desenvolvimento da prática e da doutrina era um processo dirigido pelo Espírito Santo. Afinal de contas, o Espírito Santo não só tinha sido o autor da Escritura, mas também guiara a Igreja durante mudanças razoáveis em assuntos que são extrínsecos e acidentais ao sacramento.[108]

O Concílio deliberou. É claro que os Padres Conciliares não podiam negar que a comunhão sob as duas espécies tinha sido praticada pela Igreja primitiva ou mesmo pelo próprio Jesus Cristo. A linhagem tradicional e ortodoxa da *sub utraque* tornou impossível ao Concílio considerá-la herética.[109] Em vez disso, o Concílio decretou:

---

[104] Levy. "Interpreting the Intention of Christ," 181.
[105] Toner. "Communion under Both Kinds."
[106] Levy. "Interpreting the Intention of Christ," 181.
[107] Levy. "Interpreting the Intention of Christ," 182.
[108] Levy. "Interpreting the Intention of Christ," 181.
[109] Levy. "Interpreting the Intention of Christ," 173.

Capítulo 7: "Aquilo que para as gerações anteriores era sagrado..."

> Pois deve ser muito firmemente acreditado, e de forma alguma duvidado, que todo o corpo e sangue de Cristo estão verdadeiramente contidos tanto na forma de pão quanto na forma de vinho. Portanto, uma vez que este costume foi introduzido por *boas razões* pela igreja e pelos santos padres, e tem sido observado por muito tempo, *deve ser considerado como uma lei que ninguém pode repudiar ou alterar à vontade sem a permissão da igreja. Dizer que a observância deste costume ou lei é sacrílega ou ilícita deve ser considerado erróneo.* Aqueles que teimam em afirmar o contrário do que foi dito acima devem ser considerados como heréticos.[110]

Por outras palavras, embora a comunhão *sub utraque* não tenha sido considerada herética, o Utraquismo — a crença de que *só* a comunhão *sub utraque* é legítima — foi de facto julgado como tal. Não se tratava de condenar o costume antigo, mas de condenar aqueles que diziam que só a prática anterior era válida. O novo costume tinha sido introduzido por *boas razões*. Que boas razões? Embora a *Enciclopédia Católica* esclareça essas razões (ver acima), o próprio Concílio não o faz.[111] O que importava era que não se podia dizer que a retirada do cálice era ímpia. Isso seria pôr em causa a autoridade do Concílio.

Terá sido um exagero? Terá Constança excedido a sua autoridade? Neste ponto, gostaria de citar o Dr. Ian Levy, Professor de Teologia Histórica na Universidade de Marquette:

> A grande questão a ser resolvida, porém, era se o concílio havia realmente excedido sua autoridade ao tentar derrogar a lei divina. Na sua tentativa de elevar o costume a um princípio de lei, estaria a anular um preceito direto de Jesus Cristo?... A questão

---

[110] Constance. "Sessão 13".

[111] Levy. "Interpreting the Intention of Christ," 173. Ver também Jong, "On receiving communion in one kind": "Constança não diz quais eram essas 'boas razões'. A afirmação parece ter sido sobretudo uma reação contra os reformadores boémios que defendiam a comunhão leiga em ambas as espécies... Com todo o respeito devido àqueles em Constança, isto é bastante ridículo".

fundamental era o desenvolvimento da doutrina; *não se a doutrina se desenvolve, mas os meios para determinar o desenvolvimento legítimo.* Os utraquistas não estavam primariamente a tentar provar que a igreja primitiva tinha comunicado aos leigos sob ambas as espécies; toda a gente já sabia isso. Pelo contrário, defendiam que a receção do cálice pelos leigos continuava a ser uma parte integrante do sacramento que não podia ser legalmente alterada. Foi essa afirmação que forçou os romanistas a fornecerem uma garantia para a retirada do cálice com base na análise de um conjunto de textos autoritativos mutuamente reconhecidos: A Sagrada Escritura, os Padres da Igreja e o Direito Canónico. *Estava criado o cenário para uma batalha sobre o acesso e, em última análise, o controlo de uma tradição partilhada.*

Quando a tradição é partilhada e as fontes autoritativas são aceites por ambas as partes, o debate reduz-se rapidamente a questões de competência metodológica. *Quem possui as capacidades hermenêuticas necessárias* para a descoberta, e subsequente aplicação, dos significados pretendidos que se encontram nestes textos sagrados? *Quem, além disso, pode legitimamente afirmar ser guiado pelo Espírito que fala através da tradição e por meio dela?...*

No entanto, como veremos, as tentativas romanas de enquadrar os textos centrais nesta tradição, de demonstrar uma conformidade perfeita, podiam resultar em leituras excessivas, uma vez que os textos eram forçados a abordar um conjunto específico de preocupações que só recentemente tinham surgido. De facto, *foi a ambiguidade inerente a tantos textos autoritativos, invocados por ambos os lados, que tornou o debate praticamente intratável.*[112]

Obviamente, isto significava que o debate estava longe de estar terminado. Embora alguns, como o teólogo parisiense Jean Gerson, invocassem o precedente do Concílio de Jerusalém (ver capítulo 5) para justificar os juízos infalíveis de Constança,[113] os hussitas recusaram-se a aceitar a

---

[112] Levy. "Interpreting the Intention of Christ," 175-176.
[113] Levy. "Interpreting the Intention of Christ," 185.

Capítulo 7: "Aquilo que para as gerações anteriores era sagrado..."   169

decisão do Concílio. Os hussitas romperam com Roma, começaram a usar a liturgia checa e administraram a comunhão *sub utraque* aos leigos.[114]

Na Boémia, eclodiram várias guerras entre os hussitas e os apoiantes do Papa. As negociações de paz só começaram em 1431, quando um novo concílio ecuménico em Basileia aceitou ouvir uma delegação hussita. Mais uma vez, o Concílio convocou teólogos ortodoxos para debater com o partido hussita.

Um deles foi João de Ragusa, um dominicano, que também citava as Escrituras para afirmar que o Espírito Santo ensinaria à Igreja toda a verdade[115] nos assuntos necessários para a salvação. Os hussitas responderiam que esta promessa se aplicava apenas à Igreja primitiva, que era a que seguia o preceito de Cristo. Mas agora que a Igreja tinha caído, eram eles, os hussitas, que defendiam o modelo perfeito da Igreja primitiva. João respondeu que não havia duas Igrejas, mas apenas uma. A promessa de Cristo não se aplicava exclusivamente à Igreja primitiva, mas à Igreja de sempre. Se a Igreja do século XV pudesse errar, então a promessa de Cristo era falsa e não haveria garantia de que a Igreja não tivesse errado antes, mesmo nos tempos primitivos. O caso de João, portanto, era uma argumentação pela *continuidade*.[116]

Outro teólogo designado para a mesa de negociações foi Nicolau de Cusa. Ele rejeitou a alegação hussita de que estavam a obedecer a Cristo ao desobedecerem à Igreja. Para Nicolau, era presunçoso que os indivíduos julgassem que a sua própria compreensão dos mandamentos divinos era mais conforme a Deus do que a da Igreja, nomeadamente a Sé de Pedro. Além disso, no que diz respeito às Escrituras, Nicolau argumentava que elas estavam adaptadas aos tempos e eram entendidas de várias maneiras, e que a Igreja não pode ficar presa à letra das Escrituras, mas devia seguir o seu espírito.[117]

O Concílio de Basileia não podia contradizer os decretos infalíveis de Constança, por isso procurou um compromisso, indo até onde podia ir —

---

[114] Os Editores da *Encyclopaedia Britannica*. "Hussite."
[115] Jo 16,12
[116] Levy. "Interpreting the Intention of Christ," 187.
[117] Levy. "Interpreting the Intention of Christ," 189-190.

concedendo aos hussitas a possibilidade da comunhão sob as duas espécies, desde que reconhecessem a doutrina da concomitância.[118] Assim, podiam praticar o que quisessem, desde que se submetessem às doutrinas promulgadas pela Igreja.

Os hussitas estavam divididos quanto a aceitar ou não as concessões de Basileia. O partido moderado — chamado precisamente utraquista — queria aceitar estas concessões, mas um partido mais radical — chamado taborita — não as aceitava. Católicos e utraquistas aliaram-se contra os taboritas e derrotaram-nos em batalha.[119]

Mais tarde, em 1462, o Papa Pio II revogou as concessões de Basileia.[120] No entanto, a Reforma Protestante já estava à porta. Muitos protestantes simpatizavam com a situação dos utraquistas. Foi convocado um novo concílio, desta vez em Trento. Aqui, os Padres Conciliares reconheceram que a Igreja primitiva praticara a comunhão *sub utraque*, mas também que a Igreja tinha alterado esta prática de forma autoritativa. Além disso, Trento afirmou os dogmas da transubstanciação e da concomitância, e condenou a *necessidade* do Utraquismo, ou seja, a afirmação de que era *necessário* para a salvação comungar em ambos os tipos. A comunhão *sub utraque* podia, em teoria, ser praticada, mas sempre com autorização do papa.[121]

Nos dois séculos seguintes, os papas concederam e revogaram a prática da comunhão *sub utraque* em diferentes lugares[122] mas, no final, a Contra-Reforma triunfou na Boémia. Na década de 1620, os utraquistas tinham sido absorvidos pela Igreja Católica.[123] Mais uma controvérsia litúrgica tinha terminado a favor do novo costume.

---

[118] Toner. "Communion under Both Kinds."
[119] Editores da *Encyclopaedia Britannica*. "Hussite."
[120] Toner. "Communion under Both Kinds."
[121] Sparks. "*Sub Utraque Specie*", 6, 10.
[122] Toner. "Communion under Both Kinds."
[123] Editores da *Encyclopaedia Britannica*. "Hussite."

Capítulo 8

"Se alguém vos anunciar outro evangelho..."

É-nos pedida uma reforma, que — neste caso — não consiste em palavras, mas em atitudes que tenham a coragem de entrar em crise, de aceitar a realidade, qualquer que seja a consequência. E cada reforma começa por nós mesmos. A reforma na Igreja foi feita por homens e mulheres que não tiveram medo de entrar em crise e se deixaram reformar pelo Senhor. É o único caminho, caso contrário não seríamos mais do que "ideólogos de reformas" que não põem em questão a própria carne. O Senhor nunca aceitou fazer "a reforma" (que me seja permitida a expressão), nem com o projeto fariseu, nem com o saduceu, zelota ou essénio.

— Francisco, Carta ao Cardeal Reinhard Marx

Em 4 de fevereiro de 2019, durante a sua viagem oficial aos Emirados Árabes Unidos, o Papa Francisco assinou uma declaração conjunta com o Grande Imã de Al Azhar, Ahmed Al-Tayeb, uma das maiores autoridades do mundo muçulmano sunita. Nesta declaração, os dois líderes religiosos lançaram as bases para uma nova etapa de cooperação entre o Islão e o Catolicismo para um futuro mais fraterno e pacífico.[1] Esta declaração, no entanto, causou grande agitação por causa deste trecho isolado:

> *O pluralismo e as diversidades de religião*, de cor, de sexo, de raça e de língua *fazem parte daquele sábio desígnio divino* com que Deus criou os seres humanos.[2]

Mais uma vez, as redes sociais católicas explodiram com gritos de heterodoxia. Muitos acreditavam que esta declaração afirmava que Deus desejava outras religiões ("falsas religiões") para além da fé católica. Thomas Lawson viu muitos comentadores partilharem muitas teorias da conspiração sobre o facto de o Papa ser um maçom empenhado em criar uma única religião mundial sincrética.[3] Outros chamaram-no de anticristo. Um benevacantista estava a argumentar que Jorge Bergoglio tinha

---

[1] Francisco, "Documento sobre a Fraternidade Humana".
[2] Francisco, "Documento sobre a Fraternidade Humana".
[3] Por exemplo, ver os comentários no artigo da Gloria.tv, "Viganò: Not Even The Most Optimistic Freemason Would Have Dreamed Francis' Papacy."

apostatado pública e manifestamente da fé católica.[4] Um sedevacantista interveio dizendo que a apostasia tinha ocorrido muitas décadas antes, pois o problema estava nos ensinamentos do Concílio Vaticano II sobre o ecumenismo e a liberdade religiosa.[5] Seguiu-se uma discussão sobre a data exata da apostasia, sem que as partes em conflito chegassem a acordo.

Thomas Lawson não gostava de retórica apocalíptica. Fazia-lhe lembrar os folhetos de Jack Chick que costumava ler nos seus anos de evangélico. Mas não conseguia entender a declaração. O que é que o Papa Francisco estava a pensar? Teria ele acabado de anular 1960 anos de sólido precedente católico, para simplesmente alinhar com uma afirmação modernista como "todas as religiões são iguais"?

Perguntou ao seu bom amigo Justin o que pensava de tudo isto. No dia seguinte, Justin enviou-lhe um link para a conferência de imprensa realizada a bordo do avião durante o regresso da visita histórica do Papa. Nessa conferência, Francisco esclareceu que o documento "não se afasta nem um milímetro do Vaticano II".[6] Embora o pontífice reconhecesse que havia um desenvolvimento ("[é um] passo em frente que vem depois de cinquenta anos do Concílio, que deve ser desenvolvido"), ele garantiu que esse desenvolvimento estava em continuidade com os ensinamentos anteriores.

Era esse o problema — explicou Tom — Esta ideia indiferentista em relação à fé católica era fruto do concílio. O Concílio Vaticano II tinha revolucionado a doutrina católica sobre o ecumenismo e a liberdade religiosa, contradizendo todos os concílios e papas anteriores. Como conciliar as declarações de Gregório XVI (ver capítulo 9) em *Mirari Vos*[7] com a declaração *Dignitatis Humanae* do Vaticano II?[8] Como pode o erro

---

[4] Cf. Gracida. "What next?"

[5] Cf. Derksen. "Apostasy in Abu Dhabi: Francis says God wills Diversity of Religions."

[6] Catholic News Agency, "Full Text of Pope Francis' in-Flight Press Conference from Abu Dhabi."

[7] Gregório XVI. *Mirari Vos*, 14.

[8] Ver Vaticano II. *Dignitatis Humanae*, 2. Para um artigo que reconcilia os pronunciamentos pré-conciliares sobre este tópico e os ensinamentos do Vaticano II, ver Harrison. "Vatican II's Declarations on Religious Freedom." Para uma contextualização que explica as diferenças entre as visões pré e pós-conciliares com base na forma como abordam diferentes contextos sócio-políticos, ver Gurian. "Lamennais," 226-227.

Capítulo 8: "Se alguém vos anunciar outro evangelho..."

condenado pelo *Syllabus* de Pio IX[9] ser compatível com a declaração de Abu Dabi de Francisco? Era impossível!

Mas enquanto Tom simplesmente rejeitava esta continuidade como sendo evidentemente inviável, Justin enviou-lhe recursos adicionais. Alguns apologistas já estavam a tentar encontrar uma lente interpretativa através da qual se pudesse ler esta declaração em continuidade com a doutrina católica.[10] Uma das justificações que acabou por ganhar mais força veio do teólogo Chad Pecknold, que fez uma distinção entre a vontade ativa de Deus e a Sua vontade permissiva.[11] Deus quis ativamente o Catolicismo, mas apenas tolerou (devido à liberdade humana) a existência de outras religiões. Como tudo o que acontece é fruto da vontade de Deus, chamamos a esta tolerância "vontade permissiva de Deus".

Esta interpretação viria a ser confirmada mais tarde. Durante uma visita *ad limina* ao Vaticano, o Bispo Athanasius Schneider pediu a Francisco que esclarecesse o significado desta passagem polémica. Schneider transmitiu depois esta informação ao LifeSiteNews, um meio de comunicação social muito crítico em relação ao Papa. Segundo ele, o Papa declarou explicitamente que podia partilhar o conteúdo da sua troca de ideias neste ponto: "Pode dizer-se que a frase em questão sobre a diversidade das religiões significa a vontade permissiva de Deus".[12] Mais tarde, numa das suas audiências gerais, o Papa Francisco esclareceu ainda mais: "Por que Deus permite muitas religiões? Deus quis permitir isso: os teólogos escolásticos costumavam referir-se à *voluntas permissiva* de Deus" (ou seja, vontade permissiva).[13]

Tom agradeceu a Justin pelo facto de o ter mantido informado durante toda a controvérsia, mas ainda não estava satisfeito. Parecia-lhe que Justin estava a contextualizar demasiado algo que era bastante simples. Os fiéis

---

[9] Ver Pio IX. *Syllabus de Erros*, 15.

[10] A minha própria tentativa foi publicada no Where Peter Is: "Pluralism and the will of God ... is there another way to look at it?"

[11] Farrow, "Pope Francis Signs Peace Declaration on 'Human Fraternity' with Grand Imam."

[12] Montagna, "Exclusive: Bishop Schneider Wins Clarification on 'Diversity of Religions' from Pope Francis."

[13] Francisco, "Audiência Geral de 3 de abril de 2019".

nos bancos da igreja não deviam precisar de um diploma em teologia para poderem conciliar estas contradições óbvias. Pelo contrário, a tradição era simples e clara, ao contrário da confusão papal e conciliar. Os fiéis deveriam apenas estudar o que a Igreja ensinou durante séculos e depois decidir por si próprios se o "magistério do momento" era compatível com isso. Se não, podiam — ou deviam — descartar o ensinamento atual, porque a fidelidade a uma verdade superior assim os obrigava.[14]

Justin respondeu que cada um interpretar a tradição por si próprio, mesmo contrariando o magistério, abriria a porta ao subjetivismo e ao relativismo. Se nenhuma interpretação era autoritativa, então quem podia dizer qual de duas interpretações contraditórias era a verdadeira? Mas Thomas rejeitou este argumento. Não havia necessidade de uma interpretação autoritativa quando a tradição era bastante clara.[15] O que poderia abrir a porta ao subjetivismo e ao relativismo seria permitir que o Papa contradissesse o significado claro da doutrina perene, como se tudo o que o Papa dissesse fosse automaticamente verdade.[16] O Papa não era

---

[14] Ver, por exemplo, Kwasniewski. "My Journey from Ultramontanism": "Por vezes, os católicos tradicionais são confrontados com a objeção: 'Teremos todos de ser teólogos e historiadores para manobrar na Igreja de hoje? Certamente, não era isso que Jesus tinha em mente. Ele queria uma fé e uma confiança simples'. Esta objeção é verdadeira por um lado e falsa por outro. *É verdadeira no sentido de que a fé católica é de facto acessível a todos e em todos os momentos: o que precisamos de saber e fazer para sermos salvos é misericordiosamente compacto.* Encontramo-lo nos Credos e nos Mandamentos ensinados pela Igreja em todos os seus velhos e fiáveis catecismos. Neste sentido, *quem conhece o seu catecismo sabe o que é a verdade e como chegar ao Céu*".

[15] Kwasniewski. "My Journey from Ultramontanism": "Ao opositor que diz: 'esta posição tradicionalista é subjectiva!', eu respondo: Não, não é. A Tradição Católica inclui leituras da Escritura consensualmente aceites pelos Padres e Doutores da Igreja, bem como inúmeras determinações magisteriais, tais como os dogmas e anátemas dos Concílios ecuménicos. Há numerosas indicações objetivas e que se reforçam mutuamente, e estas constituem verdadeiros limites ao que o atual Magistério (Papa/bispos) pode legitimamente ensinar, ou ao que um católico de hoje pode aceitar como racionalmente consistente".

[16] Kwasniewski. "My Journey from Ultramontanism": "Reconhecendo que o Catolicismo é inerentemente uma religião da Tradição, *Where Peter Is* contorna o embaraço da contradição patente entre o ensino magisterial anterior e a 'criatividade' de Francisco, argumentando que a Tradição significa de facto 'o que quer que o Papa diga'. A Tradição não é algo dado no passado ou cumulativo, mas algo constituído pelo aval do Papa aqui e agora. Por conseguinte, os católicos devem concordar com *Amoris Laetitia*, a abolição da pena de morte, a fraternidade

um oráculo, para que todas as suas declarações fossem consideradas infalíveis e divinamente inspiradas.

Durante este vai e vem, Tom tropeçou noutra entrevista do Bispo Schneider, também publicada em LifeSiteNews. Mesmo que a clarificação do Papa tivesse permitido uma leitura ortodoxa da declaração de Abu Dabi, tal já não era suficiente. Embora os meios de comunicação social católicos tivessem anteriormente elogiado esta elucidação como uma vitória, dizendo que Schneider tinha "ganho" uma clarificação, agora pediam mais. Monsenhor Schneider afirmava que, com explicação papal ou não, a Declaração sobre a Liberdade Religiosa continuava a ser "válida" e que, por isso: "está a ser proclamado um novo Evangelho, um Evangelho que não é aquele que foi ensinado pelo Verbo de Deus encarnado, que foi lealmente pregado pelos Apóstolos e transmitido à Igreja. Não há dúvida de que S. Paulo diria hoje, a propósito desta formulação controversa da declaração de Abu Dabi: '*Mas, ainda que nós ou um anjo do céu vos anuncie outro evangelho além do que vos temos anunciado, seja anátema*' (Gal 1,8-9)'".[17]

Ao ler esta citação paulina, Thomas sentiu um arrepio na espinha. Reconhecia esta citação. Tinha sido desenterrada de um passado que ele julgava há muito enterrado, dos seus anos de protestante. Nessa altura, Tom tinha usado essa citação para se opor ao papado e às suas "tradições humanas".[18] Vários apologistas católicos tinham-lhe dito que essa citação bíblica não podia ser interpretada de forma a atacar o papa ou a Igreja.[19]

---

humana entre uma pluralidade de religiões divinamente desejadas, e qualquer outro tipo de novidade 'proposta' pelo papa".

[17] Hickson. "Bp. Schneider: Pope Must Formally Correct Statement."

[18] Como exemplo deste tipo de retórica protestante, ver Adeyemi. "6 Reasons": "Estas passagens das Escrituras provam tão claramente que somos salvos pela fé, e não pelas obras, que nenhum homem honesto ou que pense corretamente pode negar este facto... Ao colocar o seu anátema sobre o Evangelho bíblico, Roma colocou-se sob o anátema de Deus Todo-Poderoso (Gal 1:8, 9). Que todos aqueles que afirmam esta doutrina sejam abençoados, mas que a maldição de Roma caia sobre a sua própria cabeça".

[19] Kovach. "An Interactive Detective Story": "O que Jesus diz? Lemos em Mt 16,18 que Jesus 'estabeleceu uma Igreja': 'Sobre esta pedra edificarei a minha igreja, e as portas do inferno não prevalecerão contra ela'. Isto diz-nos que Jesus nos prometeu 'uma Igreja duradoura'. Gal 1,8 dá-nos outra pista que devemos seguir:

Isso acontecera durante o pontificado de Bento XVI. Mas agora, muitos apologistas e comentadores católicos estavam a usar essa mesma citação para criticar Francisco![20] Tom ficou confuso. Será que esta citação bíblica não podia ter sido usada antes, mas podia ser usada agora com o mesmo objetivo?

"Tradições dos homens"

Quando Martinho Lutero, um frade agostiniano do Sacro Império Romano-Germânico (atual Alemanha), pregou as suas Noventa e Cinco Teses na porta da Catedral de Vitemberga em 1517,[21] não podia prever o impacto que as suas ações teriam no futuro do Cristianismo. O principal objetivo de Lutero era contestar a prática da venda de indulgências, uma fonte de corrupção eclesial do seu tempo. O que ele buscava era uma reforma, não uma Reforma.

Mas o movimento iniciado por Lutero rapidamente se descontrolou. Num debate em Lípsia, em 1519, os seguidores de Lutero passaram da discussão da questão das indulgências para a autoridade da Igreja como um todo. Para manter a coerência da sua posição, Lutero admitiu que acreditava que os concílios ecuménicos tinham errado no passado. O Papa Leão X jamais aceitaria isso. Logo no ano seguinte, promulgou a bula *Exsurge Domine*, condenando a teologia de Lutero como herética.[22]

'Mas, ainda que nós ou um anjo do céu vos anuncie um evangelho diferente daquele que vos anunciámos, seja anátema!' Vejamos como estes versículos nos ajudam na nossa caçada. Recorremos aos estudiosos da Bíblia, que nos dizem que a Epístola aos Gálatas foi escrita por volta de 48-55 d.C.. Quando Paulo a escreveu, a verdadeira Igreja de Jesus já existia. Paulo disse que qualquer nova igreja ou novo evangelho que viesse depois de Jesus era 'maldito'; seria um 'falso evangelho'. A história, então, pode ajudar-nos a encontrar a verdadeira Igreja, uma vez que uma igreja que não pode traçar as suas origens ou ensinamentos até ao tempo de Jesus, pela definição de Paulo, é 'amaldiçoada' como um falso evangelho".

[20] Por exemplo, numa entrevista ao National Catholic Register, o Cardeal Burke (ver capítulo 5) disse: "O que é vinculativo é a Tradição. A autoridade eclesial existe apenas ao serviço da Tradição. Penso naquela passagem de S. Paulo [na Epístola aos] Gálatas (1,8), que diz que se 'até um anjo vos pregar um Evangelho diferente daquele que vos pregámos, seja anátema'". (ver Pentin, "Cardinal Burke on *Amoris Laetitia Dubia*.")

[21] Mullin, *A Short World History of Christianity*, 122-123.

[22] Mullin, *A Short World History of Christianity*, 123.

Capítulo 8: "Se alguém vos anunciar outro evangelho..." 177

Lutero não desistiu. Continuou a escrever e a pregar. Em 1521, foi convocado perante a Dieta Imperial[23] na Vormácia para reconhecer e repudiar os seus livros. Lutero recusou, dizendo: "Não aceito a autoridade dos papas e dos concílios, pois eles contradizem-se uns aos outros".[24] Num relato famoso, mas apócrifo, ele declarou: "Aqui estou. Não posso fazer outra coisa. Deus me ajude. Amém".[25] Lutero fugiu e o Sacro Imperador Romano Carlos V redigiu um édito declarando-o fora da lei e proibindo todos os seus livros.

O Luteranismo, no entanto, continuou a espalhar-se por todo o império e mesmo para além dele, na Escandinávia. Em 1529, alguns príncipes e nobres imperiais de espírito reformista tomaram o partido de Lutero na Dieta de Espira e emitiram uma *Protestatio* (latim para "protesto"). Um ano depois, a teologia protestante foi resumida e consolidada na Confissão de Augsburgo.[26]

No entanto, a retórica *anti-establishment* de Lutero não podia deixar de sair pela culatra. Ao minar o conceito de autoridade dentro da Igreja, Lutero estava a serrar o ramo onde se sentava e a semear a fragmentação do seu próprio movimento. Em breve, os reformadores dividiram-se em dois grupos: os moderados (mais alinhados com Lutero) e os radicais.[27] Estes últimos reunir-se-iam na Suíça sob a liderança de Ulrico Zuínglio e, mais tarde, de João Calvino. Essa facção ficaria conhecida como os Calvinistas ou simplesmente como "os Reformados". Mas esta ala do movimento da Reforma depressa se ramificaria em posições mais extremas, chegando alguns a negar até os dogmas trinitários — Lutero chamaria a estes elementos marginais "Schwarmers" ("coisas rastejantes" em

---

[23] Assembleia legislativa dos representantes das unidades políticas que constituíam o Sacro Império Romano-Germânico.

[24] Mathison. "*Solo scriptura,*" 3. Ver também a posterior Confissão de Fé de Westminster: "Todos os sínodos ou concílios, desde os tempos dos Apóstolos, sejam gerais ou particulares, podem errar; e muitos têm errado. Portanto, eles não devem tornar-se a regra da fé ou prática; mas devem ser usados como uma ajuda para ambos" (Assembleia dos Teólogos de Westminster. *Confissão da Fé de Westminster*, Capítulo XXXI, Artigo IV).

[25] Hillerbrand. "Martin Luther."

[26] Mullin, *A Short World History of Christianity*, 127.

[27] Mullin, *A Short World History of Christianity*, 123.

alemão).²⁸ Para aumentar a confusão, o rei Henrique VIII autoproclamou-se líder da Igreja de Inglaterra em 1531, estabelecendo assim a Igreja Anglicana.

Para se opor ao caos doutrinal e eclesial que se instalara na Europa Central e do Norte, o Imperador Carlos pediu a convocação de um concílio ecuménico em território neutro. O Papa acabou por concordar, tendo sido escolhida a cidade de Trento, que na altura era simultaneamente italiana e imperial. O Concílio de Trento tratou tanto do lado doutrinal do problema como da reforma das práticas corruptas denunciadas por Lutero — algo que até o Papa admitiu ser verdade.²⁹ Depois do concílio, foram implementadas muitas medidas para contrariar a Reforma — medidas coletivamente conhecidas pelo sugestivo nome de "Contra-Reforma". Entre elas estava a homogeneização e unificação da Igreja Ocidental em torno do rito romano, de acordo com o missal promulgado mais tarde pelo Papa S. Pio V (ver capítulo 7). Esta é a MTL tão venerada pela comunidade tradicionalista de hoje.

A Reforma coloca dois desafios a este livro. Em primeiro lugar, como vimos, o movimento protestante fragmentou-se rapidamente. Por isso, não é fácil resumir num único capítulo toda a sua história até aos dias de hoje, nem ter em consideração todas as nuances e diferenças de um grupo tão heterogéneo. Por isso, ao contrário dos capítulos anteriores (ou dos seguintes), não vou aprofundar muito a história da Reforma, mas concentrar-me apenas em alguns aspetos doutrinais da teologia protestante.

Em segundo lugar, os protestantes são o primeiro grupo neste livro a não usar a palavra "tradição" de forma honorífica, mas de forma pejorativa. A Confissão de Augsburgo, por exemplo, está cheia de referências negativas a "tradições humanas" e "tradições de homens".³⁰ Estas não se

---

[28] Mullin, *A Short World History of Christianity*, 127.

[29] O'Malley. *Trent: What happened at the Council*, 13-14. A totalidade desse livro é fundamental para se ter uma noção da resposta católica de então aos desafios doutrinais e disciplinares de Lutero.

[30] Como um exemplo não exaustivo, ver Lutero et al. *Artigos de Esmalcalda*, Parte III, Artigo XV – "Das Tradições Humanas": "A declaração dos papistas de que as tradições humanas servem para a remissão dos pecados, ou merecem a salvação, é [totalmente] anticristã e condenada, como diz Cristo em Mt. 15,9: 'Em vão me adoram, ensinando doutrinas que são mandamentos de homens.' Novamente, Tito 1,14: 'Que se desviam da verdade.' Mais uma vez, quando eles

Capítulo 8: "Se alguém vos anunciar outro evangelho..." 179

referem apenas a tradições eclesiais e culturalmente contingentes, como devoções piedosas ou práticas cerimoniais, mas também à própria tradição como modo de transmissão da Palavra de Deus (ver capítulo 1, "Tradição e tradições"). Os protestantes consideravam *apenas* a Escritura como um modo válido de transmissão e desconfiavam muito de quaisquer tradições não-escritas. Para eles, era difícil provar que tais tradições tinham vindo dos apóstolos e não de autoridades eclesiásticas posteriores e corruptas. Isto levou a uma inversão de muitas das decisões que examinámos anteriormente neste livro. Por exemplo, os protestantes reavivaram a controvérsia utraquista, exigindo a comunhão em ambas as espécies para os leigos [31] (ver capítulo 7, "Polémica Boémia"). O domingo deixaria de ser o dia do Senhor — em vez disso, o dia santo de observância seria o sábado, de acordo com a prática bíblica do Antigo Testamento (ver capítulo 7, "Obedecer a Deus e não aos homens").[32] Alguns, mais radicais (como Serveto), questionariam mesmo a doutrina da Santíssima Trindade (ver capítulo 6).[33]

Parece, então, que os protestantes seriam anti-tradicionalistas e, portanto, estariam fora do escopo deste livro. No entanto, não é esse o caso. Se prestarmos muita atenção ao que os protestantes entendem por "tradições dos homens", verificamos que, na verdade, se referem a "inovações", instituídas pelo papado depois de a Igreja alegadamente se ter corrompido.[34] Para purificar estas corrupções e aceder aos ensinamentos da Igreja primitiva, os protestantes propuseram a autoridade das Escrituras,

---

declaram que é um pecado mortal se alguém quebrar essas ordenanças [não guardar esses estatutos], isso também não está certo".
[31] João et al. *Confissões de Augsburgo*, Artigo XXII.
[32] João et al. *Confissões de Augsburgo*, Artigo XXVIII. Ver também Mullin, *A Short World History of Christianity*, 129.
[33] Mullin, *A Short World History of Christianity*, 127.
[34] Ver, por exemplo, os *Artigos de Esmalcalda* de Lutero et al., Parte III, Artigo XXVII: "Há disputas monstruosas a respeito da mudança da lei, das cerimónias da nova lei, da mudança do dia de sábado, que surgiram todas da falsa crença... que Cristo tinha dado comissão aos apóstolos e bispos para conceberem *novas cerimónias* como necessárias à salvação. *Esses erros entraram na Igreja quando a justiça da fé não foi ensinada com suficiente clareza...* Pedem apenas que libertem os encargos injustos *que são novos e que foram recebidos contrariamente ao costume* da Igreja Católica."

uma vez que estas seriam imutáveis.[35] Como vimos no capítulo 1, as Escrituras podem ser consideradas tradição, se aplicarmos a definição lata da palavra. Assim, mesmo que os protestantes pareçam, à primeira vista, ser anti-tradicionalistas, na verdade estão a invocar a tradição (no seu sentido lato) para resistir às alegadas inovações aprovadas pela autoridade da Igreja ao longo dos séculos. Como postula a Confissão de Fé de Westminster:

> Todo o conselho de Deus, no que diz respeito a todas as coisas necessárias para a Sua própria glória, para a salvação do Homem, para a fé e para a vida, ou está expressamente estabelecido na Escritura, ou por consequência boa e necessária pode ser deduzido da Escritura: *ao qual nada em qualquer altura deve ser acrescentado, quer por novas revelações do Espírito, quer por tradições de homens.*[36]

Por isso, no que resta deste capítulo, vou explorar três grandes princípios da teologia protestante, pelo menos durante os primeiros dois séculos após a Reforma: 1) a teoria da grande apostasia, 2) *sola scriptura* e 3) a perspicuidade das Escrituras. Para os dois últimos pontos, será importante lembrar que a Escritura e a tradição são ambos modos de transmissão do mesmo depósito de fé. Portanto, se a Escritura está a ser incorretamente contrastada com o magistério vivo, então o mesmo deve, *a fortiori*, ser válido para a tradição. O que é considerado erróneo para a Escritura deve também ser considerado erróneo para a tradição.

---

[35] Ver Chemnitz. *Examination of the Council of Trent, Part I*: "Há, portanto, uma diferença muito grande entre (1) o testemunho da igreja primitiva, que existia no tempo dos apóstolos e (2) o testemunho da igreja que se seguiu imediatamente após o tempo dos apóstolos e que tinha recebido o testemunho da primeira igreja e (3) o testemunho da igreja atual a respeito da Escritura". Ver também Mullin, *A Short World History of Christianity*, 125-126: "Por toda a Europa do século XVI havia aqueles que, inspirados pelas Escrituras, acreditavam ser possível não apenas reformar a igreja, mas restaurar o modelo primitivo do cristianismo".

[36] Assembleia dos Teólogos de Westminster. *Confissão de Fé de Westminster*, Capítulo I, Artigo VI.

A grande apostasia

A tese deste livro é que aqueles que discordam da ortodoxia, tal como definida pela Igreja Católica, afirmam frequentemente que são eles que mantêm a posição tradicional. Apesar de toda a sua retórica contra as "tradições dos homens" ou "tradições humanas", os reformadores protestantes não foram exceção. Afinal de contas, para um cristão, a autoridade máxima é Jesus Cristo, que viveu 1.500 anos antes da Reforma. A Igreja Católica podia estabelecer uma ligação a Jesus, através de Pedro e dos seus sucessores até ao papa da altura. Mas os protestantes tiveram de se confrontar com a pergunta embaraçosa: "Onde estava a vossa igreja antes de Lutero?" Embora os protestantes pudessem teoricamente afirmar que a sua nova interpretação das Escrituras continuava a ser a mais fiel a Jesus, tentaram ainda assim legitimar-se através de apelos à antiguidade. Como responderiam os editores do livro *"The History of Popery"* no século XVIII: "podemos mostrar, e inegavelmente provar a sucessão contínua da nossa doutrina em todas as igrejas visíveis, desde os tempos primitivos até à idade atual".[37]

Uma linha histórica direta até Jesus concederia à sua teologia a autoridade para desafiar a Igreja Católica. Os reformadores tentaram fazer isso através de um processo de duas etapas. Primeiro, eles teriam de provar que a linha reivindicada pela Igreja de Roma havia sido cortada ao longo do caminho. Por outras palavras, que a Igreja Católica tinha apostatado e não podia ser a igreja que Jesus tinha fundado. Em segundo lugar, teriam de demonstrar que os protestantes eram os verdadeiros descendentes espirituais dessa igreja criada por Cristo. Esse processo duplo começou com o próprio Martinho Lutero, que formulou duas teorias: 1) a grande apostasia; e 2) a igreja escondida.

Em 1520, Lutero publicou um livro intitulado *"O Cativeiro Babilónico da Igreja"*. Recorrendo a imagens bíblicas, Lutero recordou o tempo em que o povo de Judá foi levado cativo e exilado para a capital pagã do Império Neo-Babilónico.[38] Lutero aplicou depois esse episódio bíblico à Igreja do

---

[37] Barnett. "Where was your Church before Luther?" 34.
[38] Jer 39-43

seu tempo, escrevendo que "o papado é o reino da Babilónia e o poder de Ninrode,[39] o poderoso caçador... O papado é a poderosa caçada do bispo de Roma".[40] De acordo com Lutero, a Igreja Católica estava a tentar manter os fiéis cativos de três formas: 1) retendo o cálice dos leigos (ver capítulo 7); 2) ensinando a doutrina da transubstanciação (que tornava o acesso aos sacramentos dependente dos sacerdotes); e 3) afirmando que a Missa era um sacrifício e uma obra para obter o favor divino.[41]

Mais tarde, nos Artigos de Esmalcalda, Lutero recorreria mais uma vez a imagens bíblicas, desta vez para denunciar o Papa como o "próprio Anticristo, que se exaltou acima e se opôs a Cristo, porque não permitirá que os cristãos sejam salvos sem o seu poder".[42] Lutero também compararia o papado com a Besta do Livro do Apocalipse, e a Igreja Católica com a prostituta oferecendo-se à Besta.[43] Hoje em dia, esta exegese do livro do Apocalipse foi largamente abandonada, e muitos comentadores têm salientado que Lutero estava simplesmente a ler a Bíblia através das lentes da sua situação histórica (nomeadamente as suas lutas contra a Igreja Católica).[44]

Simultaneamente, Lutero também escreveu sobre o que ele considerava ser a "verdadeira" igreja. Para ele, a verdadeira igreja era também uma "igreja escondida". Esta igreja verdadeira/escondida era pura e não podia errar. Ela opunha-se a uma igreja falsa, feita pelo Homem, que desprezava a palavra das Escrituras e se arrogava o papel de Corpo de Cristo na terra. Essa falsa igreja era a igreja do Anticristo. No entanto, mesmo que a verdadeira igreja pudesse ser identificada com a igreja escondida, a falsa igreja não era necessariamente a "igreja visível". A verdadeira igreja estava escondida na medida em que vivia em espírito, enterrada sob erros, enfermidade e pecado, de modo que não era percetível em lugar algum para os sentidos secundários.[45]

---

[39] Rei-caçador lendário de Gén 10,8-9, associado ao episódio da Torre de Babel e tradicionalmente considerado o mítico fundador da Babilónia.

[40] Lutero. *The Babylonian Captivity of the Church*, 15.

[41] Lutero. *The Babylonian Captivity of the Church*, 11.

[42] Lutero et al. *Artigos de Esmalcalda*, Parte II, Artigo IV. Cf. 1Jo 4,3 e 2Tess 2,3-4.

[43] Tanner. "Apostate Jerusalem," 5.

[44] Tanner. "Apostate Jerusalem," 11.

[45] Noll. "Martin Luther and the Concept of 'True' Church," 80-82.

Capítulo 8: "Se alguém vos anunciar outro evangelho..."

Mais tarde, Martin Chemnitz, um polemista protestante do século XVI que se esforçou por refutar o Concílio de Trento, reconheceu que a Palavra divina de Deus poderia ter sido transmitida através de tradições não-escritas. A própria Escritura atesta esse facto, uma vez que vários patriarcas do Antigo Testamento tinham transmitido o seu conhecimento às gerações posteriores de boca em boca. No entanto, as Escrituras também provavam que, com o passar do tempo, essas tradições não-escritas eram "repetidamente corrompidas, adulteradas e pervertidas por aqueles cujo dever era preservar, propagar e entregar a outros as tradições recebidas dos pais". Estes exemplos mostram que tipo de tutela e preservação da doutrina celestial é exercida pelas gerações posteriores.[46] A única maneira de manter a tradição não adulterada era segui-la tal como tinha sido escrita em escrituras imutáveis.

Em 1646, a Confissão de Fé de Westminster redefiniu a "igreja católica e universal" como a igreja "invisível", composta "por todo o número dos eleitos, que foram, são ou serão reunidos num só, sob Cristo, sua cabeça".[47] Esta "igreja católica e universal" era também "visível" no sentido em que "não estava confinada a uma nação" e consistia "em todos os que, em todo o mundo, professam a verdadeira religião".[48] A Confissão diria também:

> Esta igreja católica tem sido algumas vezes mais, outras vezes menos visível. E as igrejas particulares, que são membros dela, são mais ou menos puras, conforme a doutrina do evangelho é ensinada e abraçada, as ordenanças administradas e o culto público realizado mais ou menos puramente nelas.
>
> As igrejas mais puras debaixo do céu estão sujeitas tanto à mistura como ao erro: *e algumas degeneraram tanto que aparentemente deixaram de ser igrejas de Cristo*. No entanto, haverá sempre uma igreja na terra, para adorar a Deus segundo a Sua vontade.

---

[46] Chemnitz. *Examination of the Council of Trent, Part I*.
[47] Assembleia dos Teólogos de Westminster. *Confissão de Fé de Westminster*, Capítulo XXV, Artigo I.
[48] Assembleia dos Teólogos de Westminster. *Confissão de Fé de Westminster*, Capítulo XXV, Artigo II.

Não há outra cabeça da igreja senão o Senhor Jesus Cristo: nem o papa de Roma pode, de modo algum, ser o seu chefe.[49]

A partir desta base, a apologética protestante subsequente procurou fundamentar melhor estes conceitos, adornando-os com dados históricos — e, muitas vezes, pseudo-históricos. Particularmente em Inglaterra, este esforço começou com os pensadores anglicanos, uma vez que o Anglicanismo tinha mantido um sistema hierárquico semelhante ao da Igreja Católica. Para salvaguardar a legitimidade do seu episcopado, tentaram situar a grande apostasia numa data posterior: o papado só se teria corrompido totalmente no século XI, com o Papa Gregório VII. A escolha coincidente deste papa não se deveu às suas reformas anti-corrupção (capítulo 2), nem à sua tentativa de eliminar o rito moçárabe (capítulo 6), mas baseou-se puramente em cronologias apocalípticas sobre o aprisionamento e a libertação de Satanás escritas no livro do Apocalipse.[50]

Outros anglicanos, porém, tentaram contornar Roma por completo, afirmando que o Cristianismo tinha sido trazido para Inglaterra através de uma lendária visita de S. José de Arimateia às Ilhas Britânicas. John Foxe, um martirologista anglicano, foi um dos primeiros a propor esta conexão. A partir daí, tentou estabelecer uma sucessão de piedade verdadeira, proto-protestante, desde os apóstolos até ao século XVI.[51] Como escreveu o bispo anglicano John Bale:

> Ele [José de Arimateia] publicou ali [na Grã-Bretanha] entre eles o Evangelho da salvação que Cristo, antes de tudo, e depois os seus Apóstolos tinham ensinado em Jerusalém. Portanto, não é verdade o que os escritores italianos e os subtis inventores de lendas sagradas nos dizem, que a nossa primeira fé veio de Roma e a nossa doutrina cristã dos seus bispos não-cristãos. *Da escola do próprio Cristo recebemos os documentos da nossa fé. De Jerusalém e não de*

---

[49] Assembleia dos Teólogos de Westminster. *Confissão de Fé de Westminster*, Capítulo XXV, Artigos IV-VI.
[50] Barnett. "Where was your Church before Luther?" 16.
[51] Barnett. "Where was your Church before Luther?" 15-16.

Capítulo 8: "Se alguém vos anunciar outro evangelho..."

Roma, a quem tanto Pedro como Cristo chamaram Babilónia, por ter concordado tão bem em *ministrar confusão ao mundo*.[52]

Outros ramos do Protestantismo, no entanto, não estavam tão interessados em defender um episcopado. Para os puritanos, por exemplo, o episcopado era antibíblico, e eles mobilizaram-se contra a "paparia do episcopalianismo anglicano". Empurraram a data da apostasia para trás, anteriormente a tempos medievais que os anglicanos não se sentiam confortáveis em criticar.[53] Se a hierarquia baseada no episcopado era a fonte da corrupção dentro da Igreja, então as raízes históricas do Protestantismo seriam encontradas na Igreja primitiva, quando o sistema hierárquico ainda estava subdesenvolvido. Acabaram por encontrar o seu bode expiatório no Imperador Constantino. Ao conceder o seu favor e as suas riquezas à Igreja, Constantino tinha-a corrompido e tornado mundana. O primeiro papa a iniciar este percurso de corrupção teria sido o Papa Silvestre I, pontífice reinante durante os últimos anos do governo de Constantino.[54]

Tendo assim demonstrado que a Igreja Católica tinha apostatado, os puritanos procuraram determinar a sua própria linhagem. Para forjar a ligação entre a Reforma e a Igreja primitiva pura, os apologistas protestantes apoderaram-se da "igreja escondida" de Lutero: um conjunto de verdadeiros cristãos teria permanecido ocultos no meio da profunda corrupção anti-cristã do seu meio religioso. Estes cristãos teriam sido perseguidos por Roma, mas teriam sobrevivido e acabado por triunfar na Reforma.[55] Por isso, muitos movimentos heréticos perseguidos pela Igreja durante a Idade Média foram reexaminados sob a lente deste preconceito histórico e transformados em protoprotestantes, sofrendo pela sua oposição às corrupções da fé. Os hussitas (ver capítulo 6) foram apropriados para este papel, mas também os valdenses, os cátaros e os

---

[52] Barnett. "Where was your Church before Luther?" 16-17.
[53] Barnett. "Where was your Church before Luther?" 17-18.
[54] Barnett. "Where was your Church before Luther?" 21-22.
[55] Barnett. "Where was your Church before Luther?" 17-18.

lollardos.[56] Theodore Beza, o sucessor de Calvino em Genebra, ensinou que os valdenses se tinham oposto às corrupções romanas desde "tempos imemoriais", desde o ano 120 d.C. (embora não tenha especificado por que razão escolheu esta data em particular).[57] A conexão aos tempos apostólicos tinha assim sido completada.

Sola scriptura, sola traditio[58]

Para melhor exporem a sua teologia, os primeiros reformadores resumiram-na em três "*solas*": *sola fide* (latim para "só a fé"), *sola gratia* ("só a graça") e *sola scriptura* ("só a Escritura")[59] A *sola scriptura*, em particular, pode ser definida como o entendimento da Escritura "como a *única* fonte de revelação divina" e como "a *única* norma inspirada, infalível, final e autoritativa para a fé e prática".[60]

Desde a Idade Média que se discute a relação correta entre a Escritura e a tradição. Segundo o Prof. Heiko Oberman, historiador e teólogo holandês especializado no estudo da Reforma, havia duas grandes correntes nesse debate medieval. Confusamente, ele chamou essas duas correntes de "tradições". De acordo com a primeira corrente ("Tradição 1"), a Escritura era a única fonte de revelação divina e a Igreja devia ser a sua intérprete no contexto hermenêutico da "regra de fé". Quanto à segunda corrente ("Tradição 2"), ela postulava uma fonte dupla, na qual a tradição não-escrita deveria suplementar a revelação bíblica.[61] Ambas as correntes poderiam reivindicar o apoio de pelo menos alguns dos primeiros Padres da Igreja. Durante o período escolástico, os teólogos e canonistas enfatizaram a primazia da Escritura, mas também pressupuseram a autoridade magisterial da Igreja. No século XVI, havia um contínuum de

---

[56] Barnett. "Where was your Church before Luther?" 16-18.
[57] Barnett. "Where was your Church before Luther?" 20.
[58] Esta secção foi inspirada no meu artigo em *Where Peter Is*: Gabriel. "Sola Traditio".
[59] Hindson. *The Popular Encyclopedia*, 310. Alguns poderão acrescentar mais dois "*solas*": *solo Christo* ("só através de Cristo") e *soli Deo gloria* ("glória só a Deus").
[60] Mathison. "Solo scriptura" 3.
[61] Mathison. "Solo scriptura" 2.

opiniões entre a Tradição 1 e a Tradição 2, pelo que ainda não tinha surgido um consenso doutrinal.[62]

Os reformadores viam-se a si próprios como meros continuadores deste debate, resistindo ao que viam como os abusos da Tradição 2, regressando à mais antiga e venerável Tradição 1.[63] Contudo, isto introduziu uma nova instabilidade. Durante os debates medievais, os teólogos e canonistas reconheceram a "tensão" (*complexio oppositorum*) entre a Escritura e a Tradição, mas normalmente não viam ambas em contradição uma com a outra.[64] Em vez disso, a Escritura, a Tradição e o Magistério gozavam de uma relação *complementar*: a Escritura era a autoridade na Igreja, mas não podia ser correctamente compreendida sem a interpretação dos Padres da Igreja e a orientação do Magistério.[65]

Os católicos reagiram contra a apropriação da Tradição 1 pelos reformadores. Para entender melhor esta reação, é instrutivo examinar o caso de Jacob van Hoogstraten, um inquisidor de várias províncias eclesiásticas alemãs na época, e um notório polemista.[66] No início, van Hoogstraten tentou responder a Lutero escrevendo um diálogo fictício com S. Agostinho, um dos primeiros Padres da Igreja que poderia ser atribuído à Tradição 2. Mas aqui, o objetivo de van Hoogstraten não era pedir a ajuda de Agostinho como um Padre da Igreja, mas como um exegeta. Procurou assim mostrar a compatibilidade entre a Escritura e certas doutrinas católicas sobre o batismo e a justificação que os protestantes consideravam antibíblicas.[67] Mais tarde, o inquisidor imiscuiu-se numa polémica envolvendo as faculdades de teologia de Colónia e de Lovaina, ao tentar defender a teologia escolástica baseando-a na Escritura. Por outras palavras, van Hoogstraten estava a tentar encontrar provas bíblicas para doutrinas e práticas contestadas. Partia da Tradição 1,[68] uma vez que esta era uma base comum com os protestantes.

---

[62] Ickert. "Catholic Controversialist", 16.
[63] Mathison. "Solo scriptura" 2.
[64] Ickert. "Catholic Controversialist", 16.
[65] Ickert. "Catholic Controversialist", 17.
[66] Ickert. "Catholic Controversialist", 13-14.
[67] Ickert. "Catholic Controversialist", 19-22.
[68] Ickert. "Catholic Controversialist", 22.

No entanto, isto depressa deixaria de ser suficiente. Como escreve Scott Ickert, doutor em História da Igreja, num artigo sobre van Hoogstraten:

> À medida que se tornava cada vez mais evidente para os defensores católicos que os reformadores evitavam a autoridade patrística para sublinhar a sua descontinuidade com a Escritura, era claro que a tradicional relação simbiótica que tinha existido entre a Escritura e os seus intérpretes autoritativos já não podia ser tomada como garantida ou simplesmente assumida sem críticas. [69]

Por isso, van Hoogstraten teria de levar a sua defesa até à Tradição 2, afirmando o duplo modo de transmissão da revelação divina. Para o inquisidor, as tradições que os protestantes negavam por serem antibíblicas — como a veneração dos santos ou a existência do purgatório — tinham sido transmitidas oralmente por Cristo aos apóstolos, que as teriam transmitido à Igreja, que mais tarde as ampliou e expôs através dos Padres da Igreja [70] (ver capítulo 1). Para van Hoogstraten, os Padres da Igreja representavam a tradição em geral e o magistério em particular. [71] A autoridade patrística fundava-se no mesmo alicerce sobre o qual a Escritura tinha sido construída, pelo que a ligação entre a Escritura e a tradição extra-escriturística tinha de ser mantida. [72]

A tradição não-escrita não devia ser considerada como antibíblica. [73] Para provar isto, van Hoogstraten tinha feito um grande esforço para encontrar bases escriturísticas para as tradições alegadamente antibíblicas da Igreja. Lutero e os seus seguidores não viam esses fundamentos porque a sua visão da Escritura era, ao mesmo tempo, "demasiado restritiva" e "segmentada". [74] Por vezes, a Escritura devia ser lida em sentido figurado, não literalmente. [75] Além disso, esta devia ser lida como um todo, não de

---

[69] Ickert. "Catholic Controversialist", 22.
[70] Ickert. "Catholic Controversialist", 25.
[71] Ickert. "Catholic Controversialist", 22.
[72] Ickert. "Catholic Controversialist", 26.
[73] Ickert. "Catholic Controversialist", 23.
[74] Ickert. "Catholic Controversialist", 27.
[75] Ickert. "Catholic Controversialist", 23.

forma fragmentada. Por esta razão, van Hoogstraten diria que "os luteranos ouvem a Escritura apenas com metade dos ouvidos".[76]

Não só as tradições extra-escriturísticas podiam ser encontradas numa leitura figurativa e holística das Escrituras, como também podiam ajudar a ilustrar melhor o significado mais profundo das Escrituras. Como vimos no capítulo 6, este foi o raciocínio de S. Atanásio para defender o *homoousios* não-bíblico como uma expressão exata dos ensinamentos sobre a Trindade que estão apenas implícitos na Escritura. Se Lutero rejeitasse as tradições da Igreja meramente por serem extra-escriturísticas, — afirmou van Hoogstraten — então ele também teria que negar que o Filho não foi gerado ou que Maria era uma virgem perpétua,[77] já que *homoousios* e *Theotokos* também não estavam presentes na Escritura (capítulo 6).

Quando van Hoogstraten passou da Tradição 1 para a Tradição 2, ele sofreu uma "metamorfose estrutural", não uma "metamorfose essencial", no que diz respeito à sua confiança nas Escrituras.[78] Em ambas as estratégias apologéticas, ele estava a defender o verdadeiro significado das Escrituras contra o que ele via como inovações de Lutero.

Vale a pena enfatizar, no entanto, que Lutero e outros dos reformadores originais não rejeitaram completamente toda a tradição que os precedeu.[79] Como van Hoogstraten tão bem destacou, eles mantiveram o *homoousios*, por exemplo. Como dito acima, a Tradição 1 postula que, embora a Escritura seja a única fonte de revelação divina, *ela tem de ser interpretada na e pela Igreja.*[80] O desacordo era sobre o que constituía a "igreja", como vimos acima. A Tradição 1 nunca quis dizer que "toda a teologia deve ser construída de novo pelo exegeta solitário que se confronta com o texto nu, sem referência à tradição de interpretação da Igreja".[81]

No entanto, os polemistas católicos da época eram suficientemente sensíveis para compreender as implicações lógicas da teologia de Lutero.

---

[76] Ickert. "Catholic Controversialist", 27-28.
[77] Ickert. "Catholic Controversialist", 23.
[78] Ickert. "Catholic Controversialist", 33.
[79] Para uma coleção de citações que provam isto, ver Mathison. "Solo scriptura" 3-4.
[80] Mathison. "Solo scriptura", 2.
[81] Mathison. "Solo scriptura" 3.

Ao desafiar a autoridade da Igreja Católica para interpretar as Escrituras, a *sola scriptura* de Lutero acabou evoluindo para o que é chamado de "Tradição 0" (o que o teólogo reformado Keith Mathison chama, de forma depreciativa, de *"solo scriptura"*, em oposição a *sola scriptura*). Na prática, é uma ausência de tradição. A tradição não teria autoridade, uma vez que cada crente individual não precisaria de nada mais do que a Bíblia e a orientação do Espírito Santo.[82] A norma final seria o julgamento pessoal de cada indivíduo, abrindo as portas ao subjetivismo e ao relativismo.[83]

Entretanto, a doutrina católica evoluiu, através do Concílio de Trento e da Contra-Reforma, para o que Oberman chamou de "Tradição 3", colocando a ênfase no "magistério do momento".[84] Esta é também uma hermenêutica que muitos tradicionalistas, pelo menos da variante *"reconhecer e resistir"* — rejeitam como uma caricatura do Catolicismo.[85] No entanto, na minha opinião, isto mostra precisamente um desenvolvimento doutrinal correto, harmonizando perfeitamente a Tradição 1 e a Tradição 2. Se há dois modos de transmissão da revelação divina, um escrito e outro oral (Tradição 2) e se a Igreja deve ser a intérprete autoritativa no contexto hermenêutico da "regra de fé" (Tradição 1), então a Tradição 3 é a conclusão lógica. Foi isto que acabou por ser definido na *Dei Verbum* e belamente resumido no Catecismo:

> *A Tradição sagrada e a Sagrada Escritura* estão intimamente unidas e compenetradas entre si. Com efeito, *derivando ambas da mesma fonte*

---

[82] Mathison. "Solo scriptura" 3.
[83] Mathison. "Solo scriptura" 5-6.
[84] Mathison. "Solo scriptura" 3.
[85] Ferrara, *"Amoris Laetitia*: Anatomy of a Pontifical Debacle": "Também não se pode argumentar que os fiéis não têm capacidade para reconhecer estas contradições, mas sim que devem presumir cegamente que, de alguma forma, elas não existem. Esta é a Igreja Católica, cujo depósito da Fé é objetivamente cognoscível, e não uma seita gnóstica encabeçada pelo Oráculo de Roma, que anuncia o que 'Jesus quer' hoje". Ver também Kwasniewski, "My Journey from Ultramontanism": "O conservador, ao tomar indiscriminadamente 'o Magistério do Momento' como seu guia em todas as coisas, desvincula-se do conteúdo estabelecido pelo ensino cumulativo e arrisca-se a ser guiado pelas extravagâncias de um monarca caprichoso ou pelos dogmas sintéticos de um ideólogo. O conservador não teria qualquer base para questionar ou discordar de um papa sobre qualquer assunto, por mais que este se afastasse do ensinamento dos seus predecessores ou mesmo do da Escritura".

Capítulo 8: "Se alguém vos anunciar outro evangelho..."

> *divina*, fazem como que uma coisa só e tendem ao mesmo fim... *O encargo de interpretar autenticamente a Palavra de Deus, escrita ou contida na Tradição, foi confiado só ao Magistério vivo da Igreja*, cuja autoridade é exercida em nome de Jesus Cristo, isto é, *aos bispos em comunhão com o sucessor de Pedro, o bispo de Roma*.[86]

Os primeiros reformadores apelariam ao seu próprio conceito de tradição — definido em sentido lato — para inverter esta definição. Não seria o magistério a interpretar autoritariamente a Escritura, mas a Escritura a ser usada para julgar a fidelidade dos agentes magisteriais, como defende a Confissão de Fé de Westminster:

> O Juiz Supremo, pelo qual todas as controvérsias de religião devem ser determinadas, e todos os decretos dos concílios, opiniões de escritores antigos, doutrinas de homens e espíritos particulares, devem ser examinados, e em cuja sentença devemos descansar, não pode ser outro senão o Espírito Santo falando através da Escritura.[87]

Martin Chemnitz que, como já disse, tentou refutar o Concílio de Trento, tinha isto a dizer:

> Mas quando aquele corpo de homens que tem o título de igreja se afasta da verdadeira doutrina da Palavra de Deus, não se segue daí que a sã doutrina seja falsa, ou que os erros que aquele corpo de homens sustenta sejam a verdade; mas segue-se que aquele corpo de homens, quando já não tem a verdadeira doutrina, não é a verdadeira igreja... Pois a igreja não é um corpo autocrático ou independente de homens, mas deve mostrar e provar por testemunhos seguros e firmes que a doutrina que ela mantém e confessa é divinamente revelada, verdadeira e sã. Estes

---

[86] CIC 80, 85.
[87] Assembleia dos Teólogos de Westminster. *Confissão de Fé de Westminster*, Capítulo I, Artigo X.

testemunhos ela tira dos livros canónicos da Escritura, *como provámos a partir de expressões dos antigos*.[88]

É impressionante o quanto essa retórica imita os tradicionalistas de hoje, se simplesmente substituirmos "livros canónicos da Escritura" por "tradição". No entanto, o que muitos tradicionalistas parecem defender é uma espécie de *sola traditio*, em tudo semelhante à *sola scriptura* exceto no que diz respeito ao modo de transmissão da revelação divina que eles enfatizam desproporcionalmente.[89] Muitos dos argumentos católicos apresentados por van Hoogstraten poderiam ser igualmente aplicados à tradição — não como uma forma de minimizar a tradição (tal como ele nunca procurou minimizar a Escritura), mas para a colocar no seu devido contexto hermenêutico.

Quer isto dizer que a Igreja Católica, ao adotar a Tradição 3, cai também no seu próprio extremo? Uma espécie de *solo magisterio*, por assim dizer?[90] De modo nenhum. Mesmo que a Igreja assente em três pilares (Escritura, Tradição e Magistério), eles não estão todos no mesmo plano. A Escritura e a tradição são dois modos diferentes de transmissão do mesmo depósito de fé, mas o magistério não é um terceiro modo. Pelo contrário, o magistério é o intérprete autoritativo dos outros dois. É através do magistério que conhecemos o verdadeiro significado tanto da Escritura como da tradição. Por isso, os católicos não acreditam em nenhum "sola". Em vez disso, defendem que os três devem estar em harmonia, como um cordão tríplice bem apertado. Mesmo que, por vezes, o cordão possa estar em tensão, deve permanecer ininterrupto. Qualquer interpretação que coloque a Escritura ou a Tradição contra o Magistério está a abrir uma brecha entre o que é indivisível e deve, por isso, ser abandonada.

---

[88] Chemnitz. *Examination of the Council of Trent, Part I*.
[89] Gabriel. "Sola Traditio".
[90] Kwasniewski. "How Protestants, Orthodox, Magisterialists and Traditionalists differ."

A perspicuidade da Palavra de Deus[91]

A *sola scriptura* assenta noutro princípio protestante importante: a perspicuidade das Escrituras. Já vimos que os reformadores acreditavam que só as Escrituras eram a fonte da revelação divina. A Igreja Católica respondeu a este facto afirmando que, embora a Escritura fosse a Palavra de Deus escrita, necessitava da interpretação autoritativa do magistério. Para evitar a necessidade de um intérprete, os reformadores responderam que a Escritura era "suficientemente clara para que a pessoa mais simples possa viver por ela"[92] ou seja, ela era perspícua. A Confissão de Fé de Westminster ilustra o conceito de perspicuidade:

> Todas as coisas nas Escrituras não são igualmente claras em si mesmas, nem igualmente claras para todos; *no entanto, as coisas que são necessárias serem conhecidas, acreditadas e observadas para a salvação, são tão claramente propostas e abertas em algum lugar das Escrituras ou em outro,* que não apenas os instruídos, mas também os não instruídos, num uso adequado dos *meios ordinários,* podem chegar a uma compreensão suficiente delas.[93]

Mas é preciso relembrar que os primeiros reformadores não acreditavam na Tradição 0, mas na Tradição 1. Para eles, a Escritura devia ser interpretada pela e na Igreja. Por isso, era muitas vezes necessário recorrer a um mestre para obter uma interpretação exata.[94] Por vezes, o significado das Escrituras era de facto obscuro – embora os reformadores atribuíssem este fenómeno à pecaminosidade da humanidade.[95] No entanto, esta interpretação autoritativa não era feita por bispos, mas por homens eruditos versados nas Escrituras, através do ministério de professor da

---

[91] Esta secção foi inspirada no meu artigo em *Where Peter Is*: Gabriel. "The Perspicuity of Tradition."

[92] Pettegrew. "The Perspicuity of Scripture," 214.

[93] Assembleia dos Teólogos de Westminster. *Confissão de Fé de Westminster*, Capítulo I, Artigo VII.

[94] Pettegrew. "The Perspicuity of Scripture," 213.

[95] Pettegrew. "The Perspicuity of Scripture," 214.

Bíblia. Este professor não devia usar a autoridade magisterial para interpretar as Escrituras, mas sim *meios ordinários,* isto é, regras normais de gramática e sintaxe. [96]

É claro que esta noção é contrária à realidade histórica. Como já vimos, nomeadamente no capítulo 6, tanto Ário como os seus oponentes podiam usar as Escrituras para apoiar as suas posições mutuamente exclusivas. O Concílio de Niceia teve de usar a sua autoridade magisterial para quebrar o impasse, promulgando um credo. Mas nem isso foi suficiente pois, após o concílio, houve várias interpretações divergentes do mesmo credo. Por conseguinte, nem a Escritura nem a tradição são perspícuas. Os documentos "mortos" não se podem interpretar a si próprios nem assinalar quando alguém os interpretou corretamente. Para interpretar um documento "morto", é preciso um agente vivo, alguém com voz e com autoridade. Em suma, um intérprete, um guia fiável no meio de um turbilhão de análises contraditórias. [97] Este é o magistério *vivo* (ver capítulo 1).

Os apologistas católicos da época da Reforma já o compreendiam. Jacob van Hoogstraten, por exemplo, apropriando-se de um velho ditado, teria dito: *scriptura non est autentica sine authoritate ecclesiae* ("a Escritura não é autêntica sem a autoridade da Igreja"). [98] Para ele, *sola scriptura* era "uma cortina de fumaça para esconder a seletividade", [99] levando a interpretações escriturísticas perigosas. Não seria implausível pensar que, no final do seu percurso apologético, o inquisidor pudesse dizer, na mesma linha: *traditio non est autentica sine authoritate ecclesiae* ("a tradição não é autêntica sem a autoridade da Igreja"). [100]

Diogo Paiva de Andrade, um teólogo português e participante em Trento que discutiu com Chemnitz (ver acima), admitia que as Escrituras eram verdadeiras e imutáveis, mas também chamava a atenção para o facto de os hereges poderem obscurecer partes das Escrituras e distorcê-las para os seus fins — o que, como vimos anteriormente, já tinha acontecido. Como Andrade teria dito, citado pelo próprio Chemnitz:

---

[96] Pettegrew. "The Perspicuity of Scripture," 215.
[97] Gabriel. "Sola Traditio".
[98] Ickert. "Catholic Controversialist", 32.
[99] Ickert. "Catholic Controversialist", 30.
[100] Ickert. "Catholic Controversialist", 32.

Capítulo 8: "Se alguém vos anunciar outro evangelho..."

> Apresentai uma passagem que não necessite de intérprete e pela qual não se possa convencer de que se trata de outra coisa, mas que estais a tentar distorcer para o seu próprio sentido... O que é colocado de forma ambígua e pode ser interpretado a nosso favor e a vosso não ajudará em nada a vossa causa; mas é evidente que tais coisas apenas sustentam uma causa má, atrasando a resolução... Estas passagens são misteriosas, são veladas, são figurativas; pedimos com urgência algo claro que não precise de intérprete".[101]

Martin Chemnitz, na sua resposta a Andrade e Trento, defenderia a perspicuidade contra estas acusações. Para ele, a Escritura era suficiente. Se havia passagens obscuras nas Escrituras, elas poderiam ser esclarecidas à luz de passagens claras também encontradas nessas mesmas Escrituras.[102] De acordo com a doutrina da perspicuidade, todo cristão tem o direito de ler e interpretar as Escrituras por si mesmo, de modo que sua fé possa apoiar-se no testemunho das Escrituras e não no da Igreja.[103]

Para Chemnitz, portanto, os decretos do Concílio de Trento deviam ser examinados de acordo com a norma da Escritura. Ninguém podia proibir ou condenar este "direito ao livre exame". Para ele, "simplesmente concordar sem examinar, sem investigação ou julgamento, com os decretos nus do Concílio de Trento, nos quais uma e a mesma pessoa é o acusador" era um exercício de "tirania papista". Seria, de facto, "conceder aos concílios uma licença infinita para inventar e decretar o que quisessem fora da, paralelos a e contra a Palavra de Deus". Consequentemente, seria perigoso "tirar a liberdade de julgar e diligenciar... para que, sob a autoridade de um sínodo, não sejamos desviados da fé verdadeira e vivificante".[104]

---

[101] Chemnitz. *Examination of the Council of Trent, Part I.*
[102] Chemnitz. *Examination of the Council of Trent, Part I.* Ver também Pettegrew. "The Perspicuity of Scripture", 213-214.
[103] Pettegrew. "The Perspicuity of Scripture", 216.
[104] Chemnitz. *Examination of the Council of Trent, Part I.*

Neste sentido, a autoridade dos concílios era de facto "muito salutar na igreja", mas apenas na medida em que "julgam de acordo com a regra e a norma da Sagrada Escritura. E quando eles provam as suas decisões por meio de testemunhos seguros e claros da Escritura, a igreja deve-lhes obediência com a maior reverência como a uma voz celestial... Mas quando o mero nome 'concílio' é ouvido, ele não deve imediatamente transformar-nos em pedras, troncos e cepos, como se fosse a cabeça da Górgona,[105] de modo que nós impensadamente abraçamos todo e qualquer decreto sem exame, sem investigação e julgamento cuidadoso. Pois a Escritura diz-nos que também há concílios de ímpios".[106]

O polemista reformador afirmou vigorosamente que o Concílio de Trento violara clamorosamente este princípio. Enquanto que — de acordo com Chemnitz – "os antigos concílios não lançavam decretos nus, ditatoriais e sem responsabilização sobre as igrejas", mas explicavam o seu raciocínio para que os fiéis pudessem julgá-los mais facilmente, "os juízes tridentinos promulgam *apenas os decretos nus, sem razões,* com autoridade pretoriana na palavra cristã, e imediatamente parecem prontos a ameaçar com fogo e espada aqueles que contradizem, ou melhor, que *apenas fazem perguntas*. Este é o atalho que os canonistas seguem, para que o papa romano *possa substituir a sua vontade pela sua razão nas coisas que quer*".[107]

Chemnitz também se queixou de que, quando os protestantes pediram que esta fórmula do Concílio de Basileia (ver capítulo 6) fosse inserida: "E expressamente, que em controvérsias da lei divina, da prática de Cristo, dos Apóstolos e *da igreja primitiva*, juntamente com os concílios e professores que genuinamente tomam sua posição sobre estes, *devem ser admitidos como o juiz mais verdadeiro neste concílio*", o Concílio de Trento substituiu-o por esta declaração alternativa: "E expressamente, que as questões de controvérsia sejam tratadas... de acordo com a Sagrada Escritura, *as tradições dos Apóstolos, os concílios aprovados, o consenso da Igreja Católica e a autoridade dos santos padres*".[108]

---

[105] As górgonas eram três irmãs mitológicas, com cabelos como serpentes, que transformavam em pedra quem se atrevesse a olhar para elas. A mais famosa dessas irmãs era a Medusa.
[106] Chemnitz. *Examination of the Council of Trent, Part I.*
[107] Chemnitz. *Examination of the Council of Trent, Part I.*
[108] Chemnitz. *Examination of the Council of Trent, Part I.*

Capítulo 8: "Se alguém vos anunciar outro evangelho..."

Em toda esta troca, podemos ver a lenta gestação tanto da Tradição 0 como da Tradição 3, mencionadas na última secção. Não podemos esquecer que o que resultou da doutrina protestante da perspicuidade da Escritura foi, como vimos, uma leitura subjetivista e relativista da Escritura, que até os estudiosos protestantes hoje lamentam.

No que diz respeito ao entendimento católico, podemos consultar o atual Catecismo para apreciar os frutos do desenvolvimento semeado em Trento. Como vimos anteriormente, o Catecismo afirma que "O encargo de interpretar autenticamente a Palavra de Deus, escrita ou contida na Tradição, foi confiado só... aos bispos em comunhão com o sucessor de Pedro, o bispo de Roma".[109] Mas o Catecismo vai ainda mais longe. A interpretação correta das Escrituras exige mais do que gramática e sintaxe. Para "bem interpretar a Escritura, é necessário prestar atenção ao que os autores humanos realmente quiseram dizer, e àquilo que aprouve a Deus manifestar-nos pelas palavras deles".[110] Além disso, "é preciso ter em conta as condições do seu tempo e da sua cultura, os 'géneros literários' em uso na respectiva época, os modos de sentir, falar e narrar correntes naquele tempo".[111]

Por outras palavras, os protestantes podem dizer que é evidente que, por exemplo, o uso católico de estátuas de santos contradiz o significado claro das Escrituras. Distinções matizadas, como *latria* (adoração) e *dulia* (veneração)[112] podem parecer contorcionismos mentais para justificar práticas que "obviamente" vão contra as Escrituras. Mas os católicos sabem que estas nuances fornecem uma perspetiva mais ampla e mais informada sobre a proibição de esculpir imagens do Antigo Testamento. Através desta perspetiva, podemos compreender a verdadeira razão pela qual a idolatria é errada, e que a idolatria pode existir em relação a outras coisas para além das estátuas.

Ao fazê-lo, não se trata de encontrar explicações rebuscadas para a visão católica, mas de aprofundar a nossa compreensão de um assunto ou

---

[109] CIC 85.
[110] CIC 109.
[111] CIC 110.
[112] Schiffer. "Dulia and Hyperdulia."

questão. Em vez de contradizer a razão, os conhecimentos teológicos que têm em conta os contextos históricos e literários e as condições culturais do tempo são muito mais ricos e intelectualmente edificantes do que as interpretações simplistas e literalistas das Escrituras.

O mesmo é válido para a interpretação da tradição e dos pronunciamentos do magistério histórico. Devem ter em conta as condições do seu tempo e da sua cultura, os "géneros literários" em "uso na respectiva época, os modos de sentir, falar e narrar correntes naquele tempo". É preciso considerar nuances, como a distinção entre tradição e tradições (ver capítulo 1), ou entre doutrina e disciplina, ou entre diferentes graus de autoridade magisterial.

O Catecismo prossegue explicando que existe outro princípio igualmente importante para a interpretação correta das Escrituras:

> Ler a Escritura na "tradição viva de toda a Igreja". Segundo uma sentença dos Padres... A Sagrada Escritura está escrita no coração da Igreja, mais do que em instrumentos materiais. Com efeito, a *Igreja conserva na sua Tradição a memória viva da Palavra de Deus, e é o Espírito Santo que lhe dá a interpretação espiritual da Escritura...* segundo o sentido espiritual que o Espírito Santo dá à Igreja.[113]

Isto não significa que a Escritura não "exista em si mesma", mas simplesmente que não existe isoladamente. Este ponto foi explicado de forma soberba num artigo do apologista católico contemporâneo Dave Armstrong:

> Não é que a Escritura seja tão obscura e esotérica que seja um mistério absoluto e um "código" indecifrável que só a Santa Madre Igreja possa decifrar e que nenhum indivíduo possa compreender. Pelo contrário, a Igreja é obrigada a falar com autoridade sobre o que a Sagrada Escritura ensina, assim como falou com autoridade sobre quais livros deveriam ser incluídos na Escritura. A Sagrada Escritura permanece inerentemente o que é: a revelação escrita inspirada e infalível de Deus.

---

[113] CIC 113.

Capítulo 8: "Se alguém vos anunciar outro evangelho..."

> *Tradição* na Bíblia (particularmente para S. Paulo) *não é uma coisa individualista*, guardada por cada pessoa como um "segredo" esotérico, como queriam os hereges gnósticos. Não, é obviamente uma *entidade coletiva*. É guardada em comum pela Igreja, como coletividade dos cristãos.[114]

Se isto é verdade para as escrituras, também é verdade para a tradição. A tradição brota da mesma fonte que a Escritura. A tradição é um modo de transmissão da Palavra de Deus, tal como a Escritura. E ambas têm o mesmo intérprete autoritativo: o magistério.

Se os tradicionalistas, seguindo Trento e o ensino católico tradicional, rejeitam o conceito de perspicuidade da Escritura, então segue-se logicamente que eles devem rejeitar a perspicuidade da tradição. Se não o fizerem, então terão de explicar por que motivo é a tradição clara, suficiente e perspícua, mas a Escritura (que, como já vimos muitas vezes, deriva a sua autoridade da mesma fonte, sendo apenas transmitida através de um meio diferente) não o é. Da mesma forma, terão de explicar por que razão aceitam a contextualização magisterial das muitas alegadas contradições entre a Escritura e a doutrina ou prática católicas, mas evitam a mesma contextualização magisterial quando se trata de alegadas contradições com a tradição.

Ninguém tem acesso a uma compreensão autêntica da Escritura ou da tradição católica fora da Igreja. O entendimento tradicional é que a Escritura — que de facto existe em si mesma — não existe, nem pode existir, isoladamente. A *fortiori*, o mesmo se aplica à tradição não-escrita.

---

[114] Armstrong. "The Clearness, or 'Perspicuity.'"

Capítulo 9

"Eles criaram uma nova Igreja..."

No Vaticano I, depois da última votação – a da infalibilidade – um bom grupo saiu, separou-se da Igreja e fundou os veterocatólicos: queriam ser "honestos" com a tradição da Igreja. Em seguida, eles mesmos abraçaram um desenvolvimento diferente a ponto de, agora, fazerem ordenações de mulheres; mas então eram rígidos, apostavam numa certa ortodoxia e pensavam que o Concílio tivesse errado.

— Francisco, Conferência de Imprensa durante
o voo de retorno de Antananarivo para Roma

Em 4 de outubro de 2019, o Vaticano estava cheio de atividade. Dentro de alguns dias, teria início um novo sínodo dos bispos. Francisco tinha decidido que este sínodo de 2019 seria dedicado à região Pan-Amazónica, tão negligenciada por uma Igreja ocidentalocêntrica e tão atacada por interesses político-económicos.

Nesse dia, para celebrar o início do Sínodo, realizou-se uma cerimónia nos Jardins do Vaticano. A cerimónia foi totalmente católica, com orações, pregações e também com a plantação simbólica de uma azinheira de Assis com solo proveniente da Amazónia. Mas o que mais chamou a atenção foi um segmento de cinco minutos, no início da cerimónia, em que alguns indígenas se curvaram perante uma mandala com muitas figuras que simbolizavam o quotidiano amazónico e, sobretudo, duas estatuetas de madeira de mulheres indígenas grávidas.[1]

Embora a identidade destas mulheres grávidas tenha deixado algumas pessoas a coçar a cabeça durante algum tempo, os meios de comunicação católicos preencheram o vazio informativo dizendo que a dança se assemelhava a um "*pago a la tierra*", uma oferenda tradicional à Mãe Terra comum entre os povos indígenas em algumas partes da América do Sul.[2] A partir daí, a ideia de que tinha havido uma cerimónia pagã em honra da

---

[1] Um vídeo de todo o evento pode ser visto no YouTube em Vatican News. "Pope Francis-Feast of Saint Francis 2019-10-04." As partes relevantes acontecem entre as marcas 07:00 e 12:40.

[2] Mares. "Amazon Synod: Ecological ritual."

deusa Pachamama (quechua para "Mãe Terra") tornou-se uma verdade inegável para alguns católicos.

Assim que tomou conhecimento do facto, Thomas Lawson enviou a Justin um *screenshot* dos indígenas da Amazónia prostrados perante as estátuas nuas na presença do Papa. Enviou-a juntamente com um desafio, que era mais retórico do que qualquer outra coisa: "Estou curioso para ver como vais dar a volta a *isto*". A implicação óbvia era que a interpretação "Pachamama" dos acontecimentos era evidentemente correcta e que qualquer outra explicação possível seria um mero exercício apologético para encobrir a verdade clara e feia. Thomas estava tão escandalizado que tinha blindado a sua mente à possibilidade de estar errado na sua avaliação da situação.

Justin, como de costume, não respondeu de imediato. Ele sabia que não devia deixar-se levar pelo calor da controvérsia. Normalmente, a clareza aparece quando a poeira assenta. E, como previsto, foi exatamente isso que aconteceu. Alguns apologistas que tinham assistido a toda a cerimónia do princípio ao fim, repararam que, quando os nativos apresentaram uma das estatuetas ao Papa para que ele a abençoasse, lhe chamaram "Nuestra Señora de la Amazonia", ou seja, "Nossa Senhora da Amazónia".[3] Ainda mais tarde, porta-vozes oficiais do Vaticano esclareceram que as estátuas eram uma mera representação da vida e dos povos da Amazónia e que tinham sido colocadas ali "sem intenções idólatras".[4]

Thomas, infelizmente, tinha-se fechado a estas explicações. Ele empurrava a explicação da Pachamama até aos desmentidos. Se os porta-vozes oficiais diziam que as estátuas não tinham qualquer conotação mariana, ele veria isso como uma confirmação de que não se tratava de Nossa Senhora da Amazónia, mas sim de uma deusa pagã, mesmo que os porta-vozes negassem a conotação pagã na mesma frase em que negavam a conotação mariana. Tom não aceitaria que as estátuas pudessem ter significados diferentes (e não pagãos) para os indígenas que participavam

---

[3] Ver Vatican News. "Pope Francis-Feast of Saint Francis 2019-10-04," da marca de 13:20 às 13:35. Ver também Gabriel, "Paganism in the Vatican?"

[4] Para uma coleção destas declarações oficiais, ver Gabriel, "Our Lady of the Amazon, Pray for us."

na cerimónia e para os funcionários que a tinham organizado.⁵ Só a explicação pagã, que nem os indígenas nem os organizadores defendiam, era verdadeira, porque era isso que os websites católicos estavam a promover — eles sabiam melhor que todos.

Quando Justin lhe chamou a atenção para este facto, Thomas reagiu com indignação. "Só estás a defender o Papa porque és um ultramontanista! Pensas que tudo o que o Papa diz ou faz é infalível! Mas isso não é o verdadeiro Catolicismo!"⁶ A sua voz virtual acalmou-se, e ele disse com um tom condescendente: "Eu compreendo essa tentação. Eu próprio já fui ultramontanista. Mas agora, tomei a *red pill*⁷ e consigo ver claramente. Este papa é um liberal e está a tomar o partido dos liberais contra os conservadores, que são os verdadeiros porta-estandartes do Catolicismo!"

No entanto, Thomas foi apanhado de surpresa quando Justin lhe respondeu que, sim, era ultramontano e que não havia nada de mal nisso. De facto, era esse o verdadeiro Catolicismo. Thomas não sabia o que dizer! Em todos os meios de comunicação católicos que consumia, "ultramontanista" era usado como um insulto.

Para evitar escandalizar ainda mais Thomas, Justin esclareceu que não pensava que tudo o que o Papa dizia ou fazia era infalível. Limitava-se a submeter a sua mente e vontade ao magistério do Papa, mesmo aos seus ensinamentos não infalíveis. Quanto às ações do papa, não é que Justin acreditasse que o Papa era impecável, mas que tinha examinado as provas da sua alegada prevaricação e as tinha considerado insuficientes. Pelo contrário, Justin sabia que muitos especialistas católicos e websites tinham tentado, desde o início, analisar todas as ações de Francisco e retorcê-las na pior imagem possível, para o pintar como o pior papa da história. Esta confusão da Pachamama era apenas o último exemplo disso.

---

⁵ Ver Gabriel. "Our Lady of the Amazon: solving the contradictions."

⁶ Ver, por exemplo, Kwasniewski. "My Journey from Ultramontanism."

⁷ Trata-se de uma referência da cultura popular, frequentemente utilizada nas redes sociais, que acabou por ganhar vida própria. No famoso filme *Matrix*, tomar o "comprimido vermelho" significa acordar de um mundo ilusório e confortável e encarar a realidade como ela realmente é. Ver Marshall. "Red Pilled on Pope Francis."

Thomas riu-se. "Então, todos estes teólogos e clérigos fiéis que têm um problema com o Papa estão simplesmente errados? Quão arrogante e imprudente podes ser, ao desprezar as preocupações de pessoas com este estatuto intelectual! Eles estão apenas a tentar defender a tradição perene da Igreja! No entanto, foram postos de lado, como de costume, para este Sínodo da Amazónia! Só os liberais são convidados a falar! Achas mesmo que não se trata apenas do Papa Francisco mais uma vez promover a sua agenda liberal? A cerimónia da Pachamama está apenas a dar o mote para o Sínodo. É um sínodo manipulado,[8] uma charada para fazer parecer que Francisco consultou os bispos antes de fazer o que quer. O resultado do Sínodo já está predeterminado".

Thomas fez uma vez mais *copy paste* da imagem dos indígenas da Amazónia a curvarem-se perante a estátua de madeira: "Olha para esta imagem! Em que devo acreditar? Na manipulação dos ultramontanistas ou nos meus próprios olhos? Parem com isso! Acham que sou estúpido?" Mais tarde, Thomas enviou outra fotografia, desta vez de um padre da MTL a consagrar a Eucaristia segundo o rito pré-conciliar: "Agora diz-me na cara que estas duas fotografias são da mesma Igreja. Francisco e os seus sequazes criaram uma nova Igreja!"

Tradicionalismo versus Ultramontanismo

Um leitor distraído poderia ficar surpreendido se, ao folhear a *Enciclopédia Católica*, se deparasse com o artigo sobre "Tradicionalismo". Afinal de contas, esta enciclopédia foi publicada no auge da campanha antimodernista (ver capítulo 10). Mas este bastião de conhecimento ortodoxo define o tradicionalismo de *uma forma negativa*,[9] não como uma posição que um católico deva adotar. Pelo contrário, no verbete da mesma enciclopédia sobre "Ultramontanismo", lê-se: "Termo usado para designar o

---

[8] Eli. "Cardinals decry the misuse of the synod": "Depois dos sínodos fraudulentos de 2014 e 2015 e da falsa cimeira sobre abusos sexuais de fevereiro, os católicos experientes não ficarão surpreendidos se a revolução chegar em outubro". Ver também Eli. "Vatican 2022 Synod on Synodality": "Os sínodos sob o Papa Francisco têm sido atormentados por escândalos, deixando muitos católicos sentindo que eles são 'manipulados' para produzir um resultado preconcebido".

[9] Sauvage, "Traditionalism."

Capítulo 9: "Eles criaram uma nova Igreja..." 205

Catolicismo integral e ativo... sendo aplicável a todos os católicos romanos dignos desse nome... Para os católicos seria supérfluo perguntar se o Ultramontanismo e o Catolicismo são a mesma coisa: certamente, aqueles que combatem o Ultramontanismo estão de facto a combater o Catolicismo, mesmo quando negam o desejo de se oporem a ele". [10]

No entanto, o que *a Enciclopédia Católica* entende por tradicionalismo não é o mesmo que entendemos quando usamos essa palavra atualmente. Pelo contrário, refere-se a um movimento teológico muito específico, circunscrito ao século XIX.

Um dos maiores defensores deste tradicionalismo do século XIX foi o padre e filósofo francês Felicité de la Mennais (pseudónimo Lamennais). [11] Em 1817, publicou o primeiro volume do seu *Essai sur l'indifference en matière de religion* (em francês, "Ensaio sobre a indiferença em matéria de religião"). A sua casa tornou-se "a capital espiritual e intelectual do Catolicismo francês" [12] e várias personalidades católicas da época vinham ter com ele em busca de conselhos e inspiração. Num século ainda a recuperar dos ideais radicais da Revolução Francesa, ou do racionalismo exacerbado e do positivismo científico do Iluminismo, ou de um profundo indiferentismo religioso, Lamennais surgiu como uma voz nova e vibrante, revitalizando o Catolicismo e transformando-o de novo numa força social a ter em conta. Para Lamennais, a única forma de se opor a todos os males do seu tempo era defendendo uma teocracia papal, [13] em que o pontífice romano governaria sobre todos, incluindo reis e imperadores. Por outras palavras, Lamennais era um ultramontano.

---

[10] Benigni, "Ultramontanism." Ver também O'Neill, "A Defense of Ultramontanism": "Mas como tem o uso histórico do termo 'ultramontano' algum significado para nós hoje? Dado que o termo surgiu como um insulto contra aqueles que desafiavam as reivindicações do Galicanismo, e dado que aqueles que defendiam a primazia papal sobre os reis e bispos locais foram legitimados no Concílio Vaticano I, o termo não deve ser associado à heterodoxia, mas sim à ortodoxia".

[11] Gurian. "Lamennais", 205.
[12] Gurian. "Lamennais", 207-208.
[13] O'Malley. *Vatican I*, 66-67.

Ultramontano é um termo que teve origem na Idade Média para descrever um papa proveniente de fora da Itália. Um *papa ultramontano* era um papa do "outro lado das montanhas", ou seja, dos Alpes. Mais tarde, os franceses e os alemães, ao defenderem o poder das suas igrejas locais contra a prepotência papal, inverteram a perspetiva: agora era o papa que vivia num mundo distante, do outro lado das montanhas. Ultramontano tornou-se assim um termo pejorativo para insultar aqueles que apoiavam a autoridade papal.[14]

Os Ultramontanos eram, no entanto, um grupo muito diverso. Embora todos concordassem que a autoridade papal devia ser exaltada acima das autoridades episcopais e seculares,[15] os pormenores de como essa autoridade papal deveria ser exercida não eram tão consensuais entre eles. Lamennais era prova dessa diversidade. O seu tipo particular de Ultramontanismo acabaria por evoluir para Tradicionalismo e Liberalismo.

É importante compreender o contexto histórico-social que motivou as ideias de Lamennais. Após o declínio da Revolução Francesa e a derrota final de Napoleão Bonaparte, a monarquia francesa foi reinstituída em 1814 sob a égide de Luís XVIII da Casa de Bourbon. A Igreja Católica, tendo sofrido graves perseguições às mãos de revolucionários e napoleónicos, alinhou com esta restauração.

Mas Lamennais não estava satisfeito com este acordo. Para ele, o regime dos Bourbon era um recetáculo das crenças galicanas, como a ideia de que a Igreja se devia submeter aos governantes seculares (como veremos mais adiante). Este regime restauracionista estava a definhar[16] e o Papa devia saltar borda fora antes que o barco se afundasse. Enquanto outros ultramontanos aplaudiam o casamento entre trono e cátedra, Lamennais apoiava o seu divórcio. Para ele, o papado não devia aliar-se aos príncipes, mas ao povo. O filósofo concebeu uma estranha quimera em que o maximalismo papal se conjugava com o laicismo e a liberdade de expressão, de imprensa e de religião. Uma democracia teocrática, se quisermos.[17] Em 1826, publicou o ensaio *De la religion considérée dans ses rapport avec l'ordre*

---

[14] O'Malley. *Vatican I*, 60. Ver também Benigni, "Ultramontanism".
[15] O'Malley. *Vatican I*, 61.
[16] Gurian. "Lamennais", 208.
[17] O'Malley. *Vatican I*, 66-67.

politique et civile ("Sobre a religião considerada na sua relação com a ordem política e civil"). Em 1830, fundou a revista *L'Avenir* ("o amanhã").

Para unir todas as peças da sua quimera, Lamennais formulou um sistema metafísico-filosófico-teológico que mais tarde seria chamado de "Tradicionalismo". Segundo este sistema, todos os instrumentos através dos quais o homem apreende o mundo — os sentidos, a razão, os sentimentos — são falíveis e, por conseguinte, pouco fiáveis. Para alcançar a regra da certeza, não podemos confiar em nós mesmo, mas em algo externo. Isto pode ser feito comparando os nossos próprios sentidos, sentimentos e razão com os sentidos, sentimentos e razão de outras pessoas. A regra da certeza é o consentimento ou acordo comum de todos. Antes de confiar na razão, a pessoa deve dar um salto de fé, acreditando cegamente no que é o *sens commun* ("senso comum") ou *raison générale* ("razão geral").[18] Desta forma, Lamennais procurou opor-se ao racionalismo da sua época, caindo no extremo oposto, numa espécie de fideísmo.[19]

Segundo Lamennais, a fé identifica-se com as crenças originais do género humano, reveladas por Deus aos nossos primeiros antepassados. Estas crenças originais foram mais tarde restauradas por Jesus Cristo e preservadas pela Igreja Católica.[20] Antes de confiar na razão, é preciso confiar na tradição, aqui identificada com a *raison générale* — daí o nome "tradicionalismo".

Lamennais não era apenas cético em relação aos sentidos, sentimentos e razão de cada indivíduo. Ele também tinha uma opinião profundamente negativa sobre o mundo atual, o qual considerava imperfeito. Para escapar a este mundo, Lamennais projetava os seus sonhos num mundo melhor, que poderia existir quer no além católico, quer num futuro terreno, onde a Igreja conduziria uma sociedade utópica construída sobre a liberdade.[21] Os monarcas europeus em geral, e franceses em particular, eram adversários deste projeto. Deveriam ser, por isso, rejeitados. Assim, Lamennais foi um

---

[18] Sauvage, "Tradicionalism."
[19] Gurian. "Lamennais," 215.
[20] Gurian. "Lamennais," 215.
[21] Gurian. "Lamennais," 212.

dos fundadores, não só do tradicionalismo, mas também do liberalismo católico.

É claro que a teologia e a filosofia de Lamennais contêm muitas inconsistências lógicas. Por exemplo: se os sentidos, sentimentos e razão de cada indivíduo não são fiáveis, por que seria a concordância dos sentidos, sentimentos e razão falíveis de todos os indivíduos juntos de alguma forma uma regra de certeza? Além disso, o tradicionalismo de Lamennais era uma espécie de fideísmo: a revelação divina substituía a razão em vez de ser determinada por ela.[22] No entanto, a Igreja Católica tinha condenado o fideísmo como erróneo, pois a razão humana é de facto capaz de conhecer com certeza algumas verdades fundamentais da ordem natural, moral e religiosa.[23] Relativamente ao liberalismo de Lamennais, este baseava-se numa noção romântica e lírica de que a justiça seria inevitavelmente realizada quando o povo se libertasse das tiranias dos príncipes. Ele nunca pareceu considerar que as injustiças pudessem ser cometidas em nome dos povos oprimidos.[24]

Obviamente, as suas ideias granjearam-lhe muitos inimigos entre os galicanos que, como veremos mais tarde, enfatizavam a submissão aos governantes que Lamennais tanto desprezava.[25] Mas foi a oposição do Santo Padre que mais surpreendeu Lamennais. Afinal de contas, Gregório XVI tinha, antes da sua eleição como Papa, publicado um livro chamado *Il Trionfo della Santa Sede e della Chiesa contro gli assalti dei novatori* (em italiano, "O Triunfo da Santa Sé e da Igreja sobre os ataques dos inovadores"), dando efetivamente início ao movimento ultramontano, como o conhecemos.[26] No entanto, na sua ânsia de defender a liberdade para todos, Lamennais interpretou de forma significativamente errada o seu contexto histórico.

Em 1830, muitas rebeliões surgiram por toda a Europa, inflamadas por ideais revolucionários. Uma dessas rebeliões derrubou o rei Bourbon de França, substituindo-o pelo seu primo. Os Estados Pontifícios não foram poupados a esta onda de fervor revolucionário. O exército papal era

---

[22] Sauvage, "Tradicionalism."
[23] Sauvage, "Tradicionalism."
[24] Gurian. "Lamennais," 223.
[25] Gurian. "Lamennais," 217.
[26] O'Malley. *Vatican I*, 51.

Capítulo 9: "Eles criaram uma nova Igreja..."

manifestamente insuficiente para reprimir a revolta. A ordem só pôde ser restabelecida com a ajuda de tropas enviadas pela Áustria e pela França.[27] Embora Lamennais tivesse previsto com exatidão a decadência do regime dos Bourbon, Gregório XVI tinha sido atacado pelos seus próprios súbditos e salvo pelo poder dos monarcas. O Papa tinha todas as razões para desconfiar dos povos que Lamennais apoiava e para confiar nos reis que Lamennais detestava.

Num entusiasmo ingénuo, Lamennais dirigiu-se a Roma em 1831 para pedir a aprovação do Papa.[28] O momento não podia, obviamente, ser mais infeliz. As cinzas da revolta de 1830 ainda pairavam sobre os Estados Pontifícios. Gregório XVI responderia em 1832 através da sua primeira encíclica *Mirari Vos*. Nesta encíclica, o Papa condenou a separação da Igreja e do Estado e as liberdades de expressão e de imprensa, tão caras a Lamennais.[29] Ainda que o pontífice não tenha citado o filósofo francês pelo nome, *Mirari Vos* tornou a filosofia política de Lamennais insustentável de um ponto de vista católico. Dois anos mais tarde, Gregório emitiria outra encíclica, basicamente reafirmando os princípios de *Mirari Vos*. O seu título era *Singulari Nos* e o seu subtítulo era literalmente *Sobre os Erros de Lamennais*.

As fantasias utópicas de Lamennais estavam agora completamente esmagadas. Os alicerces da sua fé tinham sido abalados até ao âmago. Embora, no início, o filósofo tenha respondido: "Temos de nos submeter ao juízo papal",[30] depressa começou a afastar-se desse juízo. O Papa não tinha agido como um pai, mas como um diplomata, influenciado pelas intrigas políticas dos príncipes europeus.[31] Lamennais tentou fazer uma distinção entre o papa como chefe da Igreja e o papa como uma pessoa privada que exprime opiniões políticas pessoais.[32] Tratava-se, evidentemente, de uma ilusão da sua parte, uma conclusão à procura de um

---

[27] O'Malley. *Vatican I*, 52.
[28] Gurian. "Lamennais," 219.
[29] O'Malley. *Vatican I*, 53.
[30] Gurian. "Lamennais," 220-221.
[31] Gurian. "Lamennais," 219.
[32] Gurian. "Lamennais," 221.

argumento, uma forma desajeitada de resolver a dissonância cognitiva entre ser defensor do papa e discordar dele. Não durou muito tempo.

A batalha interior entre o ultramontanismo e o liberalismo de Lamennais continuou, mas foram os seus ideais políticos que venceram a contenda pela sua alma. Anteriormente, tinha defendido uma espécie de democracia teocrática. Uma vez que a teocracia e a democracia eram agora consideradas incompatíveis, abandonaria a primeira para manter a segunda. Em breve, o papa seria remetido ao mesmo desprezo que os monarcas que tanto odiava. O pontífice romano era apenas mais um príncipe, mais um tirano, mais um obstáculo à realização da liberdade. Lamennais removeu o carácter infalível outrora atribuído ao papa e deu-o ao povo em seu lugar.[33] Uma vez que a Igreja o desiludiu, Lamennais substituiu-a pela própria humanidade.[34] No final da sua vida, o filósofo havia abandonado o sacerdócio, renunciado ao Catolicismo e professado um humanitarismo progressista vagamente espiritualista.[35]

O declínio espiritual de uma luminária como Lamennais é uma das maiores tragédias do Catolicismo do século XIX. Embora possamos concordar que o filósofo foi tratado de forma bastante áspera, a posição do Papa também é compreensível. Como explica Waldemar Gurian, um politólogo do século XX, no seu trabalho sobre Lamennais:

> O sistema de Lamennais é a expressão da sua convicção na sua missão particular que o coloca em conflito com o papado. Era o porta-estandarte de um ultramontanismo que lutava contra um galicanismo que procurava limitar a autoridade papal no interesse de um poder egoísta e particular. Mas, na realidade, ele procurava determinar a ação dessa autoridade em nome da qual e para cujos direitos agia... Não se apercebeu de que a sua política tentava ligar a Igreja a um sistema político-social, subordinando assim a sua missão supra-temporal e supra-política a um movimento social e político temporal, tal como tinham feito os seus adversários, os defensores da unidade entre a Igreja e os regimes da Restauração. Era esta a questão essencial da condenação...

---

[33] Gurian. "Lamennais," 224.
[34] Gurian. "Lamennais," 211.
[35] Gurian. "Lamennais," 213.

Lamennais tentou impor a sua liderança à Igreja e substituir-se à autoridade do papado. E tentou identificar essa liderança com certas exigências políticas e sociais. É certo que o Papa Gregório XVI sobrestimou as possibilidades práticas de cooperação com os príncipes — ele próprio lamentou mais tarde a confiança que depositou no Czar Nicolau I. É possível que o Papa nem sempre tenha julgado correctamente a situação política real, sobrestimando o carácter cristão dos regimes conservadores e não tentando descobrir, como fez o *Avenir*, o verdadeiro anseio das massas por detrás dos discursos anti-religiosos. Mas Lamennais criou uma situação inaceitável para o papado; um grupo de homens sem autoridade (Lamennais e os seus amigos) tentou impor os seus pontos de vista a toda a Igreja, mobilizando a opinião pública. O próprio Lamennais sempre tinha insistido na autoridade papal — tinha-o feito também no *Avenir* com uma sinceridade inquestionável; como podia ele esperar que a autoridade papal se subordinasse à sua interpretação da história e dos deveres da Igreja na sociedade contemporânea?[36]

No final, não só o liberalismo de Lamennais, mas também o seu tradicionalismo seriam condenados. Algumas décadas mais tarde, o Concílio Vaticano I dedicou o capítulo 4 da *Dei Filius* à relação entre fé e razão. Aqui, os Padres Conciliares definiram uma dupla ordem de conhecimento: por um lado, conhecemos pela razão natural, por outro lado, conhecemos pela fé divina.[37] A razão alcança, de facto, alguma compreensão dos mistérios divinos quando procura persistente, piedosa e sobriamente tal compreensão.[38] Os Padres Conciliares continuariam a dizer:

> Não só a fé e a razão nunca podem estar em desacordo uma com a outra, como se apoiam mutuamente, pois, por um lado, a razão

---

[36] Gurian. "Lamennais," 225-226.
[37] Vaticano I. *Dei Filius*, Capítulo 4, 2.
[38] Vaticano I. *Dei Filius*, Capítulo 4, 4.

reta estabelece os fundamentos da fé e, iluminada pela sua luz, desenvolve a ciência das coisas divinas; por outro lado, a fé livra a razão dos erros e protege-a, fornecendo-lhe conhecimentos de muitos tipos.[39]

No entanto, o Concílio Vaticano I fez muito mais do que condenar o Tradicionalismo. O seu alvo principal não era tanto o Tradicionalismo, mas o Galicanismo. E, embora Lamennais tivesse dividido o movimento ultramontano em dois,[40] a fação que permaneceu ultramontana tinha no Galicanismo um inimigo muito maior, muito mais antigo.

"Inovações ultramontanas"

Para compreendermos o que é o Galicanismo, temos de recuar os nossos calendários até ao século XVII. Nessa altura, as tensões políticas estavam no auge. O primado papal do Papa Inocêncio XI chocava com o absolutismo monárquico do Rei Luís XIV de França. A fidelidade do clero francês estava dividida entre dois deveres concorrentes, o religioso e o secular. A Assembleia do Clero de França reuniu-se em 1682 e debateu o assunto. Atualmente, os historiadores não acreditam que esta reunião tenha sido comandada pelo rei, mas que exprime as convicções autênticas e tradicionais do clero francês.[41] No final, a assembleia redigiu uma declaração com quatro artigos:

1. Jesus Cristo deu a Pedro e aos seus sucessores autoridade sobre assuntos espirituais e não temporais.
2. A autoridade papal em assuntos espirituais não impediu a autoridade dos concílios ecuménicos, tal como definido pelos decretos da quarta e quinta sessões do Concílio de Constança.
3. A autoridade da Santa Sé deve também ser regulada de acordo com as liberdades da igreja francesa, nomeadamente as regras, os costumes e as constituições de longa data sancionadas pelo tempo e por toda a igreja num determinado momento.

---

[39] Vaticano I. *Dei Filius*, Capítulo 4, 10.
[40] O'Malley. *Vatican I*, 68.
[41] O'Malley. *Vatican I*, 27.

Capítulo 9: "Eles criaram uma nova Igreja..."

4. O juízo do papa não é irreformável, a não ser que receba o consentimento de toda a Igreja. [42]

Foi o nascimento do Galicanismo tal como o conhecemos. Mas embora estes princípios tenham sido codificados pela declaração de 1682, não foram criados por ela. [43] Para os galicanos, estes princípios remontavam aos primeiros séculos da história da Igreja. [44] Durante o primeiro milénio, era habitual que o governo da Igreja fosse feito pelos bispos, quer individual, quer coletivamente, através de concílios locais e ecuménicos. [45] Os galicanos recordavam que a igreja romana havia sido salva várias vezes pela ação de toda a Igreja, nomeadamente quando o papado teve de ser libertado da nobreza romana no século XI. [46]

No que respeita à França em particular, os papas tinham feito várias concessões ao longo dos séculos, cedendo alguma da sua autoridade a favor dos bispos e reis franceses. Afinal, a igreja francesa sempre se distinguira pela sua exatidão na preservação da fé e na manutenção da disciplina eclesiástica (ver capítulo 7: "Impondo-se aos ritos dos povos"). [47] Como observaria um autor galicano: "De todos os países cristãos, a França foi o mais cuidadoso em conservar a liberdade da sua Igreja e em *opor-se às novidades introduzidas pelos canonistas ultramontanos*." [48]

---

[42] O'Malley. *Vatican I*, 26-27. Ver também Dégert, "Gallicanism."
[43] Dégert, "Gallicanism."
[44] O'Malley. *Vatican I*, 29. Ver também Dégert, "Gallicanism": "Se dermos crédito a estes autores, o que os galicanos defendiam em 1682 não era um conjunto de novidades, mas um corpo de crenças tão antigo como a Igreja, a disciplina dos primeiros séculos. A Igreja de França tinha-as defendido e praticado em todos os tempos; a Igreja Universal tinha-as acreditado e praticado desde a antiguidade, até cerca do século X; O Rei S. Luís tinha-as apoiado, mas não criado, pela Sanção Pragmática; o Concílio de Constança tinha-as ensinado com a aprovação do Papa. As ideias galicanas, portanto, não devem ter tido outra origem senão no dogma cristão e na disciplina eclesiástica".
[45] O'Malley. *Vatican I*, 28.
[46] O'Malley. *Vatican I*, 28.
[47] Dégert, "Gallicanism."
[48] Dégert, "Gallicanism."

Para os galicanos, portanto, as reivindicações ultramontanas de primado e infalibilidade papais [49] eram adições posteriores, não sustentadas pela tradição. Ao longo da história, o papado tinha gradualmente usurpado as prerrogativas pertencentes aos bispos locais. [50] Além disso, os galicanos acreditavam que a independência do papado em relação aos poderes seculares tinha sido uma novidade introduzida pelo nosso velho conhecido S. Gregório VII que, ao contrário dos seus antecessores, tinha excomungado reis e nobres pelas injúrias que tinham infligido à Igreja. [51] Consequentemente, o Galicanismo era visto como um renascimento das tradições mais antigas do Cristianismo. [52]

Isto não significa que os galicanos não acreditassem no primado do papa. Simplesmente, opunham-se ao que consideravam ser novos excessos da autoridade papal. Como explica o historiador John O'Malley: "Para eles, a Santa Sé era o centro onde tudo se juntava, e não a fonte de onde tudo fluía". [53] O primado papal era limitado pelo poder temporal dos príncipes, pela autoridade dos concílios ecuménicos, pelo consentimento dos bispos e pelos cânones e costumes das igrejas locais. [54] Ao fazê-lo, estavam, na sua opinião, a aceitar uma noção de autoridade papal que estava mais em conformidade com a Escritura e a tradição. [55]

Em 1691, o sucessor de Inocêncio XI, Alexandre VIII, emitiu a bula *Inter Multiplices*, proclamando a declaração francesa de 1682 nula e sem qualquer autoridade. Alexandre, no entanto, não condenou totalmente o Galicanismo por receio de retaliações políticas. Este facto permitiu que os galicanos interpretassem a bula de uma forma mais generosa do que a pretendida pelo pontífice. O Papa tinha-se mostrado desfavorável, mas não

---

[49] O primado papal refere-se à jurisdição episcopal suprema do papa como pastor e governador da Igreja Universal. A infalibilidade papal refere-se à imunidade do papa a erros de ensino na definição de dogmas.

[50] O'Malley. *Vatican I*, 29.

[51] Dégert, "Gallicanism." Ver também O'Malley. *Vatican I*, 61. Para um relato da excomunhão do Sacro Imperador Romano Henrique IV pelo Papa Gregório VII, ver Mullin, *A Short World History of Christianity*, 99-100.

[52] Dégert, "Gallicanism."

[53] O'Malley. *Vatican I*, 56.

[54] Dégert, "Gallicanism."

[55] Dégert, "Gallicanism."

Capítulo 9: "Eles criaram uma nova Igreja..."

tinha proscrito o Galicanismo, pelo que continuava a ser uma opinião aceitável.[56]

O Galicanismo não permaneceria confinado às fronteiras francesas. À medida que o século XVIII avançava, os políticos mais estatistas sentiam que os princípios galicanos podiam ser úteis para estabelecer igrejas nacionais com uma maior fidelidade ao rei do que ao papa. Estes políticos eram mais filhos do Iluminismo do que da Igreja, mas viam a Igreja como um setor conveniente do Estado, ao serviço do Estado para os seus objectivos.[57] Em 1763, von Hontheim, bispo auxiliar de Tréveris, publicou um livro "Sobre a constituição da Igreja e o poder legítimo do Papa", sob o pseudónimo Justinius Febronius.[58] Para Febrónio, a Alemanha tinha tanto direito a concessões como a França, uma vez que os imperadores alemães eram também herdeiros de Carlos Magno.[59] O Imperador José II da Áustria utilizaria os escritos de Febrónio para justificar as suas reformas modernizadoras e iluministas.[60] Assim, Febronianismo e Josefismo tornaram-se os nomes das versões alemã e austríaca do Galicanismo, respetivamente.

Quando eclodiu a Revolução Francesa, a Assembleia Nacional aplicou os princípios galicanos nas suas Constituições Civis do Clero, despojando a Igreja dos seus bens, reduzindo unilateralmente o número de dioceses em França, decretando que os bispos deviam ser eleitos localmente sem necessidade de aprovação papal e obrigando todos os clérigos a jurar fidelidade ao Estado.[61] Quando Napoleão tomou o poder, assinou uma concordata com a Santa Sé reafirmando todas estas medidas.[62]

Quando os Bourbon restabeleceram a monarquia (ver acima), o Galicanismo estava gravemente enfraquecido por anos de servidão aos desacreditados poderes políticos. Entretanto, o Ultramontanismo surgia como reação a esta instabilidade política. O melhor antídoto para todos os

---

[56] O'Malley. *Vatican I*, 28.
[57] O'Malley. *Vatican I*, 34.
[58] O'Malley. *Vatican I*, 29. Ver também Dégert, "Gallicanism."
[59] Dégert, "Gallicanism."
[60] O'Malley. *Vatican I*, 30.
[61] O'Malley. *Vatican I*, 42.
[62] O'Malley. *Vatican I*, 57.

males que a Igreja tinha experimentado no último século ou dois era fortalecer a autoridade papal contra a invasão dos estatistas.

Embora considerado como uma inovação pelos galicanos, o Ultramontanismo também se vangloriava de uma linhagem venerável. Os capítulos anteriores deste livro testemunham muitos casos de primazia papal. O facto de Pedro ter uma preeminência especial entre os outros discípulos era amplamente reconhecido pela Igreja dos primeiros séculos. Estava solidamente fundamentado nas Escrituras [63] e era reconhecido pelos primeiros bispos, tanto do Oriente como do Ocidente. [64] No século V, já havia uma tradição de que a igreja romana não podia errar em questões de doutrinas contestadas, uma vez que 1) tinha sido o lugar onde Pedro tinha sido martirizado, 2) tinha dupla apostolicidade (tendo sido fundada também por Paulo), e 3) tinha um registo impecável de apoiar a posição que acabou por ser considerada ortodoxa em debates doutrinários muito controversos. [65] Veremos mais sobre isso no capítulo 12.

Mas foi durante a Idade Média que a questão da autoridade papal mais amadureceu. O papa tornou-se o governante dos Estados Pontifícios, um monarca como qualquer outro na Europa. O poder papal tornou-se mais centralizado e reivindicou autoridade mesmo sobre os governantes seculares. Os teólogos e canonistas começaram a deliberar e a debater sobre a infalibilidade papal e o que esta implicava. [66] O Concílio de Florença, em particular, parecia afirmar a supremacia papal. [67]

O Ultramontanismo recebeu um impulso adicional durante a Reforma. Como os protestantes rejeitavam os ensinamentos papais, os católicos reagiram enfatizando a infalibilidade papal e a fiabilidade do magistério (ver capítulo 8). Particularmente importante para delinear as reivindicações ultramontanas posteriores, foi o Cardeal S. Roberto Belarmino, o famoso teólogo jesuíta da Contra-Reforma, cujos escritos sobre o papado rapidamente se tornaram considerados o padrão sobre a questão. Belarmino também escreveu contra alguns teólogos parisienses (nomeadamente Jean Gerson, que mencionei no capítulo 7) que tinham

---

[63] Mt 16,17-20; Jo 21,15-17; Lc 22,31-34
[64] O'Malley. *Vatican I*, 6-7.
[65] O'Malley. *Vatican I*, 8.
[66] O'Malley. *Vatican I*, 6, 9, 61.
[67] O'Malley. *Vatican I*, 204-205.

promovido conceitos que mais tarde formariam a base para a declaração galicana de 1682.[68] O Ultramontanismo emergente estava numa rota de colisão inevitável com o Galicanismo.

O Ultramontanismo sofreu uma outra mutação durante os séculos XVIII e XIX. Os maiores adversários dos católicos já não eram os protestantes, mas os príncipes e os revolucionários que exigiam que os católicos colocassem a fidelidade ao Estado acima dos seus compromissos religiosos. Com o passar do tempo, a fidelidade ao papado deixou de ser "uma oposição à Reforma" e passou a ser mais uma "oposição aos tempos".[69]

Chegámos ao papado de Gregório XVI e à publicação do *Triunfo da Igreja*. O movimento ultramontano estava agora em pleno vigor, aproveitando o estado de enfraquecimento do Galicanismo. As duas facções estavam agora a disputar o coração da Igreja. Como explica mais uma vez O'Malley, estes dois partidos estavam separados por uma *"variação metodológica relativamente à tradição da Igreja. A diferença era o resultado de duas abordagens divergentes ao problema profundamente perturbador de como a Igreja devia lidar com as discrepâncias, pelo menos aparentes, entre os ensinamentos do passado e os seus equivalentes actuais"*.[70]

No entanto, seria o sucessor de Gregório que daria os passos mais importantes para — como diz O'Malley no subtítulo do seu livro seminal sobre o Vaticano I — "a criação da Igreja Ultramontana".

"Um concílio manipulado"

Quando Pio IX sucedeu a Gregório XVI em 1846, era visto como mais simpático às ideias liberais do que o seu conservador predecessor. Pio era jovem, gentil e desejoso de empreender reformas nos Estados Pontifícios. No entanto, tais reformar nunca foram suficientemente longe para agradar aos revolucionários. Em 1848, rebentou uma revolta em Roma. Pio teve de fugir clandestinamente do seu palácio e refugiar-se numa zona rural. Foi

---

[68] O'Malley. *Vatican I*, 6, 61-62.
[69] O'Malley. *Vatican I*, 49.
[70] O'Malley. *Vatican I*, 5.

criada uma assembleia popular em Roma que destituiu o Papa do seu poder temporal. Só no ano seguinte foi o poder do Papa restabelecido com a ajuda de tropas francesas. No entanto, a soberania de Pio IX era ainda precária e assim permaneceria durante todo o seu pontificado.[71] Esta experiência traumática endureceu o coração de Pio IX contra o liberalismo. Tinha acabado de nascer o Papa mais ultramontano de toda a história.

O seu adversário mais formidável também estava lentamente a revelar-se. Em 1826, um padre alemão chamado Ignaz von Döllinger tornou-se professor na Universidade de Munique. Em breve, a sua erudição e perspicácia intelectual tornaram-se amplamente conhecidas em toda a Alemanha e no mundo. Os seus contemporâneos referiam-se a ele como "o teólogo mais célebre da Alemanha a nível internacional" e *"primus doctor Germaniae"*[72] ("o maior professor da Alemanha"). Contava o Cardeal Newman como um dos seus admiradores e tornou-se reitor da Igreja Real de S. Caetano, bem como conselheiro privado da coroa.[73] O seu futuro parecia brilhante, a sua carreira inatacável, a sua obra impecável.

Infelizmente, tal como Pio IX passou de uma posição mais liberal para uma mais conservadora, a posição de Döllinger também se afastou do seu ultramontanismo original. O professor ficou cada vez mais preocupado com o que considerava serem as "tendências romanizadoras do Papa e dos seus apoiantes jesuítas".[74] Em 1861, o Prof. Döllinger proferiu uma série de conferências que geraram uma onda de polémica por toda a Europa. Nestas conferências, o professor defendeu a dissolução dos Estados Pontifícios, elogiou o Bispo Bossuet (um dos principais teólogos galicanos do século XVII) como se tivesse sido um "Padre da Igreja" e defendeu as prerrogativas dos teólogos católicos face ao obscurantismo de Roma.[75]

A reação do Papa era previsível. Em 1863, Pio IX publicou uma carta apostólica ao arcebispo de Munique, intitulada *Tuas Libenter*, na qual recordava o arcebispo do dever dos teólogos alemães de se submeterem à autoridade papal.[76] Mais tarde, Pio IX promulgou a encíclica *Quanta Cura* com um apêndice: o famoso *Syllabus* de Erros. Aqui, o Papa condenou uma

---

[71] O'Malley. *Vatican I*, 96-98.
[72] Howard. *The Pope and the Professor*, 3.
[73] Howard. *The Pope and the Professor*, 3-4.
[74] Howard. *The Pope and the Professor*, 5.
[75] O'Malley. *Vatican I*, 121-122.
[76] O'Malley. *Vatican I*, 122.

série de proposições modernas, incluindo muitas que poderiam ser atribuídas a Döllinger. Entretanto, uma série de artigos ultramontanos começaram a aparecer em periódicos católicos favoráveis ao Papa, nomeadamente no semioficial *La Civiltà Cattolica*.

Döllinger não ficou de braços cruzados. Se o Papa e os ultramontanos iam usar a imprensa, então o professor iria combater fogo com fogo. Publicou cinco artigos no jornal alemão *Augsburger Allgemeine Zeitung*, respondendo à posição da *Civiltà*.[77] Embora Döllinger aceitasse certamente o primado papal, acreditava que o tipo de primado apoiado por Pio IX não tinha suporte na tradição. Tratar-se-ia de um desenvolvimento posterior (e questionável) da Idade Média.[78] Alguns pensadores galicanos juntaram-se à luta, publicando livros e artigos próprios, utilizando precedentes históricos em apoio da sua posição. Entre eles estava o Bispo Dupanloup de Orleães, que acusava os ultramontanos de "fomentar a discórdia entre os bispos, polarizar deliberadamente as opiniões, defender a infalibilidade com argumentos amadores e mal informados, rotular de heresia as opiniões legítimas, falar do papado de forma a equipará-lo à divindade".[79]

Esta animosidade não existia no vazio. O movimento nacionalista italiano tinha-se reunido em torno da figura do Rei Vítor Emanuel de Sabóia, que procurava unificar toda a Península Itálica sob uma única nação. Isto incluía, naturalmente, os Estados Pontifícios. Em 1860, a maior parte destas terras tinha sido conquistada com sucesso, e apenas a cidade de Roma e os seus arredores permaneciam sob controlo papal. A disputa entre galicanos e ultramontanos tinha claras implicações políticas.

Cinco anos mais tarde, Pio IX convocou um concílio a reunir-se no Vaticano. Seria o Concílio Vaticano I. Os galicanos entraram em pânico. Temiam que este novo concílio fixasse as doutrinas ultramontanas numa pedra infalível. Döllinger, em particular, tinha lutado longa e arduamente para explicar por que razão definir a infalibilidade papal no contexto explosivo em que estavam a viver era uma ideia incrivelmente má. Seria transformar um movimento instável do papado medieval na doutrina

---

[77] O'Malley. *Vatican I*, 124.
[78] Howard. *The Pope and the Professor*, 5. Ver também O'Malley. *Vatican I*, 124.
[79] O'Malley. *Vatican I*, 129.

irreversível da Igreja Católica.[80] Os galicanos sentiam o pontífice a mexer os cordelinhos por detrás dos artigos da *Civiltà* e concluíram que o concílio estava viciado contra eles.[81]

No entanto, toda a polémica levantada por Döllinger e pelos galicanos acabou por se virar contra eles. As razões que levaram Pio IX a convocar um concílio não são claras,[82] mas a ordem de trabalhos sugerida no início da reunião centrava-se no racionalismo, no materialismo e no indiferentismo. O Galicanismo e a infalibilidade papal não pareciam ser um ponto central da ordem de trabalhos prevista.[83] Mas agora, graças ao bombardeamento de artigos galicanos, o primado e a infalibilidade papais tinham-se transformado na controvérsia do dia. Seria muito difícil para o Concílio ignorar esses temas.[84] O resultado que Döllinger e os seus correligionários tanto temiam tornou-se uma profecia auto-realizável devido à sua defesa preventiva e agressiva. Um concílio ecuménico,

---

[80] Howard. *The Pope and the Professor*, 5.
[81] O'Malley. *Vatican I*, 123.
[82] O'Malley. *Vatican I*, 107.
[83] O'Malley. *Vatican I*, 109. Ver também De Mattei. *Pio IX,* 130-131: "Pio IX confiou a um grupo de cardeais o seu projeto de convocar um novo concílio ecuménico como remédio contra os graves males da época... A bula de convocação [*Aeterni Patris*] explicava que o objetivo do Concílio era 'oferecer um remédio para os males do século atual na Igreja e na sociedade'... Na bula *Aeterni Patris*, não foi feita qualquer menção ao problema da infalibilidade papal". Ver também Sheridan. "A Note on Mr. Blanshard", 692: "Mr. Blanshard insinua que o Concílio foi convocado apenas com o objetivo de definir a infalibilidade, uma visão que é completamente anti-histórica. A infalibilidade tornou-se, de facto, a questão mais violentamente agitada no Concílio, mas este realizou uma grande quantidade de outros trabalhos importantes e projetou outros que foram interrompidos pela eclosão da guerra... O Concílio reuniu-se em dezembro de 1868, e a questão da infalibilidade só foi aí discutida em maio do ano seguinte. Uma vez que o Concílio encerrou em meados de julho, apenas cerca de um terço do seu tempo foi dedicado à infalibilidade. Foi a 6 de dezembro de 1864 que Pio IX deu instruções aos cardeais da Cúria para considerarem a conveniência de um concílio ecuménico. Em poucos meses, recebeu cerca de vinte e um relatórios, dos quais apenas dois não viam necessidade de um concílio e apenas dois mencionavam a infalibilidade papal. O partido romano, supostamente subserviente, parece ter-se enganado na mente do seu mestre".
[84] O'Malley. *Vatican I*, 130. Aqui, O'Malley cita Schatz. *Vaticanum I*, 1:272-273, que por sua vez cita um axioma dito na altura pelo Bispo Charles Couseau de Angolema: *Quod inopportunum dixerunt, necessarium fecerunt* ("falando inoportunamente, tornaram-no necessário").

Capítulo 9: "Eles criaram uma nova Igreja..."

liderado pelo papa mais ultramontano de sempre, estava prestes a discutir os méritos do Ultramontanismo e da sua teologia rival, o Galicanismo.

A 8 de dezembro de 1869, foi aberto o Concílio Vaticano I, reunindo setecentos bispos de todo o mundo, tornando-se a maior reunião católica (ou mesmo europeia) até então.[85] Em breve, os bispos dividiram-se em duas fações. De um lado estavam os galicanos, aos quais se juntaram os liberais (estes últimos influenciados por Lamennais). Como descreve o historiador O'Malley:

> No concílio, os galicanos quiseram sobretudo preservar o *papel tradicional dos bispos e dos concílios* no governo da Igreja. Opuseram-se à definição da infalibilidade papal em princípio, porque a consideravam desnecessária ou inoportuna... A sua objeção teológica principal a esta doutrina, tal como formulada por muitos dos seus defensores, era que *ela destruía a estrutura orgânica tradicional da Igreja*, separando a cabeça do corpo.[86]

Os galicanos invocaram, como era habitual na sua argumentação, muitos exemplos históricos para a sua posição, nomeadamente o papel tradicional dos bispos na definição da doutrina, especialmente quando reunidos em concílios ecuménicos[87] — uma posição irónica para se tomar num concílio ecuménico prestes a definir uma doutrina da qual discordavam. Argumentaram também com o precedente dos papas alegadamente heréticos, como o Papa Honório. Vamos discutir este assunto com mais pormenor no capítulo 13.

No entanto, a outra parte constituía a maioria do episcopado. Mais ainda, contava com todo o apoio de Pio IX. E o Papa interveio muitas vezes, de facto, nos bastidores do Concílio. Por exemplo, quando já era óbvio que a infalibilidade ia ser definida de qualquer das formas, o Cardeal Filippo Guidi propôs uma espécie de compromisso: a infalibilidade não pertenceria ao papa enquanto pessoa, mas ao ato que o papa praticava ao

---

[85] O'Malley. *Vatican I*, 133.
[86] O'Malley. *Vatican I*, 131.
[87] O'Malley. *Vatican I*, 207.

definir o dogma. Era o ato, e não a pessoa, que era infalível. Além disso, o papa não devia exercer este poder antes de consultar os bispos para perceber qual era o senso da Igreja. Qualquer definição conciliar de infalibilidade papal deveria incluir a ressalva: "após a devida investigação, como é costume". [88]

Nesse mesmo dia, Pio IX convocou o Cardeal Guidi à sua presença, num acesso de raiva. Guidi defendeu a sua tese: o Papa devia ter em conta a tradição da Igreja. Em resposta, o pontífice gritou: "Eu, eu sou a tradição! Eu, eu sou a Igreja!" [89] Era óbvio que a infalibilidade papal era agora uma inevitabilidade e que não haveria qualquer compromisso com a facção galicana.

À margem, Döllinger manteve a sua resistência jornalística, lançando uma sombra sobre a legitimidade do Concílio. Questionava se os bispos eram de facto livres de votar de acordo com o seu discernimento ou se estavam sob coação papal. [90] No entanto, não havia nada que ele ou os bispos galicanos pudessem fazer.

Em 11 de julho, os textos finais a votar foram apresentados à assembleia. A ideia de que os poderes seculares poderiam de alguma forma obstruir a comunicação entre o Papa e os fiéis foi condenada como errónea. A autoridade papal não necessitava de ratificação local ou secular. Isto era, de facto, uma condenação da posição galicana. [91] Além disso, o Bispo Gasser de Bressanone leu a sua famosa *relatio* que tratava da espinhosa questão da infalibilidade papal. Esta infalibilidade era pessoal, mas o papa tinha de deixar claro que pretendia definir infalivelmente um dado ensinamento. Deveria fazê-lo através de pronunciamentos *ex cathedra*. Quanto aos concílios ecuménicos, também eram infalíveis, mas só se os seus decretos fossem aprovados pelo papa. [92]

Para não votarem contra as suas consciências, os bispos galicanos escusaram-se do Concílio e partiram cedo para as suas respetivas dioceses. [93] Sem surpresa, dado este contexto, o texto da *Pastor Aeternus*, tal como o conhecemos hoje, foi aprovado por uma esmagadora maioria. Os

---

[88] O'Malley. *Vatican I*, 211.
[89] O'Malley. *Vatican I*, 212.
[90] O'Malley. *Vatican I*, 230.
[91] O'Neill. "A Defense of Ultramontanism."
[92] O'Malley. *Vatican I*, 216-217.
[93] O'Malley. *Vatican I*, 220-221.

dogmas do primado e da infalibilidade papais faziam agora parte da doutrina católica.

Isto aconteceu mesmo a tempo. Alguns meses mais tarde, o Rei Vítor Emanuel conquistou Roma, o último reduto que se interpunha no caminho do seu projeto de uma Itália unificada. Roma tornou-se a capital italiana e Pio IX declarou-se "prisioneiro no Vaticano". Como não havia condições para que o Concílio prosseguisse sem entraves, o Santo Padre suspendeu-o por tempo indeterminado.[94] O Concílio Vaticano I, porém, nunca mais seria reaberto.

A Velha Igreja Católica

O resultado do concílio foi recebido com muita perplexidade pelas elites esclarecidas da Europa. Numa época de progresso e liberdade, a Igreja tinha — assim pensavam eles — decidido permanecer atolada num obscurantismo obsoleto, melhor confinado à Idade Média. Claro que, deslumbrados como estavam com os seus ideais modernos, não compreendiam que a Igreja estava apenas a fazer recuar o avanço secular que se tinha verificado nos dois séculos anteriores. Abraçar o Ultramontanismo era a única forma de defender a independência da Igreja para pregar a verdade tal como ela era, sem qualquer pressão indevida do Estado. Isto era especialmente importante agora que o Papa tinha perdido a sua antiga soberania territorial. Afinal de contas, Roma estava agora sob o domínio de um rei, cujos interesses nem sempre se alinhavam com os da Igreja.

É evidente que os ultramontanos também não conseguiram tudo o que queriam. As condições para a infalibilidade papal eram muito mais restritivas do que pretendiam no início. Se um papa quisesse ser infalível, precisava de definir os dogmas com uma formulação *ex cathedra*. Isto viria a causar problemas mais tarde, quando os teólogos tentaram usar a natureza não-infalível de certos ensinamentos como desculpa para se esquivarem à obediência que lhes era devida. Já durante o pontificado de Pio IX, a Igreja procurou proteger esses ensinamentos não-infalíveis,

---

[94] O'Malley. *Vatican I*, 223.

enunciando o conceito de "magistério ordinário", como veremos no capítulo 12.

Seja como for, era inegável que a facção ultramontana tinha ganho. O Concílio Vaticano I tinha levado a Igreja na direção ultramontana — de forma indiscutível e irreversível.[95] Na Alemanha, isto era visto como intolerável. Um académico chamado Friedrich Michelis publicou um artigo chamando o Papa de "herege" e "destruidor da Igreja".[96] Mas Döllinger era a maior preocupação para aqueles que queriam implementar o Concílio. Assim que regressou a casa, Gregor von Scherr, Arcebispo de Munique, pediu um encontro com o professor. É assim que o historiador O'Malley relata a conversa que tiveram:

> Scherr: Comecemos agora a trabalhar de novo pela nossa Santa Igreja.
> Döllinger: De facto, pela Igreja de outrora.

---

[95] É verdade que a CDF emitiu um documento sobre o primado papal em que o Ultramontanismo é listado entre o Febronianismo e o Galicanismo como uma das "parcialidades e unilateralidades já rejeitadas pela Igreja no passado" (ver CDF, "O Primado do Sucessor de Pedro") No entanto, o Ultramontanismo não é definido — ou sequer mencionado novamente — nesse documento. Dados os registos históricos aqui mencionados e dado que não há nenhuma condenação formal de qualquer reivindicação ultramontana, é óbvio que a CDF está a falar sobre as visões ultramontanas extremas que não conseguiram tudo o que queriam no Concílio. Ver O'Neill, "A Defense of Ultramontanism": "É claro que há uma teoria extrema da autoridade papal que deve ser rejeitada. Nem o Vaticano I nem qualquer outro concílio ecuménico ensinam que cada jota e título de cada aparição ou entrevista papal é infalível, nem sequer que exige o completo assentimento dos fiéis. No entanto, este fenómeno seria melhor designado por algo como 'super-ultramontanismo' ou 'ultra-ultramontanismo'. Ambos os termos são reconhecidamente desajeitados, mas pelo menos são doutrinária e historicamente apropriados". Os críticos papais geralmente atribuem essas visões extremas àqueles que defendem o Papa e o Concílio hoje em dia (ver Giunta, "Where Peter Isn't"), mas isso é um espantalho. Os continuístas de hoje não acreditam que tudo o que o papa diz é infalível (ver Lewis, "A Myth that won't die"). Em vez disso, eles: 1) simplesmente aceitam o que a própria Igreja ensina sobre a submissão da mente e da vontade a ensinamentos não-infalíveis, 2) opõem-se a um esforço concertado em certos meios de comunicação católicos para lerem o Papa e o Concílio na pior luz possível, e 3) resistem a uma reinterpretação orwelliana dos limites estreitos para a dissidência legítima, tal como delineados em *Donum Veritatis*.

[96] O'Malley. *Vatican I*, 232.

Capítulo 9: "Eles criaram uma nova Igreja..."

Scherr: Existe apenas uma Igreja, que não é velha nem nova.
Döllinger: Eles criaram uma nova igreja. [97]

Apenas um mês mais tarde, Döllinger reuniu catorze professores universitários alemães para protestar contra a *Pastor Aeternus*, argumentando que se tratava de "uma nova doutrina que a Igreja nunca antes tinha reconhecido". [98] Os bispos alemães defenderam-se escrevendo uma carta em que diziam que a doutrina não era nova. [99] O Arcebispo Scherr continuou a insistir com Döllinger para que aceitasse a decisão do Concílio.

Em março de 1871, Döllinger respondeu que "como cristão, como teólogo, como historiador, como cidadão, não posso aceitar esta doutrina". [100] A 2 de abril, Scherr respondeu com impaciência: o assunto "assumiu agora a forma de uma revolta direta contra a Igreja Católica". [101] Com o apoio do Vaticano, Scherr fez um ultimato: ou o professor se retratava, ou enfrentaria a excomunhão. De acordo com Döllinger, esta foi a única noite de insónia da sua vida, enquanto tentava conciliar a sua consciência com o dogma da infalibilidade, "pensando repetidamente e chegando à conclusão" de que "não podia". [102] A 17 de abril, Scherr excomungou Döllinger formalmente.

A carreira de Döllinger poderia ter terminado ali mesmo, se não fosse a intervenção do Rei da Baviera e das elites alemãs, que viram em Döllinger o único bastião de luz que poderia levar a Igreja a adaptar-se aos tempos. [103] Foi eleito reitor da Universidade de Munique por unanimidade. [104] Oxford e muitas outras universidades concederam a Döllinger um diploma honorário pela sua resistência ao obscurantismo de Roma. [105]

---

[97] O'Malley. *Vatican I*, 233.
[98] O'Malley. *Vatican I*, 233.
[99] O'Malley. *Vatican I*, 234.
[100] Howard. *The Pope and the Professor*, 5.
[101] Howard. *The Pope and the Professor*, 5.
[102] Howard. *The Pope and the Professor*, 5.
[103] Howard. *The Pope and the Professor*, 6.
[104] O'Malley. *Vatican I*, 234.
[105] Howard. *The Pope and the Professor*, 6.

Como Döllinger não abandonou a ribalta, tornou-se um símbolo apelativo da resistência ao Vaticano I. Não é de estranhar, portanto, que católicos descontentes, especialmente no mundo germanófono, tentassem alistar Döllinger no seu movimento — ou mais ainda, coroá-lo como seu líder. Estes católicos insatisfeitos viriam a designar-se "veterocatólicos", em oposição aos "neocatólicos" que aderiam às inovações do concílio. Esta designação tinha sido iniciada alguns anos antes, por um juiz alemão chamado August Beck. Protestando contra o *Syllabus*, Beck referiu-se aos "católicos originais e tradicionais... que fomentavam como ideal a noção de '*ecclesia primitiva*'"[106] i.e., a igreja primitiva.

Depois do Concílio, Döllinger e outros teólogos de renome presidiram a uma série de conferências. Nessas conferências, a ideia de uma "Velha Igreja Católica" ganhou força na audiência. Esta seria uma igreja com o sistema paroquial e hierárquico tradicionais, mas também com maior autonomia local,[107] como os galicanos afirmavam ser praticado na igreja primitiva.

Naturalmente, o nome de Döllinger foi aventado para bispo, para que liderasse a emergente Velha Igreja Católica.[108] Mas este era um passo demasiado longe do que aquilo que Döllinger estava disposto a dar. Mesmo que os veterocatólicos afirmassem que Döllinger era um dos seus fundadores espirituais, o professor manteve sempre uma posição ambivalente em relação à igreja recém-formada.[109] Apesar de todos os seus defeitos, o professor era demasiado tradicional para se tornar um novo Lutero.[110]

Os veterocatólicos, porém, continuaram a avançar. Reuniram-se em Colónia em 1873 e elegeram Joseph Reinkens, um padre e professor de teologia, como seu novo bispo. Uma vez que o Vaticano obviamente não aceitaria a sua nomeação, os veterocatólicos recorreram a um bispo da igreja cismática de Utreque — cujo episcopado não tinha a aprovação romana desde 1702[111] — para consagrar Reinkens. Apesar de todo o seu começo vibrante, a Velha Igreja Católica atingiu o seu ponto mais alto com

---

[106] Visser. "The Old Catholic churches," 68-69.
[107] Visser. "The Old Catholic churches," 71.
[108] Howard. *The Pope and the Professor*, 185-186.
[109] Howard. *The Pope and the Professor*, 6.
[110] Howard. *The Pope and the Professor*, 8.
[111] Visser. "The Old Catholic churches," 70.

cinquenta e quatro mil membros em 1877.[112] O temido cisma dissolveu-se como a efervescência no topo de uma garrafa de champanhe.

Hoje, a Velha Igreja Católica ainda existe e está em conversações ativas com o Vaticano para uma possível reaproximação. No entanto, continua a afirmar que segue a Igreja tal como ela era nos primeiros dez séculos, segundo os princípios orientadores estabelecidos por S. Vicente de Lérins[113] (ver capítulo 6).

Quanto a Döllinger, o Papa Leão XIII (sucessor de Pio IX) fez várias tentativas para o reconciliar com a Igreja Católica, mas sem sucesso.[114] O professor alemão morreria em 1890, ainda excomungado. Com ele morreu a maior parte da resistência contra o Concílio Vaticano I. A Igreja Ultramontana, tal como definida pelo Concílio, perduraria até aos nossos dias.

---

[112] O'Malley. *Vatican I*, 235.
[113] Visser. "The Old Catholic churches," 82.
[114] Howard. *The Pope and the Professor*, 8.

Capítulo 10

"O que faria Jesus?"

> *[Devemos] estar atentos a essa velha e sempre nova tentação dos promotores do Gnosticismo. Queriam fazer nome e expandir a sua doutrina e fama, por isso procuravam algo sempre novo e distinto daquilo que a Palavra de Deus lhes dava. É o que S. João descreve com a palavra* proagon, *ou seja, aquele que está demasiado à frente, aquele que está na vanguarda, aquele que quer sempre ir para além do "Nós" eclesial que protege a comunidade dos excessos.*
>
> — Francisco, Carta ao Povo da Alemanha

À medida que o Sínodo sobre a Amazónia avançava, tornou-se claro que um dos principais desafios era o número reduzido de sacerdotes para ministrar numa região tão vasta. Dentro do Sínodo — e sobretudo fora dele — esta questão tornou-se um campo de batalha entre liberais e conservadores. Os liberais, por seu lado, aproveitaram a oportunidade para defender uma exceção que permitisse a ordenação de homens casados (*"viri probati"*) na Amazónia, à semelhança do que já acontece nos ritos orientais ou no ordinariato anglicano. Defenderam também a reabertura de uma comissão para estudar a possibilidade de ordenar diaconisas.[1]

Os conservadores viam estas propostas, não tanto como uma tentativa de resolver a falta de vocações na Amazónia, mas como uma espécie de cavalo de Tróia[2] que acabaria por abolir o celibato sacerdotal na sua totalidade e permitir a ordenação de mulheres como sacerdotes, uma posição muito comum entre os católicos progressistas.[3] Infelizmente, os

---

[1] Winfield, "Pope's Amazon synod proposes married priests."
[2] Tossati, "The Amazon Synod: a Trojan Horse to destroy Priestly Celibacy?"
[3] Dougherty, "Roma Locuta Est, deal with it": "Mas, claro, não houve nada — nada mesmo — de novo ou surpreendente discutido no Sínodo, e muito pouco que fosse particularmente amazónico. Foram todas as preocupações de meio século dos clérigos liberais europeus e americanos: padres casados, mulheres em cargos ordenados e liturgia não tradicional... O próprio Sínodo da Amazónia foi uma ideia de um velho europeu, o Bispo Kräutler, defensor da ordenação de mulheres ao sacerdócio. Embora o passo para a ordenação de homens casados como padres na Amazónia seja justificado perante o mundo como indo ao encontro das necessidades específicas de uma região, na verdade Kräutler diz que

conservadores apresentaram poucas alternativas para além da simples reafirmação do valor do celibato sacerdotal e de um sacerdócio exclusivamente masculino como se, consolidando a Igreja a nível doutrinal e disciplinar, as vocações crescessem automaticamente.[4] Num item os liberais e os conservadores estavam de acordo: a solução para os problemas da Amazónia consistia em pôr em prática aquilo que já defendiam apaixonadamente para toda a Igreja antes do Sínodo. Uma coincidência notável e conveniente.[5]

Nos fóruns católicos online — os mesmos que Thomas Lawson costumava frequentar — uma comentadora estava particularmente entusiasmada com o Sínodo. O seu nome era Lilly Eveson e era ela que normalmente liderava a posição liberal nestas discussões. Tom lembrou-se da primeira vez que viu um dos seus comentários a favor do casamento homossexual. Torceu o nariz, enquanto pensava para si próprio: "O que faz uma pessoa como esta num fórum católico?" Consultou o perfil dela e tudo ficou claro. A biografia dela continha pronomes e símbolos arco-íris ao lado da bandeira do Vaticano. O seu tweet tinha um link para a organização *Católicos Pela Escolha*. "Claro, típica liberal" — ironizou. A partir desse momento, fez questão de não deixar nenhuma das afirmações de Lilly sem resposta. Ela, por seu lado, tentava sempre retribuir o favor.

Como disse antes, Lilly estava absolutamente entusiasmada com o Sínodo, especialmente depois de o documento final parecer validar a sua posição.[6] Certamente, o Papa Francisco iria aprová-lo, no interesse da sinodalidade. Tom também pensava assim, e é por isso que ele não argumentou com base no que ele achava que o Santo Padre faria, mas na "tradição perene e na doutrina da Igreja". Quanto a Justin Peterson, ficou calado, esperando serenamente a decisão final do papa.

No final, Francisco surpreendeu tanto Tom como Lilly. A 2 de fevereiro de 2020, o pontífice publicou a sua exortação apostólica pós-sinodal *Querida Amazônia*. Neste documento, ele escreveria:

'pode ser a causa de um passo histórico na Igreja Universal'. É assim que as revoluções funcionam: Permitir uma exceção num caso teórico, e depois ver como a implementação dessa exceção oblitera o princípio de facto".

[4] Cronin, "Abandoning Apostolic Celibacy would be a mistake."
[5] Trato disso em Gabriel, "Married priests and Querida Amazônia."
[6] Winfield, "Pope's Amazon synod proposes married priests."

> Portanto não se trata apenas de facilitar uma presença maior de ministros ordenados que possam celebrar a Eucaristia. Isto seria um objetivo muito limitado... Este reducionismo levar-nos-ia a pensar que só se daria às mulheres um status e uma participação maior na Igreja se lhes fosse concedido acesso à Ordem sacra. Mas, na realidade, este horizonte limitaria as perspetivas, levar-nos-ia a clericalizar as mulheres, diminuiria o grande valor do que elas já deram e subtilmente causaria um empobrecimento da sua contribuição indispensável... Numa Igreja sinodal, as mulheres, que de facto realizam um papel central nas comunidades amazónicas, deveriam poder ter acesso a funções e inclusive serviços eclesiais que não requeiram a Ordem sacra e permitam expressar melhor o seu lugar próprio.[7]

Lilly ficou destroçada. De repente, todo o seu apoio e fervor pelo Santo Padre desapareceram. O sucessor de Pedro tinha, afinal, voltado a mostrar-se um obstáculo ao progresso, um instrumento do patriarcado opressor. Quanto ao Thomas — que até então se tinha oposto ao Papa Francisco — começou a pontificar "*Roma locuta est, causa finita est.*"[8]

É manifesto que isto não agradou a Justin. Numa mensagem privada dirigida a Thomas, Justin denunciou a sua incoerência. Então, ele aderia ao Papa quando este ensinava algo que Tom aprovava, mas não quando o Santo Padre ensinava magisterialmente algo de que Tom discordava? Thomas submetia-se ao Santo Padre ou só quando as suas posições coincidiam? Thomas, porém, não achava que estava a ser incoerente. Os ensinamentos do Papa deviam ser respeitados, desde que estivessem em harmonia com a ideia que Thomas tinha da tradição. Claro que isso significava que, quando o Papa ensinava algo contrário ao que Thomas acreditava ser a tradição, devia ser rejeitado.

---

[7] Francisco. *Querida Amazónia*, 93, 100, 103.
[8] "Roma falou, a discussão terminou": paráfrase do Sermão 131 de S. Agostinho, 10. Esta frase foi utilizada durante séculos pelos apologistas católicos para apoiar o papado.

"Estás outra vez a ser um ultramontano que trata o Papa como se fosse Deus". — respondeu Thomas — "Mas a nossa religião é o Catolicismo, não o hiperpapalismo. Se o Papa ensina algo que vai contra os ensinamentos de Cristo, então não devemos dar-lhe ouvidos. Nós seguimos Jesus, não o Papa".[9]

Assim que Thomas terminou de escrever esta resposta, ouviu um trilo no computador. Noutro separador, numa conversa paralela que estava a ter, alguém *lhe* tinha respondido. Era Lilly Eveson. Ela tinha colocado um novo comentário no tópico sobre o celibato clerical e a ordenação de mulheres. Dizia:

"Não creio que Jesus concordasse com o Papa nesta matéria. Jesus era todo amor, nunca discriminou, nunca julgou. O faria Jesus? Prefiro seguir Jesus do que o Papa nesta questão".[10]

O sorriso de Thomas desapareceu de repente. Os dois separadores estavam simultaneamente abertos no ecrã. Ele podia ver os seus comentários e os de Lilly, que se ecoavam estranhamente: "Eu sigo Jesus, não o Papa".[11] Dentro da alma de Thomas Lawson, algo fez um clique...

---

[9] Ver Mallett, "On Vatican Funkiness": "Mesmo que um papa negue Jesus Cristo, devemos agarrar-nos à Sagrada Tradição e permanecer fiéis a Jesus até à morte. De facto, S. João não 'seguiu cegamente' o primeiro papa na sua negação... É isso que tenciono fazer, pela graça de Deus, mesmo que um papa negue o próprio Cristo. A minha fé não está em Pedro, mas em Jesus. Eu sigo Cristo, não um homem". Ver também o tweet de Steve Skojec de 17 de dezembro de 2016: "Nós adoramos Cristo, não o papa. O @Pontifex está a fomentar o erro doutrinal e as almas estão em perigo" (este tweet foi publicado antes da crise de fé de Skojec).

[10] Ver, por exemplo, Hanna, "On holiest of days": "Durante estes dias santos *esperávamos ouvir o Papa Bento XVI fazer eco do apelo de Jesus*. Em vez disso, o Papa apresentou uma mensagem de medo, intimidação e opressão. Na sua homilia de hoje, denunciou a 'desobediência' no seio da Igreja e repreendeu fortemente os padres que apoiam a ordenação de mulheres. A Conferência para a Ordenação das Mulheres está desanimada com o facto de o Papa usar este momento sagrado da nossa tradição religiosa para atacar os seus colegas padres que, em boa consciência, apoiam a plena inclusão das mulheres na Igreja Católica Romana. *Não são estes padres que são desobedientes, é a hierarquia que perdeu o contacto com o povo de Deus*".

[11] Abordo este argumento em Gabriel, "Following Christ, but Not His Vicar."

A busca pelo Jesus histórico

Apesar de toda a sua hostilidade ou indiferença em relação ao Cristianismo, o Homem moderno não pode evitar um certo fascínio por Jesus Cristo e os Seus ensinamentos. Jesus aparece ao Homem moderno como Alguém de inegável estatura moral, uma referência, uma influência inevitável que não se pode simplesmente ignorar ou evadir. Mas isto coloca um problema. O Jesus apresentado pela Igreja entra em conflito com muitos valores e ideias que o Homem moderno considera inegociáveis.

Recorrendo a um *modus operandi* típico, o Homem moderno resolve esta tensão tentando separar o que não pode ser separado (capítulo 4). Assim, vemos uma tentativa de separar Jesus Cristo da Sua Igreja. Isto é feito, muitas vezes, tentando separar as naturezas humana e divina de Jesus Cristo (ver capítulo 6) — ou, como se costuma dizer, extirpando o *"Jesus histórico"* do *"Cristo* da fé".[12] Para se opor ao *Cristianismo*, o Homem moderno substitui-o por uma *"Jesusanidade"*, uma veneração piedosa do exemplo humano (e apenas humano) dado por Jesus.[13]

Para o Homem moderno, Jesus não pode ter ressuscitado, pois permanece enterrado. Não tanto num sepulcro, mas enterrado debaixo de camadas e camadas de tradição, acumuladas ao longo de milénios. Por baixo destes estratos de tradição, encontra-se o verdadeiro objeto da fé: Jesus de Nazaré. Com o passar dos séculos, este núcleo da fé foi-se tornando cada vez mais obscurecido e desfocado,[14] como uma velha fotografia de uma geração passada.

Esta crença fundamenta o preconceito anti-tradicional do Homem moderno, um preconceito que os tradicionalistas tantas vezes (e com razão) condenam. As tradições parecem estar a esconder o verdadeiro Jesus que o Homem moderno tanto admira. Mas também esta é uma forma superficial de ver o que está a acontecer. O que vemos aqui é um esforço inconsciente — mas mal orientado — para recuperar uma tradição mais pura e primitiva das garras das inovações da Igreja. Jesus, como vimos, é a

---

[12] Ratzinger. *Jesus of Nazareth: from the Baptism*, xi.
[13] Deines. "Can the 'Real' Jesus be identified with the Historical Jesus?" 26.
[14] Ratzinger. *Jesus of Nazareth: from the Baptism*, xii.

fonte da verdadeira tradição (capítulo 1). Este facto é reconhecido, mesmo pelo Homem moderno — daí a sua busca pelo Jesus histórico. As "camadas de tradição" sob as quais Jesus está enterrado foram novidades acrescentadas posteriormente pela Igreja. O facto de estas alegadas "inovações" se terem tornado tão antigas que agora são consideradas tradições, não invalida o facto de serem realmente consideradas inovações.

Já por três vezes, o Homem moderno empreendeu a expedição para recuperar esse "Jesus histórico". A primeira busca ocorreu durante o século XIX, a segunda por volta da década de 1950 e a terceira entre as décadas de 1970 e 1980. Esta última expedição dirigiu-se ao antigo mundo judaico, onde os exploradores afirmaram ter finalmente vislumbrado o "Jesus de carne e osso". O Jesus histórico era um homem judeu: era lógico que Ele só poderia ser encontrado dentro das originais tradições culturais e religiosas semíticas e aramaico-hebraicas da época.[15] O Jesus histórico da terceira busca devia ser visto como um "curandeiro, exorcista e pregador itinerante galileu — e nada mais".[16] O Jesus dos evangelhos seria uma distorção posterior deste Jesus histórico, de acordo com tradições pagãs e gregas estrangeiras.[17]

Sem dúvida que nenhum aventureiro parte para uma expedição ou busca com as mãos vazias. Este tipo de atividades necessita de ferramentas adequadas. E a busca do Jesus histórico tem, de facto, uma ferramenta muito fundamental: o método histórico-crítico. Em 1678, um monge oratoriano chamado Richard Simon publicou um livro intitulado *Critical History of the Old Testament ("História Crítica do Antigo Testamento")*. Uma década mais tarde, publicou o livro *Critical History of the Text of the New Testament ("História Crítica do Texto do Novo Testamento")*. Assim, ele tornou-se "o fundador da crítica bíblica moderna".[18] Este método histórico-crítico foi aperfeiçoado e refinado durante o século XIX. Foi ainda mais desenvolvido no século XX pelos grandes académicos alemães Rudolf

---

[15] Deines. "Can the 'Real' Jesus be identified with the Historical Jesus?" 13.
[16] Deines. "Can the 'Real' Jesus be identified with the Historical Jesus?" 14.
[17] Deines. "Can the 'Real' Jesus be identified with the Historical Jesus?" 13. Ver também a pág. 37: "poder-se-ia ver Jesus como um sábio itinerante com uma roupagem cínica, como promovem os adeptos do Seminário de Jesus, que só retrospetivamente se transformou numa figura messiânica e acabou por se tornar Deus".
[18] Moss. "Hubristic Specialists," 35.

Bultmann e Martin Dibelius,[19] que eram céticos quanto ao facto de Jesus poder ser descrito com alguma certeza histórica.

Em suma, o método histórico-crítico consiste em responder a um conjunto de questões como:

1) "Porque é que o escritor apresentou esta passagem do Evangelho à comunidade? Qual era a sua função?" — Crítica de forma.
2) "Porque é que o autor escreveu sobre estes acontecimentos específicos e não sobre outros? Porque é que ele sintetizou estes acontecimentos desta forma particular?" — Crítica de redação.[20]

A crítica da forma consiste, entre outras coisas, em analisar a forma literária de uma determinada passagem e as suas possíveis relações com questões que preocupavam a comunidade. Quanto à crítica de redação, compara os diferentes lugares em que se encontram passagens paralelas, a sua função no esquema geral do texto, etc.[21]

Devo deixar bem transparente, para que o objetivo deste capítulo não seja mal interpretado, que não creio que haja algo de inerentemente heterodoxo neste método. Ele trouxe à luz muitos conhecimentos interessantes e importantes que nos permitem compreender melhor as Escrituras hoje. Na sua inovadora encíclica *Divino Afflante Spiritu*, Pio XII falou favoravelmente deste método, nomeadamente quando disse:

> Hoje em dia esta arte que sói chamar-se *crítica textual* e nas edições de autores profanos se emprega com grande louvor e fruto, com toda a razão se aplica também aos Livros Santos, precisamente pela reverência devida à palavra de Deus. De fato o seu fim é reconstruir com toda a possível perfeição o texto sagrado, expurgá-lo das alterações nele introduzidas por culpa dos copistas, mudando-o das glosas e lacunas, transposições e

---

[19] Waldstein. "Historical-Critical Scriptures."
[20] Waldstein. "Historical-Critical Scriptures."
[21] Waldstein. "Historical-Critical Scriptures."

repetições de palavras, e de toda espécie de erros que costumam infiltrar-se na transmissão plurissecular de obras manuscritas.[22]

O nosso atual Catecismo também reconhece implicitamente o valor deste método quando diz:

> Para descobrir a intenção dos autores sagrados, é preciso ter em conta as condições do seu tempo e da sua cultura, os "géneros literários" em uso na respectiva época, os modos de sentir, falar e narrar correntes naquele tempo.[23]

No entanto, o método histórico-crítico também foi visto com desconfiança desde o início. O próprio Padre Richard Simon, fundador da crítica bíblica no século XVI, teve a sua quota-parte de conflitos com as autoridades religiosas.[24] Mais tarde, durante o século XX, o famoso teólogo do *ressourcement* Henry de Lubac (ver capítulo 2), criticou os críticos bíblicos nestes termos: "São sobretudo especialistas, e a sua função tornou-se muito necessária e muito importante durante os últimos séculos. Eles devem perceber (e esta perceção é algo que ocasionalmente lhes tem faltado) que a sua própria especialização lhes impõe *limitações*; que a sua 'ciência' *não pode*, portanto, ser *toda a ciência das Escrituras*; mas eles não são obrigados, no seu papel de exegetas científicos, a dar-nos toda a ciência das Escrituras; e nem sequer devem aspirar a fazê-lo".[25]

Mas a crítica mais impactante na história recente veio de Bento XVI quando, na sua qualidade de teólogo pessoal, escreveu o seu tratado cristológico *Jesus de Nazaré*.[26] É importante notar que Joseph Ratzinger não rejeitou de todo o método histórico-crítico. Ele chamou-lhe uma "dimensão indispensável do trabalho exegético".[27] Afinal, se a fé cristã se baseia em acontecimentos *históricos* reais, a própria fé exige que seja avaliada

---

[22] Pio XII. *Divino Afflante Spiritu*, 13.
[23] CIC 110.
[24] Ver Lambe. "Biblical Criticism and Censorship."
[25] Como citado por Moss. "Hubristic Specialists," 33-34.
[26] Bento XVI, *Jesus of Nazareth: from the Baptism*, xxiii. Aqui, o Papa esclarece que "este livro não é de modo algum um exercício do magistério".
[27] Bento XVI, *Jesus of Nazareth: from the Baptism*, xv, xvi.

Capítulo 10: "O que faria Jesus?"

através de um método *histórico*.²⁸ O Catolicismo aceita que existe uma *tensão* (ver capítulo 4) entre a verdade do acontecimento histórico e a veracidade da sua transmissão narrativa e, de forma típica, abraça esta tensão para evitar uma perspetiva fundamentalista.²⁹ Em vez disso, a Igreja Católica resolverá a tensão num plano superior, argumentando que não adere (e nunca aderiu) a uma visão meramente literalista da Bíblia³⁰ (ver capítulo 8).

O principal ponto de discórdia de Ratzinger não era o facto de o método histórico-crítico estar errado, mas sim o facto de ser *insuficiente*. Como ele disse no seu livro, o método histórico-crítico "não esgota a tarefa interpretativa para alguém que vê os escritos bíblicos como um único *corpus* da Sagrada Escritura inspirado por Deus".³¹ Fazendo eco do seu mestre de Lubac, Ratzinger afirmou que o método histórico-crítico, embora valioso e verdadeiro, deve ser capaz de reconhecer os seus *limites*, se quiser continuar a ser um instrumento ao serviço da verdade.

Por um lado, o método histórico-crítico é, como o seu nome indica, um método *histórico*. Por isso, não só tem de "investigar o mundo bíblico como uma coisa do passado, mas tem de o deixar permanecer no passado".³² Isto é, ao mesmo tempo, uma força, mas também um limite. Além disso, como tudo o que é divino ultrapassa o empírico, este método deve tratar a Bíblia como simples palavras humanas. Finalmente, embora possa considerar cada livro das Escrituras no seu contexto individual, não pode reconhecer a unidade de todos esses livros como uma única "Bíblia". Em última análise, o método histórico-crítico, como método científico, nunca pode ir para além do domínio da hipótese.³³

Outros académicos antes de Ratzinger também notaram outras limitações. No século XIX, quando a primeira busca pelo Jesus histórico estava a desenrolar-se, os académicos e teólogos católicos criticaram os

---

²⁸ Bento XVI, *Jesus of Nazareth: from the Baptism*, xvi. Ver também Deines. "Can the 'Real' Jesus be identified with the Historical Jesus?" 38.

²⁹ Deines. "Can the 'Real' Jesus be identified with the Historical Jesus?" 25-26.

³⁰ Moss. "Hubristic Specialists", 36, 37.

³¹ Bento XVI, *Jesus of Nazareth: from the Baptism*, xvi.

³² Bento XVI, *Jesus of Nazareth: from the Baptism*, xvi.

³³ Bento XVI, *Jesus of Nazareth: from the Baptism*, xvi-xvii.

fundamentos filosóficos deste novo método, nomeadamente: 1) uma rejeição da possibilidade de intervenção divina e de milagres; 2) uma objeção a qualquer noção de singularidade histórica quando se trata do acontecimento "Jesus"; e 3) uma caraterização do evangelho como mitologia.[34]

A partir destas limitações, podemos compreender por que os católicos desconfiavam tanto deste método histórico-crítico no princípio. Como ferramenta, é perfeitamente aceitável. Um instrumento é intrinsecamente neutro — o seu valor depende da forma como é utilizado. O problema reside no facto de não se reconhecerem os limites deste método. Ou, pior ainda, quando o vazio deixado por essas limitações é preenchido por certos pressupostos filosóficos ou ideológicos que, depois, sequestram o método para ganhar credibilidade.[35]

Vejamos uma das limitações que mencionei acima: o facto de o método histórico-crítico não aceitar a possibilidade de intervenção divina ou de milagres. Do ponto de vista científico, esta metodologia faz sentido. O método histórico-crítico é um método histórico: por isso, não pode apurar realidades que vão para além do empírico, como os milagres.[36] Mas quando ultrapassamos uma mera limitação metodológica como esta para extrapolar a partir daí uma afirmação filosófica — a de que os milagres são impossíveis — então já ultrapassámos o limite da investigação científica legítima.[37]

---

[34] Moss. "Hubristic Specialists", 36.

[35] Ver Waldstein. "Historical-Critical Scriptures": "Se entendermos o método histórico-crítico desta forma, como um conjunto de questões de um certo tipo e um conjunto de ferramentas usadas para responder a estas questões, dificilmente podemos encontrar falhas no seu princípio... é claramente, enquanto tal, legítimo. A dificuldade sentida pelos católicos quando entram em contacto com a erudição histórico-crítica das Escrituras situa-se a um nível diferente: reside em exemplos particulares de exegese histórico-crítica, que são inevitavelmente produtos, não apenas do método histórico-crítico, mas também de certas premissas filosóficas e teológicas".

[36] Deines. "Can the 'Real' Jesus be identified with the Historical Jesus?" 37.

[37] Ver Deines. "Can the 'Real' Jesus be identified with the Historical Jesus?" 39: "Mas Hoppe está convencido de que não é esse o caso, porque Deus não é um objeto do método histórico e, consequentemente, as afirmações teológicas confessionais não podem ser excluídas por ele. Ele ainda admite: 'alguém poderia concordar com o pensamento de que Deus entrou na história com Jesus', mas então ele acrescenta que isso 'naturalmente não pode ser uma afirmação histórica, mas apenas uma confissão'. É precisamente esta a questão: De onde vem a certeza

Capítulo 10: "O que faria Jesus?"

Mas o problema é ainda mais profundo do que isso. Como é habitual, ao procedermos assim, estamos a trair o nosso objetivo de encontrar uma tradição mais pura sob o pretexto de a defender. A terceira busca do Jesus histórico afirmava ter encontrado o "Jesus de carne e osso" no contexto histórico do Judaísmo messiânico do século I. Por razões metodológicas (e, infelizmente, muitas vezes filosóficas e ideológicas), a possibilidade de Deus ter atuado na história de Israel é excluída. Mas a herança judaica, a mesma onde podemos encontrar este Jesus histórico, "rejeita a suposição deísta de um Deus distante, afastado do mundo, e fala, em vez disso, do Deus de Abraão, Isaac e Jacob, o Deus dos vivos e não dos mortos, Aquele que se envolve continuamente com a sua criação, dando e recebendo".[38] Encontrar o Jesus histórico no meio do antigo mundo judaico é encontrá-l'O imerso numa cultura cheia de histórias de milagres e de intervenção divina.

A crítica de Ratzinger vai no mesmo sentido. Para o Papa, o Jesus dos evangelhos é o verdadeiro Jesus, porque é o Jesus histórico.[39] Não podemos separar o que não deve ser separado. Tanto a componente histórica como a componente teológica do relato evangélico não podem ser separadas uma da outra, porque foram tecidas num todo único e inextricável pelos próprios autores. Como diz o Prof. Roland Deines, da

---

do 'naturalmente'? Por que é 'natural' (*natürlich*) tomar uma tal afirmação sobre a ação de Deus na história apenas como confissão e não como ponto de partida para uma investigação histórica, quando pode ser tomada como uma proposição verdadeira? Isto implica que uma compreensão secular da história é mais natural, mais apropriada e tem uma pretensão de verdade mais elevada do que uma teológica. A questão não é que isto seja evidente para os académicos que trabalham desde o início dentro de um tal paradigma positivista. Mas porquê, e isto leva-nos de volta às preocupações metodológicas do Papa, por que deve esta afirmação ser aceite sem reservas pelos cristãos? E porquê também pelos académicos cristãos?"

[38] Deines. "Can the 'Real' Jesus be identified with the Historical Jesus?" 14-15.

[39] Bento XVI, *Jesus of Nazareth: from the Baptism*, xxii. Ver também Deines. "Can the 'Real' Jesus be identified with the Historical Jesus?" 18: "O que Ratzinger faz é tomar como ponto de partida uma tradição herdada sobre a relação de Jesus com Deus, porque está convencido, também por razões históricas avançadas por muitos estudiosos de meios académicos muito diferentes, que a fé tradicional formula corretamente uma 'verdade ontológica'".

Universidade de Nottingham: "Menos ênfase, porém, é dada à discussão de que a pretensão de verdade da mensagem do Evangelho está, no entanto, intimamente relacionada com a veracidade histórica dos acontecimentos narrados, dos quais a participação de Deus não pode ser dissolvida de forma clara, tendo factos históricos 'puros' de um lado e interpretações 'dogmáticas' do outro". [40]

Para suprir as deficiências do método histórico-crítico, Joseph Ratzinger propôs a chamada "exegese canónica", [41] desenvolvida pelo estudioso protestante Brevard Childs. [42] A exegese canónica significa "ler os textos individuais da Bíblia no contexto do todo". [43] Como vimos acima, uma das limitações do método histórico-crítico é que só pode ter em conta cada texto individual da Bíblia, mas não o todo, uma vez que a unidade da Escritura é uma afirmação teológica, [44] não histórica. Por isso, a exegese canónica não contradiz nem substitui o método histórico-crítico, mas complementa-o e amplia-o. [45] Assume uma das limitações da crítica bíblica e começa a trabalhar a partir daí, aceitando o que o método histórico-crítico oferece até ao limite que não pode ultrapassar. Através da exegese canónica, a Escritura é "lida de novo, evoluindo em continuidade com o seu sentido original, tacitamente corrigida e dotada de maior profundidade e amplitude de significado". [46] Isto é um verdadeiro desenvolvimento doutrinal [47] (ver capítulo 3).

Para além da exegese canónica, os estudiosos católicos também se apaixonaram por outro método, chamado "história da receção", que

---

[40] Deines. "Can the 'Real' Jesus be identified with the Historical Jesus?" 27
[41] Bento XVI, *Jesus of Nazareth: from the Baptism*, xviii.
[42] Moss. "Hubristic Specialists", 39.
[43] Bento XVI, *Jesus of Nazareth: from the Baptism*, xix. Ver também Moss. "Hubristic Specialists", 39.
[44] Bento XVI, *Jesus of Nazareth: from the Baptism*, xviii.
[45] Bento XVI, *Jesus of Nazareth: from the Baptism*, xix.
[46] Bento XVI, *Jesus of Nazareth: from the Baptism*, xviii-xix.
[47] Ver Bento XVI, *Jesus of Nazareth: from the Baptism*, xix: "Trata-se de um processo no qual a palavra vai desdobrando gradualmente as suas potencialidades interiores, já de algum modo presentes como sementes, mas que precisam do desafio de novas situações, de novas experiências e de novos sofrimentos, para se abrirem. Este processo não é certamente linear, e é muitas vezes dramático, mas quando o observamos à luz de Jesus Cristo, podemos vê-lo mover-se numa única direção geral".

consiste em pegar num tema, texto ou figura da Bíblia e traçar a interpretação desse tema, texto ou figura ao longo da história.[48] Intencionalmente ou não, este método também traz à tona outra contradição interessante no método histórico-crítico: o facto de este método *em si mesmo* ser também um capítulo na história contínua da interpretação bíblica. Não só a Escritura, mas também o *próprio método histórico-crítico* é "um produto do seu tempo", "limitado pelas convenções filosóficas e culturais do seu tempo".[49] O facto de alguns pensadores modernos (não necessariamente estudiosos da crítica bíblica) não terem compreendido esta importante limitação, levou a algumas das distorções que vamos ver mais adiante neste capítulo.

"A síntese de todas as heresias"

No final do século XIX e início do século XX, um estudioso protestante alemão chamado Adolf von Harnack estava a fazer sucesso nos círculos académicos. O seu objetivo era utilizar um método histórico para recuperar a essência original do Cristianismo, separando-a de acreções subsequentes de dogma.[50] Para o Prof. Harnack, o dogma cristão, tal como o conhecemos, só teve origem no século IV, quando a filosofia grega moldou os concílios ecuménicos cristológicos que explorámos no capítulo 6.[51] Se o Cristianismo quisesse sobreviver no mundo moderno, deveria

---

[48] Moss. "Hubristic Specialists", 39.
[49] Moss. "Hubristic Specialists", 40.
[50] Pauck. "Adolf von Harnack."
[51] Pauck. "Adolf von Harnack." Ver também Keating. "Christianity": "Abandonando a Era Apostólica, Harnack, em sua 'História do Dogma', atribui a helenização do Cristianismo aos apologistas do século II... Foi a transferência do Cristianismo de um solo semita para um solo grego que explica, segundo o Dr. Hatch (Hibbert Lectures, 1888), 'por que estava um sermão ético na vanguarda do ensino de Jesus e um credo metafísico na vanguarda do Cristianismo do século IV'. O Professor Harnack apresenta o problema e resolve-o de forma semelhante. Atribui a mudança, tal como ele a concebe, de um simples código de conduta ao Credo de Niceia".

libertar-se dos grilhões do dogma — um processo libertador que tinha começado durante a Reforma.[52]

Quanto a Jesus, Harnack acreditava que, para entender o Evangelho, é preciso entender o conceito de *reino de Deus*. Para Jesus, este era um reino puramente espiritual, "o governo de Deus no coração de cada indivíduo".[53] No entanto, logo após a morte de Jesus, os apóstolos teriam desvirtuado este reino. Deixou de ser algo vivido no presente e passou a ser projetado no futuro, numa utopia escatológica.[54]

Era verdade — nem mesmo Harnack contestava este facto — Jesus via-se a si próprio como um messias.[55] No entanto, a messianidade de Jesus era tão incrivelmente diferente e rica, que a própria ideia de "Messias" estava agora descontrolada. Mas este foi um efeito secundário, não pretendido por Jesus. Para Harnack, o evangelho de Jesus "não incluía o Filho, apenas o Pai", porque Jesus não era "parte do evangelho", mas a sua "realização".[56] Jesus partilhava os pontos de vista da sua época, mas a visão moderna de Harnack era, para ele, a verdadeira mensagem de Jesus. Desta forma, Jesus tornou-se antigo e moderno ao mesmo tempo.[57] Harnack concebeu o Cristianismo como um fruto que é preciso descascar,[58] para não confundir a casca com o miolo.[59]

Alguns interrogavam-se, no entanto, se restaria alguma coisa depois de o fruto ter sido descascado. O Padre George Tyrrell, um sacerdote anglo-irlandês da época, fez uma observação famosa: "O Cristo que Harnack vê, olhando para trás através de dezanove séculos de trevas católicas, é apenas

---

[52] Pauck. "Adolf von Harnack."
[53] Gilbert. "Harnack, Loisy, and the Gospel," 92-93.
[54] Gilbert. "Harnack, Loisy, and the Gospel," 92-93.
[55] Ver Keating. "Christianity": "A maioria dos racionalistas modernos (Harnack, Wellhausen e outros) reconhece que Cristo, desde o início da Sua pregação, conhecia-Se a Si mesmo como o Messias, e aceitou os vários títulos escriturísticos para essa personagem - Filho de David, Filho do Homem (Daniel 7,13), o Cristo (ver João 14,24; Mateus 16,16; Marcos 14,61-62)".
[56] Gilbert. "Harnack, Loisy, and the Gospel," 94.
[57] McCown. "Alfred Loisy: Unfaltering Critic," 33.
[58] Gilbert. "Harnack, Loisy, and the Gospel," 93.
[59] McCown. "Alfred Loisy: Unfaltering Critic," 33.

o reflexo de um rosto protestante liberal visto no fundo de um poço profundo".[60] Voltaremos a esta metáfora mais adiante neste capítulo.

Um dos críticos mais influentes de Harnack nos círculos católicos foi um padre e teólogo francês chamado Alfred Loisy. Para Loisy, o Evangelho tinha tudo a ver com o anúncio do reino de Deus sim, mas este evangelho *também incluía Jesus*. O Evangelho não era algo abstrato, mas uma *fé viva*. Os evangelhos eram inseparáveis das coisas que esta fé viva tinha produzido ao longo dos séculos.[61] Como alguém criado no seio da piedade popular católica,[62] Loisy não podia aceitar a rejeição da Igreja por parte de Harnack. A Igreja era necessária, porque nenhuma religião pode existir sem um culto.[63] Além disso, a Igreja também tinha sido um produto desta fé viva que tinha surgido do Evangelho: o papado, a veneração de Maria e dos santos, o sistema sacramental, tudo isto tinha brotado desta fé viva.[64] Neste sentido, Loisy não via o Cristianismo como um fruto a descascar, mas como uma semente a cultivar.[65]

Infelizmente, apesar de todas as suas astutas críticas à historiografia harnackiana, tanto Tyrrell como Loisy seriam manchados por uma falha inescapável: eram ambos modernistas. Loisy foi mesmo considerado o "Pai do Modernismo".[66] Apesar da sua educação pietista, Loisy perdeu a fé em todos os dogmas da Igreja na idade madura de 29 anos[67] — não porque pensasse que esses dogmas estavam errados, mas porque rejeitava a própria noção de dogma.

Como filho intelectual do século XIX, Loisy foi profundamente influenciado pelo conceito de evolução. A evolução tinha ultrapassado as fronteiras da Biologia e tinha deixado uma marca profunda nas mentalidades das elites e dos académicos, que começaram a aplicar os

---

[60] McCown. "Alfred Loisy: Unfaltering Critic," 33. Ver também Moss. "Hubristic Specialists," 43.
[61] Gilbert. "Harnack, Loisy, and the Gospel," 95.
[62] McCown. "Alfred Loisy: Unfaltering Critic," 20.
[63] McCown. "Alfred Loisy: Unfaltering Critic," 30.
[64] Gilbert. "Harnack, Loisy, and the Gospel," 95.
[65] Gilbert. "Harnack, Loisy, and the Gospel," 93.
[66] Burke. "Loisy's Faith," 138.
[67] Burke. "Loisy's Faith," 138.

princípios evolutivos a todas as áreas do conhecimento. Através da utilização do novo método histórico-crítico, Loisy aplicaria estes princípios evolutivos à religião. Se a Igreja tinha autoridade para interpretar as Escrituras, então podia "reinterpretá-las de acordo com os princípios críticos modernos, a fim de as adequar aos tempos modernos".[68] Esta ideia de que a Igreja pode (e deve) evoluir com os tempos estava no centro do movimento modernista.[69]

É lógico, então, que Loisy abominasse a ideia de que deveríamos voltar a uma versão anterior do Cristianismo.[70] Isso equivaleria a uma regressão, a antítese completa de sua mentalidade evolucionária. A regressão, tal como a estagnação (i.e., dogma inalterado), não eram o caminho a seguir. Aqui, parece que o modernismo de Loisy era totalmente anti-tradicional e, portanto, impróprio para ser considerado neste livro.

No entanto, mesmo com estes princípios em mente, Loisy não podia deixar de voltar a cabeça para o passado. Afinal, os seus temas de estudo mais fascinantes — Jesus e a Igreja primitiva — estavam lá, numa época remota. Inconscientemente, o modernismo de Loisy visava criar uma nova tradição, e essa nova tradição assentava nas suas ideias. Estas, por seu turno, tinham sido formadas através dos seus estudos e publicações sobre o Cristianismo primitivo.

Para alguém tão empenhado em ver a Igreja antiga à luz da Igreja moderna, não é estranho que Loisy tenha formulado hipóteses baseadas na sua experiência pessoal. As ideias revolucionárias de Loisy levaram-no a ser despedido do seu lugar de professor no Instituto Católico de Paris, em 1893.[71] Durante um período de seis anos, limitou-se a ensinar o catecismo a grupos de raparigas. Estas catequeses, longe de o dissuadirem, aguçaram a visão de Loisy: para ele, o Novo Testamento era, em grande parte, uma

---

[68] McCown. "Alfred Loisy: Unfaltering Critic," 31.

[69] Vermeersch, "Modernism": "Uma remodelação, uma renovação segundo as ideias do século XX — eis o anseio que possui os modernistas. 'Os modernistas declarados', diz M. Loisy, 'formam um grupo bastante definido de intelectuais unidos no desejo comum de adaptar o Catolicismo às necessidades intelectuais, morais e sociais de hoje' (*Simples réflexions sur le décret 'Lamentabili' et sur l'encyclique 'Pascendi' du 8 September, 1907*, p. 13). 'A nossa atitude religiosa', como afirma *Il programma dei modernisti* (p. 5, nota I), 'é regida pelo único desejo de nos unirmos aos cristãos e católicos que vivem em harmonia com o espírito da época'".

[70] McCown. "Alfred Loisy: Unfaltering Critic," 30.

[71] Borto. "From an Apologism," 501.

catequese.⁷² E uma das catequeses mais importantes do Novo Testamento era precisamente aquilo que Harnack tanto detestava: a catequese escatológica.⁷³

A catequese escatológica, que trata do regresso de Jesus glorioso, teria sido a caraterística mais central da instrução da Igreja primitiva. Começou com os escritos de S. Paulo e o seu *maranata* (expressão aramaica para "o Senhor vem") em 1 Cor 16,22. O cristão, instruído por esta catequese, devia arrepender-se dos seus pecados e preparar a vinda do Senhor. O arrependimento dos pecados implicava também uma catequese moral, que estava depois ligada à catequese escatológica.⁷⁴

A marcha implacável da evolução teria continuado a fazer avançar o Cristianismo, transformando-o. Invertendo completamente a teoria de Harnack de que Jesus Se tinha concentrado no presente e tinha sido distorcido pela escatologia dos Seus discípulos, Loisy afirmava que a catequese escatológica tinha surgido primeiro, e uma catequese evangélica tinha surgido depois. Esta catequese evangélica centrava-se na ideia de uma salvação no presente, efetiva já nesta vida terrena, mas que encontra ainda a sua conclusão após o apocalipse. O Evangelho segundo S. João teria sido, de facto, uma forma de reinterpretar as catequeses escatológicas e evangélicas segundo princípios gnósticos (ver capítulo 6).⁷⁵

Não admira, pois, que Loisy tenha rejeitado o Evangelho segundo S. João como uma fonte fiável de informação sobre Jesus. Aqui, pela primeira vez, Loisy concordou com o seu rival Harnack. Mas Loisy foi ainda mais longe do que Harnack estava disposto a aceitar. Não só o Evangelho segundo S. João, mas também os outros três evangelhos, os evangelhos sinóticos, tinham sido sujeitos a revisões profundas.⁷⁶ Marcos tinha enfatizado o Batismo e a Última Ceia de Jesus. Mateus acrescentara a Marcos a catequese escatológica e moral de S. Paulo. Lucas pegara na obra de Mateus e transformara-a numa apologética do Cristianismo. De

---

⁷² McCown. "Alfred Loisy: Unfaltering Critic," 32.
⁷³ McCown. "Alfred Loisy: Unfaltering Critic," 33.
⁷⁴ McCown. "Alfred Loisy: Unfaltering Critic," 34.
⁷⁵ McCown. ""Alfred Loisy: Unfaltering Critic," 34.
⁷⁶ Gilbert. "Harnack, Loisy, and the Gospel," 92-93.

qualquer modo, todos os evangelhos tinham sido escritos demasiado tarde para serem historicamente fiáveis.[77]

Com o seu trabalho, Loisy revolucionou o próprio método histórico-crítico, introduzindo *a crítica de forma* (ver acima). Os evangelhos não eram registos do que Jesus tinha feito ou dito, mas interpretações.[78] No final, porém, isto significava que os evangelhos eram de tal modo um produto da imaginação criativa da Igreja, que nada de certo se podia saber sobre a vida e o ensino de Jesus.[79] Se o fruto de Harnack podia ser descascado de tal forma que nada restava, a semente de Loisy tinha sido tão preenchida com as suas próprias ideias, que nada de religioso restava também para crescer a partir dela.[80]

Mas então, se nada se pode saber ao certo deste Jesus, como poderia a fé cristã ser sustentada? Aqui terminou Loisy como crítico bíblico e começou Loisy como filósofo. Como explica o reverendo George Gilbert, um teólogo do século XX:

> Novamente, todo o sistema sacramental, embora não seja todo apresentado na narrativa do Evangelho, é uma instituição cristã e, portanto, vem da "semente" do Evangelho. *O Cristo imortal age por meio dele.*
>
> É verdade que Loisy, como crítico, admite que a adoração dos santos não pertence ao Evangelho, e ainda assim ele sustenta que ela realmente procede da *"revelação primitiva"*. Aqui, como me parece, o crítico está perdido no filósofo. Pois essa "revelação primitiva", da qual procede a adoração dos santos, é a verdade que Deus revela-se *ao* Homem *no* Homem. A isto nós naturalmente concordamos, e dizemos com Loisy que a coisa mais divina no mundo não é o estrondo do trovão, nem a luz do sol, nem o desabrochar da vida, mas é a beleza da alma, a pureza do coração, a perfeição do amor no sacrifício. *Mas essa revelação primitiva é muito mais "primitiva" do que o Evangelho. Durante séculos, antes do Evangelho, Deus já se revelava ao Homem no Homem.* Este facto, então, não é

---

[77] McCown. "Alfred Loisy: Unfaltering Critic," 35-36.
[78] Burke. "Loisy's Faith," p. 145.
[79] McCown. "Alfred Loisy: Unfaltering Critic," 35-36.
[80] Gilbert. "Harnack, Loisy, and the Gospel," 93.

distintamente cristão, e portanto nada baseado nele pode ser distintamente cristão. *Mas não é também o filósofo, e não o crítico,* que fala na afirmação de que, porque Deus se revela ao Homem no Homem, portanto a adoração dos santos e de Jesus é justificada?[81]

Esta ideia de que Deus se revela *ao* Homem e *no* Homem é o princípio da *imanência teológica* (ou seja, Deus é imanente no Homem). Este princípio está ligado a outro, o princípio da *permanência divina,* a noção de que Jesus não instituiu a Igreja e os sacramentos, pelo menos não diretamente, mas de forma *mediada.* Pelo contrário, a Igreja e os sacramentos tinham sido instituídos pelos cristãos. As consciências cristãs, por seu lado, estavam virtualmente incluídas na consciência de Cristo, uma vez que se diz que todos os cristãos vivem a vida de Cristo. Assim, a Igreja e os sacramentos foram criados por Cristo apenas na medida em que foram criados por cristãos que fazem parte de Cristo.

Os esforços de Loisy não eram apenas académicos, mas também apologéticos. Ele não queria apenas renovar a Igreja Católica e a sua teologia, queria defendê-las.[82] Para fazer esta defesa, Loisy utilizou o método histórico-crítico, a abordagem em que era tão proficiente. No entanto, Loisy não teve em conta os limites deste método (ver acima). Concretamente, transformou o método histórico-crítico, um instrumento neutro, num portador de certas premissas filosóficas, nomeadamente a de que não podemos apresentar as ações de Deus na história e, por isso, somos obrigados a estudar apenas as causas humanas e naturais através de métodos críticos.[83]

Loisy e os seus companheiros modernistas tinham montado uma apologética que tentava reconciliar a Igreja com as descobertas científicas modernas nos domínios da história e da crítica bíblica, quando não com o pensamento moderno em geral,[84] de modo a inverter a maré de rejeição do Catolicismo pela sociedade moderna. Quando o fizeram, ultrapassaram a

---

[81] Gilbert. "Harnack, Loisy, and the Gospel," 96.
[82] Borto. "From an Apologism," 505.
[83] Borto. "From an Apologism," 507-508.
[84] Burke. "Loisy's Faith," 142.

fronteira entre apologista e modernista. Pio IX, no seu famoso *Syllabus* de Erros (ver capítulo 9), tinha condenado a proposição de que o "Romano Pontífice pode e deve reconciliar-se com o progresso, o liberalismo e a civilização moderna". [85]

Seria outro Pio a corrigir este erro. O Papa S. Pio X é um nome que evoca admiração — até nostalgia — entre os tradicionalistas atuais. Mons. Lefebvre resistiu às reformas do Concílio Vaticano II precisamente ao fundar uma sociedade sacerdotal com o nome de Pio X. Isto porque Pio X foi o papa que mais notavelmente lutou contra a heresia modernista, uma heresia que os tradicionalistas acreditam ter infiltrado a Igreja moderna, até aos mais altos escalões. [86]

Em 1907, Pio X promulgou o seu documento mais importante: a encíclica *Pascendi Dominici Gregis* (PDG), abrindo caminho para a excomunhão de Loisy no ano seguinte. [87] Se há uma frase que salta à vista na *Pascendi* é o conhecido aforismo: "O modernismo é a síntese de todas as heresias". [88] Vemos esta frase frequentemente nas redes sociais, utilizada pelos tradicionalistas para acusar a Igreja moderna e até a própria modernidade. No entanto, há uma diferença entre modernidade e Modernismo. O Modernismo foi definido com muito cuidado, por ninguém menos que Pio X. De facto, este Papa ocupa quase dois terços da sua encíclica a explicar o que é o Modernismo.

Para definir corretamente o Modernismo, Pio X tentou caraterizar o modernista em todas as suas facetas. Em primeiro lugar, descreveu o modernista como um filósofo. O filósofo fundamentaria a sua ideologia em duas raízes, uma negativa e outra positiva. A raiz negativa seria o *agnosticismo*. "Por força desta doutrina, a razão humana fica inteiramente reduzida à consideração... das coisas perceptíveis e pelo modo como são perceptíveis; nem tem ela direito nem aptidão para transpor estes

---

[85] Pio IX. *Syllabus* de Erros, 80.

[86] Ver, por exemplo, Kwasniewski. "Pius X Condemns Modernism": "todos os erros que Pio X analisa na *Pascendi* ainda estão a ser ensinados hoje — de facto, na mais escandalosa negligência de dever já vista na história da Igreja, pelo próprio papa, não apenas uma ou duas vezes, mas frequentemente, numa vasta gama de assuntos".

[87] Borto. "From an Apologism," 502.

[88] PGD, 39.

Capítulo 10: "O que faria Jesus?" 249

limites".[89] Uma vez que esta raiz negativa bloqueia o caminho para a revelação divina, o vazio deixado para trás deve ser preenchido com outra coisa. É aqui que entra a raiz "positiva": o princípio da *imanência vital*, ou seja, a ideia de que "todo fenómeno vital, deve sempre ser atribuído a uma *necessidade...* a um movimento do coração, *que se chama sentimento*".[90] Assim, tanto "a ciência e a história... acham-se fechadas entre dois termos: um externo, que é o mundo visível; outro interno, que é a consciência. Chegados a um ou outro destes dois termos, não se pode ir mais adiante; além destes dois limites acha-se o incognoscível".[91]

Uma vez que a religião assentaria apenas no sentimento, caberia ao intelecto dar-lhe uma estrutura, nomeadamente através de fórmulas. Se essas fórmulas fossem aprovadas pela Igreja, constituiríam dogmas. Mas como o sentimento religioso procede do crente, então os dogmas devem ser adaptados ao crente e, portanto, os dogmas podem "evoluir", ou seja, "mudar".[92]

A partir daqui, passamos do modernista enquanto filósofo para o modernista enquanto crente. Enquanto o filósofo não se preocupa em saber se a realidade divina existe fora do coração do crente, o crente, pelo contrário, acredita de facto nessa realidade divina, uma realidade independente da pessoa que nela acredita. Mas este crente afirmará que o fundamento da sua fé assenta na "experiência individual".[93]

E aqui, nesta secção da encíclica que trata do crente modernista, é onde Pio X descobre o velho truque que temos vindo a explorar ao longo deste livro. Mesmo aqui, mesmo no pensamento modernista, testemunhamos uma tentativa de sequestrar a tradição para servir a heresia. A secção "Experiência Religiosa e Tradição" da *Pascendi Dominici Gregis* merece ser citada na íntegra:

---

[89] PGD, 6.
[90] PGD, 7.
[91] PGD, 7.
[92] PGD, 11-12.
[93] PGD, 14.

Há ainda outra face, além da que já vimos, nesta *doutrina da experiência*, de todo contrária à verdade católica. Pois, ela *se estende e se aplica à tradição que a Igreja tem sustentado até hoje, e a destrói*. E com efeito, *os modernistas concebem a tradição como uma comunicação da experiência original, feita a outrem pela pregação, mediante a fórmula intelectual*.

Por isto a esta fórmula, além do valor representativo, atribuem certa eficácia de sugestão, tanto naquele que crê, para despertar o sentimento religioso quiçá entorpecido, e restaurar a experiência de há muito adquirida, como naqueles que ainda não crêem, para despertar neles, pela primeira vez, o sentimento religioso e produzir a experiência. *Por esta maneira a experiência religiosa abundantemente se propaga entre os povos: não só entre os existentes, pela pregação, mas também entre os vindouros, quer pelo livro, quer pela transmissão oral de uns a outros.* Esta comunicação da experiência às vezes lança raízes e vinga; outras vezes se esteriliza logo e morre. O viver para os modernistas é prova de verdade; e a razão disto é que verdade e vida para eles são uma e a mesma coisa. *E daqui, mais uma vez, se infere que todas as religiões existentes são verdadeiras, do contrário já não existiriam.* [94]

Pio X condenaria ainda o modernista como teólogo, nomeadamente censurando os princípios da imanência vital [95] e da permanência divina [96] que vimos acima. Depois, trataria do modernista como historiador e crítico, mostrando como o método histórico-crítico da época estava repleto de premissas filosóficas e ideológicas incompatíveis com a fé, como também já vimos. [97] Por fim, repreenderia o modernista como apologista, [98] e o modernista como reformador. [99] Loisy estava em cheque em todas as frentes.

Mas será que, de tudo o que vimos, podemos deduzir que Pio fomentava uma conceção imobilista da Igreja, absolutamente intransigente contra qualquer princípio evolutivo? Depende. Quando Pio e Loisy se

---

[94] PGD, 15.
[95] PGD, 19.
[96] PGD, 20.
[97] PGD, 29-33.
[98] PGD, 35.
[99] PGD, 38.

Capítulo 10: "O que faria Jesus?"

confrontaram sobre a evolução, estavam a falar de *dogma*, de doutrinas infalivelmente definidas. Estas são, de facto, imutáveis, como o Concílio Vaticano I — uma vez mais, infalivelmente — definiu na sua constituição *Dei Filius*: "deve ser sempre mantido o sentido dos dogmas sagrados que foram declarados pela Santa Madre Igreja, e nunca deve haver qualquer abandono deste sentido sob o *pretexto ou em nome de uma compreensão mais aprofundada*".[100] Mas o Concílio rapidamente esclarece que aceita o desenvolvimento doutrinal de acordo com os princípios de S. Vicente de Lérins (ver capítulo 6): "*Que o entendimento, a ciência e a sabedoria cresçam à medida que as idades e os séculos passam*, e floresçam grande e vigorosamente, em cada um e em todos, no indivíduo e em toda a Igreja: mas isto apenas no seu género próprio, isto é, na mesma doutrina, no mesmo sentido e com o mesmo significado".[101]

Como seguidor meticuloso do Concílio Vaticano I e da tradição católica, Pio X também admitia a possibilidade de tal desenvolvimento doutrinal. Uma das críticas que Pio X fazia aos modernistas era o facto de não permitirem o aperfeiçoamento de uma fórmula dogmática "em si mesma e *de acordo com o desenvolvimento lógico*, mas conforme as circunstâncias o exigissem".[102] Condenou a evolução, mas nos termos expostos pelos modernistas, como um conflito entre duas forças: uma força conservadora, encarnada pelo clero, e uma força progressista, personificada nos leigos. Claro que tal noção era inaceitável para o Papa, pois acabava por ver o magistério como algo que acabaria por ser inevitavelmente ultrapassado.[103] Pio voltou-se antes para o magistério, para o *Syllabus* e para a parte da *Dei Filius* que citei anteriormente, e disse "Nem o desenvolvimento do nosso conhecimento, mesmo no que diz respeito à fé, é impedido por este

---

[100] Vaticano I. *Dei Filius*, Capítulo 4, 14.
[101] Vaticano I. *Dei Filius*, Capítulo 4, 14.
[102] PGD, 21.
[103] PGD, 21. Mas não estará aqui presente um certo paralelismo com um certo tradicionalismo atual que, desiludido com a hierarquia da Igreja, deposita a sua esperança num laicado de mentalidade tradicionalista, resistindo bravamente até que o magistério pós-conciliar seja revertido por um futuro papa?

pronunciamento — pelo contrário, é ajudado e promovido".[104] Numa outra encíclica, intitulada *Il Fermo Proposito*, Pio X escreveria:

> De passagem, é bom notar que é impossível restabelecer hoje, sob a mesma forma, todas as instituições que foram úteis e mesmo as únicas eficazes nos séculos passados, tão numerosas são as novas necessidades que as circunstâncias em mudança continuam a produzir. Mas a Igreja, na sua longa história e em todas as ocasiões, mostrou sabiamente que possui o maravilhoso poder de se adaptar às condições mutáveis da sociedade civil. Assim, preservando a integridade e a imutabilidade da fé e da moral e defendendo os seus direitos sagrados, ela facilmente se dobra e se acomoda a todas as circunstâncias não essenciais e acidentais pertencentes aos vários estádios da civilização e às novas exigências da sociedade civil.[105]

Então, como se pode saber onde está o verdadeiro desenvolvimento? Como já foi demonstrado várias vezes ao longo deste livro, isso pode ser feito recorrendo ao magistério. Num discurso de 1912, Pio X dizia: "Não colocamos acima da autoridade do Papa a de outras pessoas que discordam do Papa, por mais cultas que sejam, porque, mesmo sendo cultas, não são santas, porque quem é santo não pode discordar do Papa".[106] Num discurso anterior, de 1909, Pio X ensinou:

> O primeiro e maior critério da fé, a prova última e inatacável da ortodoxia, é a obediência à autoridade pedagógica da Igreja, *sempre viva* e infalível, porque foi instituída por Cristo como *columna et firmamentum veritatis*, "coluna e sustentáculo da verdade" (1 Tm 3, 15).
>
> E assim, com um sistema de sofismas e erros, falsificam o conceito de obediência inculcado pela Igreja; arrogam-se o direito de julgar as ações da autoridade até ao ponto de as ridicularizar; atribuem a si próprios a missão de impor uma reforma — uma

---

[104] PGD, 28.
[105] Pio X. *Il Fermo Proposito*, 9.
[106] Pio X, "Discurso".

missão que não receberam nem de Deus nem de qualquer autoridade. Limitam a obediência a ações puramente exteriores...

Não vos deixeis enganar pelas declarações subtis de outros que não cessam de fingir que desejam estar com a Igreja, amar a Igreja, lutar por ela para que ela não perca as massas, trabalhar para a Igreja para que ela compreenda os tempos e assim reconquiste o povo e o traga a si. Julgai estes homens segundo as suas obras. Se maltratam e desprezam os ministros da Igreja e até mesmo o Papa; se tentam por todos os meios minimizar a sua autoridade, fugir à sua direção e desrespeitar os seus conselhos; se não temem levantar o estandarte da rebelião, de que Igreja estão estes homens a falar?[107]

Mais uma vez, a resposta assenta no magistério eclesiástico. A *Pascendi* foi, em si mesma, um exercício musculado de autoridade magisterial. O pontífice propôs muitos remédios práticos para combater a propagação do Modernismo, desde a promoção do pensamento escolástico (ver capítulo 2),[108] à censura de publicações,[109] à implementação de comissões diocesanas de vigilância,[110] e até à criação de um juramento anti-modernista que todo o clero deveria tomar.[111] Quando o pontificado de Pio X terminou, o movimento modernista tinha sido travado com sucesso. Quanto a Loisy, continuou a escrever e a publicar mesmo depois da sua excomunhão, e muita tinta foi derramada tentando aferir se ele continuou a acreditar em qualquer tipo de Deus pessoal até ao fim da sua vida.[112]

---

[107] Monges Beneditinos. *Papal Teachings: The Church*, 380-382.
[108] PGD, 45-47.
[109] PGD, 50-53.
[110] PGD, 55.
[111] Pio X, *The Oath Against Modernism*.
[112] Burke. "Loisy's Faith."

"E vós, quem dizeis que Eu sou?"[113]

Mesmo que os modernos e os modernistas tenham feito o seu melhor para responder à questão de quem é Jesus, esta questão não é nova. De facto, pode dizer-se que esta questão é tão antiga como o próprio ministério de Jesus. Num belo dia, há dois milénios atrás, Jesus passava com os discípulos pelas imediações de uma cidade chamada Cesareia de Filipe. Havia ali perto umas cavernas onde, segundo a lenda, se encontravam as portas dos infernos. De repente, Jesus deteve-Se. Voltando-Se para os discípulos, perguntou-lhes:

"No dizer do povo, quem é o Filho do Homem?"[114]

Esta pergunta desconcertante apanhou os discípulos de surpresa. As respostas a esta pergunta eram variadas, na altura como agora. "Uns dizem que és João Batista" — responderam eles — "outros que és Elias, ou Jeremias, ou um dos profetas".[115]

No entanto, Jesus também estava interessado em conhecer, não só os pensamentos do mundo, mas os pensamentos dos Seus discípulos: "E vós quem dizeis que eu sou?"[116]

Abriu-se a porta a uma nova multiplicação de respostas. Afinal, o palpite dos discípulos poderia ser tão bom como qualquer outro. Mas não foi esse o caso. Os Evangelhos dizem que um dos discípulos tomou a dianteira e ousou responder à mesma pergunta a que multidões têm vindo a responder desde então. Esse discípulo era Pedro, o mesmo cujas aventuras acompanhámos no capítulo 5 — embora, na altura, fosse conhecido por um nome diferente: Simão, filho de Jonas.

"Tu és o Cristo, o Filho do Deus vivo".[117]

Se continuarmos a ler os Evangelhos, veremos que esta resposta foi a que mais agradou a Jesus. Ele proclamou que esta resposta tinha sido revelada a Simão por ninguém menos do que Deus, o próprio Pai.[118] Como reconhecimento pela resposta de Simão, Jesus mudou-lhe o nome para

---

[113] Mt 16,15.
[114] Mt 16,13.
[115] Mt 16,14.
[116] Mt 16,15.
[117] Mt 16,16.
[118] Mt 16,17.

Capítulo 10: "O que faria Jesus?"

Pedro e deu-lhe autoridade sobre a Igreja recém-nascida e até sobre as mesmas portas do inferno que a lenda dizia estarem abertas ali perto.

Voltaremos a este episódio mais adiante, no capítulo 12. Por agora, tentemos manter-nos concentrados na resposta à velha questão: "No dizer do povo, quem é o Filho do Homem?" As respostas são múltiplas, e ainda mais agora que o Cristo da fé foi amputado do Jesus da história. Há quem afirme que Jesus foi um revolucionário que se opôs à opressão da ordem estabelecida,[119] ou mesmo um proto-marxista.[120] Por coincidência, os autores que pensam assim pertencem à Esquerda do espetro político. Também por coincidência, é possível encontrar pessoas do outro lado do espetro que afirmam que Jesus era de facto um capitalista.[121] Por seu lado, as feministas dirão que Jesus era feminista,[122] e os activistas pró-escolha que Jesus seria pró-escolha.[123] Os que defendem o fim do celibato sacerdotal postulam que Jesus foi casado com Maria Madalena,[124] e os que defendem a causa LGBTQ, que Ele teve um romance com o apóstolo João.[125]

---

[119] Ver, por exemplo, Gasper. "Jesus the Revolutionary?": "Os Evangelhos oferecem duas imagens diferentes de Jesus. Por um lado, há o ser divino que prega a salvação num outro mundo. Por outro lado, há um Jesus na tradição da revolução popular judaica — uma figura deste mundo que se opõe a reis e opressores e que promete aos seus seguidores benefícios materiais reais nesta vida. Há muitas provas de que a primeira destas figuras foi uma elaboração posterior... Em todo o caso, os três primeiros evangelhos nunca afirmam que Jesus é divino. Só no Evangelho de João, escrito em último lugar e rejeitado por alguns cristãos ainda no século III, é que Jesus é representado como uma divindade. Entretanto, a segunda imagem de Jesus enquadra-se nas circunstâncias sociais e políticas em que viveu... Todas as evidências apontam para Jesus como um dos autoproclamados messias que lutaram pelo fim da ocupação romana e por uma sociedade igualitária em que a divisão entre ricos e pobres fosse eliminada. De acordo com Celso, Jesus era um 'líder de sedição'".
[120] Para um exemplo, ver Arel. "Sorry Republicans, but Jesus was a Marxist."
[121] Ver "Jesus was a capitalist," *Reclaiming America for Jesus Christ*.
[122] Swidler. *Jesus was a feminist*.
[123] Ver, por exemplo, Currie. "Here's why I'm a pro-choice pastor."
[124] A título de exemplo, ver Phips. "Did Jesus marry?"
[125] Um exemplo pode ser encontrado em Oestreicher. "Was Jesus gay? Probably."

Perante esta cacofonia de interpretações contraditórias, não posso deixar de recordar o que escreveu o grande apologista G.K. Chesterton, quando confrontado com esta mesma babel no século XX:

> Por isso, eu defendo que um homem que lesse o Novo Testamento não teria a impressão do que hoje se entende frequentemente por um Cristo humano. O Cristo meramente humano é uma figura inventada, uma peça de seleção artificial, tal como o homem meramente evolutivo. Além disso, há demasiados Cristos humanos na mesma história, tal como há demasiadas chaves para a mitologia nas mesmas histórias... [O]utros disseram que ele era de facto um mestre original porque não se preocupava com nada a não ser o Socialismo; ou (como outros disseram) com nada a não ser o Pacifismo. Depois, apareceu uma personagem mais científica e sombria que disse que Jesus nunca teria ficado conhecido se não fosse pelas suas profecias sobre o fim do mundo. Ele era importante apenas como um milenarista, como o Dr. Cumming, e criou um susto provinciano ao anunciar a data exata do estalar da desgraça. Entre outras variantes do mesmo tema, havia a teoria de que ele era um curandeiro espiritual e nada mais; uma visão implícita na Ciência Cristã, que tem realmente que expor um Cristianismo sem a Crucificação para explicar a cura da mãe da esposa de Pedro ou da filha de um centurião. Há outra teoria que se concentra inteiramente na questão do diabolismo e naquilo a que chama a superstição contemporânea sobre os demoníacos, como se Cristo, como um jovem diácono a receber as suas primeiras ordens, tivesse alcançado o poder do exorcismo e nunca tivesse ido além disso. Ora, cada uma destas explicações, por si só, parece-me singularmente inadequada; mas, em conjunto, sugerem algo do próprio mistério que lhes escapa. *Certamente deve ter havido algo não apenas misterioso, mas multifacetado em Cristo, se tantos Cristos menores podem ser esculpidos a partir dele.* Se o Cientista Cristão está satisfeito com ele como um curador espiritual e o Socialista Cristão está satisfeito com ele como um reformador social, tão satisfeito que nem sequer espera que ele seja outra coisa, parece

Capítulo 10: "O que faria Jesus?"

que ele realmente cobriu muito mais terreno do que se poderia esperar.[126]

Ou, parafraseando a metáfora do Padre Tyrrel, pode parecer que o que todos estes intérpretes podem estar a ver não é o Jesus histórico, mas o seu próprio reflexo no fundo de um poço profundo.

No entanto, por mais tentador que seja pensar assim, não se trata de um fenómeno exclusivamente moderno, criado pela distância cronológica que nos separa dos dias em que Jesus andava na terra. Mesmo na Igreja primitiva encontramos uma grande diversidade hermenêutica, com grandes desacordos sobre a interpretação correta das Escrituras ou de outros acontecimentos históricos relacionados com Jesus.[127] Alguns académicos postulam, então, que a existência desta "tradição" de diversidade e desacordo põe em causa "a noção de uma tradição ininterrupta",[128] o que equivaleria a uma "branqueamento da história bíblica e da Igreja primitiva ao criar uma narrativa de acordo contínuo e harmonioso".[129] De acordo com esta visão do mundo, o facto de a Igreja primitiva conter tanto uma facção gnóstica como uma facção que acabaria por ser chamada ortodoxa significa que esta última não tem mais valor do que a primeira — é simplesmente a posição que se tornou consensual num momento posterior e que, eventualmente, reescreveu a história à sua própria imagem e semelhança. Mas isto é, mais uma vez, um pressuposto filosófico e ideológico.

Nessa altura, tal como agora, aplica-se o princípio da não-contradição. Sabemos que é impossível que Jesus seja um proto-marxista e um proto-

---

[126] Chesterton. *The Everlasting Man*, 190-191. Ver também Deines, "Can the 'Real' Jesus be identified with the Historical Jesus?" 33-34, 37: "Pelo meio, há espaço para todos os outros tipos de Jesus: o revolucionário, o libertador de todo o tipo de opressões reais ou imaginárias, o feminista e primeiro 'homem de verdade', o mágico, o reformador social, o *chasid* galileu, o profeta judeu, ou mais precisamente o profeta apocalíptico ou milenarista, o auxílio dos pobres, ou apenas um vigarista preguiçoso que teve a sorte de encontrar pessoas dispostas a apoiá-lo com o seu dinheiro".

[127] Moss. "Hubristic Specialists," 40.
[128] Moss. "Hubristic Specialists," 40.
[129] Moss. "Hubristic Specialists," 43.

capitalista ao mesmo tempo. Sabemos que é implausível que Jesus seja casado com Maria Madalena e tenha um caso homossexual com o Apóstolo João ao mesmo tempo. Do mesmo modo, é impossível que tanto os gnósticos como os ortodoxos tenham razão sobre Jesus, pois ambas as interpretações contêm elementos que se excluem mutuamente. Uma interpretação, portanto, tem de ser mais verdadeira do que a outra — por outras palavras, mais autoritativa. E, se voltarmos àquele dia ensolarado em Cesareia de Filipe, há dois mil anos, quando Jesus perguntou: "E vós, quem dizeis que Eu sou?", uma resposta foi mais agradável do que todas as outras.

Para saber onde está essa resposta autoritativa, é preciso questionar a ideia moderna, muito difundida, de que a fé inventou acontecimentos para se exprimir. Talvez esta se trate de uma premissa não comprovada, que só é tida como verdadeira devido a preconceitos filosóficos e ideológicos. Talvez tenha sido o contrário: a fé surgiu e exprimiu-se como *reação* a um acontecimento. Talvez tenha acontecido algo de real, de histórico, àqueles que depois interpretaram a sua experiência e a formularam em termos de fé.[130] Neste sentido, a fé é vista retrospetivamente e não prospetivamente. Os cristãos de outrora estavam a olhar para o passado e a dar sentido às suas experiências históricas.

Esta reação de fé a uma experiência histórica cristalizou-se, como vimos no capítulo 1, primeiro como tradição oral e depois como Escritura. A Escritura ganhou forma através de um processo de incessantes releituras, correções, aprofundamentos e dilatações. Os textos antigos eram lidos numa nova situação e compreendidos de uma nova maneira, revelando progressivamente as suas possibilidades latentes.[131] Neste sentido — e ao contrário do que pensavam Harnack e Loisy — a distância cronológica entre a experiência real e a sua expressão posterior não é um sinal de que os escritos bíblicos não sejam fiáveis. Pelo contrário, esta distância cronológica acrescenta "significado e correlação com outras realidades históricas ou espirituais que lhes estavam ausentes ou eram impercetíveis quando o próprio acontecimento teve lugar".[132]

---

[130] Deines, "Can the 'Real' Jesus be identified with the Historical Jesus?", 28.
[131] Bento XVI, *Jesus of Nazareth: from the Baptism*, xviii-xix.
[132] Deines, "Can the 'Real' Jesus be identified with the Historical Jesus?", 28.

A Escritura cresceu *num* e a *partir de um* sujeito vivo.[133] Este sujeito vivo não são apenas os autores dos livros da Bíblia, uma vez que estes escritores não são autónomos no sentido moderno da palavra: antes, pertencem a um sujeito coletivo, que se chama "o povo de Deus". Este povo de Deus é a *Igreja*, o sujeito vivo da Escritura. Na Igreja, as palavras da Bíblia são uma presença permanente.[134] Este processo dinâmico é, como vimos no capítulo 1, o que constitui o *processo da tradição*. Como diz Joseph Ratzinger noutro livro:

> *A tradição, como dissemos, pressupõe sempre um portador da tradição, isto é, uma comunidade* que a conserva e comunica, que é o recetáculo de uma tradição comum abrangente e que se torna, pela unicidade do contexto histórico em que existe, portadora de uma memória concreta. *Esta portadora da tradição no caso de Jesus é a Igreja*. Não se trata de um juízo teológico no verdadeiro sentido da palavra, mas de uma simples constatação de facto. O papel da Igreja como portadora da tradição assenta na unicidade do contexto histórico e no carácter comunitário das experiências fundamentais que constituem a tradição. Esta portadora é, por conseguinte, a condição *sine qua non* da possibilidade de uma participação genuína na *traditio* de Jesus que, sem ela, seria não uma realidade histórica e historiadora, mas apenas uma memória privada.[135]

Como vimos no capítulo 1, a tradição só existe no seio da comunidade, pois é no seio da comunidade que os conteúdos da tradição são transmitidos, de pessoa a pessoa, de geração em geração. No nosso caso, a comunidade é a Igreja. Qualquer esforço para tentar "salvar a Igreja" recorrendo a qualquer tipo de "arqueologismo" não é verdadeira tradição, mas uma falsa tradição. Para Ratzinger, este arqueologismo pode ser

---

[133] Bento XVI, *Jesus of Nazareth: from the Baptism*, xx.
[134] Bento XVI, *Jesus of Nazareth: from the Baptism*, xx-xxi.
[135] Ratzinger. *Principles of Catholic Theology*, 100. Recordo-me também das palavras de Sta. Joana d'Arc, citadas no CIC 795: "De Jesus Cristo e da Igreja eu penso que são um só, e não há que levantar dificuldades a esse respeito".

conservador ou liberal. O arqueologismo progressista vai além do arqueologismo protestante da *sola scriptura* (ver capítulo 8) e vê com desconfiança tudo o que vem depois de S. Paulo, definindo "a tradição de acordo com a necessidade do momento" e dependendo "extensivamente de reconstruções que não são senão o reflexo das suas próprias concepções *a priori*". Mas, como diz Ratzinger, "a diferença entre tais progressismos e um falso tradicionalismo não é fundamental; é apenas uma questão de quando a tradição termina".[136]

É claro que se pode dizer que esta diversidade de opiniões sobre quem é Jesus existe também no seio dessa comunidade eclesial portadora da tradição. Mesmo dentro da Igreja, há fações progressistas e tradicionalistas, com interpretações contraditórias. É por isso que a Igreja, onde habita a tradição, reconhece um intérprete autoritativo. Este intérprete autoritativo é o magistério, cujos agentes são o Papa e os bispos em comunhão com ele.[137]

E isto leva-nos de volta àquele dia quente em Cesareia de Filipe, quando Jesus disse a um certo Simão Bar-Jonas que, no meio de tantas interpretações, a sua interpretação da Sua identidade era a correta. Este episódio deu início a uma tradição, tão sólida como qualquer outra, que tem moldado a Igreja desde então. Explorá-la-emos com mais pormenor no capítulo 12. Para já, gostaria de terminar este capítulo citando o Papa Pio XII:

> *Em erro perigoso estão, pois, aqueles que julgam poder unir-se a Cristo, cabeça da Igreja, sem aderirem fielmente ao seu Vigário na terra.* Suprimida a cabeça visível e rompidos os vínculos visíveis da unidade, obscurecem e deformam de tal maneira o corpo místico do Redentor, que não pode ser visto nem encontrado de quantos demandam o porto da eterna salvação.[138]

---

[136] Ratzinger. *Principles of Catholic Theology*, 101.
[137] CIC 85, 100.
[138] Pio XII. *Mystici Corporis Christi*, 41.

Capítulo 10: "O que faria Jesus?"

É uma loucura tentar separar o que não pode ser separado. Não podemos separar Cristo do Seu Vigário, o Papa. O Papa é a cabeça da Igreja visível,[139] o garante da unidade.[140] Portanto, aqueles que seguem um Jesus diferente do Papa estão, de facto, a separar-se da Igreja, a comunidade que é portadora da tradição. E, como vimos ao longo deste capítulo, a tradição só pode existir dentro da comunidade. Aqueles que querem voltar a um Jesus separado da Igreja viva estão, mais uma vez, a atacar inconscientemente a tradição sob o pretexto de a defender.

Em resumo:

Terminámos uma viagem pelo tempo, desde o século I até ao século XXI. Ao longo desta viagem, vimos uma tradição em jogo, uma tradição mais profunda do que a mera reafirmação de textos e pronunciamentos antigos. É a tradição do desenvolvimento doutrinal, sempre se expandindo, mesmo em direções surpreendentes, por vezes até com a aparência de contradição com o que veio antes.

No entanto, a par desta venerável tradição, assistimos também a uma outra tradição contra-paralela. Ou melhor, uma anti-tradição. É a tradição

---

[139] Pio XII. *Mystici Corporis Christi*, 40: "Ao contrário, *o divino Redentor governa o seu corpo místico de modo visível e ordinário por meio do seu vigário na terra*. Vós bem sabeis, veneráveis irmãos, que Cristo nosso Senhor, depois de ter, durante a sua carreira mortal, governado pessoalmente e de modo visível o seu 'pequeno rebanho' (Lc 12,32), quando estava para deixar este mundo e voltar ao Pai, confiou ao príncipe dos apóstolos o governo visível de toda a sociedade que fundara. E realmente, sapientíssimo como era, não podia deixar sem cabeça visível o corpo social da Igreja que instituíra. Nem se objete que com o primado de jurisdição instituído na Igreja ficava o corpo místico com duas cabeças. Porque Pedro, em força do primado, não é senão vigário de Cristo, e por isso a cabeça principal deste corpo é uma só: Cristo; o qual, sem deixar de governar a Igreja misteriosamente por si mesmo, rege-a também de modo visível por meio daquele que faz as suas vezes na terra; e assim a Igreja, depois da gloriosa ascensão de Cristo ao céu não está educada só sobre ele, senão também sobre Pedro, como fundamento visível. *Que Cristo e o seu vigário formam uma só cabeça ensinou-o solenemente nosso predecessor de imortal memória Bonifácio VIII, na carta apostólica 'Unam Sanctam' e seus sucessores não cessaram nunca de o repetir*".

[140] Ver João Paulo II. *Ut Unum Sint*, 88.

anti-tradicional do tradicionalismo. Sempre que um desenvolvimento acontece, forças de resistência emergem inevitavelmente para sufocar o crescimento da tradição viva, ao mesmo tempo que reivindicam, sem autoridade, a tutela da tradição.

Mas se não podemos confiar nas meras aparências, como distinguir um verdadeiro desenvolvimento doutrinal (*profectus fidei*) e uma corrupção da fé (*permutatio fidei*)? Penso que, até agora, já dei a entender a resposta. No entanto, tentemos abordar esse tema numa perspetiva diferente.

Já vimos que Jesus Cristo é a fonte de toda a tradição (ver capítulo 1). É lógico, portanto, que Jesus também tenha sido afetado pelos fenómenos que explorámos até agora. Nomeadamente, se Jesus tivesse ensinado algo que pudesse ser entendido como um desenvolvimento doutrinal, então as forças anti-tradicionais do tradicionalismo também Lhe teriam resistido. É isto que vamos investigar no próximo capítulo. Ao estudar esse processo, seremos capazes de compreender melhor onde encontrar a segurança da barca da tradição no meio de um mar tempestuoso de interpretações concorrentes.

Secção III

Tradição Reconhecida

Capítulo 11

"Nem um jota"

> *Neste trecho, Jesus quer ajudar os seus ouvintes a fazer uma releitura da lei mosaica. O que foi dito na antiga aliança era verdadeiro, mas não era tudo: Jesus veio para dar cumprimento e para promulgar de forma definitiva a lei de Deus, até ao último jota. Ele manifesta as suas finalidades originárias e cumpre os seus aspectos autênticos, e faz tudo isto mediante a sua pregação e mais ainda com o dom de si mesmo na cruz. Assim Jesus ensina como fazer plenamente a vontade de Deus e usa esta palavra: com uma "justiça superior" em relação à dos escribas e dos fariseus. Uma justiça animada pelo amor, pela caridade, pela misericórdia, e portanto capaz de realizar a substância dos mandamentos, evitando o risco do formalismo. O formalismo: isto posso, isto não posso; até aqui posso, até aqui não posso...*
>
> — Francisco, Angelus

2020 foi um ano muito triste. A maioria das pessoas estava presa dentro de casa. Apenas os "trabalhadores essenciais" eram autorizados a sair das suas prisões domiciliárias, mas apenas para carregar toda a sociedade às costas. As igrejas estavam fechadas, os centros comerciais vazios, as estradas desertas. Nas palavras do Papa Francisco, há semanas que era noite. A escuridão espessa tinha-se instalado nas praças, nas ruas, nas cidades. Tinha-se apoderado da vida de todos, enchendo tudo de um silêncio ensurdecedor e de um vazio angustiante. Sentia-se no ar, nos gestos, nos olhares: o fantasma da COVID-19 pairava sobre o globo, como uma espada de Dâmocles invisível. O mundo reviu-se temeroso e perdido.[1]

Claro que as autoridades continuavam a garantir a todos que era apenas uma questão de "passar a onda". Se todos esperassem, respeitando rigorosamente os confinamentos e as medidas de distanciamento, a propagação da infeção diminuiria. Os cientistas trabalhavam incansavelmente para encontrar vacinas ou tratamentos para o vírus — era apenas uma questão de tempo até o conseguirem. Mas, mesmo entre os que seguiam todas as recomendações dos especialistas de saúde nacionais e internacionais, a exaustão desta completa reestruturação societal estava a tomar conta dos seus corações. As pessoas acompanhavam febrilmente os números de novos casos e de mortes, atualizavam-se incessantemente

---

[1] Francis, "Extraordinary Moment of Prayer."

através dos noticiários, esperavam uma evolução favorável das estatísticas, rezavam para que os gráficos se alterassem, esperavam que o dia de hoje fosse melhor do que o de ontem. Mas os dias continuavam a acumular-se, sem fim à vista. Como sempre, o Papa Francisco tinha discernimento suficiente para perceber que era preciso fazer alguma coisa. Era fundamental devolver esperança às pessoas.

No dia 22 de março, o Santo Padre pronunciou o seu habitual discurso do Angelus. "Habitual"... Como poderia ser habitual, se não foi proferido diante das habituais multidões na Praça de S. Pedro, mas transmitido em direto da biblioteca quase vazia do palácio papal? No entanto, o Papa Francisco tornaria este discurso ainda mais invulgar. Anunciou: no dia 27 de março, daria uma bênção extraordinária *Urbi et Orbi*. Estas bênçãos "para a cidade e para o mundo" eram normalmente feitas apenas na Páscoa e no Natal, os picos de importância litúrgica na Igreja. Mas Francisco deu uma bênção adicional na Festa da Anunciação, porque o mundo precisava dela. Concedeu também uma indulgência plenária a todos os que seguissem a transmissão da bênção, e pediu também a todos os católicos (de facto, a todos os cristãos, independentemente da denominação) que se juntassem a ele em oração nessa altura.[2]

Thomas Lawson torceu o nariz. "Aqui está o papa-diva, sempre a exibir-se" — pensou para si próprio. Este era o papa que tinha tolerado o encerramento das igrejas, privando os fiéis dos sacramentos e da Missa. Como se estes não fossem "serviços essenciais"! E como Thomas sentia falta da sua bela Missa em latim, do cheiro do incenso, do eco dos cânticos! A sua alma estava a murchar como uma flor sem água. Tudo isso era culpa do Francisco, que se tinha entregado ao medo, o mesmo medo alimentado por autoridades sem Deus, para quem a saúde física era mais importante do que os bens espirituais.[3]

---

[2] Wells, "Pope announces extraordinary Urbi et Orbi blessing."
[3] Como exemplo desta crítica, ver Reno, "Questioning the Shutdown": "O cancelamento de cultos e o fecho de igrejas sublinha a irrelevância do Cristianismo institucional na nossa era tecnocrática. Somos bombardeados pelo evangelho da juventude perpétua conquistada através da dieta e do exercício físico (complementado pela fama nas redes sociais, o sucedâneo hodierno da imortalidade). Se as igrejas se esconderem perante a doença e a morte, só os líderes da televisão, os especialistas dos *media* e os responsáveis pela saúde pública falarão das nossas ansiedades e medos. Isso reforça a proposta secular: A vida neste

Ainda assim, o Papa tinha convocado todos os católicos para rezarem pelo mundo. Como podia Thomas recusar? Deus sabia que o mundo estava a precisar urgentemente de orações. Se, para invadir o céu com orações em uníssono com toda a Igreja, ele tivesse de o fazer a pedido de Francisco, que assim fosse feito!

No dia 27 de março, à hora marcada, Thomas ligou o seu computador portátil. Para sempre, recordaria o local exato onde assistiu a esse extraordinário *Urbi et Orbi*. Quando começou a transmissão em direto, pôde-se ver a imensa Praça de S. Pedro, completamente vazia. Estava a chover. Estava escuro. As luzes ao longe refletiam-se na água do chão, conferindo um aspeto fantasmagórico à tonalidade azulada da atmosfera. O ambiente não podia estar mais em sintonia com o estado de espírito de Thomas.

De repente, contra o pano de fundo deste vazio desanimador, surgiu uma figura solitária, cuja brancura contrastava com a escuridão em redor. Ao seu lado estavam ícones que, no passado, tinham sido associados ao afastamento de epidemias. Entre eles, a Cruz de S. Marcelo no Corso que, no século XVI, tinha sido levada em procissão em todos os bairros de Roma para acabar com uma grande peste.[4] Agora, durante esta peste do século XXI, a cruz foi novamente recuperada, desta vez para ser levada em procissão virtualmente pelos quatro cantos da terra. A chuva não parou, derramando-se sobre a imagem de Cristo crucificado, tal como no momento em que Ele expirou há dois mil anos.

O aguaceiro, porém, não dissuadiu o Santo Padre. Ele pregou a sua homilia, refletindo sobre a história evangélica de Jesus acalmando a tempestade, tranquilizando os corações perturbados de que o Salvador estava presente mesmo durante a tempestade mais mortífera, pois tinha a autoridade dada por Deus para comandar até as forças da natureza. Em seguida, o Papa pronunciou uma ladainha de súplica diante da Cruz de S. Marcelo. Apesar da praça vazia, todos o sentiam: naquele momento, o Papa não estava a rezar sozinho — o mundo inteiro estava a rezar com ele. No entanto, nada foi mais pungente do que a adoração do Santíssimo

---

mundo é a única coisa que importa. A docilidade dos líderes religiosos à cessação do culto público é espantosa. Sugere que mais de metade deles acredita nessa proposta secular".

[4] Daud, "Miraculous crucifix from 1522 plague."

Sacramento, seguida da bênção do Papa à cidade e ao mundo, usando a custódia para esse gesto, ao som dos sinos. [5]

Naquele momento, os corações endurecidos não podiam deixar de se derreter. As suas críticas desvaneceram-se. Era inegável para qualquer pessoa de fé que o Espírito estava presente em S. Pedro naquele momento. Toda a Igreja se tinha unido ao Papa nessa noite, independentemente das suas opiniões pessoais sobre Francisco, como deveria ter acontecido desde o início do seu pontificado. E Thomas não foi exceção. Nessa noite, dormiu em paz, cheio de esperança no Senhor.

Na Internet, começou a surgir um refrão comum entre as vozes que, até então, tinham sido mais críticas em relação a Francisco: que esta bênção (e não qualquer dos ensinamentos ou atos magisteriais dele) foi o ponto alto do seu pontificado. Tom concordou. Mas os apologistas do papa foram rápidos a notar: "Aqui está um dos segredos mais bem guardados sobre Francisco: ele fala assim a toda a hora". [6]

"Por que é isto um segredo bem guardado?" — perguntou Justin retoricamente a Thomas — "É culpa de Francisco? De forma alguma: a maioria dos seus discursos, homilias e documentos estão disponíveis ao público no website do Vaticano, bem como em fontes credíveis dos meios de comunicação social. Qualquer pessoa com um computador ou telemóvel e uma ligação à Internet pode aceder a eles em qualquer altura. Mas é um segredo bem guardado porque os meios de comunicação social em que muitos católicos confiam para obter informações sobre a Igreja têm estado a distorcer a imagem de Francisco. Têm tentado vendê-lo como um papa mundano, que sacrifica as dimensões místicas e espirituais da fé para se adaptar aos valores do mundo secular e político. A diferença é que esta *Urbi et Orbi* foi tão amplamente divulgada *na sua totalidade*, que foi impossível enterrar a espiritualidade do Papa sob camadas de má interpretações e desinformação, como é habitual. Naquela noite, Francisco pôde brilhar para todos os fiéis, como ele realmente é, sem os habituais filtros escuros".

Thomas ainda estava relutante em aceitar este facto, mas rapidamente um novo acontecimento o fez refletir. Não um outro acontecimento feliz, mas o seu oposto. A quebra da felicidade. A quebra deste belo estado de

---

[5] Gabriel, "*Urbi et Orbi*: Meeting the real Pope Francis."
[6] Ver tweet de @mfjlewis de 28 de março de 2020.

graça. Em breve, o burburinho recomeçou nas redes sociais. Começaram a circular notícias de que a Cruz de S. Marcelo tinha sido danificada pela exposição à chuva, ao ponto de estar "prestes a explodir". [7] Mais tarde, isto viria a revelar-se um grande exagero. [8] Além disso, logo após a bênção *Urbi et Orbi*, o número de casos de COVID-19 começou a diminuir em Itália. [9] Mas tudo isto não foi suficiente para acalmar a barragem de críticas contra o Santo Padre. [10]

E, francamente, nessa altura, Thomas começou a cansar-se de toda a negatividade... A Cruz de S. Marcelo podia não ter rachado, mas as paredes que rodeavam a alma de Thomas mostravam agora sinais de fratura.

Uma tensão evangélica com sabor a Evangelho

Um dia, Jesus e os Seus discípulos reuniram-se com alguns fariseus e escribas de Jerusalém. A mesa estava posta, cheia de boa comida e bebida. Os fariseus esperavam certamente que fosse uma refeição agradável, com uma enriquecedora troca de ideias à parte. Mas em breve, o seu prazer deu lugar a puro nojo. Os discípulos de Jesus tinham começado a comer sem lavar as mãos. O problema não era apenas falta de higiene. Tinha conotações religiosas muito mais profundas. O ritual de lavar as mãos tinha a ver com um sistema de pureza bem estabelecido. Como dizem os Evangelhos, era uma venerável "tradição dos antigos". Não só as mãos, mas também os copos e as panelas deviam ser lavados de uma forma particular, para que a comida e os participantes não fossem ritualmente contaminados. [11]

Os fariseus interpelaram Jesus. Como mestre, era Ele o responsável pelo mau comportamento dos Seus discípulos. Os fariseus perguntaram: "Por que não andam os teus discípulos conforme a tradição dos antigos, mas comem o pão com as mãos impuras?" [12] Esperavam que Jesus

---

[7] Giansoldati, "Danneggiato il crocifisso 'miracoloso'".
[8] Allen, "Damage to 'miraculous crucifix' not as serious as reported." Ver também Gabriel, "The disfigured crucifix."
[9] Henley, "Italy records lowest coronavirus death toll."
[10] Gloria.tv. "Cross Crumbles - Coronavirus Continues."
[11] Mc 7,1-4.
[12] Mc 7,5.

repreendesse duramente os Seus discípulos. Em vez disso, Jesus repreendeu duramente os fariseus:

> Isaías com muita razão profetizou de vós, hipócritas, quando escreveu: "Este povo honra-me com os lábios, mas o seu coração está longe de mim". Em vão, pois, me cultuam, porque ensinam doutrinas e preceitos humanos. Deixando o mandamento de Deus, vos apegais *à tradição dos homens*. Na realidade, *invalidais o mandamento de Deus para estabelecer a vossa tradição*.[13]

Esta não foi a primeira vez que Jesus fez algo semelhante. Noutra ocasião, Jesus tinha levado os seus discípulos a um campo, para que respigassem algum alimento. O problema era que esse dia era um sábado, um dia de descanso obrigatório para os judeus. Mais uma vez, os fariseus confrontaram Jesus, perguntando-Lhe: "Por que fazem eles no sábado o que não é permitido?"[14] Mais uma vez, Jesus respondeu: "O sábado foi feito para o homem, e não o homem para o sábado; e, para dizer tudo, o Filho do Homem é senhor também do sábado".[15]

Muitos outros exemplos abundam. Jesus estava constantemente a quebrar os códigos de pureza que os judeus tinham herdado dos seus antepassados. Jesus tocava em pessoas que esses códigos consideravam impuras: um leproso,[16] uma mulher com hemorragia,[17] um cadáver.[18] Além disso, partilhava frequentemente as refeições com pecadores.[19] Neste sentido, Jesus antecipou perfeitamente as controvérsias sobre pureza ritual que vimos no capítulo 5 deste livro.

Parecia que as ações de Jesus eram obviamente — ou mesmo evidentemente — contrárias à tradição que o povo judeu tinha recebido. Então, por que haveria alguém de dar ouvidos a este Jesus? Era este o raciocínio dos fariseus e, à primeira vista, era razoável. Mas mais tarde,

---

[13] Mc 7,6-9.
[14] Mc 2,23-24.
[15] Mc 2,27-28.
[16] Mc 1,41.
[17] Mc 5,27.
[18] Mc 5,41.
[19] Mc 2,15-16. Ver também Loader, *Jesus' Attitude Towards the Law*, 11.

Capítulo 11: "Nem um jota"

Jesus diria algo que deixaria os fariseus completamente sem palavras. Ao proferir o Seu famoso Sermão do Monte, Jesus disse:

> Não julgueis que vim abolir a Lei ou os profetas. *Não vim para os abolir, mas sim para levá-los à perfeição.* Pois em verdade vos digo: passará o céu e a terra, *antes que desapareça um iota ou um traço da Lei.* Aquele que violar um destes mandamentos, por menor que seja, e ensinar assim aos homens, será declarado o menor no Reino dos Céus.[20]

Que coisa mais confusa de se dizer! Afinal de contas, o jota (ou iota) e o til (traço) são os carateres mais pequenos do alfabeto hebraico![21] Isto significava que a Lei não seria alterada nem no mais ínfimo pormenor. Isto vindo de uma pessoa que tinha claramente quebrado a Lei a cada passo do caminho! Será que Jesus queria dizer que Ele seria o menor no reino dos céus?

Os fariseus ainda estavam a coçar a cabeça com esta afirmação intrigante, quando Jesus continuou o Seu sermão. E, ao fazê-lo, colocou um holofote incómodo sobre eles: "Digo-vos, pois, se vossa justiça não for maior que a dos escribas e fariseus, não entrareis no Reino dos Céus".[22] Explicou então à multidão como a justiça deles podia exceder a dos fariseus. Fê-lo através de uma série de antíteses, contrastando o "Ouvistes que foi dito aos antigos..." (isto é, a tradição) com "Mas eu vos digo..."[23] Assim, se a lei a que os fariseus obedeciam dizia "Não matarás", os seguidores de Jesus deviam ultrapassá-los, não se zangando sequer com os seus irmãos.[24] Se a tradição ordenava "não cometerás adultério", Jesus convidava as multidões a nem sequer "lançar um olhar de cobiça para uma mulher".[25] O ensino de Jesus era muito mais radical do que a Torá.[26] Veremos por que isto é importante mais adiante neste capítulo.

---

[20] Mt 5,17-19.
[21] Crowe, "What did Jesus mean when He said, 'Not an Iota'?"
[22] Mt 5,20.
[23] Bento XVI. *Jesus of Nazareth: from the Baptism*, 102.
[24] Mt 5,21-22.
[25] Mt 5,27-28.
[26] Bento XVI. *Jesus of Nazareth: from the Baptism*, 122-123.

Jesus terminou o Seu sermão e desceu do monte. Mas ainda não tinha acabado. Noutra altura, completaria o que tinha dito, mais uma vez focando-Se nos fariseus:

> *Os escribas e os fariseus sentaram-se na cátedra de Moisés. Observai e fazei tudo o que eles dizem*, mas não façais como eles, pois dizem e não fazem. Atam fardos pesados e esmagadores e com eles sobrecarregam os ombros dos homens, mas não querem movê-los sequer com o dedo. Fazem todas as suas ações para serem vistos pelos homens. [27]

Os fariseus devem ter ficado muito zangados com estas palavras. Afinal, eles gabavam-se de serem perfeitos na observância da Lei. Agora, aparecia este Jesus que dizia às pessoas comuns que podiam ser mais perfeitas do que os fariseus, chamando-lhes a atenção para os seus defeitos interiores! Mas esqueçamos isto por um momento. Concentremo-nos antes na confusão que estas afirmações aparentemente contraditórias devem ter causado. Jesus disse que não veio para destruir a Lei, mas também exortou os seus discípulos a violarem a Lei. Ele disse que nem um jota da Lei seria mudado, mas virava constantemente a Lei do avesso. Estaria Jesus a ser deliberadamente ambíguo, tentando minar os fundamentos da Lei e, ao mesmo tempo, defendendo-se preventivamente das acusações de o fazer, emitindo aqui e ali algumas declarações de exoneração de responsabilidade? Estaria Jesus a ser um sofista, como Siger de Brabante (ver capítulo 4), sustentando duas afirmações contraditórias ao mesmo tempo?

De modo algum. Pelo contrário, o que temos aqui é uma tensão entre continuidade e descontinuidade. [28] Uma verdadeira tensão com o sabor do Evangelho, pois essa tensão existe nos próprios evangelhos. Se se trata de uma tensão com o sabor do Evangelho, no sentido empregue pelo Papa Francisco (ver capítulo 4), então é preciso resolvê-la num plano superior. Será isso possível?

Corações endurecidos: um *ressourcement*

---

[27] Mt 23,2-5.
[28] Loader, *Jesus' Attitude Towards the Law*, 55.

Capítulo 11: "Nem um jota"

A descontinuidade aqui parece óbvia e não há necessidade de a repetir. Jesus violou constantemente a Lei ao comer com pecadores, ao tocar em pessoas impuras, ao banquetear-se com as mãos por lavar e ao trabalhar num sábado, entre outras coisas. Mas a continuidade também está presente, e não apenas na declaração de exoneração de responsabilidade "nem um jota". Por exemplo, ao justificar o facto de os discípulos terem respigado ao sábado, Jesus apresentou um precedente histórico, ligando as suas acções à linhagem do Rei David (de onde se previa que viria o Messias):

> Nunca lestes o que fez David, quando se achou em necessidade e teve fome, ele e os seus companheiros? Ele entrou na casa de Deus, sendo Abiatar o sumo sacerdote, e comeu os pães da proposição, dos quais só aos sacerdotes era permitido comer, e os deu aos seus companheiros. E disse-lhes: "O sábado foi feito para o homem, e não o homem para o sábado". [29]

Por outras palavras, Jesus não inventara aquela máxima. A afirmação "o sábado foi feito para o homem, não o homem para o sábado" tinha sido fundamentada no facto de o Rei David ter comido os pães sagrados do Templo.[30] Estes pães tinham uma conexão ao sábado, pois deviam ser mudados todos os sábados e só podiam ser comidos por um sacerdote dentro do santuário.[31] Mas David e os seus companheiros comeram-nos na mesma. Jesus tinha recuperado uma tradição esquecida e antiga para fundamentar o seu comportamento. A razão pela qual esta tradição tinha sido esquecida era porque tinha sido praticada apenas pelo Rei David, que tinha permissão divina para agir assim. Ao apelar ao precedente davídico, Jesus estava também a afirmar a Sua autoridade e messianidade.[32]

Esta não seria a única vez que Jesus praticaria uma espécie de *ressourcement*. Houve uma outra ocasião em que os fariseus tentaram embaraçar Jesus, perguntando-lhe se era lícito a um homem repudiar a sua esposa. Jesus respondeu-lhes:

---

[29] Mc 2,25-27.
[30] 1 Sam 21,3-6.
[31] Lev 24,5-9.
[32] Ver Bento XVI, *Jesus of Nazareth: from the Baptism*, 107.

> Não lestes que o Criador, *no começo*, fez o homem e a mulher e disse: "Por isso, o homem deixará seu pai e sua mãe e se unirá à sua mulher; e os dois formarão uma só carne"? Assim, já não são dois, mas uma só carne. Portanto, não separe o homem o que Deus uniu.
>
> Disseram-lhe eles: "Por que, então, Moisés ordenou dar um documento de divórcio à mulher, ao rejeitá-la?"
>
> Jesus respondeu-lhes: "*É por causa da dureza de vosso coração* que Moisés havia tolerado o repúdio das mulheres; *mas no começo não foi assim*.[33]

Mais uma vez, Jesus apelou a uma tradição antiga e esquecida, uma tradição mais antiga do que as concessões de Moisés, uma tradição remontando a Adão e Eva. Nada poderia ser mais primordial do que isso.

Mas o maior exercício de *ressourcement* de Jesus — e o mais importante para compreender melhor a Sua perspetiva sobre a Lei — foi recuperar o conceito de "dureza de coração". De facto, Jesus menciona esta "dureza de coração" na passagem acima como a razão pela qual Moisés permitiu o divórcio.

A "dureza de coração" é uma acusação comum dos profetas do Antigo Testamento, usada sempre que o povo se desviava. O Salmo 94 evoca um episódio do Êxodo — em que os hebreus discutiram com Moisés por causa da falta de água[34] — como exemplo de dureza de coração e exorta o leitor a não endurecer o seu coração da mesma forma.[35] O profeta Zacarias disse que as pessoas "endureceram o seu coração como um diamante".[36] O Livro das Crónicas narra que o Rei Sedecias "endureceu a cerviz e tornou inflexível seu coração para não se converter ao Senhor".[37]

Contra esta dureza de coração, o profeta Ezequiel predisse que Deus faria com que Israel andasse nos Seus mandamentos: "tirarei do vosso peito o coração de pedra e vos darei um coração de carne".[38] O profeta Jeremias

---

[33] Mt 19,4-8.
[34] Ex 17,1-7.
[35] Sl 94,8-9.
[36] Zac 7,12.
[37] 2 Cr 36,13.
[38] Ez 36,26.

fala de uma "nova aliança" com Israel, em que Deus vai escrever a Lei "nos seus corações".[39] Por outras palavras, a perfeição dos mandamentos não assentava na observância legalista da religião, mas em segui-los interiormente, no próprio coração.[40]

Jesus retomou esta tradição e expandiu-a. Durante o incidente das mãos não lavadas, Jesus explicou que uma pessoa não se polui por algo que vem de fora (como a comida contaminada por mãos impuras), mas pelo que vem de dentro (o coração).[41] Jesus virou então as acusações contra os acusadores. Mencionou a prática do *Corban* (isto é, as ofertas dedicadas ao Templo e que não podiam ser usadas para qualquer outro fim) e o modo como as autoridades do Templo estavam a abusar dela para se enriquecerem, defraudando as pessoas do dinheiro que deviam gastar para sustentar os pais na velhice — o que era também um mandamento da lei.[42] Esta prática era lícita se nos cingíssemos à letra da Lei. Mas, na prática, dividia o povo entre a religião do coração e o seu comportamento real.[43] Era uma lacuna na Lei, que encorajava abusos. Jesus não discutia a Lei, mas uma interpretação particular da Lei que procurava deliberadamente contorná-la.[44]

No episódio da respiga, houve uma dinâmica semelhante. Depois de ter proclamado que "o sábado foi feito para o homem e não o homem para o sábado", Jesus entrou numa sinagoga e perguntou: "É permitido fazer o bem ou o mal no sábado? Salvar uma vida ou matar?" Jesus curou então um homem aleijado. Ao verem isto, os fariseus saíram e começaram logo a conspirar para se livrarem d'Ele.[45] Jesus "trabalhou" no sábado para fazer o bem e salvar uma vida, enquanto os fariseus escandalizados tentaram impedi-l'O de "trabalhar" no sábado. Ao fazê-lo, "trabalharam" o mal durante o sábado, tentando destruir a Sua vida. Jesus tinha tornado manifesta uma vez mais a hipocrisia deles.[46]

---

[39] Jer 31,31-33.
[40] Vilijoen, "Jesus' Teaching on the 'Torah,'" 149-150.
[41] Mc 7,15.
[42] Grondin. "Why Did Jesus Condemn the Practice of Corban?"
[43] Loader, *Jesus' Attitude Towards the Law*, 72.
[44] Loader, *Jesus' Attitude Towards the Law*, 73.
[45] Mc 3,4-6.
[46] Loader, *Jesus' Attitude Towards the Law*, 37.

Isto leva-nos de volta ao Sermão do Monte, quando Jesus afirmou que nem um jota ou til seria removido da Lei. Ele disse que não tinha vindo para destruir a Lei, mas para a cumprir. Como referi anteriormente, durante o Seu discurso, Jesus ensinou às multidões como ultrapassar os fariseus na observância da Lei. Jesus estabeleceu uma série de antíteses, em que contrastava comportamentos externos com atitudes internas. Assim, não só não se deve matar, como também não se deve irar contra o irmão. Não só não se deve cometer adultério, como também não se deve olhar com luxúria para uma mulher. O contrário faz do homem um assassino ou um adúltero no seu próprio coração.[47]

É interessante que, nas suas antíteses, Jesus não discordava do que "está escrito", mas do que "ouvistes dizer".[48] Assim, podemos ver que Jesus não revogou os mandamentos, mas reinterpretou-os, de modo a que a obediência interior à Lei tivesse precedência sobre a obediência exterior. A Lei continuava a ter autoridade. Nem um jota ou til foi retirado dela. Mas o facto de a Lei continuar a ter autoridade não significa que continuasse a funcionar sempre da mesma maneira.[49] É assim que a Lei se cumpre. Jesus combateu os comportamentos legalistas[50] porque, como vimos com os erros dos fariseus, este formalismo viola a Lei sob o pretexto de a defender.

O mesmo se aplicava à polémica da respiga. Quando Jesus disse que o sábado foi feito para o homem, e não o homem para o sábado, o que Ele estava a dizer é que o sábado deve ser interpretado como uma dádiva a ser desfrutada interiormente, e não como uma exigência imposta exteriormente. Jesus desafiou os fariseus a pensarem de forma diferente sobre a mesma realidade. Não havia necessidade de tanto rigor,[51] pois isso diminuiria o gozo deste dom dado por Deus e, portanto, frustraria o seu objetivo.

O que Deus queria era misericórdia, não sacrifício.[52] Os fariseus não tinham conseguido compreender esta verdade simples. Não se tratava de estabelecer limites à aplicação da Lei, mas de mostrar a sua correta

---

[47] Mt 5,21-28.
[48] Crowe, "What did Jesus mean when He said, 'Not an Iota'?"
[49] Vilijoen, "Jesus' Teaching on the 'Torah,'" 150.
[50] Vilijoen, "Jesus' Teaching on the 'Torah,'" 150.
[51] Loader, *Jesus' Attitude Towards the Law*, 45, 52.
[52] Mt 9,13.

Capítulo 11: "Nem um jota"

aplicação.[53] Não se tratava de evitar o sacrifício, mas de dar prioridade à misericórdia sobre o sacrifício.[54]

Esta reinterpretação da Lei também não aconteceu no vácuo. Estava intimamente relacionada com o desenvolvimento da tradição judaica nos dois séculos anteriores.[55] Há um episódio famoso em que os fariseus tentaram embaraçar Jesus perguntando-Lhe qual era o maior mandamento da Lei. Jesus respondeu-lhes:

> Amarás o Senhor, teu Deus, de todo o teu o coração, de toda a tua alma e de todo o teu espírito. Esse é o maior e o primeiro mandamento. E o segundo, semelhante a este, é: Amarás teu próximo como a ti mesmo. Nesses dois mandamentos se resumem toda a Lei e os Profetas.[56]

Estamos habituados a pensar que esta controvérsia tem a ver com Jesus explicando o núcleo ético da Lei. Isso é correto e ajustado ao ministério de Jesus, como vimos acima. Mas há mais em jogo aqui. Os fariseus sabiam que a questão do "maior e primeiro mandamento" era um tema controverso há duzentos anos. A razão pela qual procuravam "embaraçar" Jesus, era porque pensavam que Ele daria uma resposta incorreta. Assim, a Sua ignorância da Lei ficaria patente e eles poderiam refutá-l'O mais facilmente.[57] Por outro lado, seria muito difícil para Jesus dar uma resposta exata a esta pergunta, pois seria como pedir a um "especialista em qualquer área que sintetizasse toda a sua vida de estudo em poucas frases".[58]

As segundas intenções dos fariseus tornam-se ainda mais evidentes se tivermos em conta que este episódio reflete muito de perto o que tinha acontecido com Hilel, o Ancião, um rabino dos séculos I/II a.C. De acordo com fontes judaicas, um pagão zombou de Hilel fazendo uma exigência desproposada: "Converter-me-ei se me ensinares toda a Torá enquanto estou saltando ao pé coxinho". Hilel respondeu: "O que não te agrada, não

---

[53] Vilijoen, "Jesus' Teaching on the 'Torah,'" 151.
[54] Loader, *Jesus' Attitude Towards the Law*, 76, 101.
[55] Stern. "Jesus' Citation of Dt 6,5," 312.
[56] Mt 22,36-40.
[57] Stern. "Jesus' Citation of Dt 6,5," 312.
[58] Stern. "Jesus' Citation of Dt 6,5," 313-314.

o faças aos outros. Esta é a totalidade da Torá. O resto é comentário. Vai e aprende o comentário".[59] Os fariseus estavam certamente cientes deste incidente quando fizeram a mesma pergunta a Jesus.

Jesus frustrou os seus planos, respondendo na mesma linha de Hilel, mostrando assim a Sua familiaridade com a melhor normatividade judaica do Seu tempo.[60] Ao fazer isto, Jesus mostrou-Se em continuidade com a tradição judaica em desenvolvimento, mas ao mesmo tempo provou o Seu ponto de vista sobre a interioridade dos mandamentos. Por um lado, Jesus demonstrou um grande domínio da Lei, uma vez que a resumiu em dois mandamentos: um para os pecados que afetam a relação da pessoa com Deus e outro para os pecados que afetam a relação da pessoa com os seus irmãos.[61] Por outro lado, ao resumir a Lei em "ama a Deus e ao teu próximo", Jesus formulou os dois maiores mandamentos como atitudes internas das quais devem decorrer as acções externas.[62]

Cumprir a Lei: uma continuidade

Como já vimos, quando Jesus resumiu a Lei nos dois maiores mandamentos, estava a tentar mostrar continuidade com a tradição judaica. Ao longo dos Evangelhos, os evangelistas fizeram um grande esforço para ilustrar esta continuidade. Por exemplo, tentaram ilustrar muitos episódios do Antigo Testamento recorrendo à tipologia, ou seja, quando alguém ou alguma coisa do Antigo Testamento é visto como prefigurando alguém ou alguma coisa do Novo Testamento.[63] A transfiguração mostrou Jesus em continuidade com Moisés (a Lei) e Elias (os profetas). E ao longo dos Evangelhos, vemos Jesus cumprindo muitas profecias antigas.[64] Os evangelistas procuraram estabelecer esta continuidade com a tradição judaica de forma tão completa que ligaram Jesus ao último elo desta tradição: João Batista[65] (embora este último também tenha entrado em

---

[59] Stern. "Jesus' Citation of Dt 6,5," 313-314.
[60] Stern. "Jesus' Citation of Dt 6,5," 314.
[61] Stern. "Jesus' Citation of Dt 6,5," 316.
[62] Loader, *Jesus' Attitude Towards the Law*, 101.
[63] Nash. "A Primer on Biblical Typology."
[64] Loader, *Jesus' Attitude Towards the Law*, 125.
[65] Loader, *Jesus' Attitude Towards the Law*, 14, 55.

Capítulo 11: "Nem um jota"

conflito com a tradição judaica do seu tempo; mas os evangelistas só o revelam implicitamente,[66] para não pôr em evidência a descontinuidade).

Por que era esta continuidade tão importante? Não era só Jesus que estava a ser embaraçado pelos fariseus. Os evangelistas que contavam a vida de Jesus também estavam a tentar evitar cair em armadilhas. Como vimos no capítulo 5, a helenização da cultura judaica levou à perseguição dos judeus ortodoxos pelo rei grego Antíoco Epífanes no século II a.C. Isto levou ao desenvolvimento de uma outra tradição judaica: a noção de que a perseguição grega tinha sido um castigo divino pela infidelidade do povo, uma vez que, pelas suas acções, tinham "abolido a Lei".[67] No final do século I d.C., esta tradição estava em pleno vigor. O Templo, o objeto mais sagrado da religião judaica, tinha sido destruído pelos invasores romanos. Tal como no tempo dos Macabeus, era preciso culpar as ações de alguém. O bode expiatório recaiu sobre os rebeldes zelotas que, para lutar contra o domínio romano, tinham deixado de observar o sábado, "abolindo assim a Lei". Além disso, durante a sua revolta, os zelotas ocuparam o Templo, demonstrando menos respeito pelos seus terrenos sagrados do que os romanos tinham tido.[68] Certamente, a destruição do Templo que se seguiu teria sido um castigo divino pelo desrespeito dos zelotas pela Lei.

Assim, quando S. Mateus sublinhou que Jesus não veio abolir a Lei,[69] estava a defender o Cristianismo, de forma preventiva, de uma acusação séria. Os fariseus tinham certamente pensado que Jesus tinha abolido a Lei, e Israel estava a atribuir a destruição do Templo àqueles que tinham abolido a Lei através das suas ações. Tanto Jesus como os evangelistas responderam a esta acusação invertendo o argumento: foram os fariseus que, ao defenderem a letra da Lei enquanto traíam o seu coração, falharam em cumprir a Lei. Jesus, por Seu lado, não veio para abolir a Lei, mas para a cumprir. Como? Mantendo a Lei num nível ainda mais elevado do que o exigido pelos fariseus, interiorizando-a no coração.[70]

---

[66] Loader, *Jesus' Attitude Towards the Law*, 14.
[67] Thiessen. "Abolishers of the Law in Early Judaism," 545-548.
[68] Thiessen. "Abolishers of the Law in Early Judaism," 549-550.
[69] Mt 5,17.
[70] Thiessen. "Abolishers of the Law in Early Judaism," 551-555.

É interessante, portanto, que quando Jesus rejeitou a acusação de que estava a abolir a Lei, Ele não contrapôs "abolição" a "confirmação" ou "aplicação" ou mesmo "obediência", mas sim ao "cumprimento" da lei — o que significa levar a Lei à sua plena intenção e expressão.[71]

Como cumpriu Jesus a Lei? Quando Ele resumiu toda a Lei nos dois maiores mandamentos, também resumiu toda a Lei no amor: amor a Deus e amor ao próximo. E a misericórdia — que Deus deseja mais do que o sacrifício, como já vimos — realiza-se através do amor.[72] Jesus cumpriu a Lei na Sua própria vida, amando Deus e a humanidade até à morte na cruz. O amor é o cumprimento da Lei, a misericórdia é o cumprimento do amor e Jesus é o cumprimento da misericórdia.[73]

S. João Crisóstomo, o grande Padre da Igreja Oriental, disse que Jesus cumpriu a Lei de uma forma tripla. A primeira já vimos, na Sua própria vida, não transgredindo nenhum dos preceitos da Lei. Em segundo lugar, não só a cumpriu n'Ele próprio, como nos concedeu que fizéssemos o mesmo. Por isso, devemos ser misericordiosos por causa da misericórdia que Jesus nos demonstrou.[74] Em terceiro lugar, e o mais importante para este livro, Jesus cumpriu a Lei ao elaborar um novo código legal, que levou a Lei à sua expressão mais perfeita. No entanto, este código legal não revogou o anterior, tal como dizer "não te irarás" não anula o "não matarás", ou dizer "não olharás para uma mulher com luxúria" não anula o "não cometerás adultério".[75]

Portanto, podemos ver que, quando Jesus afirmou ter vindo "não para abolir a Lei, mas para a cumprir", fê-lo para acalmar os receios dos Seus ouvintes de que Ele tivesse vindo revogar as instituições antigas. Para evitar a noção de que as Suas antíteses colocavam os dois conjuntos de mandamentos um contra o outro, Jesus prefaciou essas antíteses explicando que não havia contradição nenhuma. No entanto, como refere

---

[71] Vilijoen. "Jesus' Teaching on the 'Torah,'"147.

[72] Vilijoen. "Jesus' Teaching on the 'Torah,'"152.

[73] Ver Crowe. "What did Jesus mean when He said, 'Not an Iota'?": "Isto não significa que os cristãos não devam ter qualquer preocupação em seguir a Lei de Deus. Cristo liberta-nos para lhe obedecermos. Os discípulos de Jesus são chamados a um amor genuíno por Deus e pelo próximo. Esta é uma vocação elevada, mas o próprio Jesus encarnou-a ao longo da Sua vida".

[74] Crowe. "What did Jesus mean when He said, 'Not an Iota'?"

[75] Crisóstomo. *Homilia 16 sobre Mateus*.

Capítulo 11: "Nem um jota"

S. João Crisóstomo, Jesus estava também a mudar o mundo inteiro, introduzindo outra disciplina.[76] Assim, vemos a tensão entre continuidade e descontinuidade a ser resolvida num plano superior.

No entanto, estas advertências não impediram os fariseus de acusar Jesus das mesmas coisas que Ele recusava ser. Apesar dos esclarecimentos de Jesus, eles viam-n'O como um inovador, tal como tinham feito com João Batista antes dele.[77] No início do ministério de Jesus, podemos ouvir os fariseus a perguntarem uns aos outros, perplexos: "Que é isto? *Eis um ensinamento novo, e feito com autoridade*".[78] E também S. João Crisóstomo afirma que, embora Jesus não tenha revogado o antigo código legal, veio elaborar um novo. Como podia ser isto? Como Jesus e os evangelistas tentaram mostrar — e como os fariseus também compreenderam — tudo se resumia à questão da autoridade.

"Com que autoridade?"

No seu tratado cristológico, Bento XVI notou um pormenor curioso no episódio da purificação do Templo. Jesus fez um chicote usando pequenas cordas, expulsou os animais do sacrifício que estavam ali à venda e derrubou as mesas dos cambistas.[79] No entanto, mesmo depois de todo este tumulto, nem a polícia do Templo nem os soldados romanos intervieram.[80] Os sacerdotes interrogaram Jesus, mas não o acusaram naquele momento (isso aconteceria mais tarde). Jesus estava a atacar uma prática relativamente nova, que tinha sido instituída pela aristocracia do Templo (e, ao fazê-lo, atacava a corrupção que acompanhava essa prática). Além disso, quando Ele gritou "Não está porventura escrito: A minha casa será chamada casa de oração para todas as nações? Mas vós fizestes dela

---

[76] Crisóstomo. *Homilia 16 sobre Mateus*.
[77] Loader, *Jesus' Attitude Towards the Law*, 17.
[78] Mc 1,27.
[79] Jo 2,13-15.
[80] Bento XVI, *Jesus of Nazareth: From the Baptism*, 11. Ver também Loader, *Jesus' Attitude Towards the Law*, 111: "Seria certamente de esperar que as autoridades do Templo se opusessem à ação de Jesus. Teria sido visto como uma interferência desnecessária no seu domínio; eles tinham a sua própria polícia do Templo!... As ações de Jesus devem ter sido suficientemente limitadas no espaço e no tempo para não o exporem a uma prisão imediata. Isto já sugere uma ação de natureza simbólica, em vez de uma limpeza geral".

um covil de ladrões",[81] Jesus estava, na verdade, a invocar uma tradição mais antiga, que remontava aos profetas Isaías[82] e Jeremias.[83] Certamente, estas referências não teriam passado despercebidas entre as elites do Templo, letradas nas Escrituras. Mais uma vez, Jesus não estava a violar a Lei, mas a cumpri-la.[84]

Não, as autoridades do Templo não acusaram Jesus de violar a Lei. Pelo contrário, perguntaram-Lhe: "Quem te deu autoridade para fazer essas coisas?"[85] Como vimos acima, era uma questão de autoridade. Só quando Jesus disse: "Destruí vós este templo, e eu o reerguerei em três dias"[86] é que as autoridades do Templo começaram a conspirar para acusar Jesus. Esta afirmação tornar-se-ia uma das acusações durante o julgamento de Jesus no Sinédrio.[87]

Voltemos então à questão da autoridade. Bento XVI fala-nos de um livro chamado *Um Rabino fala com Jesus*, escrito pelo rabino Jacob Neusner. Neste livro, o rabino Neusner imaginou-se no monte onde Jesus pregou o Seu sermão mais célebre, escutando-O e depois entrando em diálogo com Ele.[88] Neusner regressou depois à companhia dos seus companheiros judeus e começou a contar o que ouviu e viu. O rabino mostrou a continuidade entre o sumário que Jesus faz dos dois maiores mandamentos e uma tradição contínua de simplificação da lei: "O rabino Simelai explica que Moisés recebeu seiscentos e treze preceitos; David reduziu-os a onze; Isaías reduziu-os a seis e depois a dois; depois Habacuque resumiu-os num único preceito: 'o justo viverá na sua fé'".[89]

Depois, alguém perguntou a Neusner: "Então é isto que Jesus veio dizer?" O rabino respondeu: "Quase, mas não exatamente". Nova pergunta: "O que é que Jesus omitiu?" Neusner replicou: "Nada". Nova

---

[81] Mc 11,17.
[82] Is 56,7.
[83] Jer 7,11.
[84] Bento XVI. *Jesus of Nazareth: From the Baptism*, 11-12.
[85] Mc 11,28. Ver também Bento XVI. *Jesus of Nazareth: From the Baptism*, 12.
[86] Jo 2,19.
[87] Mt 26,61.
[88] Bento XVI. *Jesus of Nazareth: From the Baptism*, 69.
[89] Bento XVI. *Jesus of Nazareth: From the Baptism*, 104-105.

questão: "Então, o que é que Jesus acrescentou?" E, finalmente, Neusner deu a resposta que está no cerne de toda a questão: "A ele mesmo".[90]

O rabino Neusner não estava sozinho nas suas conclusões. Toda a multidão daqueles que ouviram o sermão de Jesus no monte "ficou impressionada com a sua doutrina. Com efeito, ele a ensinava como quem tinha autoridade e não como os seus escribas".[91] Por outras palavras, Jesus não é como os outros que vieram antes d'Ele. Ele não é um mero orador com uma qualidade retórica impressionante.[92] Ele não é um profeta no sentido tradicional, atuando como embaixador ou mandatário de outrem, mas faz de Si próprio o ponto de referência para uma vida justa.[93] Ele não pode ser reduzido a um revolucionário[94] ou a um rabino reformador liberal, pois não está a afirmar a Sua opinião pessoal, caso contrário a Sua autoridade seria meramente humana ou erudita.[95] Pelo contrário, Jesus reivindicou uma normatividade que nenhum outro mestre jamais reivindicou.[96] A autoridade da nova interpretação de Jesus não podia ser menor do que a do texto original. Tinha de ser uma autoridade *divina*.[97]

Jesus tinha encorajado o povo a seguir os fariseus e os escribas, mesmo que as suas vidas contradissessem as suas doutrinas, pois eles "sentavam-se na cátedra de Moisés".[98] Mas agora, quando Jesus Se sentou no monte para ensinar,[99] Ele também se sentou na cátedra de Moisés. Mas não Se sentou como os fariseus e os escribas. Não Se sentou como um mestre ensinado na escola de Moisés, ou como discípulo de Moisés, recebendo autoridade do Seu mestre. Pelo contrário, Jesus sentou-Se como o *novo Moisés*. O monte está também carregado de simbolismo. Este monte galileu anónimo é o *novo Sinai*, onde *a Lei é dada de novo*.[100]

---

[90] Bento XVI. *Jesus of Nazareth: From the Baptism*, 105.
[91] Mt 7,28-29. Ver também, a propósito de outro episódio, Mc 1,22.
[92] Bento XVI. *Jesus of Nazareth: From the Baptism*, 102.
[93] Bento XVI. *Jesus of Nazareth: From the Baptism*, 90.
[94] Bento XVI. *Jesus of Nazareth: From the Baptism*, 126.
[95] Bento XVI. *Jesus of Nazareth: From the Baptism*, 119-120.
[96] Bento XVI. *Jesus of Nazareth: From the Baptism*, 90.
[97] Bento XVI. *Jesus of Nazareth: From the Baptism*, 120.
[98] Mt 23,2.
[99] Mt 5,1.
[100] Bento XVI. *Jesus of Nazareth: From the Baptism*, 66. Ver também Vilijoen, "Jesus' Teaching on the 'Torah'", 149.

Estaria Ele em condições de o fazer? Uma vez que nós, cristãos, sabemos que Jesus é Deus encarnado, sabemos que a resposta é afirmativa. Mas será que o povo de Israel, no tempo de Jesus, seria capaz de o saber? Ou será que se justificaria pensar que Jesus tinha vindo abolir as suas tradições divinamente instituídas e que, por isso, devia ser rejeitado se se quisesse permanecer fiel a Deus? Aqui, a resposta é complexa. É evidente que a mensagem de Jesus devia ter a propriedade de ser bem recebida no meio religioso do Israel do século I, caso contrário Jesus nem sequer teria tentado pregá-la — e também não teria tido quaisquer seguidores. Mas a sua continuidade pode não ter sido *óbvia*, ou pelo menos pode ter parecido menos convincente do que a alternativa mais simples: a de que Jesus era um abolidor da Lei.

Não era um conceito estranho para o Judaísmo do primeiro século que o caráter mosaico fosse transferido para professores e legisladores posteriores. Mais importante ainda, Jesus apresentou-Se como o Messias. Na altura, havia a expetativa de que o Messias traria a Torá, mas havia divergências quanto à forma como isso aconteceria. Alguns pensavam que a Torá se manteria inalterada para sempre, outros que certos rituais e leis de pureza cessariam ou seriam revistos e, finalmente, havia quem pensasse que seria instalada uma nova Torá — a "Torá messiânica".[101] Paradoxalmente, Jesus cumpre todas estas correntes de pensamento, mas isso pode não ser óbvio para todos, especialmente para aqueles que acreditavam que a Torá permaneceria sempre imutável.

Esta é a razão pela qual os evangelistas deram tanta ênfase a todos os acontecimentos da vida de Jesus que cumpriram as profecias do Antigo Testamento sobre o que o Messias iria fazer. Desde o protoevangelho, quando se diz que "a semente da mulher esmagará a cabeça da Serpente",[102] até à predição de Miqueias de que nasceria em Belém[103] ou à profecia de Zacarias de que entraria em Jerusalém sob grande aclamação, montado num jumento,[104] Jesus parecia preencher todos os requisitos.[105]

---

[101] Vilijoen, "Jesus' Teaching on the 'Torah'", 149. Ver também Bento XVI. *Jesus of Nazareth: From the Baptism*, 99.

[102] Gén 3,15.

[103] Mq 5,2.

[104] Zac 9,9.

[105] Ver Marshall. *The Crucified Rabbi*, 38-41.

Mas há quem discorde. Afinal de contas, este Jesus-Messias não trouxe consigo a paz universal, nem venceu a pobreza e a miséria de uma vez por todas.[106] O povo judeu, sedento de libertação da opressão romana, esperava que o Messias trouxesse este reino messiânico. Viam este reino numa perspetiva política, pelo que esperavam um messias político. A incapacidade de ver a missão primordialmente espiritual de Jesus explica muitos dos mal-entendidos em torno de Jesus, mesmo por parte dos Seus discípulos.[107]

Pode dizer-se que estas profecias mais "seculares" não se cumpriram na primeira vinda, mas que se cumprirão na segunda vinda de Jesus.[108] Podemos também dizer que esta paz mundial foi alcançada de uma forma mais abstrata, trazendo a paz de Deus ao mundo,[109] uma paz que nos devemos esforçar por manter. Mas, embora o povo judeu da época (compreensivelmente) estivesse mais concentrado nas profecias messiânicas que envolviam a libertação política, havia outras profecias, mais obscuras, que estavam lá desde o início. Eram profecias que envolviam realidades incómodas, mas que só muito mais tarde foram compreendidas pelos discípulos.[110] Havia profecias segundo as quais o Messias seria traído por um amigo durante a ceia, que essa traição seria feita por trinta moedas de prata, que o Messias permaneceria em silêncio perante os seus acusadores, que seria cuspido e espancado, que seria trespassado, que seria morto juntamente com os transgressores e que ressuscitaria dos mortos ao terceiro dia.[111] Assim, poder-se-ia razoavelmente acreditar que Jesus, através da Sua morte e ressurreição, era o Messias, mas isso poderia não ser imediatamente óbvio.

Outra possível pedra de tropeço era a reivindicação de autoridade divina pela parte de Jesus, como vimos acima. O rabino Neusner, de quem já lemos anteriormente, não se escandalizou com Jesus quando Ele ensinou que é lícito aos discípulos respigar no sábado. Esta poderia ter sido a

---

[106] Bento XVI. *Jesus of Nazareth: From the Baptism*,, 116.
[107] Ver, por exemplo, Mt 20,20-28.
[108] Marshall. *The Crucified Rabbi*, 57.
[109] Bento XVI. *Jesus of Nazareth: From the Baptism*, 44.
[110] Compare-se o que os discípulos de Emaús disseram em Lc 24,21 e o que Jesus lhes diz em Lc 24,25-27.
[111] Marshall. *The Crucified Rabbi*, 42-48.

interpretação de qualquer rabino liberal ou reformista.[112] O que preocupou Neusner foi a justificação dada por Jesus. Jesus evoca o precedente davídico, quando David comeu o pão consagrado do Templo. Neusner observou que, ao fazê-lo, Jesus e os discípulos tomaram o lugar dos sacerdotes no Templo.[113] Mas ainda mais chocante é a frase: "O Filho do Homem é o senhor do sábado".[114] O bom rabino é rápido a compreender que esta afirmação vai para além do programa reformador de um mestre liberal — Jesus está a proclamar-se Deus.[115]

Ao longo dos evangelhos, vemos Jesus atribuindo a Si próprio tarefas e prerrogativas que só pertencem a Deus. Por exemplo, Jesus perdoou os pecados de um doente com paralisia. Os fariseus ficaram indignados. Como podia este Jesus, um simples homem, perdoar pecados? Os pecados são uma ofensa contra Deus. Por isso, só Deus deve poder perdoar pecados![116] Na verdade, as ações de Jesus só são legítimas quando reconhecemos que Ele é Deus encarnado.

Isto levanta a questão: seria lícito pedir ao povo de Israel que acreditasse em conceitos tão estranhos e inovadores como a Encarnação ou a Trindade? Não seria isso ilegítimo e contrário à sua fé profundamente monoteísta? Não é bem assim. Afinal de contas, nós, cristãos, crentes nos mistérios da Encarnação e da Trindade, somos também monoteístas. No entanto, embora fosse possível a um judeu do século I acreditar nestes conceitos, eles poderiam não ser óbvios à primeira vista.

No seu livro *The Bodies of God*, o estudioso bíblico judeu Benjamim Sommer explica que, na antiga cultura mesopotâmica e cananeia, os deuses exibiam uma "mistura desconcertante de distinção e permutabilidade... Normalmente aparecem como indivíduos... No entanto, por vezes, as fronteiras que separam os deuses nestes textos são porosas".[117] Uma forma de isto acontecer era através de um fenómeno chamado "fragmentação". Duas divindades podiam partilhar o mesmo nome (por exemplo, Ishtar de Arbela e Ishtar de Nínive), sendo e não sendo a mesma entidade ao mesmo

---

[112] Bento XVI. *Jesus of Nazareth: From the Baptism*, 106-107.
[113] Bento XVI. *Jesus of Nazareth: From the Baptism*, 108.
[114] Mc 2,28.
[115] Bento XVI. *Jesus of Nazareth: From the Baptism*, 110.
[116] Mc 2,5-7.
[117] Sommer. *The Bodies of God*, 18.

tempo.[118] Por outro lado, existe também o conceito de "fluidez", em que os deuses não só tinham corpos, como podiam ter vários corpos ao mesmo tempo.[119] Esta é a razão pela qual os antigos mesopotâmicos podiam acreditar que o deus estava manifestamente presente num ídolo (na medida em que o ídolo podia ver, falar, ouvir e cheirar), enquanto o mesmo deus ainda permanecia no céu.[120] Ao ser submetido a um ritual específico, o ídolo tornar-se-ia uma encarnação do deus, cuja substância era idêntica à do deus, embora não fosse o *único* corpo do deus.[121]

Seria isto importante para a antiga religião israelita? Afinal de contas, os israelitas condenaram, com razão, estas mitologias mesopotâmicas e cananeias como idolatrias pecaminosas. Seja como for, é lógico que os antigos hebreus também tivessem sido influenciados de alguma forma pelo seu ambiente cultural, de modo que certos conceitos não lhes seriam totalmente estranhos.[122] A este respeito, podemos ver vários exemplos bíblicos de fluidez e mesmo de "encarnação" das realidades divinas, nomeadamente do Deus Único e Verdadeiro. O exemplo mais paradigmático é o do encontro de Abraão com os três homens junto ao carvalho de Mambré. O Livro do Génesis é claro ao afirmar que o "Senhor apareceu a Abraão nos carvalhos de Mambré".[123] Assim, está fortemente implícito que Deus apareceu sob a forma de três homens, ou pelo menos de um dos três homens. Eles também possuem corpos físicos, pois todos comem com Abraão.[124] Depois, um dos homens fala em nome de Deus, profetizando o que está prestes a acontecer a Sodoma e Gomorra: "*Eu* vou descer".[125] Neste sentido, podemos ver que Deus está, ao mesmo tempo, a falar através daquele homem, mas também permanece misteriosamente no céu, de onde descerá para julgar Sodoma.[126] Muitos Padres da Igreja viram neste acontecimento uma manifestação da trindade de Deus.[127]

---

[118] Sommer. *The Bodies of God*, 13.
[119] Sommer. *The Bodies of God*, 19.
[120] Sommer. *The Bodies of God*, 19, 21.
[121] Sommer. *The Bodies of God*, 22.
[122] Sommer. *The Bodies of God*, 38.
[123] Gén 18,1-2.
[124] Gén 18,9.
[125] Gén 18,21.
[126] Sommer. *The Bodies of God*, 40-41.
[127] Ver, por exemplo: Hilário. *Da Trindade*, Livro V: "Mas talvez se argumente que, quando o Anjo de Deus é chamado de Deus, ele recebe o nome como um

Outro episódio enigmático diz respeito à forma como Jacob lutou com um homem misterioso numa montanha a que mais tarde chamou Fanuel (ou seja, "face de Deus"). Depois de chamar Fanuel a esse lugar, Jacob diz: "eu vi a Deus face a face, e minha vida foi poupada".[128] Podemos ver que o patriarca tem uma ideia da identidade deste homem misterioso, e parece ser divina. Mais tarde, o profeta Oséias turvou ainda mais as águas,

---

favor, por adoção, e tem, em conseqüência, uma divindade nominal, não verdadeira. Se Ele nos deu uma revelação inadequada da Sua natureza Divina na época em que foi chamado de Anjo de Deus, julgai se Ele não manifestou plenamente Sua verdadeira Divindade sob o nome de uma natureza inferior à angélica. Porque um homem falou a Abraão e Abraão adorou-o como Deus. Pestilento herege! Abraão confessou-O, vós negais que Ele seja Deus". Ver também Agostinho. *Da Trindade*, Livro II: "E certamente, quanto àqueles que são movidos pelas visões de homens a acreditar que não o Pai, mas apenas o Filho, ou o Espírito Santo apareceram à vista corpórea dos homens, — para omitir a grande extensão das páginas sagradas, e sua múltipla interpretação, de tal forma que ninguém de sã razão deveria afirmar que a pessoa do Pai não foi mostrada em nenhum lugar aos olhos dos homens por qualquer aparência corpórea; — mas, como eu disse, para omitir isso, o que eles dizem de nosso pai Abraão, que estava certamente acordado e ministrando, quando, após a Escritura ter premeditado, 'O Senhor apareceu a Abraão', não um, ou dois, mas três homens apareceram a ele; nenhum dos quais é dito ter-se destacado sobre os outros, nenhum mais do que os outros ter brilhado com maior glória, ou ter agido com mais autoridade? Portanto, uma vez que nessa nossa divisão tríplice determinamos inquirir, primeiro, se o Pai, ou o Filho, ou o Espírito Santo; ou se às vezes o Pai, às vezes o Filho, às vezes o Espírito Santo; ou se, sem qualquer distinção de pessoas, como é dito, o único Deus, isto é, a própria Trindade, apareceu aos pais através dessas formas de criatura: agora que examinamos, tanto quanto pareceu suficiente, os lugares das Sagradas Escrituras que pudemos, uma consideração modesta e cautelosa dos mistérios divinos não leva, tanto quanto eu posso julgar, a nenhuma outra conclusão, a menos que não possamos afirmar precipitadamente qual pessoa da Trindade apareceu a este ou aquele dos pais ou dos profetas em algum corpo ou semelhança de corpo, a menos que o contexto anexe à narrativa algumas insinuações prováveis sobre o assunto. Pois a própria natureza, ou substância, ou essência, ou por qualquer outro nome que essa mesma coisa, que é Deus, seja o que for, deva ser chamada, não pode ser vista como corpórea: mas devemos acreditar que, por meio da criatura sujeita a Ele, não apenas o Filho, ou o Espírito Santo, mas também o Pai, pode ter dado indícios de Si mesmo aos sentidos mortais por uma forma ou semelhança corpórea".

[128] Gén 32, 24,30.

chamando ao homem misterioso "um anjo", e depois proclamando que Jacob suplicou ali ao "Senhor dos exércitos".[129]

No entanto, embora o Judaísmo antigo pudesse ter tido uma ideia da fisicalidade de Deus (como quando Adão ouve os passos de Deus no jardim do Éden,[130] ou quando protege Moisés com a Sua mão quando passa),[131] a verdade é que outros textos bíblicos começaram a contrariar esta perceção.[132] É por esta razão que, mais tarde, os estudiosos atribuíram estes trechos bíblicos intrigantes a uma tentativa de antropomorfizar Deus, para ilustrar realidades divinas complexas e abstratas através de uma linguagem simples, quotidiana e prática.[133] Seja como for, a verdade é que os antigos judeus teriam tido os instrumentos para, pelo menos, aceitar a possibilidade de um conceito encarnacional e trinitário do Deus monoteísta, e não o rejeitar completamente.

Em resumo, as afirmações de Jesus para a Sua reinterpretação da Torá assentam na autoridade, ou melhor, na Sua autoridade messiânica e divina. Esta autoridade baseava-se em tradições que o Judaísmo do primeiro século seria capaz de reconhecer — embora essas tradições pudessem ter permanecido obscuras até à manifestação de Jesus. Aqueles que aceitavam a autoridade de Jesus estariam mais dispostos a receber a Sua interpretação da Lei e a lê-la através de uma hermenêutica de continuidade. Aqueles que não aceitavam a autoridade de Jesus estariam mais propensos a rejeitá-la

---

[129] Os 12,3-5. Ver o comentário a este episódio bíblico em Sommer. *The Bodies of God*, 41. Ver também Agostinho. *Do Novo Testamento*, Sermão LXXII: "E quando o homem prevaleceu contra o Anjo, agarrou-se a Ele; sim, o homem agarrou-se Àquele que tinha vencido. E disse-Lhe: 'Não Te deixarei ir, se não me abençoares'. Quando o conquistador foi abençoado pelo conquistado, Cristo foi figurado. Assim, aquele Anjo, que se entende ser o Senhor Jesus, disse a Jacob: "Não te chamarás mais Jacob, mas Israel será o teu nome", que é, por interpretação, 'Ver Deus'. Depois disso, Ele tocou o tendão da coxa, a parte larga, isto é, da coxa, e ele secou; e Jacob ficou coxo. Assim era Aquele que foi conquistado. Tão grande poder tinha este Conquistado, que tocava na coxa e a tornava coxa. Foi então com a Sua própria vontade que Ele foi vencido. Pois Ele 'tinha poder para dar' Sua força, 'e tinha poder para retomá-la'. Ele não está zangado por ter sido vencido, pois não está zangado por ter sido crucificado".

[130] Gén 3,8.
[131] Ex 33,22-23.
[132] Sommer. *The Bodies of God*, 38-57
[133] Sommer. *The Bodies of God*, 4-10.

como uma contradição evidente com uma tradição antiga e imutável, e a rejeitar qualquer continuidade como se fosse "ginástica mental".

Foi exatamente isso que aconteceu com os fariseus, que excluíram qualquer possibilidade de legitimidade das ações de Jesus, pois não reconheciam a Sua autoridade. Quando Jesus perdoou os pecados do paralítico, os fariseus pensaram que Ele estava a usurpar, não o papel dos sacerdotes, mas os direitos de Deus. Mas o evangelista defende Jesus contra estas acusações, dizendo que, como Filho do Homem, Jesus tinha de facto essa autoridade para perdoar pecados.[134]

Se Jesus tem essa autoridade, pode certamente delegar parte dessa autoridade a outra pessoa, para que esta atue como Seu representante. Como seria essa autoridade e quais os seus limites? É isto que vamos explorar no próximo capítulo.

---

[134] Loader, *Jesus' Attitude Towards the Law*, 30.

Capítulo 12

"Sobre esta pedra"

É nisto que consiste a liberdade, a liberdade que há na Igreja. Tudo aconteceu «cum Petro et sub Petro», ou seja na presença do Papa, que para todos é garante de liberdade e confiança, garante da ortodoxia.

— Francisco, Audiência Geral

Enquanto a pandemia continuava a grassar, o Papa Francisco promulgou uma nova encíclica. Foi uma encíclica muito oportuna, pois centrava-se na fraternidade humana, algo que era muito necessário na altura. Toda a humanidade deveria trabalhar em conjunto se quisesse sair vitoriosa da profunda convulsão social do ano anterior.

No entanto, como já era habitual, a *Fratelli tutti* mal tinha acabado de sair e já os críticos papais a estavam a atacar. O Papa tinha finalmente codificado o seu ensinamento sobre a inadmissibilidade da pena de morte na sua própria encíclica papal (ver capítulo 6).[1] Mas, mais do que isso, tinha abordado um vasto leque de questões sociais através da lente da Doutrina Social Católica, nomeadamente a imigração[2] e a propriedade privada.[3] Os críticos afirmavam que, quando Francisco ensinara que o direito à propriedade privada não era absoluto, ele estava a contradizer Leão XIII.[4] Aqui e ali se aventou a noção demasiado familiar de que Francisco estava apenas a ensinar sobre questões prudenciais e que podia ser desconsiderado

---

[1] Francisco. *Fratelli tutti*, 263.
[2] Francisco. *Fratelli tutti*, 59-61.
[3] Francisco. *Fratelli tutti*, 120.
[4] Lawler. "Pope's new encyclical ignores previous social teaching": "Aqui está uma contradição evidente: O Papa Leão diz que o direito à propriedade privada é inviolável; o Papa Francisco diz que não é inviolável — e acrescenta a afirmação obviamente falsa de que o magistério nunca sugeriu o contrário".

por esse motivo.⁵ Era apenas um papa esquerdista a dizer as suas habituais baboseiras marxistas — diziam eles.⁶

Desta vez, porém, Tom tinha lido a *Fratelli tutti* do princípio ao fim, e tinha-a considerado o documento mais tradicional do Papa Francisco.⁷ Em todos esses ensinamentos controversos, o pontífice tentara encontrar citações bíblicas, patrísticas e outras fontes autoritativas para os suportar.⁸ E mesmo a suposta contradição com Leão XIII baseava-se num erro de tradução⁹: o texto original era uma citação direta do Compêndio da Doutrina Social.¹⁰ Também não se podia dizer que a *Fratelli tutti* fosse uma encíclica de Esquerda, uma vez que falava favoravelmente do princípio da subsidiariedade e condenava o "assistencialismo".¹¹

Thomas estava a começar a desenvolver uma aversão a este negativismo irrefletido contra o Santo Padre. O Catolicismo não devia ser assim! Os seus amigos tradicionalistas asseguravam-lhe sempre que Francisco não estava a ser magisterial, mas apenas a expressar o seu juízo prudencial sobre estes assuntos, podendo ser ignorado com segurança. Mas Thomas começava a questionar-se: porque é que Francisco não estava a ser magisterial sempre que se tratava dos ensinamentos que os seus amigos achavam difíceis de aceitar? Não seria isto demasiado conveniente?

---

⁵ Gregg. "*Fratelli Tutti* is a familiar mixture of dubious claims": "A encíclica reflete o padrão mais amplo do comentário que há muito carateriza o pontificado de Francisco. As ideias genuínas que brotam diretamente dos Evangelhos e as meditações frequentemente profundas sobre as Escrituras hebraicas e cristãs andam de mãos dadas com... afirmações generalizadas sobre questões altamente prudenciais que não são apoiadas pelas evidências, e uma quantidade razoável daquilo que só posso descrever como utopia".

⁶ Ver, por exemplo, Solimeo. "*Fratelli Tutti*: A Socialist-Utopian, Ecumenical-Interreligious Encyclical."

⁷ Gabriel. "*Fratelli tutti* – Francis's most traditional document?"

⁸ Gabriel. "*Fratelli tutti* – Francis's most traditional document?"

⁹ Gabriel. "*Fratelli tutti* – Francis's most traditional document?"

¹⁰ Ver a versão espanhola do Compêndio da Doutrina Social: "La tradición cristiana nunca ha aceptado el derecho a la propriedad privada como absoluto e intocable" (Pontifício Conselho "Justiça e a Paz". Compendio de la Doctrina Social de la Iglesia , 177). Compare-se esta redação com a versão espanhola de *Fratelli tutti*, 120. "la tradición cristiana nunca reconoció como absoluto o intocable el derecho a la propriedad privada".

¹¹ Francisco. *Fratelli tutti*, 162, 186. Ver também Gabriel. "Is *Fratelli Tutti* a 'leftist' encyclical?"

Capítulo 12: "Sobre esta pedra"

Estávamos a falar de uma encíclica papal! — raciocinou Tom. Certamente que deveria ter algum tipo de autoridade magisterial! Caso contrário, para que serviam as encíclicas?

Preservada sempre imaculada

Por esta altura do livro, já deveríamos poder responder de forma conclusiva à nossa questão central: uma vez que a verdadeira tradição pode não ser óbvia ou perspícua, onde podemos encontrar a verdadeira tradição católica? Os teólogos propõem vários sinais que nos podem guiar neste esforço: as regras de S. Vicente de Lérins [12] (ver capítulo 6), os *loci* teológicos de Melchior Cano,[13] ou as sete notas de desenvolvimento doutrinal do Cardeal Newman.[14] Mas poderá haver uma forma mais segura e fiável de encontrar a tradição no meio de um turbilhão de interpretações concorrentes?

Talvez não tenhamos ainda respondido de forma explícita à questão de onde está a verdadeira tradição católica. Mas vimos onde muito provavelmente *não* está. De todos os precedentes deste livro, podemos concluir que uma mera interpretação privada da tradição não é um indicador fiável de ortodoxia. No último capítulo, vimos pelo próprio Jesus — a fonte de toda a tradição (capítulo 1) — que é necessário um intérprete com autoridade.

Quem é este intérprete autoritativo? Jesus, claro. Mas como Jesus já não habita na terra de forma visível, onde se pode encontrar essa interpretação autoritativa? Voltemos a um episódio que já examinámos no capítulo 10. Voltemos àquele dia quente de há dois mil anos atrás, quando, em Cesareia de Filipe, Jesus perguntou aos seus discípulos: "No dizer do povo, quem é o Filho do Homem?" A verdadeira interpretação foi dada por um certo Simão, filho de Jonas: "Tu és o Cristo, o Filho do Deus vivo". Jesus ficou tão satisfeito com esta resposta que mudou o nome de Simão ali mesmo, proferindo palavras que mudariam para sempre a face da Igreja:

---

[12] Martins, *Introdução à Teologia*, 114-116.
[13] Martins, *Introdução à Teologia*, 116-121.
[14] Newman. *Development of Christian Doctrine*.

> Feliz és, Simão, filho de Jonas, porque não foi a carne nem o sangue que te revelou isto, mas meu Pai que está nos céus. E eu te declaro: tu és Pedro, e sobre esta pedra edificarei a minha Igreja; as portas do inferno não prevalecerão contra ela. Eu te darei as chaves do Reino dos Céus: tudo o que ligares na terra será ligado nos céus, e tudo o que desligares na terra será desligado nos céus.[15]

Isto tem ainda mais importância do que parece. A citação já parece impressionante por si só, mas há aqui um contexto tradicional em jogo que escapa às nossas mentes modernas. Jesus proclamou-Se a Si próprio "Messias", ou seja, descendente e herdeiro da linhagem real de David. Da história israelita, sabemos que o cargo mais elevado na terra, abaixo do rei, era o de mordomo real. Este cargo tinha sido instituído pelo Rei Salomão, sucessor de David. Embora o mordomo real não fosse o rei, tinha a autoridade do rei.[16] O profeta Isaías explicou que este mordomo seria chamado *pai* dos habitantes de Jerusalém. Recordo aqui a etimologia da palavra "papa", que significa "papá". O profeta prosseguiu dizendo que o mordomo seria portador das "chaves da casa de David", de modo que o que "ele abrir, ninguém fechará; e o que ele fechar, ninguém abrirá".[17] Os paralelos são bastante impressionantes e certamente não teria escapado aos discípulos, ansiosos como estavam pelo cumprimento do reino messiânico.

Como seria de esperar, os Evangelhos mostram-nos que, a partir desse momento, Pedro assumiu o papel de líder dos discípulos. Durante a Última Ceia, mesmo quando Jesus predisse que Pedro O negaria três vezes, Ele também disse: "Simão, Simão, eis que Satanás vos reclamou para vos peneirar como o trigo; *mas eu roguei por ti, para que a tua confiança não desfaleça*; e tu, por tua vez, confirma os teus irmãos".[18] Depois da ressurreição, Jesus disse a Pedro três vezes: "Apascenta os meus cordeiros".[19] Todos estes três exemplos bíblicos foram mais tarde usados pelo Concílio Vaticano I (ver

---

[15] Mt 16,17-19.
[16] Marshall. *The Crucified Rabbi*, 54-55. Foi também deste cargo de mordomo real que surgiu o título histórico de "Vigário de Cristo".
[17] Is 22,21-22. Ver também Marshall. *The Crucified Rabbi*, 55-56.
[18] Lc 22,31-32.
[19] Jo 21,15-17.

capítulo 9) para suportar as doutrinas do primado e da infalibilidade papais.[20]

Como vimos no capítulo 5, S. Pedro desempenhou admiravelmente esta missão dada por Jesus. No Concílio de Jerusalém, Pedro defendeu a tradição, não segundo o "sentido óbvio" proposto pela fação judaizante, mas segundo a tradição da Torá messiânica dada pelo seu Mestre: "Não é o que entra na boca que contamina o homem, mas o que sai da boca é que contamina o homem" (ver capítulo 11). Pedro não era apenas o guardião da tradição, mas também o guia seguro para um desenvolvimento doutrinal adequado. De facto, S. Cardeal Newman apresenta a posição de Pedro no Concílio de Jerusalém como um exemplo da primeira nota de um verdadeiro desenvolvimento doutrinal — a preservação de tipo:

> E, da mesma forma, as ideias podem permanecer, quando a sua expressão é indefinidamente variada; e não podemos determinar se um desenvolvimento professado é verdadeiramente tal ou não, sem um conhecimento mais profundo do que a experiência do mero facto desta variação. Nem os nossos sentimentos instintivos servirão de critério. *Deve ter sido um choque extremo para S. Pedro ser-lhe dito que devia matar e comer animais, tanto impuros como puros, embora tal ordem já estivesse implícita na fé que ele mantinha e ensinava;* um choque que um único esforço, ou um curto período, ou a força da razão não seriam suficientes para superar. Não, pode *acontecer que uma representação que varia do seu original seja sentida como mais verdadeira e fiel do que uma que tem mais pretensões de ser exata.* Assim acontece com muitos retratos que não são impressionantes: à primeira vista, é claro que nos dececionam; mas, quando nos familiarizamos com eles, vemos neles o que não podíamos ver a princípio, e preferimo-los, não a uma semelhança perfeita, mas a muitos esboços que são tão precisos que chegam a ser uma caricatura. Por outro lado, as verdadeiras perversões e corrupções muitas vezes não são tão diferentes externamente da doutrina da qual provêm, como são as mudanças que são consistentes com ela e verdadeiros desenvolvimentos... Não, uma causa de corrupção na religião é a

---

[20] Vaticano I. *Pastor Aeternus*, capítulos I e IV.

recusa de seguir o curso da doutrina à medida que ela avança, e uma obstinação nas noções do passado.[21]

Tal é a natureza do desenvolvimento doutrinal. Curiosamente, um dos ensinamentos que passou por um desenvolvimento adequado foi precisamente a doutrina do primado papal. É praticamente indiscutível que S. Pedro foi uma figura histórica de particular relevância na Igreja primitiva, e que foi visto ao longo da sua vida como um garante fiável da tradição de Jesus. A questão é saber se existia, na altura, um conceito de ofício petrino que sobrevivesse à morte de Pedro.[22] Esse conceito teria ainda de passar por desenvolvimento e amadurecimento, embora as sementes desta tradição petrina já lá estivessem.

Juntamente com o trigo do Cristianismo primitivo cresceu o joio do Gnosticismo (ver capítulo 6). Segundo a teologia gnóstica, a fé dos cristãos comuns era apenas o primeiro passo no caminho da fé, destinado aos principiantes. Para crescer na fé, seria necessário adquirir um conhecimento mais profundo, um conhecimento que só era acessível a uma elite de indivíduos iluminados.[23] Contra esta afirmação gnóstica exclusivista, a Igreja defenderia que a tradição estava aberta a todos, acessível e compreensível mesmo para os cristãos comuns. Não devia haver

---

[21] Newman. *Development of Christian Doctrine*, 176-177.
[22] Schatz. *Papal Primacy*, 1-2.
[23] Ironicamente, o Papa Francisco está a ser extremamente tradicional quando denuncia — nomeadamente em certos movimentos eclesiais que o criticam em nome da tradição — um certo "Gnosticismo contemporâneo", assim definido: "uma fé fechada no subjetivismo, onde apenas interessa uma determinada experiência ou uma série de raciocínios e conhecimentos que supostamente confortam e iluminam, mas, em última instância, a pessoa fica enclausurada na imanência da sua própria razão ou dos seus sentimentos... Com efeito, também é típico dos gnósticos crer que eles, com as suas explicações, podem tornar perfeitamente compreensível toda a fé e todo o Evangelho. Absolutizam as suas teorias e obrigam os outros a submeter-se aos raciocínios que eles usam. Uma coisa é o uso saudável e humilde da razão para refletir sobre o ensinamento teológico e moral do Evangelho, outra é pretender reduzir o ensinamento de Jesus a uma lógica fria e dura que procura dominar tudo" (Francisco. *Gaudete et Exsultate*, 36, 39). Um leitor astuto pode traçar os paralelos entre esta ideologia e o Modernismo que explorámos no capítulo 10. É bastante bizarro que o Papa Francisco e os seus seguidores sejam os únicos a ser acusados de Modernismo.

tradições secretas.[24] Mas uma vez que, como já vimos, a tradição pode nem sempre ser óbvia, como resolver esta tensão? Basta-nos voltar ao capítulo 6 e encontrar a resposta nos escritos de S. Inácio de Antioquia: "Todos vós deveis seguir a orientação do bispo, como Jesus Cristo seguiu a do Pai... Onde está o bispo, aí esteja o povo, assim como onde está Jesus Cristo, aí está a Igreja Católica".[25] Não há tradições secretas, porque o bispo está lá para guiar a todos para a verdadeira tradição, que assim se torna acessível a todos.

No entanto, nem todos os bispos ou igrejas locais tinham o mesmo peso de autoridade. De particular importância eram as sés fundadas por apóstolos ou localizadas onde os apóstolos haviam vivido ou estavam enterrados. E entre estas, Roma tornou-se um "local privilegiado de tradição", pois a igreja romana tinha sido fundada tanto por S. Pedro como S. Paulo. Além disso, ambos tinham sido martirizados e enterrados lá.[26] Na sua epístola aos Romanos, S. Inácio chama à igreja de Roma "a Igreja amada e iluminada pela vontade d'Aquele que deseja todas as coisas segundo o amor de Jesus Cristo, nosso Deus, e *que também preside* no lugar da região dos Romanos, digna de Deus, digna de honra, digna da mais alta felicidade, digna de louvor, digna de obter todos os seus desejos, digna de ser considerada santa, e *que preside ao amor* [caridade].[27]

Pode-se argumentar a partir desta citação inaciana que não é o papa, mas sim a "igreja de Roma" que é merecedora de todos estes epítetos. No entanto, a preeminência da igreja de Roma não se resume à caridade, ou à assistência material, mas também espiritual, em matéria de ensino.[28] Seria, portanto, apenas uma questão de tempo até que esta autoridade da igreja romana se cristalizasse em torno do seu bispo. Já no século II, vemos o bispo de Roma a tomar as rédeas das disputas eclesiais, como aconteceu com S. Vítor durante a controvérsia quartodecimana (ver capítulo 7). Nessa altura, como vimos, esta decisão autoritária foi criticada como demasiado dura por alguns dos colegas bispos de Vítor, como S. Ireneu de Lião. No entanto, não contestaram a sua autoridade para o fazer. De facto, este

---

[24] Schatz. *Papal Primacy*, 5.
[25] Inácio. "Epístola aos Esmirnenses", 8.
[26] Schatz. *Papal Primacy*, 7-8.
[27] Inácio. "Epístola aos Romanos", saudação.
[28] Schatz. *Papal Primacy*, 5-6.

mesmo Ireneu argumentaria contra os hereges "indicando a tradição derivada dos apóstolos, da muito grande, muito antiga e universalmente conhecida Igreja fundada e organizada em Roma pelos dois mais gloriosos apóstolos, Pedro e Paulo... Pois é uma questão de necessidade que todas as Igrejas devam concordar com esta Igreja, devido à sua *autoridade preeminente*".[29]

É verdade que, durante as controvérsias doutrinais dos primeiros séculos, os desacordos eram resolvidos por sínodos regionais e concílios ecuménicos (este é, evidentemente, também um ponto contra os tradicionalistas que criticam o Concílio Vaticano II). Mas depressa se tornou claro que a posição adotada pela igreja romana, na pessoa do seu bispo, acabava inevitavelmente por ficar do lado certo do conflito. No final, a posição romana parecia sempre prevalecer.[30]

Este facto é particularmente interessante porque Roma não estava equipada com os melhores teólogos. Para encontrar as melhores mentes teológicas da época, teríamos de olhar para o Oriente de língua grega, onde floresciam os mais vibrante centros da intelectualidade. Roma, por outro lado, era uma mera periferia do império na altura (ver capítulo 7). Paradoxalmente, este pode ter sido um fator de proteção. Ao contrário do Oriente, onde o questionamento, a investigação e o debate eram comuns, Roma carecia de sofisticação e sensibilidade intelectuais. Em vez disso, a força de Roma residia no senso comum em questões práticas.[31] Por conseguinte, enquanto a maioria das primeiras heresias surgiram do Oriente, que pensava demasiado, Roma permaneceu imaculada pela heresia, apesar das suas carências (ou talvez precisamente por causa delas).

À medida que as controvérsias iam sendo ultrapassadas sempre do lado de Roma, a autoridade do bispo romano ia-se reforçando cada vez mais. No século IV, já veríamos S. Ambrósio de Milão dizendo: "Onde está Pedro, aí está a Igreja".[32] Um pouco mais tarde, o Papa S. Leão Magno consolidaria ainda mais o papado, baseando-se nesta tradição preexistente e emergente e desenvolvendo-a através de argumentos bíblicos e jurídicos.

---

[29] Ireneu. *Contra as Heresias*, Livro III, Capítulo 3, 2. Para um comentário a esta citação, ver Schatz. *Papal Primacy*, 10.
[30] Schatz. *Papal Primacy*, 14-16.
[31] Schatz. *Papal Primacy*, 14-16.
[32] Ambrósio. *Comentário aos Doze Salmos de David*, 40,30.

Capítulo 12: "Sobre esta pedra"

Leão utilizou a citação "sobre esta pedra" de Mt 16,18 para fundamentar o papel fundamental de Pedro e a sua preeminência entre os outros apóstolos. Em seguida, passou a afirmar que era o "herdeiro de Pedro" e, portanto, também o herdeiro das chaves. Mais do que um herdeiro de Pedro, Leão era também, num certo sentido, "um Pedro", ou melhor, "Vigário de Pedro".[33] A partir desta altura, o título "papa" seria aplicado ao bispo de Roma apenas.[34]

É verdade que muitos dos grandes campeões da ortodoxia não eram papas. Recordamos, no capítulo 6, que S. Atanásio teve um papel preponderante no combate à heresia ariana. No entanto, no seu ensaio seminal sobre o desenvolvimento doutrinal, o Cardeal Newman atribuiu um papel ainda mais importante ao Papa Leão na luta contra a doutrina heterodoxa:

> Houve uma época na história do Cristianismo em que era Atanásio contra o mundo, e o mundo contra Atanásio. A necessidade e a aflição da Igreja tinham sido grandes, e um homem foi erguido para a sua libertação. Nesta segunda necessidade, quem foi o campeão destinado que não podia falhar? De onde veio ele, e qual era o seu nome? *Ele veio com um augúrio de vitória sobre ele, que nem mesmo Atanásio poderia mostrar; era Leão, Bispo de Roma.*
>
> *O augúrio de sucesso de Leão, que nem mesmo Atanásio tinha, era este: que ele estava sentado na cátedra de S. Pedro e era o herdeiro das suas prerrogativas.* No início da controvérsia, S. Pedro Crisólogo havia insistido nesta grave consideração sobre o próprio Eutiques, em palavras que já foram citadas: "Eu exorto-te, meu venerável irmão", disse ele, "a submeteres-te em tudo ao que foi escrito pelo abençoado Papa de Roma; pois S. Pedro, que vive e preside na sua própria Sé, *dá a verdadeira fé àqueles que a procuram*". Esta voz viera de Ravena, e agora, depois do latrocínio, foi ecoada das profundezas da Síria pelo erudito Teodoreto. "Aquela toda santa Sé", diz ele numa carta a um dos legados do Papa, "tem o ofício de dirigir (hegemonicamente) as Igrejas do mundo inteiro por

---

[33] Kaiser. "Leo the Great on the Supremacy of the Bishop of Rome", 75-77. Ver também Schatz. *Papal Primacy*, 29.

[34] Schatz. *Papal Primacy*, 28-29.

muitas razões; e acima de todas as outras, *porque permaneceu livre da comunhão com qualquer mácula herética, e ninguém de sentimentos heterodoxos se sentou nela, mas preservou a graça apostólica imaculada*". E um terceiro testemunho de encorajamento dos fiéis, no mesmo momento sombrio, veio da corte imperial do Ocidente. "Somos obrigados", diz Valentiniano ao imperador do Oriente, "a preservar inviolada em nossos tempos a prerrogativa de reverência particular ao abençoado apóstolo Pedro; para que o mais abençoado bispo de Roma, a quem a Antiguidade atribuiu o sacerdócio sobre todos (*kata panton*), possa ocupar o seu lugar e ter a oportunidade de julgar a respeito da fé e dos sacerdotes". Nem o próprio Leão tinha faltado ao mesmo tempo na "confiança" que ele tinha "obtido do mais abençoado Pedro, chefe dos Apóstolos, que ele tinha autoridade para defender a verdade para a paz da Igreja". Assim, Leão apresenta-nos o Concílio de Calcedónia, pelo qual ele resgatou o Oriente de uma grave heresia.[35]

Esta perceção de que a Sé de Roma permaneceria sempre imaculada de qualquer mancha de heresia estava tão comprovada no século VI, que o Papa S. Hormisda estava suficientemente à vontade para exigir aos seus colegas bispos que assinassem uma fórmula para curar um cisma. A fórmula dizia o seguinte:

O primeiro meio de segurança é guardar a regra da fé estrita e não se desviar de modo algum das coisas que foram estabelecidas pelos Padres. E, de facto, as palavras de Nosso Senhor Jesus Cristo: "Tu és Pedro e sobre esta pedra edificarei a minha Igreja" (Mt 16,18), não podem ser ignoradas; estas coisas que foram ditas são demonstradas pelos resultados, pois *a religião católica foi preservada sempre imaculada na Sé Apostólica*.[36]

Como vimos em capítulos anteriores, este precedente petrino de ortodoxia inabalável foi sempre confirmado em controvérsias posteriores. Se

---

[35] Newman. *Development of Christian Doctrine*, 306-308.
[36] Kirsch. "Pope St. Hormisdas."

começámos este capítulo perguntando "onde podemos encontrar a verdadeira tradição católica", podemos voltar a todos os episódios históricos que examinámos até agora e constatar que a tradição foi sempre aquilo que o papa e os concílios ecuménicos afirmaram. Sinto-me mesmo tentado a parafrasear S. Ambrósio: "Onde está Pedro, aí está a tradição". Ao longo deste livro, vimos o desenvolvimento do primado papal, fortalecendo-se cada vez mais, desde as suas fases iniciais até ao Concílio Vaticano I (ver capítulo 9) e mesmo depois (ver capítulo 10). De facto, o Concílio Vaticano I viria a gravar irrevogavelmente a fórmula de Hormisda na doutrina católica, quando definiu o dogma da infalibilidade papal.[37] No seu *Syllabus* de Erros, o Papa Pio IX condenaria como errónea a proposição de que: "Os pontífices romanos e os concílios ecuménicos... erraram na definição de questões de fé e moral".[38]

Esta é a nossa tradição e era praticamente indiscutível nos círculos católicos antes do Papa Francisco (ou do Concílio Vaticano II). É demasiado conveniente, devo dizer, que depois de a Igreja permanecer imaculada pela heresia durante milénios, o Papa e o Concílio tenham começado a errar precisamente no ponto cronológico em que os tradicionalistas começaram a discordar deles.

O Magistério, o intérprete autoritativo

No último capítulo, constatámos que Jesus Cristo, em virtude da Sua autoridade divina, é a fonte de toda a tradição e também o intérprete supremo da Lei. Neste capítulo, vimos que Jesus pode delegar (e de facto delegou) parte da Sua autoridade à Igreja, nomeadamente a Pedro. Como se manifesta esta tarefa interpretativa? O Catecismo lança alguma luz sobre o assunto:

> *O encargo de interpretar autenticamente* a Palavra de Deus, escrita ou *contida na Tradição*, foi confiado *só* ao Magistério vivo da Igreja, cuja autoridade é exercida em nome de Jesus Cristo, isto é, *aos bispos em comunhão com o sucessor de Pedro, o bispo de Roma*... O encargo de interpretar autenticamente a Palavra de Deus foi confiado

---

[37] Vaticano I. *Pastor Aeternus*, cap. IV.
[38] Pio IX. *Syllabus* de Erros, 23.

unicamente ao Magistério da Igreja, ao Papa e aos bispos em comunhão com ele.[39]

É claro que, ao contrário de Jesus, o Papa não é Deus. Não pode fazer o que quer, nem anular tradições e verdades divinamente instituídas. Por esta razão, os tradicionalistas são rápidos a notar que o mesmo Catecismo acrescenta imediatamente a seguinte advertência: "Todavia, este Magistério não está acima da Palavra de Deus, mas sim ao seu serviço, ensinando apenas o que foi transmitido".[40] Por vezes, citam também Bento XVI para o mesmo efeito:

> O poder conferido por Cristo a Pedro e aos seus sucessores é, em sentido absoluto, um mandato para servir. O poder de ensinar, na Igreja, obriga a um compromisso ao serviço da obediência à fé. O Papa não é um soberano absoluto, cujo pensar e querer são leis. Ao contrário: o ministério do Papa é garantia da obediência a Cristo e à Sua Palavra. Ele não deve proclamar as próprias ideias, mas vincular-se constantemente a si e à Igreja à obediência à Palavra de Deus, tanto perante todas as tentativas de adaptação e de adulteração, como diante de qualquer oportunismo.[41]

O problema é que, quando os tradicionalistas citam estas advertências, estão a pressupor aquilo que estão a tentar provar. Assumem de antemão que o Papa não atuou como um verdadeiro servidor da fé. Pressupõem que o Papa atuou como um monarca absoluto. Assumem que ele está a proclamar as suas próprias ideias ou que tentou adulterar a doutrina. Depois, usam estas citações como confirmação das suas conclusões.[42] Mas,

---

[39] CIC 85, 100.
[40] CIC 86.
[41] Bento XVI. "Homilia".
[42] Depois de citar a homilia de Bento XVI, o Prof. Edward Feser diz: "Então, suponhamos que alguma declaração papal ou outro documento magisterial *parecesse* tentar introduzir 'alguma nova doutrina', ou parecesse 'diluir' o consistente ensinamento passado da Igreja, ou falhasse em guardar esse ensinamento 'escrupulosamente' ou em explicá-lo 'fielmente'. Este seria o caso mais claro possível em que um teólogo poderia levantar críticas legítimas do tipo reconhecido pela *Donum Veritatis*". Ver Feser, "The Church permits criticism of popes."

Capítulo 12: "Sobre esta pedra"

para usar estas citações, teriam de provar que o Papa falhou de facto o seu mandato, ou mesmo que não está a cumprir o seu mandato quando ensina algo de que discordam. Caso contrário, estas advertências não se aplicam.[43] E, para o provar, terão de mostrar que a sua interpretação está correta, enquanto a interpretação magisterial (ou seja, a interpretação autoritativa) não está. Ao fazê-lo, estão a entrar em terreno perigoso. Nem tudo é permitido aqui.

Em primeiro lugar, é preciso verificar o grau de autoridade magisterial de uma determinada declaração. Há vários níveis de ensinamentos magisteriais:

- Magistério extraordinário: ensinamentos de um papa (quando fala *ex cathedra*) ou de um concílio ecuménico. Estes ensinamentos gozam de um grau de certeza infalível.
- Magistério ordinário e universal: ensinamentos dos bispos (incluindo o papa), dispersos por todo o mundo, mas em unanimidade moral. Estes ensinamentos são também infalíveis.
- Magistério ordinário (que não se deve confundir com o magistério ordinário *e universal*): ensinamentos de bispos ou papas individuais. Estes ensinamentos *não são* infalíveis, mas têm, no entanto, autoridade.[44]

Para compreender melhor os diferentes níveis do magistério (e como os fiéis devem responder a cada um deles), devemos recorrer à Constituição Dogmática *Lumen Gentium* do Concílio Vaticano II e a dois documentos oficiais publicados pelo então Cardeal Joseph Ratzinger como Prefeito da CDF: 1) a instrução *Donum Veritatis* sobre a vocação eclesial do teólogo; 2) o Comentário Doutrinal à fórmula final da *Professio fidei*.

---

[43] O mesmo se aplica aos sedevacantistas que utilizam os escritos de certos teólogos antigos (sobretudo S. Belarmino) como prova de que um papa perde automaticamente o seu cargo se professar uma heresia. As citações usadas para justificar o "erro" papal são diferentes, mas o raciocínio é o mesmo. Assumem que o erro existe. Mas têm de provar que o papa está, de facto, em erro, para afirmarem que ele perdeu o seu cargo.

[44] Adaptado de uma tabela em Sheehan. *Apologetics and Catholic Doctrine*, 206.

Os ensinamentos infalíveis são irreformáveis[45] (ver capítulo 10), irreversíveis, definitivos e irrevogáveis.[46] Estes ensinamentos contêm verdades que devem ser acreditadas como divinamente reveladas ou que se devem manter definitivamente.[47] No caso do magistério extraordinário, estas doutrinas são ensinadas através de um *ato definidor*.[48] Uma das formas segundo as quais este ato definidor pode-se concretizar é quando um papa proclama um dogma *ex cathedra*,[49] utilizando a fórmula solene "declaro, pronuncio e defino". A outra forma é quando um concílio ecuménico faz uma proclamação solene, nomeadamente promulgando um credo, ou em alternativa decretos ou cânones com notas anexas (geralmente anátemas).[50]

Pode também acontecer que uma doutrina infalível seja ensinada através de um *ato não definidor*, o que acontece com as verdades pertencentes ao magistério ordinário e universal.[51] Embora os bispos individualmente, para além do papa, não gozem da prerrogativa da infalibilidade, podem ainda assim proclamar infalível uma doutrina sempre que estejam de acordo sobre uma posição como sendo definitiva, mesmo quando estão dispersos pelo mundo, desde que mantenham o vínculo de comunhão entre si e com o papa.[52] Neste caso, diz-se que o magistério é "ordinário" porque os bispos exercem a sua autoridade de ensino nas suas respetivas dioceses através de cartas pastorais, sermões, catecismos ou outros métodos. Diz-se também que é "universal", porque a sua unanimidade estende o ensinamento a toda a Igreja Católica. Uma vez que seria quase

---

[45] CDF. "Comentário Doutrinal à *Professio fidei*", 5; ver também Vaticano II. *Lumen Gentium*, 25: "As suas definições com razão se dizem irreformáveis por si mesmas e não pelo consenso da Igreja, pois foram pronunciadas sob a assistência do Espírito Santo, que lhe foi prometida na pessoa de S. Pedro".

[46] Sheehan, *Apologetics and Catholic Doctrine*, 207.

[47] CDF. "Comentário Doutrinal à *Professio fidei*", 9.

[48] CDF. "Comentário Doutrinal à *Professio fidei*", 9.

[49] Vaticano II. *Lumen Gentium*, 25: "Desta mesma infalibilidade goza o Romano Pontífice em razão do seu ofício de cabeça do colégio episcopal, sempre que, como supremo pastor dos fiéis cristãos, que deve confirmar na fé os seus irmãos, define alguma doutrina em matéria de fé ou costumes".

[50] Vaticano II. *Lumen Gentium*, 25: "O que se verifica ainda mais manifestamente quando, reunidos em Concílio Ecuménico, [os bispos] são doutores e juízes da fé e dos costumes para toda a Igreja, devendo-se aderir com fé às suas definições".

[51] CDF. "Comentário doutrinal à *Professio fidei*", 9.

[52] Vaticano II. *Lumen Gentium*, 25.

impossível determinar se todos os bispos do mundo eram unânimes num dado momento, não é necessária uma unanimidade total (matemática), mas uma unanimidade prática ou uma maioria. [53]

Como saber se um determinado ensinamento pertence ao magistério ordinário e universal? Como esclarece o Comentário Doutrinal à *Professio fidei*, "uma tal doutrina pode ser confirmada ou reafirmada *pelo Romano Pontífice*, mesmo *sem recorrer a uma definição solene*, declarando explicitamente que ela pertence ao ensinamento do Magistério ordinário e universal como verdade divinamente revelada ou como verdade da doutrina católica. A declaração de confirmação ou reafirmação do Romano Pontífice, neste caso, não é uma nova definição dogmática, mas um atestado formal de uma verdade já possuída e infalivelmente transmitida pela Igreja". [54]

As doutrinas infalíveis requerem um assentimento de fé por parte de todos os fiéis. [55] O Concílio Vaticano I afirma que "pela fé divina e católica *devem ser cridas todas as coisas* que estão contidas na palavra de Deus, tal como se encontram na Escritura e na *tradição*, e que são propostas pela Igreja como matérias em que se deve acreditar como divinamente reveladas, quer *pelo seu julgamento solene, quer pelo seu magistério ordinário e universal*". [56] O Concílio Vaticano II completa: "A estas definições *nunca pode faltar o assentimento da Igreja*, graças à acção do Espírito Santo, que conserva e faz progredir na unidade da fé todo o rebanho de Cristo". [57] Assim, quem quer que obstinadamente ponha em dúvida ou negue estes ensinamentos infalíveis, cai sob a censura de *heresia*. [58]

O que eu disse acima é relativamente indiscutível entre os tradicionalistas. Os problemas começam a surgir — pelo menos com os tradicionalistas da variante *"reconhecer e resistir"* — quando nos voltamos para o magistério ordinário do papa. Uma vez que o magistério ordinário não é infalível, estes tradicionalistas dão o salto lógico de que é "falível" e, portanto, sujeito a erros. Logo, do seu ponto de vista, estes ensinamentos magisteriais podem ser ignorados ou mesmo veementemente contrariados

---

[53] Berry. *The Church of Christ*, 66-67.
[54] CDF. "Comentário Doutrinal à *Professio fidei*", 9.
[55] CDF. "Comentário Doutrinal à *Professio fidei*", 5.
[56] Vaticano I. *Dei Filius*, Capítulo 3, 8.
[57] Vaticano II. *Lumen Gentium*, 25.
[58] CDF. "Comentário Doutrinal à *Professio fidei*", 5.

se alguém os entender como contraditórios com a sua interpretação pessoal da tradição. [59]

Se o magistério ordinário pode errar é uma questão que ainda está em discussão, embora a posição piedosa de que ele não pode errar (uma posição que eu pessoalmente defendo) seja legítima. [60] Os sedevacantistas, por exemplo, muitas vezes baseiam-se nos argumentos de S. Roberto Belarmino de que um papa perderia automaticamente o seu ofício se fosse um herege [61] — algo que Belarmino só mencionou no contexto de especulação teológica teórica. Mas mesmo S. Belarmino sustentava que é "piedoso e provável" (embora não "certo") acreditar que um papa, como pessoa individual ou professor particular, nunca possa cair em heresia ou ensinar heresia. [62]

Independentemente da opinião que se possa ter sobre este debate, é inegável que a crença na suposta falibilidade de ensinamentos não-infalíveis causou enormes danos à unidade da Igreja, especialmente durante o pontificado de Francisco. Mesmo que se pense que o magistério ordinário pode errar, pode-se ver que a probabilidade de tal erro é muito menor do que um erro na interpretação privada da tradição. Mostrar estas probabilidades foi o objetivo principal deste livro.

É significativo o facto de nenhum documento oficial da Igreja ter alguma vez dito que o magistério ordinário pode conter erros. A *Donum Veritatis* admite que, em questões de ordem prudencial, pode acontecer que alguns documentos magisteriais "não fossem isentos de carências". [63] Mas carências não equivalem necessariamente a erro. "Carência" também pode

---

[59] Ver, por exemplo, Joy. "Disputed Questions": "Mas se há expressões não infalíveis do magistério autêntico, então é possível que o magistério autêntico ensine o erro. Pois o que não é infalível é falível; e o que é falível é capaz de falhar... Este assentimento pode ser legitimamente recusado em certos casos, embora fazê-lo apenas com base no juízo pessoal seja imprudente e perigoso. No entanto, o assentimento deve ser recusado quando o ensinamento em questão entra claramente em conflito com qualquer doutrina irreformável da Igreja, ou seja, uma doutrina que tenha sido ensinada infalivelmente".

[60] Por exemplo, Scott Smith, que argumenta que esta posição é errónea, admite que "continua a ser uma opinião piedosa que, até à data, não foi imposta nem condenada pelo magistério". Ver Smith, "Friends don't let Friends".

[61] Derksen. "Can a Heretical Pope be Deposed?"

[62] Belarmino. *On the Roman Pontiff*, 312, 489.

[63] CDF, *Donum Veritatis*, 24.

significar algo que pode ser desenvolvido posteriormente (algo que, como vimos no capítulo 10, não é possível para os dogmas, como define infalivelmente o Concílio Vaticano I). Este parece ser o sentido da *Donum Veritatis*, pois ela prossegue dizendo:

> Os Pastores nem sempre colheram prontamente todos os aspetos ou toda a complexidade de uma questão... [O teólogo] sabe que alguns juízos do Magistério podiam ser justificados na época em que foram pronunciados, porque as afirmações tomadas em consideração continham em modo inextrincável asserções verdadeiras e outras que não eram seguras. Somente o tempo fez com que fosse possível efetuar um discernimento e, depois de aprofundados estudos, chegar a um verdadeiro progresso doutrinal.[64]

É digno de nota o facto de *Donum Veritatis* evitar cuidadosamente a palavra "erro". Contrasta asserções verdadeiras com "outras que não eram seguras". Diz também que esses juízos podiam ser justificados na altura em que foram feitos — uma coisa estranha de se dizer se contivessem um erro grave. O documento também se apressa a esclarecer: "Mas seria contrário à verdade se, a partir de alguns casos determinados, se inferisse que o Magistério da Igreja possa enganar-se habitualmente nos seus juízos prudenciais, ou não goze da assistência divina no exercício integral da sua missão".[65]

Também é claro, pelo contexto, que a *Donum Veritatis* se refere aqui ao desenvolvimento doutrinal e que, por isso, o que diz sobre as "carências" deve ser lido a esta luz. De facto, essa é uma das propriedades das afirmações não-infalíveis. Elas podem ser desenvolvidas, aperfeiçoadas e até reformadas. Os ensinamentos provisórios podem ser revistos, mas geralmente não é isso que as pessoas têm em mente quando falam da Igreja admitir que o seu ensinamento estava errado.[66] O facto de o ensinamento não-definitivo não ser necessariamente irreformável não compromete a sua fiabilidade, pois a natureza reformável de tal ensinamento não provém de

---

[64] CDF. *Donum Veritatis*, 24.
[65] CDF. *Donum Veritatis*, 24.
[66] Sheehan, *Apologetics and Catholic Doctrine*, 208

qualquer falta de fiabilidade no ensinamento, mas da não-definitividade da intenção magisterial.[67] Por outras palavras, não é reformável porque é erróneo, é reformável porque nunca foi concebido para ser definitivo.

Neste sentido, o termo "não-infalível" é inexato e propenso a más interpretações (como equipará-lo a "falível"). É muito melhor referir-se a ele com a terminologia empregue pela *Lumen Gentium*: "magistério *autêntico*", que significa "autoritativo".[68] Uma proposição contrária a estas doutrinas pode ser qualificada como errónea.[69]

Como diz a *Donum Veritatis*, mesmo o magistério ordinário "goza de assistência divina", algo que os tradicionalistas nem sempre possuem. Isto deve certamente ter algum peso em todos os precedentes que observámos neste livro e deve fazer-nos parar para pensar sempre que alguém assume que tem razão quando a Igreja está errada em questões magisteriais. Tanto mais que o magistério ordinário também exige uma resposta dos fiéis, tal como o magistério infalível.

Esta resposta não é um "assentimento de fé", mas uma "submissão religiosa da mente e da vontade". Ao contrário do que alguns adeptos do "*reconhecer e resistir*" afirmam,[70] esta submissão não é um mero "respeito" que se presta a estes ensinamentos, enquanto se é livre de os contradizer.[71] "Não pode ser puramente exterior e disciplinar, mas deve colocar-se na lógica e sob o estímulo da obediência da fé".[72] Deve ser demonstrada de

---

[67] Hausam. "Was Pope Vigilius a heretic?"
[68] Joseph, "The Catholic Magisterium"
[69] CDF. "Comentário Doutrinal à *Professio fidei*", 10.
[70] A título de exemplo, ver Holmes. "On non-infallible teachings": "Mas o que é que isso significa? Por vezes, '*obsequium religiosum*' é traduzido por 'assentimento religioso', outras vezes por 'submissão religiosa' e outras ainda por 'respeito religioso'... O *obséquio que damos* ao Magistério é especificado como 'religioso': não surge do temor pelas nossas vidas, nem do afeto amoroso, mas da reverência... Embora eu tenha comparado a reverência para com o Magistério à reverência para com uma igreja ou um tabernáculo, há uma diferença fundamental entre a reverência para com coisas sagradas inanimadas e a reverência para com uma pessoa sagrada. A coisa sagrada está simplesmente lá, mais ou menos sagrada, tal como a Igreja a tornou. Mas uma pessoa que exerce um cargo sagrado pode optar por usar mais ou menos a sacralidade do seu cargo numa situação... Discordar de um ensinamento não-infalível não significa retirar a essência do *obsequium religiosum*".
[71] Fastiggi. "*Amoris Laetitia* and the Magisterium."
[72] CDF. *Donum Veritatis*, 23.

Capítulo 12: "Sobre esta pedra"

tal forma que "o seu supremo magistério seja reverentemente reconhecido, se preste sincera adesão aos ensinamentos que dele emanam, segundo o seu sentir e vontade".[73] Como podemos conhecer o sentir e a vontade manifestas do papa? Estes "manifestam-se sobretudo quer pela índole dos documentos, quer pelas frequentes repetições da mesma doutrina, quer pelo modo de falar".[74]

A necessidade de submissão religiosa da mente e da vontade também ocupa um lugar venerável na tradição católica. Claro que, como é habitual, a partir desta tradição desenvolveu-se uma anti-tradição paralela: a ideia de que não é necessário submetermo-nos a ensinamentos não-infalíveis. Uma anti-tradição, ironicamente, adotada por muitos tradicionalistas hoje em dia.

No século XIX, quando se tornou claro que a definição da infalibilidade papal estava a ganhar força, o debate sobre o que fazer com os ensinamentos não-infalíveis também se tornou mais oportuno. Não é, pois, coincidência que o primeiro papa a usar o termo "magistério ordinário" tenha sido também o papa que acabou por ser responsável pelo dogma da infalibilidade papal. Cinco anos antes do Concílio Vaticano I, o Papa Pio IX emitiu uma carta ao arcebispo de Munique, explicando que a obediência "não se deve limitar à verdade expressamente definida por decretos dos concílios ecuménicos ou pelo Papa e por esta Sé Apostólica, mas deve estender-se também à verdade que o *magistério ordinário* da Igreja, *disperso por todo o mundo*, transmite como divinamente revelada, em comum com o *consentimento universal* dos teólogos católicos no que diz respeito à fé".[75]

O leitor atento notará que, nesta carta, Pio IX não se refere ao magistério ordinário *propriamente dito*, mas ao magistério ordinário *e universal*. Como vimos, o magistério "ordinário e universal" foi o que acabou por ser definido como agente infalível durante o Concílio Vaticano I. Mas o facto de o termo "magistério ordinário" ter entrado no léxico católico nesta altura é significativo. O termo tinha sido cunhado em meados do século XIX pelo jesuíta Joseph Kleutgen, que estava preocupado com a tendência dos teólogos seus contemporâneos para assumirem que, se uma doutrina

---

[73] Vaticano II. *Lumen Gentium*, 25.
[74] Vaticano II. *Lumen Gentium*, 25.
[75] Pio IX, *Tuas Libenter* (tradução minha da versão oficial italiana).

não tinha sido definida por um juízo da Igreja, então era uma questão de livre opinião. Kleutgen resolveu esta questão descrevendo a própria tradição viva como um modo de exercício do magistério.[76] É interessante que tenha havido alguma resistência à utilização deste termo durante o Vaticano I. Kleutgen era um clérigo de caráter moral suspeito e, além disso, os Padres Conciliares consideravam o termo "obscuro e ambíguo".[77]

Seja como for, o Papa Pio IX preocupou-se com a dissidência, não só contra o magistério ordinário e universal, mas também contra o magistério ordinário. No seu *Syllabus*, Pio IX condenou como errónea a seguinte proposição: "a obrigação à qual os professores e autores católicos estão estritamente ligados *está confinada apenas àquelas coisas* que são propostas à crença universal *como dogmas de fé pelo juízo infalível* da Igreja".[78] O seu sucessor Leão XIII escreveria:

> Ao definir os limites da obediência devida aos pastores de almas, mas sobretudo à autoridade do Romano Pontífice, *não se deve supor que ela só deve ser prestada em relação a dogmas* dos quais a negação obstinada não pode ser dissociada do crime de heresia. Não, além disso, *não é suficiente* sincera e firmemente concordar com doutrinas que, embora não definidas por qualquer pronunciamento solene da Igreja, são por ela propostas à crença, como divinamente reveladas, em seu ensinamento comum e universal, e que o Concílio Vaticano declarou que devem ser acreditadas "com fé católica e divina". *Mas isto também deve ser considerado entre os deveres dos cristãos: que eles se deixam governar e dirigir pela autoridade e liderança dos bispos, e, acima de tudo, da sé apostólica.*[79]

Mais tarde, já no século XX, o Papa Pio XI ensinaria:

> *Porque é completamente estranho a qualquer pessoa que ostente o nome de cristão confiar nos seus próprios poderes mentais com tal orgulho que concorde apenas com as coisas que pode examinar a partir da sua*

---

[76] Joy. "Capital Punishment and the Infallibility of the Church."
[77] Joy. "Capital Punishment and the Infallibility of the Church."
[78] Pio IX. *Syllabus* de Erros, 22.
[79] Leão XIII. *Sapientiae Christianae*, 24.

Capítulo 12: "Sobre esta pedra" 311

> natureza interior, e imaginar que a Igreja, enviada por Deus para ensinar e guiar todas as nações, não está familiarizada com os assuntos e circunstâncias atuais; ou mesmo que *devem obedecer apenas nos assuntos que ela decretou por definição solene, como se as suas outras decisões pudessem ser presumidas como falsas ou apresentando motivos insuficientes para a verdade e honestidade.* Muito pelo contrário, uma caraterística de todos os verdadeiros seguidores de Cristo, letrados ou não, é deixarem-se guiar e conduzir em *todas as coisas que tocam a fé ou a moral* pela Santa Igreja de Deus através do seu Pastor Supremo, o Pontífice Romano que é ele próprio guiado por Jesus Cristo Nosso Senhor. [80]

Por fim, Pio XII estenderia também esta autoridade às encíclicas papais, explicando que seria erróneo acreditar que elas não exigem consentimento só porque "os sumos pontífices não exercem nelas o supremo poder de seu magistério"[81] (ou seja, definições infalíveis.) Em vez disso, as encíclicas papais "provêm do magistério ordinário, para o qual valem também aquelas palavras: 'Quem vos ouve, a Mim ouve'".[82] Todas estes fontes são pré-conciliares, pelo que os tradicionalistas deveriam aceitá-las.

Uma das formas através das quais os tradicionalistas podem tentar fugir a esta obrigação é argumentando que os ensinamentos de que discordam não são magisteriais. Por exemplo, podem alegar que o Concílio Vaticano II, ao contrário dos outros concílios ecuménicos, não definiu nenhum dogma, mas foi apenas um "concílio pastoral".[83] Isto contraria o sentir e a vontade manifestos do Papa S. Paulo VI. É verdade que, numa frase muito mal interpretada, Paulo VI admitiu que "dado o carácter pastoral do Concílio, este evitou pronunciar de forma extraordinária dogmas dotados de notas de infalibilidade". Mas Paulo VI acrescentou imediatamente: "Mas esses ensinamentos foram ainda dotados *da autoridade*

---

[80] Pio XI. *Casti Connubii*, 104.
[81] Pio XII. *Humani Generis*, 20.
[82] Pio XII. *Humani Generis*, 20.
[83] Ver, por exemplo, Fellay. "Interview with Bishop Bernard Fellay": "O Concílio Vaticano II tinha como objetivo ser pastoral; não definiu nenhum dogma. Não acrescentou nada aos artigos de fé... Quando as pessoas renunciam aos seus erros e se juntam à Igreja Católica, são agora obrigadas a professar a sua fé na liberdade religiosa, no ecumenismo ou na colegialidade?"

do supremo *magistério ordinário*, e este magistério ordinário é tão evidentemente *autêntico*, que deve ser verdadeira e humildemente recebido por todos os fiéis, de acordo com a mente do Concílio sobre a natureza e o alcance de cada documento".[84]

Outros exemplos desta estratégia são frequentes no pontificado de Francisco. Por exemplo, tem-se argumentado que a controversa exortação apostólica *Amoris Laetitia* não é magisterial.[85] Mas as exortações apostólicas são alguns dos instrumentos mais importantes que um papa pode usar para exercer o seu magistério ordinário autêntico.[86] Noutro lugar, escrevi longamente por que motivo *Amoris Laetitia* pertence ao magistério ordinário do Papa Francisco.[87] Outros teólogos concordam com esta conclusão.[88]

Do mesmo modo, os tradicionalistas contestaram alguns ensinamentos da *Fratelli tutti* e da *Laudato Si'*. Mas estas são encíclicas e, portanto, pertencem ao magistério ordinário, de acordo com as instruções de Pio XII. Finalmente, a revisão do Catecismo sobre a pena de morte — além de já ter sido reafirmada na *Fratelli tutti*[89] — foi acompanhada por uma carta da CDF, expressamente aprovada pelo Papa, e ordenada por ele para publicação.[90] Como explica *Donum Veritatis*, os documentos emitidos pela CDF e "aprovados expressamente pelo Papa, participam do magistério ordinário do sucessor de Pedro".[91]

Outra forma de contornar a submissão religiosa da mente e da vontade é apelando às concessões da *Donum Veritatis*. Este documento dá instruções

---

[84] Paulo VI. "Audiência Geral" 12 de janeiro de 1966.

[85] Burke. "'*Amoris Laetitia*' and the Constant Teaching and Practice of the Church": "O Papa Francisco deixa claro, desde o início, que a exortação apostólica pós-sinodal não é um ato do magistério".

[86] Travers, "Amoris Laetitia and Canon 915," 394. Ver também Morrisey, "Apostolic Exhortation," 586: "Embora não juridicamente vinculativas, [as exortações apostólicas] são uma *expressão significativa do magistério* da Igreja". Contraste-se isto com a objeção de Christopher Altieri ("From What, Precisely, Are *Amoris Laetitia* 'Dissenters' Dissenting?"): "Uma Exortação pós-sinodal não é *um documento formal de ensino* nem um instrumento de governo de qualquer tipo".

[87] Gabriel. *The Orthodoxy of Amoris Laetitia*, 3-13.

[88] Ver Pié-Ninot, "L'Ultima Parola".

[89] Francisco. *Fratelli tutti*, 263.

[90] CDF. "Carta aos Bispos".

[91] CDF. *Donum Veritatis*, 18.

Capítulo 12: "Sobre esta pedra"

sobre o que fazer quando surgem tensões entre o teólogo e o magistério. O processo é bastante longo. Primeiro, o teólogo deve avaliar a autoridade do ensinamento magisterial em questão.[92] O teólogo só pode prosseguir com o questionamento se estiver a lidar com um ensinamento de ordem prudencial. Mas, nesse caso, o teólogo não parte diretamente para o questionamento: é convidado a tentar compreender o ensinamento e a rever as suas conclusões.[93] Se as dificuldades persistirem, deve dar a conhecer o problema, não a qualquer pessoa, mas às autoridades magisteriais.[94] Se o magistério mantiver a sua posição, o teólogo é convidado, mais uma vez, a permanecer aberto a aprofundar a questão e dar o seu assentimento de fé.[95] Por fim, o teólogo é chamado a sofrer, no *silêncio* e na oração, na certeza de que a verdade acabará por prevalecer.[96] Ao longo de todo este processo, o teólogo não deve apresentar as suas próprias opiniões ou hipóteses divergentes como se fossem conclusões indiscutíveis.[97] Deve abster-se de expressões públicas e inoportunas[98] dessas divergências e evitar recorrer aos meios de comunicação social, para não exercer a pressão da opinião pública para forçar o magistério.[99]

É difícil argumentar que este processo tem sido meticulosamente seguido desde a eleição de Francisco. No final, como vimos, a *Donum Veritatis* explica que a submissão da mente e da vontade não é meramente exterior, mas deve ser entendida dentro da lógica da fé e sob o impulso da obediência da fé.[100] A diferença entre dissidência e questionamento reverente tem a ver com a atitude interior em relação ao magistério. Procura-se realmente resolver uma dificuldade?[101] Ou procura-se forçar o magistério a aceitar as nossas conclusões?

Gostaria apenas de terminar abordando a questão dos juízos prudenciais e das questões disciplinares. Alguns tradicionalistas

---

[92] CDF. *Donum Veritatis*, 24.
[93] CDF. *Donum Veritatis*, 29.
[94] CDF. *Donum Veritatis*, 30.
[95] CDF. *Donum Veritatis*, 31.
[96] CDF. *Donum Veritatis*, 31.
[97] CDF. *Donum Veritatis*, 27.
[98] CDF. *Donum Veritatis*, 27.
[99] CDF. *Donum Veritatis*, 30.
[100] CDF. *Donum Veritatis*, 23.
[101] Fastiggi. "Amoris Laetitia and the Magisterium."

argumentaram que os fiéis não são obrigados a aderir aos juízos prudenciais do papa,[102] ou a questões disciplinares ou pastorais,[103] uma vez que estas não se inseririam no âmbito do magistério. Mas este é um raciocínio equívoco. A *Donum Veritatis* é clara ao afirmar que existem "decisões magisteriais em matéria de disciplina", as quais, embora não gozando do carisma da infalibilidade, "não são desprovidas da assistência divina, e exigem a adesão dos fiéis".[104] Além disso, no que diz respeito aos ensinamentos prudenciais, a *Donum Veritatis* afirma que também eles gozam de assistência divina e que não se pode concluir que a Igreja possa enganar-se habitualmente nos seus juízos prudenciais.[105]

Recordo ao leitor: o tradicionalista não goza necessariamente de assistência divina, ao contrário da hierarquia da Igreja. Mais uma vez, o tradicionalista está a apostar no seu intelecto quando a Igreja tem uma base mais sólida. O Comentário à *Professio fidei* afirma que as proposições contrárias aos ensinamentos da ordem prudencial são "precipitadas ou perigosas e, portanto, *'tuto doceri non potest'*".[106]

No entanto, o nível de adesão aqui é ainda menor do que com declarações magisteriais mais autoritativas. Tal adesão requer obediência, mas não necessariamente concordância com o ponto da disciplina.[107]

---

[102] Ver, por exemplo, Horn, "'Prudential Judgment,' and Voting Q+A."

[103] Por exemplo, o que o Irmão André Marie escreve em "*Amoris Laetitia* and the 'Authentic Magisterium'": "Os defensores da *Amoris Laetitia*, incluindo os porta-vozes oficiais e não oficiais do Santo Padre no episcopado, declararam que o documento não representa nenhuma mudança na doutrina, mas apenas uma abordagem pastoral ou disciplinar diferente... Digo isto porque, pela sua própria natureza, algo que pertence ao 'Magistério autêntico' é e deve ser uma questão de fé ou de moral, e não apenas uma questão de disciplina sacramental ou de prática pastoral. O que significa que, no capítulo oitavo da *Amoris*, nas diretrizes de Buenos Aires e na carta do Papa aos Bispos de Buenos Aires, somos confrontados com um corpo de proposições que há muito têm sido defendidas como meramente pastorais e que não representam qualquer mudança na doutrina, sendo elevadas a uma categoria magisterial de natureza estritamente doutrinal... Isto leva o confuso estudante de tudo isto a colocar algumas questões preocupantes. Estamos perante uma disciplina pastoral que contradiz o direito e uma doutrina que não é doutrina?"

[104] CDF. *Donum Veritatis*, 17.

[105] CDF. *Donum Veritatis*, 24.

[106] CDF. "Comentário Doutrinal à *Professio fidei*", 10. Expressão em latim que significa: "não se pode ensinar de forma segura".

[107] Joseph, "The Catholic Magisterium."

Neste sentido, alguém pode discordar de uma certa disciplina e até pedir ao papa que a mude. Mas, embora não seja obrigado a concordar com a disciplina, deve sempre observá-la e respeitá-la, e falar dela respeitosamente, mesmo que espere uma mudança a dada altura.[108] No entanto, se o pontífice declarar que a Igreja não tem intenção de mudar alguma coisa, um bom católico não fomentará a divisão e o descontentamento prolongando o debate.[109] Ultrapassar estes limites vai contra o que o Concílio Vaticano I definiu infalivelmente a respeito do primado papal:

> *Por isso, ensinamos e declaramos* que, por designação de Nosso Senhor, a Igreja Romana possui uma soberania de poder ordinário sobre todas as outras Igrejas, e que este poder de jurisdição do Romano Pontífice, que é verdadeiramente episcopal, é imediato; ao qual todos, de qualquer rito e dignidade, tanto pastores como fiéis, tanto individual como coletivamente, são obrigados, pelo seu dever de subordinação hierárquica e verdadeira obediência, *a submeter-se, não só em assuntos que pertencem à fé e à moral, mas também naqueles que pertencem à disciplina e ao governo da Igreja em todo o mundo*; para que a Igreja de Cristo seja um só rebanho sob um só Pastor supremo, através da preservação da unidade, tanto da comunhão como da profissão da mesma fé, com o Romano Pontífice. *Esta é a doutrina da verdade católica, da qual ninguém se pode desviar sem perda da fé e da salvação...*
>
> Se alguém disser que o Romano Pontífice tem o ofício meramente de inspeção ou direção, e não o pleno e supremo poder de jurisdição sobre a Igreja universal, *não só nas coisas que pertencem à fé e à moral, mas também nas coisas que se relacionam com a disciplina e o governo da Igreja espalhada por todo o mundo... que seja anátema.*[110]

No fundo, é parte indissociável (e tradicional) da fé católica que os bispos em geral, e o Papa em particular, sejam mestres autênticos, dotados da autoridade de Cristo. Eles tiram do tesouro da Revelação coisas *novas* e

---

[108] Sheehan, *Apologetics and Catholic Doctrine*, 209
[109] Sheehan, *Apologetics and Catholic Doctrine,*, 209
[110] Vaticano I. *Pastor Aeternus*, capítulo 3, 2.

antigas,[111] fazendo-as frutificar e afastando com vigilância os erros que ameaçam o seu rebanho.[112]

Mas será que os papas foram sempre bem sucedidos nesta tarefa tão sagrada? No último capítulo deste livro, tentarei abordar um importante contra-argumento a tudo o que disse até agora: o que dizer dos maus papas que tivemos no passado?

---

[111] Mt. 13,52.
[112] Vaticano II. *Lumen Gentium*, 25.

Capítulo 13

"As portas do inferno não prevalecerão"

Pedro, consciente de ser "o maior pecador dos Apóstolos" — ao ponto de ter "negado o Senhor" — mas também consciente de ter sido escolhido "para alimentar o povo com amor", pediu para ser crucificado "de cabeça para baixo"... O grande pecador foi escolhido para cuidar do Povo de Deus, para "alimentar" o Povo de Deus: isto faz-nos pensar... Pedro nega Jesus e depois os seus olhos encontram-se: quando Jesus sai, olha para ele, e Pedro, corajoso, corajoso mesmo na sua negação, é capaz de chorar amargamente. E depois de toda a sua vida ao serviço do Senhor, acaba exatamente como o Senhor: na cruz. Mas não se vangloria, dizendo: "Vou ter o mesmo fim que o meu Senhor!". Não, ele pede: "por favor, pendurai-me na cruz de cabeça para baixo, porque pelo menos assim todos poderão ver que eu não sou o Senhor, sou o seu servo".

— Francisco, "Nós somos servos"

Thomas Lawson teve uma recaída grave quando o Papa Francisco promulgou a *Traditionis Custodes*. A situação piorou ainda mais quando a sua paróquia, de acordo com as diretivas do bispo, deixou de oferecer a habitual MTL que Tom tinha frequentado durante anos. Ele estava furioso! Como se atrevia Francisco a restringir a celebração da MTL? Como se atrevia a privá-lo de uma tal fonte de santidade e reverência? Como se atrevia a continuar a perseguir os católicos fiéis, quando os dissidentes liberais eram deixados em paz livremente? Onde estava o diálogo, a escuta, o acompanhamento aos tradicionalistas?[1]

Justin tentou acalmar o amigo mas, durante algum tempo, Thomas não respondeu às suas mensagens. Afinal, os seus amigos tradicionalistas tinham razão! O Papa Francisco era um inimigo da tradição! Durante um certo período, Tom evitou Justin e regressou ao seu grupo tradicionalista.

Isto não duraria muito. Em 2022, o Papa Francisco promulgou uma carta apostólica sobre a liturgia, chamada *Desiderio desideravi*. Quando a leu, Thomas não se sentiu impressionado, mas também não encontrou nada de flagrantemente errado. Mas pouco depois, quatro bispos, juntamente com

---

[1] Lawler. "*Traditionis Custodes*: a needless extension of papal power."

vários clérigos e teólogos, assinariam a sua própria carta, condenando este documento papal como herético.[2]

Tom ficou perplexo. O que tinha esse documento de herético? Além disso, já tinha existido uma "correção filial" antes, por motivos semelhantes, no que respeita à *Amoris Laetitia*! Poderia uma tal proliferação de acusações de heresia papal ser compatível com a crença numa Igreja indefetível? Não tinha Cristo prometido que guiaria a Igreja? Não teria Ele previsto um papa como Francisco? Teria mentido?

Os seus amigos tranquilizaram-no: não se trata de nada de especial. Já houve papas heréticos no passado, como Honório ou Libério. Mas Thomas não sentiu qualquer conforto nestas palavras. De facto, elas faziam-no sentir-se inquieto. Algo estalou na sua alma. Voltou a ler uma dessas correções anteriores, em que o Papa Francisco era acusado de heresia por causa da *Amoris Laetitia*. E ali estava: os signatários tinham usado o precedente de Honório para justificar as suas ações.[3]

Thomas conhecia todos esses exemplos de papas heréticos. Tinha-os usado nos seus tempos de protestante para argumentar contra a doutrina católica da infalibilidade papal! Na altura, ele tinha estudado o assunto aprofundadamente. Tinha confirmado os argumentos apresentados pelos católicos em defesa desses papas. E chegara à conclusão de que aqueles papas não tinham sido heréticos. Mas agora, era suposto ele anular tudo o que tinha aprendido, para admitir a possibilidade de um papa herético, apenas para acusar o Papa Francisco de heresia...

---

[2] Strickland et al. *The teaching of the Catholic faith on the reception of the Holy Eucharist*.

[3] Ver Buscemi *et al.*, "Open Letter to the Bishops of the Catholic Church," acusando formalmente o Papa Francisco de heresia por causa da *Amoris Laetitia*, entre outras coisas: "A situação de um papa que cai em heresia é, desde há muito, objeto de discussão entre os teólogos católicos. Esta situação tornou-se proeminente depois de o Terceiro Concílio ecuménico de Constantinopla ter anatematizado a heresia monotelita em 681, e anatematizado postumamente o Papa Honório pelo seu apoio a esta heresia; esta condenação de Honório como herege foi repetida pelo Papa S. Leão II quando ratificou os atos desse Concílio".

"Mas já houve papas maus"

O objetivo deste livro é ilustrar como alguém está em bases mais sólidas se se apoiar no magistério da Igreja do que se se apoiar na própria interpretação pessoal da tradição.[4] Isto permitirá ao leitor formar um juízo adequado quando surgirem tensões na sua mente e proceder em conformidade. Creio, portanto, que o único contra-argumento que pode frustrar o objetivo deste livro é mostrar que o magistério papal também não é fiável. Assim, terei de abordar rapidamente a questão dos "maus papas".

Em primeiro lugar, temos de fazer uma distinção importante quando falamos de "maus papas". Às vezes, os tradicionalistas misturam diferentes tipos de "maus papas" nos seus argumentos. Eles apontam a imoralidade dos papas medievais e renascentistas e depois colocam-nos no mesmo grau dos papas que alegadamente ensinaram erros.[5] Não são a mesma coisa. Um dos meus argumentos no capítulo 5 foi que Paulo corrigiu Pedro, não por causa dos seus ensinamentos ou decisões magisteriais, mas por causa do seu comportamento como indivíduo. Os papas podem ser infalíveis em certas circunstâncias e ser intérpretes fiáveis da fé, mas isso não significa que sejam impecáveis, ou seja, sem pecado pessoal.[6] Isto não macula a autoridade magisterial do papa. Por mais corruptos que fossem os papas Bórgias, eles mantiveram a ortodoxia da fé. A heresia não figura entre as muitas acusações feitas contra eles.

Assim, resta-nos a questão dos papas supostamente heréticos. Curiosamente, esta acusação tem sido historicamente associada à

---

[4] Mt 7,24-27.
[5] Dreher. "The Catholics Left Out In The Cold": "'Houve maus papas na história da Igreja', disse Skojec. Papas que assassinaram, papas que tiveram amantes. Não estou a dizer que o Papa Francisco é terrível, mas não há nenhuma proteção divina que o impeça de ser o tipo de pessoa que, com subtileza, mina os ensinamentos da Igreja para criar uma visão diferente'".
[6] Blackburn. "Does papal infallibility mean the pope is perfect or inerrant?"

propaganda protestante [7] ou proveniente de outras fontes anti-católicas. [8] Antes do pontificado de Francisco, os apologistas católicos preocupavam-se em refutar o mito dos papas heréticos e não em promovê-lo. [9] Apenas após a eleição de Francisco — e quando certos influenciadores católicos começaram a discordar dele — começou a alegação dos "papas heréticos" a ganhar força nos círculos católicos. [10]

Examinar os casos dos alegados papas heréticos com toda a nuance e contexto que este tema merece exigiria um livro só para si. São casos muito complexos e não é possível fazer-lhes justiça em poucas páginas. Por isso, vou descrever muito sumariamente os pormenores históricos destes episódios e explicar brevemente por que não resistem ao escrutínio. Se o leitor quiser saber mais, convido-o a consultar as referências nas notas de rodapé, onde este assunto é tratado com mais profundidade.

Mas não posso deixar de chamar a atenção para outro pormenor crucial, tantas vezes ignorado por aqueles que invocam estes casos excecionais para justificar a sua atitude em relação ao Papa atual. Mesmo admitindo que esses papas eram hereges (o que não admito), esses casos giram em torno de *uma única* questão doutrinária. Estes papas seriam ortodoxos em todos os outros tópicos, exceto nesse. Isto é adequado, dada a assistência divina de que o magistério goza em todo o âmbito do seu exercício.

No entanto, quando os tradicionalistas criticam o Papa Francisco, apresentam normalmente uma litania de ensinamentos heterodoxos, desde a *Amoris Laetitia* até à revisão do Catecismo sobre a pena de morte, incluindo *Desiderio desideravi*, a homilia do Papa sobre a comunhão dos santos — apenas para amalgamar estas instâncias de ensino magisterial com supostos erros na prática, como o acordo entre o Vaticano e a China, a alegada idolatria da Pachamama, a assinatura da declaração de Abu Dabi,

---

[7] Harris, *Fundamental Protestant Doctrines*, vol. 2, pg. 13: "Honório era um herege de acordo com os padrões católicos romanos e foi condenado pelos concílios da igreja e pelos papas durante 800 anos. Tais factos não são conhecidos pela maioria dos protestantes, pois resultam do estudo técnico da história. Naturalmente, estes factos não são divulgados pelos católicos romanos. Mas são factos. E eles refutam inteiramente as reivindicações papais". Essa afirmação é citada na influente obra de Loraine Boettner, *Roman Catholicism*.

[8] Alguns destes polemistas estão listados em Spencer, "The Truth about Pope Honorius."

[9] Spencer, "The Truth about Pope Honorius."

[10] Ver, por exemplo, Feser. "The Church permits criticism of Popes."

Capítulo 13: "As portas do inferno não prevalecerão"

etc. Francisco seria, de facto, o pior papa da história, pois *tudo* o que diz, ensina e faz parece estar infalivelmente *errado*.[11] Será isto provável para alguém que goza da assistência divina do Espírito Santo no exercício integral da sua missão? Ou será mais provável que estejamos perante uma hermenêutica de suspeição, que passa a pente fino todas as suas ações e palavras, analisando-as através das piores lentes possíveis e produzindo uma perceção distorcida e negativa deste pontificado?

O mesmo se aplica aos tradicionalistas que acreditam que os erros do magistério são anteriores ao papado de Francisco. Afirmam que o Concílio Vaticano II, um concílio ecuménico, promulgou erros doutrinais — algo sem precedentes em si mesmo — e que todos os papas desde então têm perpetuado esses erros numa miríade de tópicos, desde a liberdade religiosa às relações com outras religiões e com os estados seculares. Estes tradicionalistas argumentarão que vivemos em tempos sem paralelo.[12] Mas será provável que a Igreja tenha sido tão imaculadamente protegida da mancha da heresia durante quase dois mil anos, apenas para ser totalmente transformada num antro de heresia nos dias de hoje? Não será mais provável que estejamos mais uma vez a viver o que tem sido uma rotina previsível na história da Igreja desde o início: que alguns católicos tenham preferido confiar em interpretações pessoais simplistas da tradição em vez de confiarem na interpretação magisterial menos óbvia, mas mais autoritativa?[13]

---

[11] Gabriel. "The infallibly erring Pope."

[12] Dobbs. "Taking the Tradpill": "Embora a Igreja tenha passado por crises no seu passado, a crise atual é quase sem precedentes na sua desolação e heterodoxia".

[13] O mesmo se aplica aos sedevacantistas, que julgaram pessoalmente os papas conciliares como hereges e, portanto, destituídos do seu ofício. No momento em que este livro está a ser escrito, passaram cinquenta e seis anos desde o encerramento do Concílio Vaticano II. De acordo com os sedevacantistas, a sede esteve vacante durante este intervalo de tempo. O período mais longo de *sede vacante* antes deste foi de pouco menos de três anos. Neste momento, todos os cardeais-eleitores vivos foram elevados por papas supostamente ilegítimos. Para além das racionalizações apresentadas nos *sites* de apologética sedevacantista, será realmente provável que algo assim aconteça? No entanto, para seu crédito, os sedevacantistas não aceitam a lógica dos "papas heréticos", pelo que esta secção deste livro não é particularmente dirigida a eles.

Como escreve Rocco Buttiglione, membro da Pontifícia Academia das Ciências Sociais: "Há muito poucos papas na história da Igreja que podem ser suspeitos de serem hereges. No entanto, é certo que todos os hereges afirmaram que os papas do seu tempo eram hereges".[14]

No entanto, como veremos agora, os papas alegadamente "heréticos" não eram heréticos de todo. Portanto, a situação atual seria não só quantitativa, mas também qualitativamente diferente de tudo o que já aconteceu antes em matéria de heresia. Assim, sem mais delongas, examinemos estes casos:

Papa Libério

Voltemos brevemente à controvérsia ariana e ao papel heróico desempenhado por S. Atanásio durante esta disputa. Como vimos no capítulo 6, no rescaldo do Concílio de Niceia, os semi-arianos propuseram um compromisso: negariam a consubstancialidade entre o Pai e o Filho (e, portanto, rejeitariam o termo *homoousios*), embora concordassem que o Filho teria uma *semelhança*, em todas as coisas, com o Pai (adotando o termo *homoiousios*)[15]

A certa altura, a grande maioria dos bispos orientais subscreveu esta opinião.[16] O Imperador Constâncio II — filho de Constantino — procurou pôr fim à divisão, unificando a Igreja sob a bandeira da chamada posição "moderada". E fê-lo de forma agressiva. No entanto, alguém se interpôs no seu caminho: Atanásio e a sua defesa inflexível do credo de Niceia.

Não era difícil encontrar bispos que condenassem Atanásio no Oriente, que era em grande parte semi-ariano. No entanto, os bispos ocidentais constituíam um problema. Constâncio tentou pressioná-los a censurar Atanásio, nomeadamente através da convocação de sínodos em Sérdica (343 d.C.) e, mais tarde, em Arles (353). Todas estas tentativas falharam. Mas o imperador continuou a insistir. Finalmente, em 355, Constâncio conseguiu assegurar a condenação de Atanásio no Sínodo de

---

[14] Buttiglione, *Risposte amichevoli*, 113.
[15] Darras. *General History of the Catholic Church*, 463.
[16] Darras. *General History of the Catholic Church*, 463.

Milão, enchendo o concílio de bispos arianos e espancando ou exilando os legados papais que resistiram às suas ordens.[17]

Isto, porém, não bastava. Para que a sentença fosse válida, deveria ser "confirmada pela autoridade superior do bispo da Cidade Eterna".[18] Na altura, este era o Papa Libério, até então um acérrimo defensor de Atanásio. No início, Constâncio tentou subornar Libério com presentes luxuosos. Mas Libério respondeu que não podia condenar alguém que tinha sido absolvido em dois sínodos anteriores, ou alguém que estava ausente e não se podia defender. "Não existe nenhum cânone eclesiástico nesse sentido" — disse Libério — "*nem nos foi transmitida tal tradição* pelos Padres, *que por sua vez a receberam do grande e abençoado Apóstolo Pedro*".[19] Em suma, Libério não conseguia encontrar na tradição nada que validasse a ação pretendida pelo imperador.

Enfurecido, Constâncio desencadeou uma terrível perseguição religiosa em Roma e arrastou o Papa até Milão. Lá, o imperador interrogou o pontífice: "Quem és tu para defender Atanásio *contra o mundo*?"[20] Deste episódio surgiu a famosa expressão latina *Athanasius contra mundum* ("Atanásio contra o mundo"). É irónico como esta expressão é frequentemente usada nos círculos tradicionalistas para fomentar a divisão contra o Santo Padre,[21] quando a frase teve origem no facto de Atanásio

---

[17] Chapman. "Pope Liberius."
[18] Chapman. "Pope Liberius."
[19] Schaff. *Athanasius: Select Works and Letters*, 761. Ver também Chapman. "Pope Liberius": "Ele não podia decidir contra Atanásio, que tinha sido absolvido por dois sínodos gerais, e tinha sido despedido em paz pela Igreja Romana; nem podia condenar os ausentes; tal não era a tradição que tinha recebido dos seus predecessores e de S. Pedro".
[20] Chapman. "Pope Liberius."
[21] Ver, por exemplo, Douthat. *To Change the Church*, 157-158: "Mas, no entanto, se Libério não sucumbiu totalmente ao arianismo, o papado certamente também não foi o maior defensor da ortodoxia. Essa honra pertence a Atanásio de Alexandria, bispo dessa cidade durante quarenta e cinco anos, e recordado com a frase *Athanasius contra mundum* — Atanásio contra o mundo... Finalmente, com a intervenção do Papa Francisco em nome do lado liberal, a divisão dos bispos e o simples silêncio de tantos, temos um caso não muito diferente da situação enfrentada por figuras como Atanásio — em que a ortodoxia, para vencer, tem de o fazer contra grandes probabilidades, desafiando proclamações aparentemente autoritárias, sem (em certos momentos) o apoio claro do próprio papa".

não estar realmente sozinho contra o mundo — ele tinha o Papa do seu lado.

Como Libério permanecia impassível, Constâncio baniu-o de Roma e instalou um antipapa em seu lugar: Félix II. É aqui que a história se torna confusa. Diz-se que, com o prolongamento do seu exílio, Libério sucumbiu à pressão e assinou uma condenação de Atanásio e/ou uma declaração semi-ariana. Daí surge a fama de Libério como um papa herético.

Esta alegação baseia-se principalmente em cartas atribuídas a Libério [22] uma das quais implica que ele subscreveu a manifestamente herética "segunda fórmula Sirmiana". Alguns académicos postulam que estas cartas são, muito provavelmente, falsificações criadas pelos arianos. [23] Outros estudiosos não contestam a autenticidade das cartas, [24] mas contrapõem que é cronologicamente impossível que Libério tenha assinado a "segunda fórmula Sirmiana". [25] Em vez disso, Libério teria assinado uma declaração mais ambígua, que poderia ser lida tanto de uma forma semi-ariana como de uma forma nicena. [26] O facto é que ninguém sabe realmente o que aconteceu naquela época. Há historiadores que defenderam todas as possibilidades, com base em informações contraditórias da antiguidade. [27]

---

[22] Chapman. "Pope Liberius": "A mesma história da queda do papa é apoiada por três cartas atribuídas a ele nos chamados 'Fragmentos Históricos' ('Fragmenta ex Opere Historico' em P.L., X, 678 sqq.) de S. Hilário... por isso escreveu 'Pro deifico timore' aos orientais, assegurando-lhes não só que tinha condenado Atanásio em 'Studens paci', mas que Demófilo, o bispo de Beréia... lhe tinha explicado a fórmula Sirmiana de 357, e que ele a tinha aceite de bom grado. Esta fórmula desaprovava as palavras *homoousios* e *homoiousios* igualmente".

[23] Chapman, "The Contested Letters of Pope Liberius."

[24] Barnes, "The Capitulation of Liberius," 264.

[25] Barnes, "The Capitulation of Liberius," 260-261, 265.

[26] Hausam. "Historical Challenges to the Infallibility of the Church, Part Two" Ver também Chapman. "Pope Liberius": "se Libério assinou uma fórmula Sirmiana, foi a inofensiva de 351... A visão mais recente, brilhantemente exposta por Duchesne em 1908, é que Libério no início de 357... escreveu a carta 'Studens paci' e, achando que ela não satisfazia o imperador, assinou a fórmula indefinida e insuficiente de 351". Ver também Sheehan. *Apologetics and Catholic Doctrine*, 214: "Suponhamos que ele [Libério] tenha assinado o formulário: não se pode demonstrar que continha algo erróneo. Muitos dos formulários arianos eram in-objetáveis".

[27] Hausam. "Historical Challenges to the Infallibility of the Church, Part Two."

Seja como for, isso não importa. Como vimos no capítulo anterior, um documento magisterial deve ser interpretado de acordo com a mente e a vontade manifestas do papa, algo que não pode acontecer se o papa estiver a agir sob coação, como foi o caso aqui.[28] Mesmo o Bispo Bossuet, um apologista galicano convicto (ver capítulo 9), que tentou desonrar a ortodoxia de Libério para minar a doutrina da infalibilidade papal[29] teve de admitir este facto: "[C]onsiderem que todo o ato extorquido por violência aberta é nulo por todos os títulos e protestos contra si mesmo... Embora um ou dois soberanos pontífices, contrariamente ao costume de seus predecessores, pudessem, seja por violência ou surpresa, ter falhado em manter a fé com suficiente constância, ou em explicar suas doutrinas com perfeita clareza, ainda assim, erros pessoais não poderiam causar nenhuma mossa na cátedra de Pedro. Não deixam mais traço do que as águas que um navio corta à sua passagem".[30]

Mais importante ainda é a opinião do próprio S. Atanásio sobre o pontífice. Não há na sua voz qualquer recriminação contra Libério, nem qualquer tentativa de provar que um papa pode errar na sua capacidade oficial:

> Assim, eles esforçaram-se no início para corromper a Igreja dos romanos, querendo introduzir a impiedade nela, assim como em outras. Mas Libério, depois de ter estado dois anos no desterro, cedeu e, com medo da ameaça de morte, subscreveu. Mas isso só mostra a conduta violenta deles, e *o ódio de Libério contra a heresia, e seu apoio a Atanásio* enquanto lhe foi permitido exercer uma escolha livre. *Pois aquilo que os homens são forçados pela tortura a fazer, contrariamente ao seu primeiro julgamento, não deve ser considerado como uma*

---

[28] Chapman. "Pope Liberius": "Deve-se notar cuidadosamente que a questão da queda de Libério é uma questão que tem sido e pode ser livremente debatida entre os católicos. Ninguém pretende que, se Libério assinou as fórmulas mais arianas no exílio, ele o fez livremente; de modo que nenhuma questão de sua infalibilidade está envolvida". Ver também Sheehan. *Apologetics and Catholic Doctrine*, 214: "Ele [Libério] não assinou como um mestre da Igreja Universal; ele assinou como um prisioneiro e sob compulsão. Manifestamente, não se pode sustentar que, em tais circunstâncias, ele pretendia vincular as consciências de todos os fiéis".

[29] Aparentemente, sem sucesso, mesmo segundo os seus próprios critérios. Ver Darras. *General History of the Catholic Church*, 459-460.

[30] Como citado por Darras. *General History of the Catholic Church*, 457, 462.

ação voluntária daqueles que estão com medo, mas sim dos seus torturadores.[31]

Como terminou esta história? Embora o antipapa Félix não fosse ele próprio um herege, o povo romano recusou-se a reconhecê-lo, uma vez que ele tinha comunhão com os que promoviam a heresia. Os outros bispos ignoraram-no e, quando Félix celebrava Missa, ninguém assistia. O prolongado exílio de Libério não afetou apenas o Papa, mas também o imperador, que se considerava responsável por uma situação prolongada e intolerável. Algumas matronas romanas influentes suplicaram ao imperador que permitisse o regresso de Libério. Por fim, Constâncio acedeu, desde que Libério governasse a igreja romana ao lado de Félix. Quando isto foi anunciado, diz-se que o povo de Roma respondeu em uníssono: "Um só Deus, um só Cristo, um só bispo!" Eclodiram motins, até que o imperador, com relutância, permitiu o regresso do pontífice legítimo.[32]

Alguns comentadores arianos afirmam que o regresso de Libério a Roma não se deveu à resistência heróica do povo romano, mas a ele ter assinado a declaração semi-ariana, satisfazendo assim o imperador. Mas também se diz que, quando Libério reentrou na Cidade Eterna, foi recebido em triunfo, como um conquistador.[33] O jubiloso povo de Roma não parecia pensar que Constâncio o tivesse derrotado.[34] Também não foi feita qualquer menção posterior ao seu lapso, quando Libério decretou que os bispos caídos sob pressão ariana não podiam ser restaurados, a não ser que repudiassem publicamente a sua posição anterior. No entanto, não há menção de qualquer retratação ou expiação pública da parte de Libério, o que seria estranho se ele próprio tivesse caído.[35]

---

[31] Schaff. *Athanasius: Select Works and Letters*, 764-765. Alguns autores, no entanto, contestam a veracidade desta passagem (ver Darras. *General History of the Catholic Church*, 461-462).

[32] Chapman. "Pope Liberius." Ver também Darras. *General History of the Catholic Church*, 459.

[33] Darras. *General History of the Catholic Church*, 459. Ver também Chapman. "Pope Liberius."

[34] Darras. *General History of the Catholic Church*, 462.

[35] Chapman. "Pope Liberius": "Além disso, o decreto do Papa depois de Rímini, de que os bispos caídos não poderiam ser restaurados a menos que demonstrassem vigorosamente a sua sinceridade contra os arianos, teria sido

Algumas décadas mais tarde, temos S. Ambrósio de Milão a elogiá-lo, dirigindo-se a ele como "Papa Libério de santa memória".[36] A Menologia grega — o equivalente oriental de um martirológio — chama-o de "abençoado", "defensor da fé", "ardente zeloso pela fé ortodoxa", "protetor de Atanásio" e "perseguido pelos hereges pela sua ousada defesa da verdade".[37] No século XIX, o beato Pio IX escreveria, na sua encíclica *Quartus Supra*: "os arianos acusaram falsamente Libério, também nosso predecessor, ao imperador Constantino porque Libério se recusou a condenar S. Atanásio, Bispo de Alexandria, e se recusou a apoiar a heresia deles".[38]

Em resumo, o Papa Libério foi um acérrimo defensor da ortodoxia e de S. Atanásio. Por isso, foi exilado e pressionado a aderir à heresia semi-ariana. Não sabemos ao certo se o fez ou não. Se o fez, não temos a certeza do conteúdo exato da declaração que assinou e se esta podia ser interpretada de forma ortodoxa. Seja como for, se ele assinou uma declaração herética, fê-lo sob coação, pelo que este ato não tem qualquer peso magisterial e, por conseguinte, não tem qualquer relevância quanto à possibilidade de o papa errar no seu magistério. Depois de Libério ter sido reintegrado, a sua memória não parece ter sido manchada pelo lapso, até este episódio ter sido trazido à luz por aqueles que se opõem à autoridade e à infalibilidade papais.

Papa Vigílio

Depois de o Nestorianismo ter sido condenado no Concílio de Éfeso (ver capítulo 6), surgiu um novo movimento teológico para combater os erros de Nestório (ver capítulo 6). Infelizmente, como acontece muitas vezes, estes católicos corrigiram demasiado na direção oposta e caíram na sua própria heresia. O Nestorianismo defendia que Jesus Cristo era uma só pessoa, mas com duas hipóstases e duas naturezas. Estes católicos demasiado zelosos, por seu lado, acreditavam que Jesus era uma só pessoa

---

risível, se ele próprio tivesse caído ainda antes e não tivesse expiado publicamente seu pecado. No entanto, podemos estar certos de que ele não fez nenhuma confissão pública de ter caído, nenhuma retratação, nenhuma expiação".

[36] Darras. *General History of the Catholic Church*, 457.
[37] Darras. *General History of the Catholic Church*, 462.
[38] Pio IX. *Quartus Supra*, 16.

com uma só hipóstase e uma só natureza. Uma vez que "natureza" em grego é *physis*, estes católicos foram chamados monofisitas ("adeptos de uma só natureza"). No entanto, esta não é a interpretação correta. Para um católico ortodoxo, Jesus é uma pessoa, uma hipóstase e duas naturezas (humana e divina). [39] Tal como o Nestorianismo foi condenado no terceiro concílio ecuménico de Éfeso, o Monofisismo seria condenado pelo subsequente concílio ecuménico de Calcedónia.

Os monofisitas obviamente não ficaram satisfeitos com esse resultado. Quase um século depois de Calcedónia, continuavam a acusar a Igreja de ter caído numa espécie de Nestorianismo brando. Quando lhes foi assegurado que Nestório ainda era considerado um herege, os monofisitas apontaram que o professor de Nestório, Teodoro de Mopsuéstia, nunca havia sido condenado. À sua ladainha de acusações, eles acrescentaram Teodoreto de Ciro, que havia sido amigo e defensor de Nestório, mas que havia sido exonerado em Calcedónia. Além disso, havia uma carta questionável de Ibas de Edessa, que havia sido lida com aprovação pelo concílio. Estes escritos passaram a ser conhecidos pelo simples nome de "Os Três Capítulos". [40]

É preciso dizer que havia alguma verdade nestas queixas. Os Três Capítulos podiam, de facto, ser lidos de uma forma nestoriana. Poder-se-ia dizer que Teodoro de Mopsuéstia era um "nestoriano antes de Nestório". [41] Relativamente às outras duas personagens, a situação era mais complexa. Pode-se argumentar que o apoio inicial a Nestório por Teodoreto e Ibas teve a ver principalmente com mal-entendidos com a linguagem de S. Cirilo (ver capítulo 6). [42] Além disso, Teodoreto tinha-se arrependido dos seus ataques anteriores contra Cirilo e tinha aceite as resoluções do Concílio de Éfeso. [43] Seja como for, esses escritos de Teodoreto e Ibas podiam ser lidos tanto num sentido nestoriano como num sentido ortodoxo. [44] Os monofisitas enfatizavam o sentido nestoriano. Eles nunca poderiam estar

---

[39] Chapman. "Monophysites and Monophysitism."
[40] Bacchus. "Three Chapters."
[41] Bacchus. "Three Chapters." Ainda assim, alguns estudiosos sustentam que Teodoro de Mopsuéstia não era realmente um nestoriano. Ver, por exemplo, Soro. *The Church of the East.*
[42] Bacchus. "Three Chapters."
[43] Chapman. *Studies on the Early Papacy*, 229.
[44] Hausam. "Was Pope Vigilius a heretic?"

Capítulo 13: "As portas do inferno não prevalecerão"

ao lado de uma Igreja que não condenasse até as tendências nestorianas observadas nessas obras.

O Imperador Justiniano estava muito empenhado em resolver as divisões religiosas que assolavam os seus domínios. Mas, apesar das suas intenções serem boas e justas, ele agiu da forma errada. Em 543-544 d.C., o imperador emitiu um édito anatematizando os Três Capítulos. De seguida, coagiu os bispos orientais a subscreverem este édito. Mas os bispos não quiseram fazer isso, pois acreditavam que fazê-lo seria contradizer Calcedónia, um concílio ecuménico.[45]

Por fim, o episcopado oriental capitulou perante a pressão imperial. O episcopado ocidental, porém, manteve-se firme no apoio a Calcedónia. Vigílio, que era o papa na altura, recusou-se a assinar o édito do imperador. Não só isso, mas também condenou os patriarcas caídos do Oriente. Pela sua resistência, o pontífice foi raptado e enviado à força para Constantinopla em 545 — entre este caso e o de Libério, começamos a ver aqui um padrão.

Uma coisa que impedia uma resolução satisfatória desta controvérsia era o desconhecimento da língua grega por parte dos bispos ocidentais, de modo que não podiam julgar por si próprios a ortodoxia dos Três Capítulos. Também Vigílio sofria desta deficiência.[46] Assim, quando chegou a Constantinopla, o Papa organizou três conferências com vários bispos para estudar o assunto, com a condição de que os bispos estivessem ali apenas para o aconselhar, e que a decisão final fosse apenas sua.[47]

Desta consulta resultou um documento papal em 548, chamado *Judicatum* (infelizmente agora quase perdido para a história).[48] Neste julgamento, Vigílio condenou os Três Capítulos em "termos moderados"[49] embora com uma cláusula afirmando que "a importância do Concílio de Calcedónia não podia ser questionada".[50] Vigílio comentaria mais tarde que "a fim de remover a ofensa presente, ele tinha *condescendido*, a fim de acalmar

---

[45] Bacchus. "Three Chapters."
[46] Bacchus. "Three Chapters."
[47] Hefele. *A History of the Councils of the Church*, Vol. IV, 251-252.
[48] Hefele. *A History of the Councils of the Church*, Vol. IV, 253.
[49] Chapman. *Studies on the Early Papacy*, 229.
[50] Hefele. *A History of the Councils of the Church*, Vol. IV, 254.

as mentes dos homens, ele tinha *relaxado a severidade do direito*, e de acordo com a necessidade do tempo tinha ordenado as coisas *com fins medicinais*".[51]

Embora o imperador tenha ficado satisfeito, muitas igrejas ocidentais rebelaram-se contra o que consideravam uma afronta a Calcedónia. Nalguns casos, como Aquileia ou Milão, haveria mesmo um cisma que duraria um século.[52] A igreja ilíria rejeitou a comunhão com Vigílio, usando o argumento sobejamente conhecido de que "obedeciam a S. Leão e aos antigos Papas, e que 'deviam sempre manter-se do lado da Igreja Apostólica dos Romanos'".[53] A forma como pretendiam manter-se fiéis à Igreja Apostólica Romana e, ao mesmo tempo, rejeitar o seu atual bispo era uma espécie de dissonância cognitiva que permanece por resolver até hoje.

Dada a má receção do *Judicatum*, tanto o papa como o imperador concordaram em retratar o documento em 550, apaziguando assim as hostilidades ocidentais.[54] A mudança de posição do Papa deve ser explicada pelo facto de a condenação dos escritos ser justificável na sua essência, mas parecer inoportuna, tendo em conta a controvérsia que grassava na Europa Ocidental.[55] Em vez disso, a disputa deveria ser resolvida através de um concílio ecuménico. Este viria a ser conhecido como o Segundo Concílio de Constantinopla, o quinto concílio ecuménico.

O Papa, que ainda estava detido em Constantinopla, pediu ao imperador que fossem cumpridas as seguintes condições: que cinco ou seis bispos de cada província (incluindo a ocidental) participassem do concílio, e que prevalecesse apenas o que fosse pacificamente determinado em comum. Além disso, nada mais deveria ser decidido a favor ou contra os Três Capítulos até que a decisão do concílio tivesse sido tomada.[56]

Mas Justiniano quebrou este acordo e emitiu um novo documento anatematizando os Três Capítulos.[57] Vigílio protestou e as relações entre

---

[51] Hefele. *A History of the Councils of the Church*, Vol. IV, 257-258 (ênfase no original).
[52] Bacchus. "Three Chapters."
[53] Hausam. "Was Pope Vigilius a heretic?"
[54] Hefele. *A History of the Councils of the Church*, Vol. IV, 265.
[55] Kirsch, "Pope Vigilius."
[56] Hefele. *A History of the Councils of the Church*, Vol. IV, 265.
[57] Hefele. *A History of the Councils of the Church*, Vol. IV, 269. Ver também Chapman. *Studies on the Early Papacy*, 230.

Capítulo 13: "As portas do inferno não prevalecerão"

os dois azedaram. O pontífice refugiou-se na Basílica de S. Pedro em Hormisda e o imperador enviou soldados atrás dele, para o tirar dali, pela força, se fosse necessário. Vigílio agarrou-se aos pilares do altar, enquanto os soldados tentaram arrastá-lo pelos pés e pela barba com tal violência que a mesa do altar quase caiu sobre o Papa, e tê-lo-ia certamente esmagado se alguns clérigos não a tivessem rapidamente agarrado. Este facto enfureceu a população e até alguns soldados, de tal modo que o imperador foi obrigado a jurar não fazer mal a Vigílio.[58]

Entretanto, o Concílio foi convocado. Justiniano quebrou mais uma vez o seu acordo com o Papa, ao preencher o sínodo com bispos orientais favoráveis. O Concílio foi, portanto, aberto em 553, por ordem imperial, mas sem o consentimento papal. E apesar de ter sido convocado, Vigílio recusou-se a participar no Concílio.[59] Em vez disso, apresentou a sua posição por escrito. Enviou um documento, chamado *Constitutum*, em que se recusava a condenar as pessoas de Teodoro, Teodoreto e Ibas, embora condenasse sessenta proposições retiradas dos escritos do primeiro.[60] Também ordenou e decretou que ninguém deveria "escrever ou apresentar, ou empreender, ou ensinar qualquer coisa contraditória com o conteúdo deste *Constitutum* no que diz respeito aos Três Capítulos, ou, após esta declaração, iniciar uma nova controvérsia sobre eles".[61]

O Papa enviou o *Constitutum* a Justiniano, mas o imperador recusou-se a lê-lo, dizendo: "Se condena os Três Capítulos, é inútil, pois o Papa já os condenou. Se os defende, então está a contradizer-se a si próprio".[62] Depois de conhecer o conteúdo do documento, Justiniano enviou ao Concílio algumas das cartas anteriores de Vigílio, nas quais este tinha defendido o *Judicatum*. O imperador também alegou que, ao contradizer-se e ao recusar-se a condenar os Três Capítulos, o Papa tinha-se excomungado e já não devia ser nomeado entre os bispos em comunhão com a Igreja (ou seja, nomeado nos *dípticos*).[63] Usando um discurso dúplice que se tornou demasiado frequente entre os tradicionalistas hoje, Justiniano disse ao

---

[58] Hefele. *A History of the Councils of the Church*, Vol. IV, 280. Ver também Chapman. *Studies on the Early Papacy*, 230.
[59] Hefele. *A History of the Councils of the Church*, Vol. IV, 288-289.
[60] Chapman. *Studies on the Early Papacy*, 234.
[61] Hefele. *A History of the Councils of the Church*, Vol. IV, 322-323.
[62] Chapman. *Studies on the Early Papacy*, 234.
[63] Chapman. *Studies on the Early Papacy*, 234-235.

concílio: "Decidimos que não é apropriado que os cristãos recitem seu nome [de Vigílio] nos dípticos, para que não sejamos encontrados assim em comunhão com Nestório e Teodoro... *Mas nós preservamos a unidade com a Sé Apostólica*, e estamos certos de que vós [o Concílio] a preservareis".[64] Mais uma vez, o imperador tentou separar o que não podia ser separado, prometendo obediência à Sé de Roma ao mesmo tempo que se rebelava contra o pontífice reinante. Justiniano queria ter o seu bolo e comê-lo também.[65]

O Concílio, no entanto, fez um trabalho mais minucioso do que as circunstâncias poderiam prever. Os bispos conciliares não aceitaram a excomunhão de Vigílio, mas esforçaram-se por estudar a questão dos Três Capítulos com minuciosa atenção. No final, eles anatematizaram os Três Capítulos, mas da seguinte maneira: condenaram Teodoro de Mopsuéstia, bem como a carta de Ibas e os escritos de Teodoreto em defesa de Nestório contra Cirilo.[66] Por outras palavras, embora condenassem Teodoro, não condenaram as *pessoas* de Teodoreto e Ibas — apenas censuraram os seus escritos que poderiam ser interpretados de forma nestoriana.

Entretanto, Vigílio tinha sido exilado e condenado a trabalhar nas minas. A sua libertação dependia de ele ratificar a decisão do concílio.[67] Depois de estudar o assunto, Vigílio decidiu ratificar a decisão do concílio e condenar mais uma vez os Três Capítulos. O Papa escreveu:

> O inimigo do género humano, que semeia a discórdia por toda a parte, tinha-o separado dos seus colegas, os bispos reunidos em Constantinopla. Mas Cristo afastou de novo as trevas do seu espírito e voltou a unir a Igreja de todo o mundo... Não há vergonha *em confessar e relembrar um erro anterior*, pois tal tinha sido feito pelo próprio Agostinho nas suas Retratações. Também ele, seguindo este e outros exemplos, *nunca deixou de instituir novas investigações* sobre a questão dos Três Capítulos nos escritos dos Padres... Finalmente, submetemos ao mesmo anátema todos aqueles que acreditam que os Três Capítulos mencionados

---

[64] Chapman. *Studies on the Early Papacy*, 235 (sublinhado como no original).
[65] Hausam. "Was Pope Vigilius a heretic?"
[66] Hefele. *A History of the Councils of the Church*, Vol. IV, 328.
[67] Hefele. *A History of the Councils of the Church*, Vol. IV, 345.

poderiam em algum momento ser aprovados ou defendidos, ou que se aventuram a se opor ao presente anátema. Aqueles, ao contrário, que condenaram, ou condenam, os Três Capítulos, nós os consideramos irmãos e colegas sacerdotes. O que quer que nós mesmos ou outros tenhamos feito em defesa dos Três Capítulos, declaramos inválido.[68]

Quer isto dizer que o Papa cometeu um erro? Ele menciona explicitamente a palavra "erro" na citação acima. No entanto, temos de colocar este episódio no seu devido contexto. Teodoro de Mopsuéstia era de facto nestoriano, e mesmo no *Constitutum*, Vigílio condena várias proposições deste autor. Quanto a Teodoreto e Ibas, era mais complicado. Eles podiam ser lidos tanto no sentido ortodoxo como no sentido nestoriano. Este facto nunca foi contestado. Assim, se os Três Capítulos eram condenados ou não, não era tanto uma questão de erro doutrinal, mas mais uma questão procedimental.

Por um lado, não havia precedente para anatematizar pessoas falecidas que tinham morrido em comunhão com a Igreja.[69] Por outro lado, uma vez que Teodoreto e Ibas tinham sido validados pelo Concílio de Calcedónia, não era claro como se poderia condená-los sem forçar uma descontinuidade com um concílio ecuménico.[70] Além disso, quer se decidisse sancionar os Três Capítulos ou não, criar-se-ia um cisma, fosse no Oriente, fosse no Ocidente. A necessidade de considerar todos estes factores, e não qualquer mudança doutrinal substantiva, explica a hesitação de Vigílio sobre esta questão. Nunca se tratou de saber se o Nestorianismo era herético ou não — isso era indiscutível. O que estava em causa era se os Três Capítulos tinham propensões nestorianizantes suficientes para justificar uma condenação e se as consequências dessa condenação valiam a pena.

O Segundo Concílio de Constantinopla resolveu esses imbróglios com uma solução muito elegante. Embora Teodoro tenha sido de facto condenado, Teodoreto e Ibas não o foram. Apenas os seus escritos

---

[68] Hefele. *A History of the Councils of the Church*, Vol. IV, 347-348.
[69] Chapman. *Studies on the Early Papacy*, 229. Ver também Bacchus. "Three Chapters."
[70] Bacchus. "Three Chapters."

duvidosos, e não as suas pessoas, foram anatematizados. Esta distinção é importante. Afinal, Calcedónia tinha exigido que Teodoreto e Ibas se retratassem do seu apoio nestoriano, algo que eles tinham de facto feito. Por isso, não podiam ser condenados, pois tinham-se arrependido dos seus erros. Mas isso não significava que os seus escritos anteriores também tivessem sido reabilitados. De facto, se os seus escritos anteriores não fossem problemáticos, não teria havido necessidade de retratação. Constantinopla pronunciou sentença apenas sobre o passado nestoriano de Teodoreto e Ibas, sem contestar a sua retratação e, conseqüentemente, a sua reabilitação por Calcedónia. Constantinopla fez o que Calcedónia não fez, sem a contradizer.[71] Uma vez que as principais dificuldades tinham sido resolvidas, Vigílio não viu necessidade de prolongar mais a controvérsia e ratificou o Concílio com a consciência tranquila.

Para finalizar, é importante também recordar o que *Donum Veritatis* #24 menciona sobre as carências dos pronunciamentos magisteriais: "alguns juízos do Magistério podiam ser justificados na época em que foram pronunciados, porque as afirmações tomadas em consideração continham em modo inextrincável asserções verdadeiras e outras que não eram seguras. *Somente o tempo fez com que fosse possível efetuar um discernimento e, depois de aprofundados estudos, chegar a um verdadeiro progresso doutrinal*".[72]

É exatamente isso que Vigílio diz na citação acima. O Papa explica que "nunca deixou de fazer novas investigações", para preencher as lacunas da sua ignorância da língua grega. Vimos que, logo que chegou a Constantinopla, organizou conferências para estudar o assunto em profundidade. Só depois de todas as objeções legítimas terem sido abordadas de forma satisfatória, pôde o pontífice emitir um juízo definitivo sobre toda a disputa.

Papa Honório I

Entre todos os papas alegadamente heréticos, nenhum caso é mais emblemático (e mais frequentemente evocado) do que o do Papa

---

[71] Hefele. *A History of the Councils of the Church*, Vol. IV, 346.
[72] CDF. *Donum Veritatis*, 24.

Honório.[73] Tal não é de estranhar, pois este é o único papa que foi condenado por heresia em três concílios ecuménicos. Mas será que isto é realmente tudo o que há para saber sobre a sua história?

Tudo começou, mais uma vez, com os monofisitas, que ainda estavam a causar estragos no século VII. Em 622, o Imperador Heráclio envolveu-se numa disputa com os monofisitas. Para os refutar, utilizou a expressão "uma só operação" (ou "uma só energia") para descrever Jesus. Um bispo achou esta expressão duvidosa e perguntou a Sérgio, o patriarca de Constantinopla, o que pensava sobre a sua ortodoxia. Sérgio tinha receio de resolver o assunto, mas notou que a expressão parecia acalmar a resistência dos monofisitas, permitindo a sua reunião com a Igreja Católica. Por isso, deixou passar a questão. Tanto o imperador como o patriarca ficaram muito satisfeitos com este resultado,[74] embora a facilidade com que esta reunião foi estabelecida tenha inquietado Sérgio um pouco. De facto, ele tinha boas razões para estar preocupado...

A proposição "uma operação" seria eventualmente condenada sob o nome de "Monotelitismo" (grego para "uma vontade"). Na época, não era claro que isso constituía uma nova heresia. No entanto, para os monofisitas, era de facto claro que não havia grande distinção entre Monofisismo e Monotelismo, o que explica a aquiescência voluntária dos primeiros. Ambas as heresias eram essencialmente a mesma, e a "correção" de Heráclio atacara um erro imaginário que os monofisitas não professavam de facto.[75]

---

[73] Harris, *Fundamental Protestant Doctrines*, vol. 2, pg. 13. Ver também Schneider, "On the question of a heretical pope": "O Papa Honório I era falível, estava errado, era um herege, precisamente porque não declarou, como deveria ter feito, com autoridade, a tradição petrina da Igreja Romana. A essa tradição ele não apelou, mas meramente aprovou e disseminou uma doutrina errada. Mas, uma vez renegadas pelos seus sucessores, as palavras do Papa Honório I eram inofensivas contra o facto da inerrância na Fé da Sé Apostólica. Foram reduzidas ao seu verdadeiro valor, como expressão da sua opinião pessoal". O único outro caso mencionado por Mons. Schneider é o de João XXII, que exploraremos mais adiante. Outro exemplo do uso deste caso para estes efeitos é o do Cardeal Burke, que chega a afirmar erradamente que Honório foi "deposto" (ver Burke, "Interview With Cardinal Burke.")

[74] Chapman. *The Condemnation of Pope Honorius*, 11-12.

[75] Chapman. "Pope Honorius I."

Por que é "uma só operação" incorreta? Como vimos anteriormente neste capítulo, Jesus Cristo possui duas naturezas: uma humana e outra divina. Portanto, Jesus não é um semideus ou um meio-humano, mas plenamente Deus e plenamente humano ao mesmo tempo. Negar isto foi, grosso modo, o erro dos monofisitas. Dessa lógica decorre que Jesus deve ter o que é essencial às duas naturezas. É essencial para a natureza humana ter uma vontade, e para a natureza de Deus ter uma vontade. Portanto, Jesus deve ter tanto uma vontade humana quanto uma vontade divina.[76] Uma pessoa, duas naturezas, duas vontades. O termo "uma operação" negava isto, implicando que Jesus teria apenas uma vontade, e que as acções de Jesus eram "teândricas" (i.e., "divinas-humanas" de uma forma misturada)[77]

Isto pode parecer um pouco desconcertante, e é provavelmente essa a raiz da confusão de Sérgio. Este tipo de linguagem faz com que pareça que a pessoa de Cristo está dividida, como se houvesse dois Cristos, um humano e outro divino, que desenvolvem actividades diferentes.[78] Como pode uma única pessoa ter duas vontades? Não será isto esquizofrénico? Não no caso de Jesus. Mark Hausam mostra que isto é mais fácil de compreender se aplicarmos esta lógica a outros aspectos das duas naturezas, como a *mente*. Ele escreve:

> Jesus tem uma mente humana e uma mente divina. Ou seja, ele pode pensar e perceber como Deus e pode pensar e perceber como um humano. Temos de falar de duas mentes, pois de outra forma acabaremos por apagar algum aspeto da humanidade de Jesus ou algum aspeto da Sua divindade. Mas isso não significa que tenhamos duas pessoas. Há uma só pessoa, mas essa pessoa pode pensar e perceber com uma mente humana ou com uma mente divina. Do mesmo modo, Jesus é uma só pessoa, mas quando

---

[76] Hausam. "Historical Challenges to the Infallibility of the Church, Part Three."

[77] Chapman. "Pope Honorius I."

[78] Hausam. "Historical Challenges to the Infallibility of the Church, Part Three."

quer, pode exercer a sua capacidade humana de querer, bem como a sua capacidade divina de querer. Duas vontades, uma pessoa.[79]

Voltando à nossa história, a estimada reunião de Sérgio com os monofisitas foi interrompida por um monge chamado Sofrónio, famoso pela sua santidade. Sofrónio observou corretamente que a linguagem de "uma só operação" punha em perigo as decisões do Concílio de Calcedónia. Curiosamente, o monge não conseguiu apresentar nenhuma citação dos Padres (i.e., "tradição") que, de forma clara e literal, exigisse o reconhecimento das duas vontades de Cristo. Ainda assim, Sofrónio apresentava uma argumentação persuasiva. Sérgio encontrava-se num dilema: embora o patriarca desconfiasse agora da fórmula, não podia retirá-la formalmente sem pôr em perigo os ganhos conseguidos até então com os monofisitas. Por isso, Sérgio tentou chegar a um compromisso: não se falaria mais de "uma operação" ou de "duas operações". Para bem da paz, Sofrónio concordou, pois a expressão "uma operação" também tinha sido retirada.[80]

Mas Sérgio continuava com um assunto quente nas mãos. Ele não podia abafá-lo para sempre. Por isso, Sérgio dirigiu-se ao Papa. Na altura, este era Honório I. Na sua carta, Sérgio explicou por que razão estava perturbado, mas também por que razão não podia aceitar a expressão "duas operações" de Sofrónio:

> Da mesma forma, falar de duas energias ofende a muitos, porque esta expressão não aparece em nenhum dos santos Padres, e porque daí se seguiria a doutrina de duas vontades contraditórias em Cristo (uma falsa inferência!), como se o *Logos* estivesse disposto a suportar o sofrimento que nos traz a salvação, mas a a Sua humanidade se opusesse a ele. Isto é ímpio, pois é impossível que um mesmo sujeito tenha duas vontades contraditórias num só.[81]

---

[79] Hausam. "Historical Challenges to the Infallibility of the Church, Part Three."

[80] Chapman. *The Condemnation of Pope Honorius*, 13. Ver também Hefele. *A History of the Councils of the Church*, Vol. V, 23.

[81] Hefele. *A History of the Councils of the Church*, Vol. V, 25-26.

Embora Honório fosse descrito como "inteligente de espírito, vigoroso no conselho e claro na doutrina",[82] ele não conseguia ver além da pergunta principal de Sérgio. É óbvio que a descrição tendenciosa de todo o caso pela parte de Sérgio o induziu a responder contra as "duas operações". Como Honório também era "gentil e humilde de carácter"[83] respondeu a Sérgio de forma concordante.

> Recebemos de vós uma cópia desta vossa carta a Sofrónio e, depois de a termos lido, recomendamos-vos que a vossa fraternidade tenha eliminado a nova expressão [uma energia], que poderia ofender os simples. Pois devemos andar naquilo que aprendemos... *De onde, também, confessamos uma só vontade de Nosso Senhor Jesus Cristo.*[84]

Este é o cerne da questão. Nesta carta infame, o Papa Honório confessou simplesmente "uma só vontade", uma proposição que mais tarde seria condenada como herética. Mas será isto tudo o que esta carta transmite? Será que podemos conciliar esta confusão com a ortodoxia de alguma forma? Continuemos a ler o que Honório escreveu depois de confessar a vontade única:

> *Por isso, também confessamos uma só vontade de Nosso Senhor Jesus Cristo,* uma vez que a nossa natureza (humana) foi claramente assumida pela Divindade, e isto sendo irrepreensível, como era antes da Queda... Como foi concebido pelo Espírito Santo, assim também nasceu sem pecado da Virgem santa e imaculada, portadora de Deus, sem experimentar qualquer contaminação da *vitiata natura* [natureza corrompida]...
>
> É isto, como dissemos, não a *vitiata natura* [natureza corrompida] que foi assumida pelo Redentor, que guerrearia contra a lei da Sua mente; mas Ele veio para buscar e salvar o que estava perdido, isto é, a *vitiata natura* [natureza corrompida] da raça

---

[82] Hefele. *A History of the Councils of the Church*, Vol. V, 27.
[83] Hefele. *A History of the Councils of the Church*, Vol. V, 27.
[84] Hefele. *A History of the Councils of the Church*, Vol. V, 28-29.

humana. Em Seus membros não havia outra lei (Rom. vii. 23), ou uma *diversa vel contraria Salvatori voluntas* [vontade diversa ou contrária à do Salvador], porque Ele nasceu *supra legem* [acima da lei] da condição... [85]

Por outras palavras, quando Honório confessou que Jesus tinha "uma vontade", ele não estava a negar que Jesus tinha duas vontades, mas a negar que tinha duas vontades *opostas*. [86] Isto é ainda mais claro se o lermos à luz da carta de Sérgio, à qual Honório estava a dar uma resposta, uma vez que Sérgio estava a objetar precisamente à "falsa inferência" de "duas vontades contraditórias". Se a vontade humana de Jesus se opusesse à vontade de Deus, então Jesus teria sido pecador — uma proposição herética. Jesus não tem uma vontade decaída e pecaminosa que se oponha à vontade divina. Mas Honório não teve em conta que Jesus tem uma vontade humana *incorrupta*, perfeitamente sintonizada com a vontade de Deus, pelo que é óbvio que não compreendeu o problema desde o início. [87]

É esta leitura correta? Teria Honório apenas discordado de "duas vontades opostas" e não de "duas vontades"? Se lermos uma segunda carta que Honório enviou a Sérgio, podemos entender claramente que o Papa não era monotelista. Embora Honório tenha rejeitado as formulações "uma operação" e "duas operações", ele também disse: "ambas as naturezas estão naturalmente unidas no único Cristo, que cada uma em comunhão com a outra trabalhou e agiu (*'operou'*); a divina trabalha a divina, e a humana realiza o que é da carne". [88] Mais tarde, ele escreveu que as duas naturezas de Cristo "operam o que lhes é próprio (*'operações próprias'*) na única Pessoa do Filho unigénito de Deus, não misturadas e não separadas e inalteradas". [89]

---

[85] Hefele, *A History of the Councils of the Church*, Vol. V, 29-30. As traduções em português das expressões latinas (entre parênteses) são traduzidas das fornecidas por Hausam em inglês. "Historical Challenges to the Infallibility of the Church, Part Three."

[86] Hausam. "Historical Challenges to the Infallibility of the Church, Part Three."

[87] Hefele. *A History of the Councils of the Church*, Vol. V, 32-33.

[88] Hefele. *A History of the Councils of the Church*, Vol. V, 50.

[89] Hefele. *A History of the Councils of the Church*, Vol. V, 50.

Assim, Honório rejeitou as expressões "uma operação" e "duas operações", mas reconheceu claramente que Jesus teve duas operações, cada uma delas fazendo o que lhe competia. Isto não é Monotelismo, mas o seu oposto. Parece que Honório se opunha mais à introdução de novas expressões, envolvendo "vontades" e "operações", preferindo confiar no conceito calcedónio bem experimentado e ortodoxo de "duas naturezas". Isso é óbvio em outra citação da sua primeira carta:

> [M]as se, por causa das obras da divindade e da humanidade (*opera divinitatis et humanitatis*), é adequado pensar e falar de uma ou duas energias (*operationes*) como presentes, não podemos dizer; deixamos isso para os gramáticos...
>
> Nós, no entanto, queremos pensar e respirar de acordo com os enunciados da Sagrada Escritura, rejeitando tudo o que, como novidade de palavras, possa causar mal-estar na Igreja de Deus, para que os menores de idade não possam, ofendendo-se com a expressão "duas energias", tomar-nos por nestorianos, e para que (por outro lado) não pareça aos ouvidos simples que ensinamos o Eutiquianismo, quando confessamos claramente apenas uma energia.[90]

Recapitulando, Honório não se pronunciou oficialmente sobre a correção de "uma operação" ou "duas operações", pois considerava que se tratava mais de uma guerra semântica do que de qualquer outra coisa. Ele afirmou claramente o entendimento calcedónio de que Jesus é uma pessoa com duas naturezas, cada uma operando o que lhe é próprio. Ele afirmou a ideia, mas não a terminologia. Não negou a vontade humana de Jesus, mas apenas a sua vontade humana *corrupta*.[91] Por isso, ele é ortodoxo.[92] Apesar

---

[90] Hefele. *A History of the Councils of the Church*, Vol. V, 31.

[91] Hausam. "Historical Challenges to the Infallibility of the Church, Part Three."

[92] Chapman. *The Condemnation of Pope Honorius*, 16: "Honório encontra-se, portanto, lógica e teologicamente tão perdido quanto Sérgio, embora ambos sejam ortodoxos na intenção. Seria sem dúvida pouco caridoso considerar o Papa ou o Patriarca como 'hereges privados'". Sheehan. *Apologetics and Catholic Doctrine*, 214: "As suas palavras têm um sentido ortodoxo; foram escritas para contradizer a falsa

Capítulo 13: "As portas do inferno não prevalecerão"

de ortodoxo, Honório não reconheceu as tendências monotelitas de Sérgio e exprimiu-se de uma forma que podia ser facilmente mal interpretada.[93] Estava no caminho certo, mas não tirara todas as devidas conclusões de ambas as posições.[94]

O seu maior medo era que, afirmando ou "uma operação" ou "duas operações", ele estivesse dando escândalo àqueles que tivessem menos conhecimentos teológicos, porque a primeira soava eutiquiana (i.e., monofisita), e a última podia ser julgada como sendo nestoriana[95] (ver capítulo 6). É bastante irónico que, ao proceder desta forma, Honório viesse a produzir mais escândalo nos séculos seguintes do que qualquer coisa com que pudesse ter sonhado! Ainda assim, o facto é que Honório não decidiu a questão, não declarou a fé com autoridade, não condenou nada e nada definiu.[96] Ele apenas concordou com a decisão de Sérgio de não permitir que se falasse de "uma operação" ou "duas operações".

Naturalmente, Sérgio sentiu-se tranquilizado com a aprovação de Honório. O patriarca e o imperador trabalharam então em conjunto para redigir um documento, chamado *Ecthesis*, para fazer cumprir o que consideravam ser as instruções do Papa. Ou seja, todos deviam "confessar uma só vontade", evitando as expressões "uma operação" ou "duas operações".[97] Daí nasceu a controvérsia monotelita, que até então não era totalmente compreendida.

Honório morreu antes de a *Ecthesis* ter sido publicada em 640, pelo que não teve oportunidade de clarificar melhor o seu pensamento. No entanto, Severino — o sucessor de Honório — recusou-se a ratificar o

---

doutrina, atribuída por Sérgio aos seus oponentes, 'de que há duas vontades *contraditórias* em Cristo'".

[93] Hausam. "Historical Challenges to the Infallibility of the Church, Part Three." Ver também Sheehan. *Apologetics and Catholic Doctrine*, 214: "[Honório] tinha sido mal informado por Sérgio quanto ao ponto em questão, e pensou que a controvérsia era, como ele observou, 'uma guerra de palavras' a ser resolvida por 'gramáticos'".

[94] Hefele, *A History of the Councils of the Church*, Vol. V, 33.

[95] Chapman. "Pope Honorius I." Ver também Hefele, *A History of the Councils of the Church*, Vol. V, 33: "Estas expressões... não eram, além disso, aprovadas nem pelas Sagradas Escrituras nem pelos Sínodos; e deviam ser evitadas, porque seu uso produzia novas controvérsias".

[96] Chapman. "Pope Honorius I."

[97] Chapman. *The Condemnation of Pope Honorius*, 24-25.

documento.⁹⁸ Severino governaria apenas dois meses, mas o seu sucessor João IV foi também muito ativo contra o Monotelismo.

Vendo que tinha perdido o apoio do papado, o Imperador Heráclio culpou o patriarca Sérgio — que, entretanto, tinha morrido — por tudo isto e renegou a sua própria *Ecthesis* antes de ele próprio morrer em 641.⁹⁹ Mas Pirro, que sucedeu a Sérgio como patriarca de Constantinopla, continuaria a insistir no Monotelismo, justificando-se com as concessões de Honório.

Era necessário um ato de apologética. E foi exatamente isso que João IV se propôs fazer. O Papa enviou uma carta a Constante II, o novo imperador, pedindo que a *Ecthesis* fosse totalmente repudiada. Este documento ficou conhecido precisamente como a *Apologia de Honório*. Nesta apologia, João IV explicou que tanto Sérgio "de veneranda memória", como Honório "de abençoada memória", só usaram a expressão "uma só vontade" porque não admitiam vontades contraditórias ¹⁰⁰:

> Todo o Ocidente está escandalizado pelo facto de o nosso irmão, o Patriarca Pirro, proclamar, nas suas cartas que circulam em todas as direções, novidades que são contrárias à regra da fé, e referir-se ao nosso predecessor, o Papa Honório de abençoada memória, como sendo da sua opinião, *que era inteiramente estranha à mente do Padre Católico*... O Patriarca Sérgio comunicou ao referido bispo romano que alguns sustentavam duas *vontades contrárias* em Cristo... Assim, o nosso predecessor Honório respondeu a Sérgio que não havia no Redentor *duas vontades contrárias*, ou seja, uma vontade também nos membros, uma vez que Ele não tinha assumido nada do pecado do primeiro Homem. O Redentor assumiu, de facto, a nossa natureza, mas não a culpa. *Que nenhum crítico ininteligente censure Honório* por falar apenas da natureza humana e não também da

---

⁹⁸ Chapman. "Pope Honorius I."
⁹⁹ Chapman. *The Condemnation of Pope Honorius*, 29.
¹⁰⁰ Chapman. *The Condemnation of Pope Honorius*, 30.

divina, mas que saiba que *ele respondeu ao que o patriarca perguntou. Onde está a ferida, aí se aplica a cura.*[101]

Outro campeão da ortodoxia, S. Máximo, o Confessor, adotou uma abordagem semelhante. Quando Pirro perguntou a Máximo como podia ele tentar defender Honório e "duas vontades", o santo respondeu: "Quem é o intérprete fiável desta carta, aquele que a compôs em nome de Honório, ou aqueles que disseram em Constantinopla o que estava de acordo com a sua própria mente?" Ao que Pirro respondeu: "Aquele que a compôs".[102] Isto está, curiosamente, de acordo com o nosso entendimento moderno. Como vimos no último capítulo, a *Lumen Gentium* ensina que se deve prestar "sincera adesão aos ensinamentos" do Papa, "segundo o seu sentir e vontade".[103] Por conseguinte, se Honório pretendia que o seu ensinamento fosse ortodoxo e não monotelista, é assim que o devemos interpretar.

Já vimos amplas provas de que Honório pretendia, de facto, ensinar de uma forma ortodoxa, embora a sua formulação fosse propensa a mal-entendidos. Mas Máximo apresentou outro argumento de peso para apoiar esta tese. O santo apelou ao testemunho do secretário de Honório, um certo João Simpono. Esta pessoa tinha redigido as cartas de Honório, pelo que sabia o que o Papa queria realmente dizer quando lhe pedia para as escrever. O secretário testemunhou por escrito que Honório estava a responder à pergunta de Sérgio e que, portanto, só queria dizer que Jesus não tinha duas vontades contraditórias.[104]

---

[101] Hefele, *A History of the Councils of the Church*, Vol. V, 52-53. John Chapman, que citámos extensivamente até agora, não concorda com a defesa de João IV. Ele chama-a de "muito fraca" (Chapman. *The Condemnation of Pope Honorius*, 30). No entanto, mesmo este académico concorda que Honório não tinha a intenção de negar que Jesus tinha duas vontades, como se vê em Chapman. "Pope Honorius I": "Sem dúvida, Honório não pretendia realmente negar que há em Cristo uma vontade humana, a faculdade superior; mas ele usou palavras que poderiam ser interpretadas no sentido dessa heresia, e ele não reconheceu que a questão não era sobre a unidade da Pessoa que quer, nem sobre a concordância total da Vontade Divina com a faculdade humana, mas sobre a existência distinta da faculdade humana como parte integrante da Humanidade de Cristo".

[102] Hefele. *A History of the Councils of the Church*, Vol. V, 53.

[103] Vaticano II. *Lumen Gentium*, 25.

[104] Hefele. *A History of the Councils of the Church*, Vol. V, 53-54.

Pirro ficou desolado. O patriarca perguntou a Máximo se havia uma maneira de salvar a memória de Sérgio e de Honório, que tinham agido por ignorância. Máximo respondeu que a única maneira era "guardar silêncio quanto às suas pessoas, mas anatematizar a heresia".[105] Por um instante, pareceu que a reputação de Honório poderia ser salva.

Infelizmente, tal não estava destinado a acontecer. Depois de ter vacilado um pouco na questão, Pirro recusou-se a abjurar a *Ecthesis*. Foi deposto e substituído por um certo Paulo, que também se recusou a confessar "duas vontades". Paulo concordou em retirar a *Ecthesis*, mas substituiu-a por outro documento, chamado *Typos*. O *Typos* já não ensinava "uma vontade", mas ainda exigia que ninguém falasse sobre "uma operação" ou "duas operações".[106]

Aqui, deparamo-nos com um novo obstáculo à defesa de Honório. Na sua carta, Honório confessou "uma vontade". João IV, Máximo e Simpono conseguiram esclarecer a mente e a vontade manifestas de Honório sobre este assunto. Uma vez que as intenções do papa eram ortodoxas, é assim que devemos ler os seus ensinamentos. No entanto, para além disso, Honório tinha também apoiado a decisão de Sérgio de proibir que se falasse de "uma operação" ou de "duas operações". Aqui, já não estamos a falar de uma questão *doutrinal* (isto é, de um ensinamento sobre a fé e a moral), mas de uma disposição *disciplinar* estabelecida por Sérgio e confirmada por Honório.[107]

Como vimos no capítulo 12, as decisões disciplinares também gozam de algum grau de assistência divina, não obstante essa assistência seja muito menor do que a dos pronunciamentos magisteriais. Para além disso, ao contrário da doutrina, as disciplinas mudam no tempo e no espaço, e podem mesmo contradizer-se umas às outras. Neste caso, Honório tinha afirmado uma disciplina numa altura em que a controvérsia monotelita ainda estava no seu início. À medida que a disputa cresceu e amadureceu, era óbvio que esta disciplina precisava de ser revogada, para que o entendimento ortodoxo ("duas vontades") não fosse silenciado juntamente

---

[105] Chapman. *The Condemnation of Pope Honorius*, 34.
[106] Chapman. *The Condemnation of Pope Honorius*, 44-45.
[107] Chapman. *The Condemnation of Pope Honorius*, 17.

Capítulo 13: "As portas do inferno não prevalecerão"

com o herético ("uma vontade").[108] Isto foi compreendido pelos sucessores de Honório, que revogaram a disciplina. Mas os monotelitas agarraram-se rigidamente à disciplina anterior porque ela os ajudava a cumprir a sua agenda, já que agora os papas tinham tomado o outro lado da disputa. Por culpa da teimosia dos monotelitas, a reputação de Honório teve de ser manchada para que a ortodoxia pudesse sobreviver.[109]

Esta situação manteve-se durante algum tempo, mesmo depois de todos os principais intervenientes na disputa terem morrido. Para ajudar a sanar a divisão, o novo Imperador Constantino IV decidiu convocar um concílio ecuménico. Foi o sexto destes concílios a realizar-se e também o terceiro a ter lugar em Constantinopla. Os trabalhos foram abertos em 680 pelos legados papais, que se tornaram os presidentes do concílio, sentados num lugar de honra ao lado do imperador.[110]

O patriarca de Constantinopla na altura chamava-se Macário e seguiu os passos dos seus antecessores monotelitas. No Concílio, Macário declarou que "não publicou novas expressões, mas apenas o que recebemos". Era, portanto, um exemplo adequado para este livro. Macário passou então a enumerar de onde recebeu esta "tradição". Ele mencionou os antigos patriarcas de Constantinopla e alguns sínodos locais, mas também apelou para "Honório, que era o Papa da antiga Roma".[111]

Era a altura de os legados papais fazerem a sua jogada. Trouxeram uma longa carta do Papa S. Agatão. Nesta carta, Agatão confirmou a doutrina ortodoxa das duas vontades, mas não pareceu discordar, no essencial, do sentido pretendido por Honório:

> Pois detestamos igualmente a blasfémia da divisão e da mistura. Pois quando confessamos duas naturezas e duas vontades naturais, e duas operações naturais em nosso único Senhor Jesus Cristo, *não afirmamos que elas são contrárias ou opostas uma à outra (como fazem aqueles que se desviam do caminho da verdade* e acusam a tradição apostólica de

---

[108] Chapman. "Pope Honorius I": "Sem dúvida, ainda se sustentava em Roma que Honório não tinha a intenção de ensinar 'uma só vontade' e, portanto, não era positivamente um herege. Mas ninguém negaria que ele recomendou o curso de ação negativo que o *Typus* impôs sob severas penalidades".
[109] Chapman. *The Condemnation of Pope Honorius*, 46-47.
[110] Chapman. *The Condemnation of Pope Honorius*, 73-74.
[111] Chapman. *The Condemnation of Pope Honorius*, 74-75.

fazer; longe esteja esta impiedade do coração dos fiéis!), nem como se estivessem separadas (*per se* separadas) em duas pessoas ou subsistências, mas dizemos que, como o mesmo Nosso Senhor Jesus Cristo tem duas naturezas, assim também tem duas vontades e operações naturais, a saber, a divina e a humana.[112]

Por outras palavras, Agatão condenou a noção de que Jesus tinha "duas vontades contraditórias". Ele chama a esta ideia uma "blasfémia de divisão e mistura". Isso foi precisamente o que Honório condenou, se tomarmos a sua mente e vontade manifestas sobre o assunto. Portanto, Honório era de facto ortodoxo no significado que pretendia. O restante da carta de Agatão é um hino à autoridade e confiabilidade papais:

[P]orque a sua verdadeira confissão, pela qual Pedro foi declarado bem-aventurado pelo Senhor de todas as coisas, foi revelada pelo Pai do Céu, pois ele recebeu do próprio Redentor de todos, por três recomendações, o dever de apascentar as ovelhas espirituais da Igreja; sob cujo escudo protetor, *esta sua Igreja Apostólica nunca se desviou do caminho da verdade em qualquer direção de erro, cuja autoridade, como a do Príncipe de todos os Apóstolos, toda a Igreja Católica...* que, como se verá, pela graça de Deus Todo-Poderoso, *nunca se desviou do caminho da tradição apostólica... nem se depravou por ceder a inovações heréticas*, mas desde o princípio recebeu a fé cristã dos seus fundadores, os príncipes dos Apóstolos de Cristo, e permanece *imaculada até ao fim*, segundo a promessa divina do próprio Senhor e Salvador, que ele proferiu nos santos Evangelhos ao príncipe dos seus discípulos: dizendo: 'Pedro, Pedro, eis que Satanás vos quer apanhar para vos joeirar como trigo; mas eu roguei por ti, para que a tua fé não desfaleça. E, quando te converteres, fortalece os teus irmãos'".[113]

É fascinante como o Papa S. Agatão defende que a igreja de Roma é "preservada sempre imaculada" (ver capítulo 12), ao mesmo tempo que condena uma heresia supostamente defendida por um dos seus

---

[112] Constantinopla III, "Sessão 4".
[113] Constantinopla III, "Sessão 4".

Capítulo 13: "As portas do inferno não prevalecerão" 347

antecessores. É óbvio que ele não via qualquer contradição no que estava a fazer. Se a carta de Agatão, que assegurou a anatematização do Monotelismo, não via no episódio de Honório uma causa contra a fiabilidade do papado, nós também não o devemos fazer. Os Padres Conciliares, de facto, não relaxaram esta tensão. Pelo contrário, abraçaram-na plenamente (ver capítulo 4).[114]

Embora a carta de Agatão ainda pudesse ter salvo a reputação de Honório, os monotelitas não se deixariam cair sozinhos. Macário de Constantinopla apresentou um pacote com alguns documentos que fundamentavam os seus pontos de vista monotelitas, incluindo a carta de Honório a Sérgio. Essa carta, por alguma razão, não havia sido apresentada ao Concílio antes, e nem mesmo o imperador estava ciente do seu conteúdo. Era agora óbvio que a única forma de silenciar Macário de uma vez por todas era condenar a carta de Honório. Foi o que fez o Concílio, pondo finalmente fim à polémica.

O Terceiro Concílio de Constantinopla decretou que "também Honório, que foi Papa da Roma antiga, seja com eles [os monotelitas] expulso da santa Igreja de Deus, e seja anatematizado com eles, porque descobrimos pela sua carta a Sérgio que ele seguiu a sua opinião em todas as coisas e confirmou o seu dogma perverso".[115] Nas aclamações finais, os Padres Conciliares cantaram "Anátema a... Honório, o herege", juntamente com Sérgio, Pirro, Paulo e Macário.[116] O que foi interessante, uma vez que

---

[114] Chapman. "Pope Honorius I": "É claro, então, que o concílio não pensou que se estultificou ao afirmar que Honório era um herege (no sentido acima) e, ao mesmo tempo, aceitar a carta de Agatão como sendo o que afirmava ser, uma exposição autoritativa da fé infalível da Sé Romana". Ver também Hausam. "Historical Challenges to the Infallibility of the Church, Part Three": "Enquanto os Padres Conciliares e o Papa Leão II são claros em condenar Honório, ainda assim, como eu mencionei, eles e os Padres subsequentes, Concílios e Papas continuam a partir deste ponto a afirmar o que eles tinham afirmado antes — a primazia, autoridade e infalibilidade da Sé Apostólica de Roma. Em nenhum momento durante o Primeiro Milénio houve, que eu saiba, qualquer tentativa de alguém para explicar como estas duas posições podiam ser harmonizadas. E, no entanto, esses Padres claramente não viam suas afirmações como estando em conflito. Portanto, o que quer que digamos sobre Honório ou sobre a fiabilidade papal, se quisermos ser fiéis na representação da posição destes Padres, não devemos tentar colocar um contra o outro".

[115] Chapman. *The Condemnation of Pope Honorius*, 90-92.
[116] Chapman. *The Condemnation of Pope Honorius*, 95.

o Concílio também se esforçou muito por enumerar todas as anteriores controvérsias cristológicas e como, nessas disputas, os papas foram sempre campeões da ortodoxia. Fizeram-no para poderem mais facilmente apelar à autoridade de Agatão sobre este assunto. Mais uma vez, eles não viram nenhum conflito em todos estes procedimentos.[117]

No entanto, para que o decreto fosse vinculativo, era necessário que fosse ratificado pelo Papa. Agatão morrera entretanto e foi sucedido por Leão II. Leão viria, de facto, a confirmar o concílio, mas alteraria a sua redação de uma forma ligeira, mas crucial:

> E da mesma forma anatematizamos os inventores do novo erro, isto é, Teodoro, bispo de Farã, Sérgio, Pirro, Paulo e Pedro, mais traidores do que líderes da Igreja de Constantinopla, e também *Honório, que não tentou santificar esta Igreja Apostólica com o ensinamento da tradição apostólica mas, por traição profana, permitiu que a sua pureza fosse poluída.*[118]

Note-se como Leão separou a condenação de Honório da dos outros listados como "inventores do novo erro". Honório não é anatematizado por ser herege, mas por não santificar a Igreja e permitir que a sua pureza fosse poluída. Por outras palavras, não é condenado por heresia, mas por *negligência*. Leão é, de facto, ainda mais explícito sobre este ponto, quando escreveu aos bispos hispânicos: "Com Honório, que não apagou, como convinha à autoridade apostólica, a chama da doutrina herética no seu primeiro começo, mas fomentou-a com a sua negligência".[119] É assim, portanto, que devemos entender o anátema do Concílio.[120]

---

[117] Chapman. *The Condemnation of Pope Honorius*, 99-103. Isto também pode ter sido devido a uma certa ambiguidade no significado da palavra "herege" na altura. Ver Sheehan. *Apologetics and Catholic Doctrine*, 214: "É, no entanto, muito controverso se os Padres de Constantinopla pretendiam estigmatizar Honório como um herege na aceção moderna do termo. A palavra parece ter sido aplicada naqueles dias a qualquer pessoa cujas acções, para além de qualquer ensinamento positivo, se pensava favorecer a heresia ou o cisma".
[118] Chapman. *The Condemnation of Pope Honorius*, 114.
[119] Chapman. "Pope Honorius I."
[120] Ver Sheehan. *Apologetics and Catholic Doctrine*, 214: "O decreto do Concílio de Constantinopla deve ser considerado como condenatório da conduta de Honório, não dos seus ensinamentos como chefe da Igreja. Isso é claro a partir

Capítulo 13: "As portas do inferno não prevalecerão" 349

A partir desse momento, todos os papas até ao século XI tiveram de fazer um juramento, anatematizando Honório "porque ele ajudou a afirmação vil dos hereges".[121] Os dois concílios ecuménicos seguintes também anatematizaram Honório, embora o oitavo concílio também tenha declarado formalmente que a igreja de Roma nunca errou.[122] Finalmente, Honório foi mencionado como herege nas lições do Breviário Romano para a festividade de S. Leão II até ao século XVIII, quando o nome foi omitido "por ser suscetível de causar mal-entendidos"[123] (ou seja, por estar a ser usado por apologistas anti-católicos).

Então, onde é que isto nos deixa? Obviamente, a carta do Papa Honório não pode — como já foi feito antes por protestantes e galicanos — ser usada como argumento contra a infalibilidade papal, uma vez que Honório não definiu infalivelmente qualquer doutrina.[124] Alguns apologistas católicos tentaram defender o extremo oposto: que as cartas de Honório não eram oficiais, mas apenas cartas privadas a um colega bispo

---

das palavras de Leão II, que explicou que ele tinha confirmado o decreto, porque Honório tinha sido negligente 'em extinguir a chama crescente da heresia'. O decreto de um Concílio Geral é infalível apenas no sentido em que é ratificado pelo Papa". John Chapman, que citámos longamente como uma autoridade sobre o Papa Honório, acredita que não é convincente argumentar que Leão tentou salvar Honório mudando o anátema. Chega mesmo a dizer que, se era essa a intenção de Leão, ele estava "enganado". Em vez disso, argumenta que os católicos tinham visto a carta de Honório apenas como a sua opinião pessoal. Esta tese, na minha opinião, não se sustenta, por razões que passo a explicar muito brevemente. Chapman diz também que a redação de Leão é, de facto, mais condenatória de Honório, pois fala de "poluir". Mas o meu objetivo é defender a fiabilidade do magistério de Honório, não a sua pessoa, pois defendo a primazia papal, não a impecabilidade papal (ver capítulo 12). Ver Chapman. *The Condemnation of Pope Honorius*, 114-115.

[121] Hausam. "Historical Challenges to the Infallibility of the Church, Part Three."

[122] Chapman. *The Condemnation of Pope Honorius*, 115.

[123] Chapman. *The Condemnation of Pope Honorius*, 116.

[124] O Bispo Hefele, que citámos como uma autoridade sobre o Papa Honório, pensava que o seu ensino era de facto infalível. No entanto, John Chapman explica de forma muito convincente por que não é esse o caso (ver Chapman. *The Condemnation of Pope Honorius*, 16.) Ver também Sheehan. *Apologetics and Catholic Doctrine*, 214: "O seu caso [o de Honório] não produz nenhum argumento contra a infalibilidade papal. Honório não pronunciou uma definição *ex cathedra*, pois ele disse expressamente: 'Não nos cabe resolver a questão de saber se o número de operações em Cristo era um ou dois'".

expressando a sua opinião pessoal.[125] Mas isto não se sustenta, uma vez que Honório estava a responder a uma questão doutrinal colocada por Sérgio. Além disso, a sua carta teve um impacto nos assuntos eclesiásticos subsequentes, sendo usada como base para a disciplina da igreja constantinopolitana durante décadas. Por isso, era obviamente vista como oficial. Também não podemos argumentar que as cartas de Honório são falsificações posteriores — a sua autenticidade está acima de qualquer suspeita.[126]

Na minha opinião, a maneira de desatar estes nós é ler todo o caso através da lente de uma doutrina sobre o magistério papal mais desenvolvida pelos séculos seguintes, especificamente os princípios estabelecidos na *Lumen Gentium*, no Comentário Doutrinal sobre a *Professio fidei* e na *Donum Veritatis*. Nomeadamente, temos de fazer uma distinção entre duas afirmações separadas: declarações doutrinais (ensino) e decisões disciplinares (implicações práticas). Honório exerceu a primeira quando confessou "uma vontade", e a segunda quando confirmou as acções de Sérgio de não permitir o uso de "uma vontade" ou "duas vontades".

No que diz respeito à doutrina, sabemos que um ensinamento magisterial deve ser lido de acordo com a "mente e vontade manifestas" do Papa. João IV, Máximo, o Confessor, e **Simpono** argumentaram convincentemente que a mente e a vontade manifestas de Honório quando confessou "uma só vontade" não era ensinar o Monotelismo, mas condenar a proposição de que Jesus tinha duas vontades contraditórias, algo que S. Agatão também condenou na sua aclamada carta ao Terceiro Concílio de Constantinopla. Portanto, ele era ortodoxo em matéria de doutrina.

No que diz respeito à disciplina, sabemos que Honório também tinha boas intenções, pois queria evitar escândalos. Ele estava a agir numa altura em que as propostas monotelitas ainda não se tinham cristalizado completamente. Na altura, ainda não era claro que se tratava de uma nova heresia. Mas, à medida que a controvérsia se prolongou, essa disciplina tornou-se prejudicial à propagação da ortodoxia, pois silenciava a ortodoxia ao lado da heresia. Vimos no capítulo anterior que, embora seja perigoso

---

[125] Chapman. *The Condemnation of Pope Honorius*, 114-115.
[126] Chapman. *The Condemnation of Pope Honorius*, 7. Ver também Hausam. Historical Challenges to the Infallibility of the Church, Part Three."

criticar uma disciplina que exige a aprovação papal, os fiéis podem tentar mudar uma disciplina que considerem imprudente, desde que não forcem a questão se tal não for obviamente a vontade do papa. Neste caso, Honório não teve tempo de reforçar nem de inverter nada. No entanto, a disciplina foi anulada pelos dois papas seguintes e por um concílio — os quais, acima de tudo, têm autoridade para o fazer. Aqueles que, apelando a uma falsa tradição, se recusaram a aceitar esta anulação disciplinar foram os que acabaram por ser condenados como hereges.

A disciplina em si não contém nenhuma heresia. O máximo que podemos dizer é que esta disciplina fomentou a heresia por defeito. Honório pode, portanto, ser condenado apenas por negligência. É precisamente o que diz o seu anátema, se tivermos em conta a forma como foi ratificado por Leão II. Por conseguinte, Honório não lança qualquer sombra sobre a fiabilidade papal. Este foi, de facto, o entendimento tradicional da Igreja durante séculos, até que os apologistas anti-católicos tentaram, pela primeira vez, usar Honório para atacar a indefetibilidade da Igreja, a fim de promover as suas próprias agendas.

Papa João XXII

O último caso é o do Papa João XXII, o exemplo mais citado para além de Honório. Em 1316, um certo Jacques d'Euse foi eleito papa e tomou para si o nome de João, o vigésimo segundo pontífice a escolher esse nome.

Se não fosse o triste episódio da sua alegada heresia, João XXII teria sido conhecido como um feroz combatente contra os chamados "Espirituais" ou "*Fraticelli*", um ramo rigorista da ordem franciscana. Os *Fraticelli* acreditavam que eram os Frades Menores originais e que a adesão à regra franciscana da pobreza era necessária para a salvação. Quando João XXII tentou refrear o seu radicalismo, recusaram-se a submeter-se-lhe, afirmando que ele não era verdadeiramente papa, pois tinha revogado a Regra de S. Francisco que, segundo eles, representava o Evangelho puro e simples. Os *Fraticelli*, em todas as suas versões, acabariam por ser condenados como hereges.[127]

---

[127] Bihl. "Fraticelli."

No entanto, outra polémica explodiu durante o pontificado de João XXII. Antes da sua eleição, João tinha escrito uma obra teológica sobre a visão beatífica, que é o encontro divino que as almas experimentam no céu. Nessa obra, Jacques postulava que as almas dos defuntos só poderiam ter essa visão beatífica *depois do* juízo final, mesmo que já estivessem puras (e por isso merecessem o céu) ou purificadas (depois de terminarem a sua expiação no purgatório).[128]

Depois de se tornar papa, João XXII avançaria este ponto de vista nos seus sermões. No Dia de Todos os Santos de 1331, e no terceiro domingo do Advento do mesmo ano, João pregou que as almas dos bem-aventurados falecidos iriam para o céu, mas não experimentariam a visão beatífica imediatamente. Em vez disso, elas dormiriam até o julgamento final, quando seriam elevadas à visão beatífica. O seu raciocínio era simples: a visão beatífica é a recompensa final dos bem-aventurados que partiram; como recompensa suprema, não pode pertencer apenas à alma, nem apenas ao corpo, mas à totalidade da pessoa. Uma vez que a ressurreição do corpo só ocorrerá no julgamento final, então era lógico que os bem-aventurados só experimentassem a visão beatífica depois de se reunirem aos seus corpos glorificados.[129]

João desenvolveria ainda mais estas ideias na véspera da Epifania de 1332, onde aplicaria o mesmo princípio à danação dos condenados, ou seja, que estes só experimentariam o fogo do inferno após o juízo final. Justifica-se com o facto de os demónios poderem tentar-nos aqui na terra, o que não seria possível se estivessem confinados ao inferno.[130]

O problema é que a afirmação contrária — que as almas bem-aventuradas experimentam a visão beatífica *imediatamente* após a morte ou depois de serem purificadas no purgatório — tornar-se-ia um dogma de fé. Isto porque a visão beatífica é definida como "o conhecimento *imediato* de Deus que as almas gozam no céu". Chama-se "visão" para a distinguir do conhecimento *mediato* de Deus que a mente humana pode alcançar na vida presente.[131] Atualmente, a Igreja Católica ensina que as almas bem-aventuradas vêem a essência divina com uma visão intuitiva, e mesmo face

---

[128] Kirsch. "Pope John XXII."
[129] Le Bachelet. "Benoit XII," 659-660.
[130] Le Bachelet. "Benoit XII," 661.
[131] Pace. "Beatific Vision."

Capítulo 13: "As portas do inferno não prevalecerão"

a face, sem a mediação de qualquer criatura, mesmo *antes de* retomarem os seus corpos no juízo final.[132]

Alguns apologistas defenderam João XXII, observando corretamente que ele ensinou a sua opinião *antes de* o dogma da visão beatífica imediata ter sido formalmente definido.[133] Heresia é a negação *obstinada* de alguma verdade que deve ser acreditada com fé católica.[134] A obstinação requer uma firme convicção subjetiva em que se compreende que estas opiniões entram em conflito com o ensinamento católico. Se não houver obstinação, a pessoa não está em heresia, mas apenas em erro. É difícil argumentar, portanto, que um católico pode ser herege antes de o dogma ter sido definido.[135] É por isso que não afirmamos que S. Tomás de Aquino foi herege no século XIII, mesmo que não confessasse o dogma da Imaculada Conceição, pois este dogma só seria definido por Pio IX em 1854.

No entanto, por mais exata que seja esta defesa, ela é insuficiente para o objetivo deste livro. O meu objetivo não é provar que um determinado papa não foi um herege formal, mas provar a fiabilidade do magistério. Se o Papa João XXII ensinou erro na sua qualidade de sucessor de Pedro e vinculou os fiéis ao que viria a ser uma heresia, então submeter-se a este papa seria segui-lo no erro e a lógica do *"reconhecer e resistir"* seria justificada. O caso de João XXII torna-se um argumento especialmente atrativo para os tradicionalistas desta variante, uma vez que os sermões do Papa criaram

---

[132] CIC, 1023.

[133] Le Bachelet. "Benoit XII," 669: "Não há heresia nas observações de João XXII, uma vez que, no momento da controvérsia, o ponto em questão ainda não tinha sido sancionado pela Igreja, nem por uma definição formal, nem por uma crença que fosse de facto suficientemente clara e universal".

[134] CIC, 2089.

[135] Wilhelm. "Heresy": "A heresia assim desejada é imputável ao sujeito e traz consigo um grau variável de culpa; é chamada formal, porque ao erro material acrescenta o elemento informativo de 'livremente desejado'. Para que a heresia seja formal, é necessária a pertinácia, ou seja, a adesão obstinada a uma determinada afirmação. Enquanto alguém estiver disposto a submeter-se à decisão da Igreja, ele permanece um cristão católico no coração e suas crenças erradas são apenas erros transitórios e opiniões fugazes... A adesão pertinaz a uma doutrina contraditória com um ponto de fé claramente definido pela Igreja é heresia pura e simples, heresia em primeiro grau. Mas se a doutrina em questão não foi expressamente 'definida' ou não é claramente proposta como um artigo de fé no magistério ordinário e autoritativo da Igreja, uma opinião oposta a ela é denominada *sententia haeresi proxima*, isto é, uma opinião que se aproxima da heresia".

uma grande agitação, com vários teólogos a corrigirem o Papa.[136] Mas será que foi mesmo isto que aconteceu?

Antes de mais, temos de verificar se João XXII ensinou esta heresia magisterialmente. É claro que a sua obra teológica publicada *antes* da sua eleição papal não goza de autoridade magisterial retroativa e pode ser descartada como mera opinião de um teólogo privado. Mas e os seus sermões? Embora possuam um baixo peso magisterial, as homilias papais ainda gozam de um certo grau de autoridade magisterial ordinária.[137]

No entanto, há um pormenor que faz toda a diferença. Como vimos no capítulo 12, a submissão da mente e da vontade deve ser dada ao magistério ordinário do Papa, mas "segundo o seu sentir e vontade" manifestos.[138] João XXII manifestou a sua mente e vontade quanto à forma como os seus sermões deviam ser recebidos? Durante o seu segundo sermão, o pontífice deixou bem claro que não estava a ensinar infalivelmente, mas que esta era a sua opinião pessoal. Ele pregou:

> Se eu estiver enganado, que me corrija quem sabe mais. Isto é o que me parece, nada mais; a menos que alguém me mostre uma decisão contrária da Igreja ou um argumento autoritativo da Sagrada Escritura que expresse esta questão mais claramente do que as autoridades supramencionadas.[139]

Por outras palavras, mesmo enquanto pregava a homilia, o Papa deixou claro que estava apenas a expressar a sua opinião sobre este assunto e a

---

[136] Kwasniewski. "How to Properly Understand the Role of the Papacy": "Mas o que aconteceu quando João XXII pregou isso? Toda a gente baixou a cabeça, cruzou as mãos e disse: 'Temos de aceitar isso. É melhor começarmos a reescrever o catecismo'? Disseram: 'Bem, isso está errado, mas por respeito, por submissão religiosa do intelecto e da vontade, temos de concordar com o que o Papa está a dizer'? Não, opuseram-se-lhe. Os seus teólogos, dominicanos, franciscanos, opuseram-se a ele. Diziam: 'Isto é falso. Tens de te retratar'".

[137] Ver Peters, "A Non-Magisterial Magisterial Statement?": "Papas e bispos, abordando a fé e a moral, em declarações públicas feitas durante uma parte constitutiva de uma liturgia (ver a definição de uma 'homilia' no Cânone 767), estão, penso eu, envolvidos num ato magisterial".

[138] Vaticano II. *Lumen Gentium*, 25.

[139] Le Bachelet. "Benoit XII", 662, traduzido do original latino por Gleize. "The Question of Papal Heresy."

convidar aqueles que pudessem discordar a apresentarem-se e a corrigirem-no. Isto não é, obviamente, um autêntico ensinamento magisterial, uma vez que este é definido como um "ensinamento sobre a fé e a moral, apresentado como verdadeiro ou, pelo menos, seguro".[140] Embora o Papa tenha, de facto, aventado a sua opinião, e a sua opinião tenha sido mais tarde considerada errada, o seu objetivo não era usar a sua autoridade papal para ensinar essa opinião errada, mas sim promover o debate sobre esta questão.

E debate foi precisamente o que se seguiu. Como já disse, muitos teólogos que defendiam o ponto de vista mais comum de que as almas alcançam a visão beatífica imediata após a morte começaram a discordar do Papa, por vezes até vigorosamente.[141] João XXII enviou dois enviados à famosa Universidade de Paris para estimular mais discussões e defender a opinião do pontífice. Isto provocou ainda mais rebuliço e a agitação acabou por chegar aos ouvidos do rei francês.[142]

O Rei Filipe IV, ouvindo os seus principais teólogos parisienses, rejeitou a visão beatífica retardada e ameaçou mesmo condenar um dos enviados papais como herege ou promotor de heresia.[143] Alguns tradicionalistas de hoje argumentam que o rei chegou ao ponto de intimidar o Papa com linguagem muito severa,[144] mas sabemos agora que este tom violento não se encontra nos documentos originais, tendo-lhes sido imputado por polemistas galicanos.[145] De qualquer modo, sabemos agora que esta não é uma forma correta de agir em relação ao Papa. Se *a Donum Veritatis* afirma que é errado usar o peso da opinião pública para pressionar

---

[140] CDF. "Comentário Doutrinal à *Professio fidei*", 10.
[141] Le Bachelet. "Benoit XII", 663-664.
[142] Le Bachelet. "Benoit XII", 665-666.
[143] Le Bachelet. "Benoit XII", 666.
[144] Kwasniewski. "How to Properly Understand the Role of the Papacy": "Houve um rei que se envolveu, o rei de França, que ameaçou o Papa e disse: 'Se não se retratar, é melhor retratar-se ou então'. Não sei bem o que é que ele estava a ameaçar, mas os reis e os imperadores costumavam ser um pouco... por vezes, mantinham a Igreja no bom caminho, mesmo que, outras vezes, a levassem em direcções estranhas. Portanto, a questão é que penso que havia um senso mais saudável em todo o lado, antes do século XIX". Pessoalmente, não acho que fosse "saudável" quando os reis ameaçavam os papas em questões doutrinárias.
[145] Le Bachelet. "Benoit XII", 666.

o papa[146] então abusar do poder secular pela mesma razão é obviamente também injustificável.

À exigência do rei, o Papa respondeu com uma carta muito moderada e atenciosa. Uma vez que João tinha permitido a liberdade de discussão, o monarca deveria permiti-la também, até que a Santa Sé se decidisse a resolver a questão.[147] Filipe convocou então uma assembleia solene, a 19 de dezembro de 1333, reunindo o maior número possível de nomes de peso, incluindo príncipes, bispos, abades, magistrados e até o patriarca de Jerusalém.[148] Em 2 de janeiro de 1334, assinaram uma carta conjunta subscrevendo a doutrina da visão beatífica imediata e pedindo ao Papa que definisse infalivelmente a questão. Pode isto ser usado como precedente para as muitas "correções" a que temos assistido no pontificado de Francisco? De modo algum. Vejamos o que eles escreveram:

> Quanto a esta questão, em que Vossa Santidade demonstrou tanto conhecimento e subtileza, reunindo para uma das partes autoridades mais numerosas e mais fortes do que qualquer doutor parece ter apresentado até agora — tudo, porém, segundo nos foi dito, *sob a forma de uma exposição, sem determinar ou mesmo afirmar ou apoiar firmemente qualquer coisa* — *rogamos* encarecidamente a Vossa Beatitude, com toda a humildade e respeito, que se digne decidi-la, confirmando por uma definição a verdade do sentimento em que a piedade do povo cristão que Vossa Santidade governa sempre manteve.[149]

O teor desta carta contrasta claramente com as "correções" contra o Papa Francisco. O tom é respeitoso — e não um respeito fingido de conversa fiada. Em lado nenhum o Papa é acusado de ensinar heresias, nem implícita nem explicitamente. Muito pelo contrário, diz-se que ele demonstrou "muito conhecimento e subtileza" nesta matéria. Mais importante ainda, e ao contrário das "correções" modernas, os autores da carta compreenderam com exatidão que a discussão estava em aberto para uma

---

[146] CDF. *Donum Veritatis*, 39.
[147] Le Bachelet. "Benoit XII", 666.
[148] Le Bachelet. "Benoit XII", 666.
[149] Le Bachelet. "Benoit XII", 666-667 (tradução minha do francês original).

definição posterior. Eles entenderam a mente e a vontade manifestas do Papa.

Seja como for, isso não tem importância. A carta pode ter ajudado o Papa a confirmar o seu curso de ação, mas João já tinha invertido o seu caminho mesmo antes de a carta ter sido assinada.[150] Os *Fraticelli* — os adversários heréticos de João XXII — estavam a usar toda a controvérsia como arma para minar a autoridade do seu pontificado. Se o Papa era herege, então como podia ser fiável nas suas decisões quando os repreendia? Chegaram ao ponto de pedir a convocação de um concílio ecuménico para condenar o Santo Padre! Felizmente, os seus esforços não deram em nada.[151]

Daí se depreende que a perceção de João XXII como herege não veio dos teólogos que o contradisseram, mas dos hereges que se aproveitaram do caso para fazer avançar a sua própria agenda. Este triste aproveitamento continuaria em tempos posteriores, quando protestantes, galicanos, e agora tradicionalistas usaram o caso de João XXII para justificar a dissidência contra os seus próprios papas.

Perante estes acontecimentos, João reuniu um consistório de cardeais, prelados e teólogos a 28 de dezembro de 1333, enquanto os teólogos parisienses ainda se encontravam reunidos. O pontífice proclamou que queria que este tema fosse discutido em profundidade e, durante cinco dias, houve debates sobre a visão beatífica, com argumentos a favor e contra. A conclusão: existe visão beatífica *imediata* após a morte de uma alma pura ou purificada.[152] Mesmo antes de a tinta da carta de Paris estar seca, João já tinha aceite esta conclusão, declarando:

> Para que as minhas intenções não sejam mal interpretadas, e para que ninguém afirme que pensámos algo contrário à Santa Igreja ou à fé ortodoxa, disse expressamente que, durante a controvérsia sobre a visão beatífica das almas, tudo o que dissemos, argumentámos ou propusemos nos nossos sermões e conferências, argumentámos e propusemos *sem intenção de determinar, decidir ou acreditar em* algo contrário à Sagrada Escritura

---

[150] Le Bachelet. "Benoit XII", 667.
[151] Kirsch. "Pope John XXII."
[152] Le Bachelet. "Benoit XII", 667.

ou à fé ortodoxa, mas apenas sustentando e acreditando no que está de acordo com a Sagrada Escritura e a fé católica. Se, por infelicidade, encontrardes nestas conferências e sermões ideias que estejam, ou possam ser interpretadas como estando em oposição à Sagrada Escritura e à fé ortodoxa, dizemos e afirmamos que tal não foi a nossa intenção, e revogamo-la expressamente, renunciamos a esses pontos e não os defenderemos, tanto no futuro como no presente.[153]

A 10 de março, João enviou uma carta ao Rei Filipe, reafirmando isto novamente.[154] Finalmente, no seu leito de morte em 1334, o Papa confessou solenemente a visão beatífica imediata perante os seus cardeais. Depois esclareceu: "Se, de alguma forma, dissemos outra coisa ou nos expressámos de outra maneira sobre este assunto, fizemo-lo permanecendo ligados à fé católica... e *falando por meio de exposição e discussão*; isto é o que afirmamos, e *este é o sentido em que tudo deve ser tomado*".[155] A historicidade desta retratação solene é indiscutível.[156]

Desde o início desta controvérsia, o Papa foi muito claro e coerente. Nunca tentou encobrir a sua opinião teológica sob o manto de S. Pedro, mas sempre expressou a sua opinião como mestre particular, deixando isso bem claro. Não só isso, mas também permitiu sempre o livre debate para esclarecer este ponto controverso, de modo que aqueles que o contradiziam nunca ultrapassaram os limites da discussão legítima. Se temos de nos submeter aos ensinamentos do Papa de acordo com a sua mente e vontade manifestas, então é assim que devemos encarar todo este caso. João XXII não estava a ensinar magisterialmente, pelo que não se pode evocar este episódio para questionar a fiabilidade do magistério. Não houve qualquer pronunciamento magisterial para começar, infalível ou não.

No entanto, o assunto seria resolvido muito rapidamente. Cinco semanas após a sua eleição como sucessor de João XXII, Bento XII pregou um sermão em que ensinava que as almas bem-aventuradas vêem Deus clara e imediatamente após a morte. Dois dias depois, convocou um

---

[153] Le Bachelet. "Benoit XII", 667-668.
[154] Le Bachelet. "Benoit XII", 668.
[155] Le Bachelet. "Benoit XII", 668.
[156] Le Bachelet. "Benoit XII", 668.

consistório com os teólogos que tinham ficado do lado de João XXII sobre a visão beatífica retardada. Aí, Bento explicou-lhes o seu raciocínio, para que aceitassem a doutrina correta. O novo pontífice publicou então a confissão do seu predecessor no leito de morte sob a forma de uma bula.[157] Finalmente, Bento publicou o seu próprio documento papal, intitulado *Benedictus Deus*, definindo infalivelmente a doutrina da visão beatífica imediata. A polémica estava agora encerrada e Bento podia agora concentrar-se no combate aos verdadeiros hereges, os rigoristas *Fraticelli*.

---

[157] Le Bachelet. "Benoit XII", 669.

Conclusão

Voltemos à história alegórica com que começámos este livro. A Heresia tinha roubado as roupagens reais da Tradição, fazendo-se passar pela filha do rei. Desta forma, enganou muitos habitantes da cidade. Tradição, entretanto, chegou à cidade completamente nua. Mesmo quando gritava que era a herdeira legítima, ninguém parecia acreditar nela, exceto um punhado de pessoas sensatas que estavam preocupadas com poderem ser enganadas pelas aparências e insultarem a verdadeira princesa. As explicações da Tradição para o facto de ela se encontrar naquela situação pareciam complicadas, mas não eram impossíveis, nem sequer implausíveis. Então, como podiam os cidadãos saber quem era a verdadeira Tradição?

Um dos habitantes da cidade trouxe alguns pergaminhos com as crónicas da cidade. Aí encontraram uma descrição física da princesa Tradição. Mas isso não bastava. Como eu disse antes, Tradição e Heresia eram muito parecidas. A descrição física das crónicas poderia ser aplicada a qualquer uma das candidatas, dependendo da interpretação que se fizesse dessas passagens. Se ao menos os pergaminhos falassem e apontassem aquela a quem se referiam, seria fácil! Mas, apesar de autoritativos, não estavam vivos. Exigiam a interpretação dos leitores. E aqueles que haviam sido enganados pela Heresia lê-los-iam de forma a confirmar as suas próprias perceções.

A resposta, então, era simples. Se a Tradição era a filha do rei, então deviam levá-la à presença do rei. O monarca reconheceria de certeza a sua querida filha. No entanto, quando chegaram ao palácio real, descobriram que o rei estava ausente numa campanha longínqua e que só regressaria dentro de algum tempo. Sua Majestade tinha, no entanto, entregue as chaves do reino ao seu primeiro-ministro, para que este governasse o país na sua ausência como seu vigário.

O vigário também conhecia a Tradição pessoalmente. Tinha-se cruzado com ela na corte e nos corredores do palácio. Certamente a reconheceria. Porcerto, como ser humano, o vigário poderia confundir momentaneamente a princesa com outra pessoa, ao vê-la ao longe ou por trás. Mas isso seria apenas durante um momento fugaz, e não teria qualquer consequência sobre a sua fiabilidade em poder ou não reconhecer com segurança a filha do rei.

Trouxeram a Tradição à presença do vigário. Chamaram também a Heresia para ser examinada, arrastando-a à força de uma das casas onde estava a festejar. O vigário examinou bem os rostos de ambas e não se deixou enganar pela roupa deslumbrante da Heresia. Ele conhecia a Tradição pessoalmente. Depois de julgar, o vigário apontou com exatidão a verdadeira Tradição. Os soldados despojaram Heresia das suas vestes roubadas e devolveram-nas à sua legítima proprietária. Quanto à Heresia, lançaram-na para fora das portas do palácio, no mesmo estado vergonhoso em que deixara Tradição junto ao lago.

No entanto, Heresia ainda não tinha acabado o seu embuste. Quando os cidadãos que ela tinha enganado foram ao palácio para saber o que se estava a passar, ela disse-lhes que o vigário se tinha aliado a uma impostora para dar um golpe de estado contra o rei. O vigário — mentiu ela — tinha colocado uma inovação no trono da princesa e expulsado a verdadeira Tradição, a fim de poder governar como bem entendesse, pois a falsa princesa nunca o contradiria.

O povo indignou-se contra o vigário, mas acabou por não poder fazer nada. Ele estava no palácio, a comandar os exércitos e a nação. Então, eles cobriram Heresia com as suas melhores roupas e saíram das muralhas da cidade. Ali, criaram a sua própria cidade e serviram a falsa Tradição como a verdadeira princesa, aguardando ansiosamente o dia em que o rei regressasse para castigar a impostora e o traiçoeiro vigário. Esperaram muito tempo. Um ano. Nove anos. Sessenta anos. Mas, apesar de não cederem, o rei nunca veio validar as suas ações. Tudo o que conseguiram fazer foi colocarem-se fora da proteção das muralhas da cidade...

***

No final deste livro, espero ter mostrado os perigos de uma interpretação privada da tradição. É verdade que a heresia/heterodoxia é sempre uma inovação. Devemos, de facto, estar atentos a isso, aderindo sempre à tradição que nos foi transmitida. Mas devemos também estar atentos a uma perigosa armadilha. *A tradição também pode ser confundida com uma inovação.* Na primeira secção deste livro, expliquei que isso pode ser feito através de quatro mecanismos: *aggiornamento*, *ressourcement*, desenvolvimento doutrinal e *opposizione polare*.

Aggionarmento significa que exprimimos a tradição perene em novas formas, adaptadas a cada cultura e época, por vezes até eliminando tradições não vinculativas que não devem ser confundidas com a tradição enquanto depósito da fé (ver capítulo 1). *Ressourcement* significa que podemos recuperar das profundezas da história alguma compreensão tradicional que pode, entretanto, ter sido esquecida e que pode, portanto, ser confundida como um novo acréscimo por aqueles que não a conhecem (ver capítulo 2). O desenvolvimento doutrinal significa que se podem desenvolver ensinamentos não infalíveis e reformáveis, sempre em continuidade, nunca em contradição, embora por vezes essa continuidade possa ter a aparência de contradição (ver capítulo 3). E, finalmente, *opposizione polare* significa que, por vezes, a ortodoxia mantém uma tensão delicada entre dois opostos polares, e que o relaxamento dessa tensão — por mais tentador que seja — é o que acaba por constituir heresia (ver capítulo 4).

Não só a tradição pode ser confundida com novidade, mas *também a heresia pode ser confundida com tradição*, especialmente se a heresia for usada como uma solução fácil contra a aparente inovação de algum ensinamento tradicional. Os precedentes históricos para este erro são abundantes, e reuni exemplos que vão de Pedro a Pio X (ver secção 2). Portanto, mesmo que os tradicionalistas modernos aceitem acriticamente esta ideia de que se pode resistir ao Papa se ele contradisser a nossa interpretação privada da tradição, não é prudente fazê-lo. A história prova-o. Parafraseando o Cardeal Newman, eu ousaria dizer que "ser conhecedor da história é cessar de ser um tradicionalista".[1]

É claro que a hierarquia da Igreja, nomeadamente os papas e os concílios, não são os criadores da tradição, mas os seus servidores. Não podem simplesmente ensinar o que lhes apetece. São, no entanto, os intérpretes autoritativos da tradição (ver capítulo 12). Neste sentido — e contrariamente a uma objeção tradicionalista comum — não afirmamos que tudo o que o Papa diz é verdade. Acreditamos, no entanto, que esta verdade objetiva, que existe independentemente do Papa, é interpretada

---

[1] Newman. *Development of Christian Doctrine*, 8: "Ser conhecedor da história é cessar de ser protestante".

por ele de forma fiável. Não dizemos que S. Pedro criou uma nova verdade quando permitiu que os gentios comessem carne de porco (ver capítulo 5). Não dizemos que o Primeiro Concílio de Niceia criou uma nova verdade quando introduziu a nova palavra *homoousios* no Credo (ver capítulo 6). O que dizemos nesses casos é que essas coisas são verdadeiras em si mesmas, e a Igreja interpretou-as com exatidão. Quando defendemos o contrário em relação à Igreja pós-conciliar em geral e ao Papa Francisco em particular, estamos a aplicar-lhes uma premissa que não aplicamos à Igreja pré-conciliar, ou seja, que o que eles ensinam não é verdade. A maneira de resolver isto é argumentando que eles estão a criar novas "verdades", enquanto as novidades aparentes da Igreja pré-conciliar eram apenas isso: "aparentes".

Uma vez que a heresia pode ser confundida com a tradição, e que a tradição pode ser confundida com a novidade, não podemos interpretar as afirmações tradicionais de uma forma literalista ou fragmentada, desligadas da tradição *viva* da *comunidade eclesial* (ver capítulo 1 e 10). A interpretação ortodoxa é sempre mais matizada do que isso, tendo em conta todas as complexidades em causa. Se os pronunciamentos anteriores fossem interpretados "tal e qual", de forma literalista, não haveria necessidade de um intérprete. A tradição seria perspícua, tal como a Escritura (ver capítulo 8), pelo que o magistério seria supérfluo. Mas vimos, com base em precedentes históricos, que não é esse o caso. O magistério foi necessário no passado e continua a ser necessário hoje.

Como a tradição não é perspícua, precisamos de um intérprete. Este intérprete deve ter *autoridade* (ver capítulo 12) e deve ser *vivo*. Só uma tradição viva pode interagir com as controvérsias da época e com todos os meandros e subtilezas em jogo, tendo em conta as circunstâncias que produziram essas polémicas, para dar uma resposta exata. As palavras escritas numa folha de papel não o podem fazer, por mais inerrantes ou autoritativas que sejam. Como disse o falecido académico cristão Jaroslav Pelikan:

> *A tradição é a fé viva dos mortos; o tradicionalismo é a fé morta dos vivos.* A tradição vive em diálogo com o passado, recordando onde estamos e quando estamos e que somos nós que temos de decidir. O tradicionalismo supõe que nunca se deve fazer nada pela

primeira vez, pelo que tudo o que é necessário para resolver qualquer problema é chegar ao testemunho supostamente unânime desta tradição homogeneizada.[2]

O Papa Francisco concorda muitas vezes com esta afirmação, para desgosto de muitos tradicionalistas. De facto, ele citou-a explicitamente.[3] É isto que ele quer dizer quando afirma que o depósito da fé "não representa um museu para visitar nem só para salvaguardar, mas é uma fonte viva na qual a Igreja se dessedenta para matar a sede e iluminar o depósito da vida".[4] A fé, diz ele, "não é uma bela exposição de coisas do passado – isto seria um museu –, mas um evento sempre atual, o encontro com Cristo que acontece aqui e agora na vida. Por isso não se comunica apenas com a repetição das coisas de sempre, mas transmitindo a novidade do Evangelho. Assim a fé permanece viva e tem futuro".[5]

A tradição é, portanto, uma "garantia de futuro".[6] Não é um "recetáculo de cinzas", mas uma "árvore viva que cresce, floresce e dá frutos".[7] Como uma árvore, a tradição é "vertical",[8] quer criando raízes profundas, quer lançando os seus ramos em direção ao céu. Se a tradição é "vertical", devemos sempre olhar para cima ou para baixo — e, ao fazê-lo, avançar.[9] O que não podemos fazer é recuar.[10] Por isso Francisco critica aqueles a quem chama *"indietristi"*, um termo italiano que se traduz aproximadamente por "retrocedistas". Ele distingue cuidadosamente estes retrocedistas das pessoas de mentalidade tradicional, mesmo que os primeiros se digam tradicionais.[11] Ao contrário dos tradicionalistas, o Papa Francisco apercebeu-se, de facto, da nossa história e intuiu um perigo —

---

[2] Pelikan. "Christianity as an Enfolding Circle."

[3] Francisco. "Entrevista Coletiva durante o voo de regresso a Roma do Canadá".

[4] Francisco. "Discurso do Santo Padre".

[5] Francisco. "Discurso durante a Viagem Apostólica ao Cazaquistão".

[6] Francisco. "Discurso aos participantes no Congresso".

[7] Francisco, "Conferência de imprensa durante o voo de regresso a Roma vindo da Roménia" (tradução minha do italiano original).

[8] Francisco. "Discurso durante a Viagem Apostólica ao Cazaquistão".

[9] Francisco. "Discurso aos participantes no Congresso".

[10] Francisco. "Discurso durante a Viagem Apostólica ao Cazaquistão". Ver também Francisco. "Discurso aos participantes no Congresso".

[11] Francisco. "Discurso durante a Viagem Apostólica ao Cazaquistão".

ouso dizer — muito tradicional, o mesmo perigo para o qual este livro alerta:

> *E contra isto, há a moda — em todos os séculos*, mas neste século vejo-a como um perigo na vida da Igreja — que em vez de beber das raízes para ir em frente — aquele sentido das bonitas tradições — há um "retrocedismo", não "para baixo e para cima", mas para trás. Este "retrocedismo" que nos faz seita, que nos fecha, que nos tira os horizontes: *denominam-se guardiães de tradições, mas de tradições mortas*. A verdadeira tradição católica, cristã e humana é aquela que o teólogo [São Vicente de Lérins] — século V — descrevia como um crescimento contínuo, ou seja, ao longo da história a tradição cresce, vai em frente: "*ut annis consolidetur, dilatetur tempore, sublimetur aetate*". A verdadeira tradição é esta, que se leva em frente com os filhos.[12]

Então, como reconhecemos a verdadeira tradição? Mais uma vez, precisamos de um intérprete vivo e com autoridade. Esse intérprete é o magistério, e os fiéis são obrigados a aderir aos seus pronunciamentos de acordo com o nível de autoridade dos mesmos. No entanto, mesmo no caso de ensinamentos magisteriais não-infalíveis, devemos mostrar submissão de mente e vontade de acordo com as intenções dos agentes magisteriais (ver capítulo 12). Os teólogos podem apresentar as suas preocupações, se as tiverem, mas dentro dos devidos limites colocados pela *Donum Veritatis*. E mesmo em matéria de governo e de disciplina da Igreja, o magistério goza de um certo grau de assistência divina, que o fiel individual não possui necessariamente. O católico pode tentar mudar respeitosamente essas disciplinas, mas não pode forçar o magistério se isso for algo que o papa e o concílio manifestamente não desejam.

Também não podemos fugir a isto recorrendo aos supostos papas heréticos do passado. Como vimos no capítulo 13, nenhum papa jamais vinculou magisterialmente a Igreja a um ensinamento herético. No entanto, os papas podem ter sido negligentes e, sem querer, terem ajudado a espalhar heresias e erros. Mas nunca foram obstinados em fazê-lo, e esta

---

[12] Francisco. "Discurso aos participantes no Congresso".

situação foi rapidamente revertida por agentes magisteriais subsequentes, com igual autoridade — papas e concílios ecuménicos — se não pelo próprio papa em questão. Seja como for, todos estes episódios dizem respeito a um único tema doutrinal. Não há precedentes para um papa espalhar consistentemente a heterodoxia numa miríade de questões diferentes, ou estar consistentemente errado na doutrina e na disciplina. Isso também não seria consistente com a noção tradicional de que o papa goza de assistência divina integralmente na sua missão. Também não existe precedente para um período de *sede vacante* superior a três anos. Tradicionalistas de várias matizes admitem-no quando argumentam que estamos a viver tempos sem precedentes.

Mas será que estamos realmente a viver tempos sem precedentes? Ou não será mais provável que os tradicionalistas estejam a cair no velho erro de confundir tradição com inovação, e de confundir heresia com tradição? Há certamente um precedente histórico mais pesado para enormes faixas de católicos fiéis rebelarem-se contra papas e concílios com base nas suas interpretações pessoais erróneas da tradição, acabando por cindir a sua comunhão com a Igreja Católica, a "coluna e sustentáculo da verdade",[13] o "garante da unidade",[14] a "guardiã da tradição",[15] "preservada sempre imaculada".

Peço aos meus leitores tradicionalistas que pelo menos considerem se vale a pena correr este risco. Não se apressem a ler apenas para refutar, mas por favor reflitam sobre tudo o que escrevi e tirem conclusões judiciosas, ponderadas e em espírito de oração. Lembrem-se que o destino eterno das vossas almas está em jogo. Se o leitor estiver disposto a, pelo menos, considerar a possibilidade de não ter compreendido totalmente o alcance da tradição da Igreja, poderá encontrar uma grande quantidade de recursos apologéticos *online* que explicam como os ensinamentos controversos do Concílio Vaticano II e do Papa Francisco podem ser totalmente reconciliados com a tradição perene. Não rejeitem aqueles que fornecem elucidações como "ginastas mentais" ou algo do género. Se alguém encontrou uma explicação aceitável, não deveria essa pessoa ser ouvida antes de ser descartada juntamente com o magistério? As contradições são

---

[13] 1 Tim 3,15.
[14] João Paulo II. *Ut Unum Sint*, 88.
[15] Francisco. *Traditionis Custodes*.

apenas aparentes, é preciso apenas estar aberto para aceitar as explicações. Uma hermenêutica da continuidade *é* possível, mas deve ser feita, não nos nossos próprios termos, mas no contexto da tradição *viva*. Caso contrário, estamos apenas a assumir uma hermenêutica de rutura (com o magistério e, portanto, com a tradição) sob o pretexto de uma hermenêutica de continuidade. Uma armadilha satânica, de facto.

Gostaria apenas de concluir com as palavras prescientes do Cardeal Newman no seu apropriadamente chamado *Essay in Aid of a Grammar of Assent* ("Ensaio em Auxílio de uma Gramática do Assentimento"). Embora ele esteja a mencionar o caso de um convertido protestante, as lições que ele apresenta podem (e devem) ser levadas em conta pelo tradicionalista moderno também:

> Um homem converte-se à Igreja Católica devido à sua admiração pelo seu sistema religioso e à sua aversão ao Protestantismo. Essa admiração permanece; mas, depois de algum tempo, ele deixa sua nova fé, talvez retorne à antiga. A razão, se é que podemos conjeturar, pode ser às vezes esta: ele nunca acreditou na infalibilidade da Igreja; na sua verdade doutrinária ele acreditou, mas na sua infalibilidade, não. *Perguntaram-lhe, antes de ser recebido, se ele acreditava em tudo o que a Igreja ensinava, e ele respondeu que sim; mas ele entendeu a pergunta como significando se ele acreditava naquelas doutrinas particulares "que naquele tempo a Igreja, de facto, formalmente ensinava", enquanto que na realidade significava "tudo o que a Igreja então ou em qualquer tempo futuro poderia ensinar".* Assim, ele nunca teve a fé indispensável e elementar de um católico, e simplesmente não era sujeito para ser recebido no rebanho da Igreja. Assim sendo, quando a Imaculada Conceição foi definida, *ele sentiu que era algo mais do que ele esperava* quando se tornou católico e, portanto, desistiu da sua profissão religiosa. *O mundo dirá que ele perdeu a certeza da divindade da fé católica, mas ele nunca a teve.* [16]

***

---

[16] Newman. *An Essay in Aid of a Grammar of Assent*, 240.

Conclusão 369

Voltamo-nos agora ao nosso velho amigo Thomas Lawson. Com a ajuda de Justin Peterson, Tom passou por uma longa jornada espiritual. Começou a ler mais sobre Francisco e a Doutrina Social da Igreja a partir das fontes primárias e não dos comentários dos *media* católicos. A sua hostilidade para com o Santo Padre diminuiu certamente. De facto, aprendeu bastante com Francisco e até ficou surpreendido com algumas das suas intuições espirituais, que o obrigaram a considerar as coisas de uma forma que, de outra forma, nunca teria imaginado. No entanto, a mundividência que adquirira ao longo de anos de pensamento tradicionalista não era fácil de ultrapassar. Continuava a achar alguns dos ensinamentos de Francisco estranhos, ou mesmo alheios à forma como encarava o Catolicismo. Mas hoje em dia, Thomas não assume, como antes, que a culpa disso é de Francisco.

No entanto, Thomas não consegue concordar com o Santo Padre em muitas coisas. *Traditionis Custodes*, por exemplo. Embora Tom finalmente reconheça — algo que não se atrevia a fazer antes — que há elementos nos círculos tradicionalistas que merecem a forte reação de Francisco, ele continua a ter um grande apreço pela MTL. Uma vez que a sua paróquia já não oferecia a liturgia pré-conciliar, Tom sentiu-se compelido a conduzir dezenas de quilómetros para assistir à MTL mais próxima, organizada pela FSSPX.

É domingo. É hora da missa. Enquanto entra no carro, Thomas é atingido por uma súbita recordação. Nem todas as missas da *Novus Ordo* são irreverentes! De facto, Thomas converteu-se precisamente quando assistiu à forma ordinária do missal romano na sua paróquia! Só mais tarde é que os seus amigos tradicionalistas o introduziram na MTL. Poderia a *Novus Ordo* ser inválida e, ao mesmo tempo, tê-lo levado à fé católica? Ele recordava aquele momento abençoado em que sentiu a presença de Jesus na Eucaristia. Sim. Sim, Cristo estava lá também, não apenas na MTL.

Thomas tenta lembrar-se dos horários das missas. Calcula o tempo de condução, tendo em conta a distância que tem de percorrer. Se partir agora, pode assistir a uma das duas missas. Olha para o cruzamento no horizonte. À esquerda, a missa pré-conciliar da FSSPX, a quilómetros de distância de casa. À direita está a sua paróquia, a poucos minutos de distância, bem como a missa pós-Vaticano II que o curou dos seus erros protestantes.

Durante um minuto ou dois, Thomas reflete sobre o que fazer. Fecha os olhos. Reza sobre o assunto. Finalmente, toma a sua decisão. Roda a chave na ignição. Já fez a sua escolha...

Bibliografia

"A Beautiful Mystery: The History of the Society of St. Pius X" *General House*, https://fsspx.org/en/history-of-the-SSPX

Acta Apostolicae Sedis. Libreria Editrice Vaticana. Vatican.va.

Adeyemi, Seni. "6 Reasons Protestants and Roman Catholics can never unite." *Purely Presbyterian 1646*, 29 de julho de 2016. https://purelypresbyterian.com/ 2016/07/29/6-reasons-protestants/

Agius, George. *Tradition and the Church*. Rockford: TAN Books and Publishers Inc., 2005.

Agostinho de Hipona. *Da Trindade*. Livro II, como citado em https://www.newadvent.org/fathers/ 130102.htm77

———. *Do Novo Testamento*, Sermão LXXII, como citado em http://www.clerus.org/bibliaclerusonline/en/index.htm

Akin, Jimmy. "Peter in Galatians". *Catholic Answers*, 1 de maio de 1998.

Alexander, Kenneth. "Vatican II Cannot Be Separated from Its 'Spirit.'" *One Peter Five*, 20 de abril de 2020. https://onepeterfive.com/vatican-ii-spirit/

Allen, Elise. "Damage to 'miraculous crucifix' not as serious as reported, rector says." *Crux*, 1 de abril de 2020. https://cruxnow.com/vatican/2020/04/damage-to-miraculous-crucifix-not-as-serious-as-reported-rector-says

Altieri, Christopher. "From What, Precisely, Are *Amoris Laetitia* 'Dissenters' Dissenting?" *Catholic World Report*, 5 de janeiro de 2018. https://www.catholicworldreport.com/2018/01/05/from-what-precisely-are-amoris-laetitia-dissenters-dissenting/

Ambrósio de Milão. *Comentário aos Doze Salmos de David*. https://www.catholicfaithandreason.org/st-ambrose-of-milan-333-397-ad.html

Apologistas Católicos. http://apologistascatolicos.com.br/index.php/vaticano-ii/

Arel, Dan. "Sorry Republicans, but Jesus was a Marxist," *Huffington Post*, 3 de outubro de 2014. https://www.huffpost.com/entry/sorry-republicans-but-jes_b_5916564/

Arendzen, John. "Docetae". *The Catholic Encyclopedia*. Vol. 5. Nova Iorque: Robert Appleton Company, 1909. http://www.newadvent.org/cathen/05070c.htm

———. "Ebionites." *The Catholic Encyclopedia*. Vol. 5. Nova Iorque: Robert Appleton Company, 1909. http://www.newadvent.org/cathen/05242c.htm

———. "Gnosticism." *The Catholic Encyclopedia*. Vol. 6. Nova Iorque: Robert Appleton Company, 1909. https://www.newadvent.org/cathen/06592a.htm

Aristóteles. *Metaphysics*. Santa Fé: Green Lion Press, 2002.

Armstrong, Dave. "Definitions: Radical Catholic Reactionaries vs. Mainstream 'Traditionalists.'" *Patheos Catholic*, 3 de dezembro de 2012. https://www.patheos.com/blogs/davearmstrong/2012/12/definitions-radical-catholic-reactionaries-mainstream-traditionalists-and-supposed-neo-catholics.html

———. "Does Paul's Rebuke of Peter Disprove Papal Infallibility?" *National Catholic Register*, 29 de junho de 2020.

———. The Clearness, or 'Perspicuity,' of Sacred Scripture." *National Catholic Register*, 17 de novembro de 2017.

Artemi, Eirini. "Cyril of Alexandria's critique of the term THEOTOKOS by Nestorius of Constantinople." *Acta Theologica*, Vol. 32, no. 2, (Dez. 2012): suppl. Bloemfontein.

Assembleia dos Teólogos de Westminster. *Confissão de Fé de Westminster*. 1646, conforme citado por http://files1.wts.edu/uploads/pdf/about/WCF_30.pdf

Aucone, Daniele. "Tomismo dialettico." *Domenicane*. https://www.dominicanes.it/predicazione/meditazioni/1407-tomismo-dialettico.html

Bacchus, Francis. "Three Chapters." *The Catholic Encyclopedia*. Vol. 14. Nova Iorque: Robert Appleton Company, 1912. http://www.newadvent.org/ cathen/14707b.htm

Backler, Katherine. "Cardinal Sarah reiterates *ad orientem* comments and urges priests to carry out 'liturgical examination of conscience.'" *The Tablet*, 24 de agosto de 2016. https://www.thetablet.co.uk/news/6037/cardinal-sarah-reiterates-ad-orientem-comments-and-urges-priests-to-carry-out-liturgical-examination-of-conscience/

Bainvel, Jean. "Tradition and the Living Magisterium." *The Catholic Encyclopedia*, Vol. 5. Nova Iorque: Robert Appleton Company, 1909. https://www.newadvent.org/cathen/15006b.htm

Baker, Todd. *Exodus from Rome: A Biblical and Historical Critique of Roman Catholicism,*, Vol. 1. Bloomington: iUniverse LLC, 2014, 103.

Barbour, Hugh. "We're not a 'Religion of the Book'", *Catholic Answers*, 17 de novembro de 2018. https://www.catholic.com/magazine/online-edition/were-not-a-religion-of-the-book

Barnes, Timothy. "The Capitulation of Liberius and Hilary of Poitiers." *Phoenix*, Vol. 46, No. 3 (Outono, 1992): 256-265.

Barnett, S.J. "Where was your Church before Luther? Claims for the Antiquity of Protestantism Examined." *Church History*, Vol. 68, No. 1 (Mar. 1999): 14-41.

Barry, William. "Arianismo." *The Catholic Encyclopedia*. Vol. 1. Nova Iorque: Robert Appleton Company, 1907. http://www.newadvent.org/cathen/01707c.htm

Beatrice, Pier Franco. "The word 'homoousios' from Hellenism to Christianity." *Church History*, Vol. 71, No. 2, (Jun. 2002): 243-272.

Belarmino, Roberto. *On the Roman Pontiff: In Five Books (De Controversiis)*. Traduzido por Ryan Grant. Post Falls: Mediatrix Press, 2017.

Belloc, Hilaire. *The Great Heresies*. Imortal, 2018.

Benedictow, Ole. "The Black Death: The Greatest Catastrophe Ever." *History Today*, Vol 55, Issue 3 (Março de 2005). https://tinyurl.com/bdhnpwsx

Benigni, Umberto. "Ultramontanism." *The Catholic Encyclopedia*. Vol. 15. Nova Iorque: Robert Appleton Company, 1912. http://www.newadvent.org/cathen/15125a.htm

Bennet, Rod. *Four Witnesses: The Early Church in her own words*. São Francisco: Ignatius Press, 2002.

Bento XV. *Ad Beatissimi Apostolorum*, Libreria Editrice Vaticana, 1914. Vatican.va.

Bento XVI. *Africae Munus*, Libreria Editrice Vaticana, 2011. Vatican.va

———. "Audiência Geral". 3 de maio de 2006. Vatican.va.

———. "Carta do Santo Padre Bento XVI aos Bispos que acompanha o '*Motu Proprio*' *Summorum Pontificum* sobre o uso da Liturgia Romana anterior à Reforma Realizada em 1970". Libreria Editrice Vaticana, 2007. Vatican.va

———. "Carta de Sua Santidade Bento XVI aos Bispos da Igreja Católica a propósito da Remissão da Excomunhão aos quatro Bispos consagrados pelo Arcebispo Lefebvre." Libreria Editrice Vaticana, 2009. Vatican.va

———. *Declaratio*, 10 de fevereiro de 2013. Vatican.va.

———. "Discurso do Papa Bento XVI à Assembleia Geral da Conferência Episcopal Italiana". Libreria Editrice Vaticana, 2012. Vatican.va

———. "Homília do Papa Bento XVI durante a Concelebração Eucarística como Bispo de Roma na Basílica de São João de Latrão". Libreria Editrice Vaticana, 2005. Vatican.va

———. *Introduction to Christianity*. 2ª ed. São Francisco: Communio, 2004.

———. *Jesus of Nazareth: from the Baptism in the Jordan to the Transfiguration*. Nova Iorque: Doubleday Broadway Publishing Group, 2007.

———. *Jesus of Nazareth: from the Entrance into Jerusalem to the Resurrection*. São Francisco: Ignatius Press, 2011.

———. "Saudação de Despedida do Papa Bento XVI aos Cardeais presentes em Roma". 28 de fevereiro de 2013. Vatican.va.

———. *Summorum Pontificum*. Libreria Editrice Vaticana, 2007. Vatican.va.

Bergsman, John, e Scott Hahn. "Noah's nakedness and the curse of Canaan" *Journal of Biblical Literature*, Vol. 124, No. 1 (Primavera 2005): 25-40.

Berry, Sylvester. *The Church of Christ: An Apologetical and Dogmatic Treatise*. Eugene: Wipf and Stock, 1955.

Bettenson, Henry. *Documents of the Christian Church*. Vol 2. Oxford: Oxford University Press, 1963.

Bickerton, Dominica. "The Development of a Theology of Tradition: Basil's On The Holy Spirit and Yves Congar's Tradition and Traditions." *Theology Graduate Theses* (Verão 2020): 14.

Bihl, Michael. "Fraticelli". *The Catholic Encyclopedia*. Vol. 6. Nova Iorque: Robert Appleton Company, 1909. http://www.newadvent.org/cathen/06244b.htm

Bispos da Região Pastoral de Buenos Aires. "Criterios básicos para la aplicación del capítulo VIII de '*Amoris laetitia*'. Texto de los Obispos de la Región de Buenos Aires (Argentina)". *Vida Nueva*, 21 de setembro de

2016. https://www.vidanuevadigital.com/documento/criterios-basicos-para-la-aplicacion-del-capitulo-viii-de-amoris-laetitia-texto-de-los-obispos-de-la-region-de-buenos-aires-argentina/

Blackburn, Jim. "Does papal infallibility mean the pope is perfect or inerrant?" *Catholic Answers*, 18 de setembro de 2020. https://www.catholic.com/qa/does-papal-infallibility-mean-the-pope-is-perfect-or-inerrant

Blackman, Daniel. "Cardinal Sarah Promotes Advent Launch of '*Ad Orientem*' Liturgical Renewal." *National Catholic Register*, 6 de julho de 2016. https://www.ncregister.com/news/cardinal-sarah-promotes-advent-launch-of-ad-orientem-liturgical-renewal

Blumenthal, Uta-Renate. "Gregorian Reform". *Encyclopedia Britannica*, 23 de setembro de 2011. https://www.britannica.com/event/Gregorian-Reform.

Borghesi, Massimo. "I Maestri di Papa Francesco". *Vita e Pensiero Plus+*, 31 de março de 2018 https://rivista.vitaepensiero.it/news-vp-plus-i-maestri-di-papa-francesco-4902.html

———. *The Mind of Pope Francis: Jorge Mario Bergoglio's Intellectual Journey*. Collegeville: Liturgical Press Academy, 2018.

Borto, Pawel. "From an Apology for Catholicism to Theological Modernism: The Principle of Development in Alfred Loisy's Thought." *Verbum Vitae*, Vol. 40, No. 2 (2022): 501-513.

Broussard, "Paul's Rebuke and Peter's Infallibility." *Catholic Answers Focus*, 20 de maio de 2020.

Burke, Raymond. "'*Amoris Laetitia*' and the Constant Teaching and Practice of the Church." *National Catholic Register*, 12 de abril de 2016. https://www.ncregister.com/news/amoris-laetitia-and-the-constant-teaching-and-practice-of-the-church

———. "Interview With Cardinal Burke… (Part 2) Discriminating Mercy: Defending Christ And His Church With True Love", por Don Fier. *The Wanderer*, 14 de agosto de 2017. https://tinyurl.com/5n96bbmn

Burke, Ronald. "Loisy's Faith: Landshift in Catholic Thought." *The Journal of Religion*, Vol. 60, No. 2 (Abril 1980): 138-164

Buttiglione, Rocco. *Risposte Amichevoli Ai Critici Di Amoris Laetitia*. Milão: Edizioni Ares, 2017.

Buscemi, Georges, Robert Cassidy, Thomas Crean, Matteo d'Amico, Nick Donnelly, Maria Guarini, Robert Hickson *et al*. "Open Letter to the Bishops of the Catholic Church," 30 de abril de 2019. https://www.documentcloud.org/documents/5983408-Open-Letter-to-the-Bishops-of-the-Catholic.html

Campbell, Thomas. "Pope St. Anicetus." *The Catholic Encyclopedia*. Vol. 1. Nova Iorque: Robert Appleton Company, 1907. http://www.newadvent.org/cathen/01514a.htm

Catholic News Agency. "Full Text of Pope Francis' in-Flight Press Conference from Abu Dhabi," 5 de fevereiro de 2019. https://www.catholicnewsagency.com/news/40492/full-text-of-pope-francis-in-flight-press-conference-from-abu-dhabi/

———. "Pope St. Victor I." https://www.catholicnewsagency.com/saint/st-victor-i-pope-527

Catholic News Service. "Vatican rejects Cardinal Sarah's *ad orientem* appeal." *Catholic Herald*, 12 de julho de 2016. https://catholicherald.co.uk/vatican-rejects-cardinal-sarahs-ad-orientem-appeal/

Chapman, John. "Council of Ephesus." *The Catholic Encyclopedia*. Vol. 5. Nova Iorque: Robert Appleton Company, 1909. http://www.newadvent.org/cathen/05491a.htm

———. "Monophysites and Monophysitism." *The Catholic Encyclopedia*. Vol. 10. Nova Iorque: Robert Appleton Company, 1911. http://www.newadvent.org/ cathen/10489b.htm

———. "Pope Honorius I." *The Catholic Encyclopedia*. Vol. 7. Nova Iorque: Robert Appleton Company, 1910. http://www.newadvent.org/cathen/07452b.htm

———. "Pope Liberius." *The Catholic Encyclopedia*. Vol. 9. Nova Iorque: Robert Appleton Company, 1910. http://www.newadvent.org/cathen/09217a.htm

———. *Studies on the Early Papacy*. Jackson: Ex Fontibus Company, 2012.

———. *The Condemnation of Pope Honorius*. Londres: Catholic Truth Society, 1907.

———. "The Contested Letters of Pope Liberius." *Revue Bénédictine*, Vol. 27, Issue 1-4 (1910): 172-203.

Chapman, Michael. "Catholic Scholar: 'Pope Francis Has Created Enough Confusion' 'So People Now Can Ignore 'Moral Teachings.'"

CNSNews, 6 de março de 2018. https://www.cnsnews.com/blog/michael-w-chapman/catholic-scholar-pope-francis-has-created-enough-confusion-so-people-now-can

Chapp, Larry, Sean Domencic, Marc Barnes, Rodney Howsare, David Oatney, Tom Gourlay, Oscar Paniagua, et al. *Manifesto of the New Traditionalism*. 22 de dezembro de 2021. https://gaudiumetspes22.com/blog/a-manifesto-of-the-new-traditionalism

Chemnitz, Martin. *Examination of the Council of Trent, Parte I*. St. Louis: Concordia Publishing House, 1971 (edição Kindle).

Chesterton, Gilbert. *St. Thomas Aquinas*. Nova Iorque: Dover Publications, 2009.

———. *The Everlasting Man*. Nova Iorque: Dover Publications, 2007.

Colaboradores da *New World Encyclopedia*. "Scholasticism." *New World Encyclopedia*, https://www.newworldencyclopedia.org/p/index.php?title=Scholasticism&oldid=1026539

Congar, Yves. *Chrétiens en dialogue: contributions catholiques à l'oecuménisme*. Paris: Éditions du CERF, 1964.

———. *La Tradition et la vie de l'Eglise*. Paris: Les Édition du CERF, 1984.

———. *True and False Reform in the Church*. Minnesota: Liturgical Press, 2011.

Congregação para a Doutrina da Fé. "Carta aos Bispos a respeito da nova redação do n. 2267 do Catecismo da Igreja Católica sobre a pena de morte", 2 de agosto de 2018. Vatican.va.

———. "Comentário Doutrinal à Fórmula conclusiva da *Professio Fidei*". 29 de junho de 1998. Vatican.va.

———. "Instrução *Donum Veritatis* sobre a vocação eclesial do teólogo", 29 de dezembro de 1975. Vatican.va.

———. "O Primado do Sucessor de Pedro no Mistério da Igreja", 18 de novembro de 1998. Vaticano.va.

Connell, Gerald. "Pope Francis: There will be no 'the reform of the reform' of the liturgy." *America Magazine*, 6 de dezembro de 2016. https://www.americamagazine.org/faith/2016/12/06/pope-francis-there-will-be-no-reform-reform-liturgy

Constança. "Sessão 13", 15 de fevereiro de 1415, conforme citado em https://www.papalencyclicals.net/councils/ecum16.htm

Constantinopla III. "Sessão 4". 15 de novembro de 680, como citado em *New Advent*. https://www.newadvent.org/fathers/3813.htm

Corbellini, Vital. "A Participação de Atanásio no Concílio de Nicéia e a sua defesa do Homooúsios". *Teocomunicação*, vol. 37, n° 157 (Set. 2007): 396-408.

Cornwell, Michelle. "Cardinal Sarah to conduct study into Ordinary and Extraordinary Mass forms." *The Tablet*, 6 de julho de 2016. https://www.thetablet.co.uk/news/5799/cardinal-sarah-to-conduct-study-into-ordinary-and-extraordinary-mass-forms

Cowdrey, Herbert. "Pope Gregory VII and the liturgy." *Journal of Theological Studies, NS*, Vol. 55, Pt. 1 (Abril 2004): 55-83.

Crary, David. "Vatican warns US bishops over get-tough Communion." *AP News*, 10 de maio de 2021. https://tinyurl.com/2ad5kfxr

Crisóstomo, João. *De Lazaro Concio*.

———. *Homilia 16 sobre Mateus*, como citado em https://www.newadvent.org/ fathers/200116.htm

Cristescu, Vasile. "The Expression of True Faith by the First Ecumenical Council of Nicaea." *European Journal of Science and Theology*, Vol. 8, No.1 (Março 2012): 105-121.

Cronin, Eoin. "Abandoning Apostolic Celibacy would be a mistake." *Crisis Magazine*, 4 de novembro de 2019. https://www.crisismagazine.com/2019/abandoning-apostolic-celibacy-would-be-a-mistake

Crowe, Brandon"What did Jesus mean when He said 'Not an Iota not a Dot, will pass from the Law until all is accomplished'?" *Ligonier*, 12 de novembro de 2016. https://www.ligonier.org/learn/articles/what-did-jesus-mean-when-he-said-not-iota-not-dot-will-pass-law-until-all-accomplished

Currie, Chuck. "Currie: Here's why I'm a pro-choice pastor." *The Portland Tribune*, 20 de outubro de 2021. https://pamplinmedia.com/pt/10-opinion/525286-419878-currie-heres-why-im-a-pro-choice-pastor

Curtis, Ken. "Whatever Happened to the Twelve Apostles?" *Christianity.com*, 28 de abril de 2010. https://www.christianity.com/church/church-history/timeline/1-300/whatever-happened-to-the-twelve-apostles-11629558.html

Daneshmand, Justin. "When Heresy was Orthodox—Quartodecimanism as a Brief Case Study." *Centre for the Study of Christian Origins*, 30 de março de 2018. http://www.christianorigins.div.ed.ac.uk/2018/03/30/when-heresy-was-orthodox-quartodecimanism-as-a-brief-case-study/

Darantière, Karen. "*Traditionis Custodes*: Guardians of tradition or betrayers of tradition?" *LifeSiteNews*, 20 de julho de 2021. https://www.lifesite-news.com/opinion/traditionis-custodes-guardians-of-tradition-or-betrayers-of-tradition/

Darras, Joseph-Epiphane. *General History of the Catholic Church: From the Commencement of the Christian Era Until the Present Time*. Vol. 1. Nova Iorque: P. O'Shea Publisher, 1866.

Daud, Maria. "Miraculous crucifix from 1522 plague moved to St. Peter's for pope's 'Urbi et Orbi' blessing." *Aleteia*. 26 de março de 2020. https://aleteia.org/2020/03/26/miraculous-crucifix-from-1522-plague-moved-to-st-peters-for-popes-urbi-et-orbi-blessing/

Davies, Lizzy. "Pope Francis declares: 'I would like to see a church that is poor and is for the poor.'" *The Guardian*, 16 de março de 2013. https://www.theguardian.com/world/2013/mar/16/pope-francis-church-poverty

Davis, Charlotte. "Classicism and the Renaissance: The Rebirth of Antiquity in Europe." *The Collector*, 10 de novembro de 2019. https://www.thecollector.com/classicism-and-the-renaissance-the-rebirth-of-antiquity-in-europe/

de Mattei, Roberto. *Pius IX*, traduzido por John Laughland. Herefordshire: Gracewing, 2004.

de Sousa, Raymond. "Father Raymond J. de Souza on the Pope: The Holy Father takes his leave." *National Post*, 12 de fevereiro de 2013. https://nationalpost.com/opinion/father-raymond-j-de-souza-on-the-pope-the-holy-father-takes-his-leave/

Dégert, Antoine. "Gallicanism." *The Catholic Encyclopedia*. Vol. 6. Nova Iorque: Robert Appleton Company, 1909. http://www.newadvent.org/cathen/06351a.htm

Deines, Roland. "Can the 'Real' Jesus be identified with the Historical Jesus? A Review of the Pope's Challenge to Biblical Scholarship and the

Various Reactions it provoked." *Didaskalia* XXXIX, I (Março 2012): 11-46.

Derksen, Mario. "Apostasy in Abu Dhabi: Francis says God wills Diversity of Religions." *Novus Ordo Watch*, 4 de fevereiro de 2019. https://novusordowatch.org/2019/02/apostasy-francis-diversity-of-religions/

———. "Can a Heretical Pope be Deposed? St. Robert Bellarmine refutes the Anti-Sedevacantists." *Novus Ordo Watch*, 8 de junho de 2015. https://novusordowatch.org/2015/06/can-heretical-pope-be-deposed/

———. "No, Catholics Can't 'Recognize and Resist': Response to One Peter Five." *Novus Ordo Watch*, 13 de dezembro de 2021. https://novusordowatch.org/2021/12/no-recognize-resist-sammons-one-peter-five/

———. "Ratzinger, Hegel, and '*Summorum Pontificum*'" *Novus Ordo Watch*, 6 de junho de 2017. https://novusordowatch.org/2017/06/ratzinger-hegel-summorum-pontificum/

———. "White Smoke, Anti-Pope: A Response to Rev. Brian Harrison" *Novus Ordo Watch*, 2 de março de 2017. https://novusordowatch.org/2017/03/white-smoke-anti-pope/

Dobbs, Kenneth. "Taking the Tradpill." *One Peter Five*, 4 de maio de 2020. https://onepeterfive.com/tradpill/

Dougherty, Michael. "Pope Francis is a humble man, but a terrible choice." *National Post*, 16 de março de 2013. https://nationalpost.com/opinion/michael-brendan-dougherty-pope-francis-is-a-humble-man-but-a-terrible-choice

———. "Roma Locuta Est, deal with it." *National Review*, 28 de outubro de 2019. https://www.nationalreview.com/2019/10/roma-locuta-est-deal-with-it/

Douthat, Ross. "The Plot to Change Catholicism." *The New York Times*. 17 de outubro de 2015. https://www.nytimes.com/2015/10/18/opinion/sunday/the-plot-to-change-catholicism.html

———. *To Change the Church: Pope Francis and the Future of Catholicism*. Nova Iorque: Simon & Schuster Paperbacks, 2018.

Dreher, Rod. "The Catholics Left Out In The Cold." *The American Conservative*, 10 de novembro de 2013. https://www.theamericanconservative.com/the-catholics-left-out-in-the-cold/

Editores da Encyclopaedia Britannica. "Gregorian Chant." *Encyclopedia Britannica*, 9 de março de 2007. https://www.britannica.com/topic/Sabellianism

———. "Hussite." *Encyclopedia Britannica*, 20 de julho de 1998. https://www.britannica.com/topic/Hussite/

———. "Sabellianism" *Encyclopedia Britannica*, 20 de julho de 1998. https://www.britannica.com/topic/Sabellianism

———. "Saint Victor I". *Encyclopedia Britannica*, 13 de fevereiro. 2022, https://www.britannica.com/biography/Saint-Victor-I

Eli, Bradley. "Cardinals decry the misuse of the synod to revolutionize the Church." *Church Militant*, 27 de setembro de 2019. https://www.churchmilitant.com/news/article/using-pan-amazon-synod-for-revolution

———. "Vatican 2022 Synod on Synodality" *Church Militant*, 9 de março de 2020. https://www.churchmilitant.com/news/article/vatican-2022-synod-on-synodality

Fahey, Paul. "The Living Bridge to LGBT Catholics." *Where Peter Is*. 15 de janeiro de 2020. https://wherepeteris.com/the-living-bridge-to-lgbt-catholics/

Farrow, Mary. "Pope Francis Signs Peace Declaration on 'Human Fraternity' with Grand Imam." *Catholic News Agency*, 4 de fevereiro de 2019. https://www.catholicnewsagency.com/news/40483/pope-francis-signs-peace-declaration-on-human-fraternity-with-grand-imam.

Fastiggi, Robert. "*Amoris Laetitia* and the Magisterium: Interview with Dr. Robert Fastiggi," por Pedro Gabriel. *The City and the World*, 21 de setembro de 2022. https://thecityandtheworld.com/interview-with-dr-fastiggi/

Fellay, Bernard. "Interview with Bishop Bernard Fellay: The Society of St. Pius X and the Doctrinal Preamble." *Documentation Information Catholiques Internationales*, 28 de novembro de 2011. https://tinyurl.com/2mnpv2a6

Ferrara, Christopher. "Amoris Laetitia: Anatomy of a Pontifical Debacle" *The Remnant Newspaper*, 18 de abril de 2016. https://remnantnewspaper.com/web/index.php/articles/item/2464-amoris-laetitia-anatomy-of-a-pontifical-debacle

———. "Can the Church ban Capital Punishment?" *Crisis Magazine*, 2 de dezembro de 2011. https://www.crisismagazine.com/2011/can-the-church-ban-capital-punishment

Ferré, Alberto. "La Chiesa, popolo tra i popoli", em Ferré, Alberto. *Il risorgimento cattolico latinoamericano*. Bolonha: La Nuova Agape, 1983.

Feser, Edward. "Capital punishment should not end (UPDATED)." *Edward Feser* (blogue), 7 de março de 2015. http://edwardfeser.blogspot.com/2015/ 03/capital-punishment-should-not-end.html

———. "Papal Fallibility." *Edward Feser* (blogue), 21 de novembro de 2015. http://edwardfeser.blogspot.com/2015/11/papal-fallibility.html

———. "The Church permits criticism of popes under certain circumstances." *Edward Feser* (blogue), 20 de maio de 2018. http://edwardfeser.blogspot.com/2015/03/capital-punishment-should-not-end.html

Florença. "Sessão 11", 4 de fevereiro de 1442, como citado em https://www.papalencyclicals.net/councils/ecum17.htm

Flynn, Gabriel, e Paul Murray. *Ressourcement, a Movement for Renewal in Twentieth-Century Theology*. Nova Iorque: Oxford University Press, 2012.

Fortescue, Adrian. "Liturgy". *The Catholic Encyclopedia*. Vol. 9. Nova Iorque: Robert Appleton Company, 1910. http://www.newadvent.org/cathen/09306a.htm

———. "The Roman Rite." *The Catholic Encyclopedia*. Vol. 13. Nova Iorque: Robert Appleton Company, 1912. http://www.newadvent.org/cathen/13155a.htm

Francisco. *Amoris Laetitia*. Libreria Editrice Vaticana, 2016. Vatican.va.

———. "Audiência Geral", 3 de abril de 2019. Vatican.va.

———. "Carta del Santo Padre Francisco al Pueblo de Dios que Peregrina en Alemania". Libreria Editrice Vaticana, 2019. Vatican.va.

———. "Coletiva de Imprensa durante o Voo de Retorno da Viagem Apostólica do Papa Francisco à Roménia". 2 de junho de 2019. Vatican.va.

———. "Discurso do Papa Francisco aos Participantes na 68ª Semana Litúrgica Nacional". 24 de agosto de 2017. Vaticano.va.

———. "Discurso do Papa Francisco aos Participantes no Congresso: 'Linhas de Desenvolvimento do Pacto Educativo Global'" 1 de junho de 2022. Vatican.va.

———. "Discurso do Papa Francisco aos Participantes no Encontro por ocasião do XXV Aniversário do Catecismo da Igreja Católica promovido pelo Pontifício Conselho para a Promoção da Nova Evangelização", 11 de outubro de 2017. Vatican.va.

———. "Discurso do Santo Padre no Encontro com os Sacerdotes, os Diáconos, os Consagrados, os Seminaristas e os Agentes da Pastoral durante a Viagem Apostólica do Papa Francisco ao Cazaquistão". 15 de setembro de 2022. Vatican.va.

———. "Discurso do Santo Padre no Sínodo para a Família, 2015", 5 de outubro de 2015. Vatican.va.

———. "Entrevista Coletiva durante o Voo de Regresso a Roma da Viagem Apostólica do Papa Francisco ao Canadá", 29 de julho de 2022. Vaticano.va.

———. *Fratelli tutti*. Libreria Editrice Vaticana, 2020. Vatican.va.

———. *Gaudete et Exsultate*. Libreria Editrice Vaticana, 2013. Vatican.va.

———. "Letter of the Holy Father Francis to the Bishops of the whole world that accompanies the Apostolic Letter *Motu Proprio* Data '*Traditionis Custodes*'" Libreria Editrice Vaticana, 2021. Vatican.va.

———. "Momento Extraordinário de Oração em tempo de Edipemia". Dicastero per la Comunicazione - Libreria Editrice Vaticana, 27 de março de 2020. Vatican.va.

———. "Primeira saudação do Papa Francisco". 13 de março de 2013. Vatican.va.

———. *Querida Amazônia*. Libreria Editrice Vaticana, 2020. Vatican.va.

———. *Traditionis Custodes*. Libreria Editrice Vaticana, 2021. Vaticano.va.

Francisco e Ahmed Al-Tayeb. "Documento sobre a Fraternidade Humana em Prol da Paz Mundial e da Convivência Comum". Dicastero per la Comunicazione - Libreria Editrice Vaticana, 2019. Vaticano.va.

Fredricksen, Paula. "Judaizing the Nations: The Ritual Demands of Paul's Gospel.". *New Testament Studies*. Vol. 56, No. 2 (Abril 2010): 232-252.

Gabriel, Pedro. "2+2=5?" *Where Peter Is*. 19 de abril de 2018. https://wherepeteris.com/225-2/

———. "Death Penalty—continuity or hardness of heart?" *Where Peter Is*, 24 de setembro de 2018. https://wherepeteris.com/death-penalty-continuity-or-hardness-of-heart/

———. "Death penalty—the Gen 9:6 objection." *Where Peter Is*, 19 de junho de 2019. https://wherepeteris.com/death-penalty-the-gen-96-objection/

———. "Following Christ, but Not His Vicar." *Where Peter Is*, 9 de julho de 2019 https://wherepeteris.com/following-christ-but-not-his-vicar/

———. "*Fratelli tutti* – Francis's most traditional document?" *Where Peter Is*, 29 de outubro de 2020. https://wherepeteris.com/fratelli-tutti-franciss-most-traditional-document/

———. "Is *Fratelli Tutti* a 'leftist' encyclical?" *Where Peter Is*, 2 de dezembro de 2020. https://wherepeteris.com/is-fratelli-tutti-a-leftist-encyclical/

———. "Married priests and *Querida Amazônia*: my thoughts." *Where Peter Is*, 17 de fevereiro de 2020. https://wherepeteris.com/married-priests-and-querida-amazonia-my-thoughts/

———. "Our Lady of the Amazon: Pray for us." *Where Peter Is*, 13 de outubro de 2019. https://wherepeteris.com/our-lady-of-the-amazon-pray-for-us/

———. "Our Lady of the Amazon: solving the contradictions." *Where Peter Is*, 25 de outubro de 2019. https://wherepeteris.com/our-lady-of-the-amazon-solving-the-contradictions/

———. "Paganism in the Vatican? Hermeneutic of Suspicion at its peak." *Where Peter Is*, 6 de outubro de 2019. https://wherepeteris.com/paganism-in-the-vatican-hermeneutic-of-suspicion-at-its-peak/

———. "Pluralism and the will of God… is there another way to look at it?" *Where Peter Is*, 12 de março de 2019. https://wherepeteris.com/pluralism-and-the-will-of-god-is-there-another-way-to-look-at-it/

———. "Pope Francis and apostates: is this the communion of saints?" *Where Peter Is*, 4 de fevereiro de 2022. https://wherepeteris.com/the-flight-of-the-doctrinal-butterfly/

———. "Pope Francis, Pro-Life Champion." *Where Peter Is*, 25 de abril de 2018. https://wherepeteris.com/pope-francis-pro-life-champion/

———. "Showing mercy towards traditionalists." *Where Peter Is*, 11 de abril de 2019. https://wherepeteris.com/showing-mercy-towards-traditionalists/

———. "*Sola Traditio*". *Where Peter Is*, 8 de fevereiro de 2018. https://wherepeteris.com/sola-traditio/

———. "The Crucified Church: Tensions with the flavor of the Gospel." *Where Peter Is*, 10 de fevereiro de 2020. https://wherepeteris.com/the-crucified-church-tensions-with-the-flavor-of-the-gospel/

———. "The disfigured crucifix: a museum faith or an Easter faith?" *Where Peter Is*, 7 de abril de 2020. https://wherepeteris.com/the-disfigured-crucifix-a-museum-faith-or-an-easter-faith/

———. "The Flight of the Doctrinal Butterfly." *Where Peter Is*, 30 de junho de 2021. https://wherepeteris.com/the-flight-of-the-doctrinal-butterfly/

———. "The infallibly erring Pope." *Where Peter Is*, 3 de janeiro de 2020. https://wherepeteris.com/the-infallibly-erring-pope/

———. *The Orthodoxy of Amoris Laetitia*. Eugene: Wipf and Stock, 2022.

———. "The Perspicuity of Tradition." *Where Peter Is*, 28 de março de 2021. https://wherepeteris.com/the-perspicuity-of-tradition/

———. "*Urbi et Orbi*: Meeting the real Pope Francis." *Where Peter Is*, 30 de março de 2020. https://wherepeteris.com/urbi-et-orbi-meeting-the-real-pope-francis/

———. "Vatican II and 'Weaponized Ambiguity.'" *Where Peter Is*, 1 de outubro de 2020. https://wherepeteris.com/vatican-ii-and-weaponized-ambiguity/

———. "Was Pope Benedict Forced to Resign?" *Where Peter Is*, 28 de fevereiro de 2018. https://wherepeteris.com/was-pope-benedict-forced-to-resign/

Gagliarducci, Andrea. "*Humanae Vitae* Needs No Update, Commission Chair Says." *Catholic News Agency*, 23 de maio de 2018. https://www.catholicnewsagency.com/news/38475/humanae-vitae-needs-no-update-commission-chair-says

Gasper, Phil. "Jesus the Revolutionary?" *The Socialist Worker*, 13 de dezembro de 2011. https://socialistworker.org/2011/12/14/jesus-the-revolutionary.

Giansoldati, Franca. "Danneggiato il crocifisso 'miracoloso': troppa pioggia durante la preghiera del Papa". *Il Messaggero*, 28 de março de 2020. https://www.ilmessaggero.it/vaticano/papa_francesco_crocifisso_danneggiato_san_marcello_miracolo_pioggia_restauro_preghiera-5138660.html

Giunta, Eric. "Where Peter Isn't, Part I: When Popes are Infallible, and when they are not." *Laboravi Sustinens*, 23 de fevereiro de 2021. https://ericsgiunta.wordpress.com/2021/02/23/where-peter-isnt-part-i-when-popes-are-infallible-and-when-they-are-not/

Gleize, Jean-Michel. "The Question of Papal Heresy—Part 2." *SSPX*, 14 de fevereiro de 2017. https://sspx.org/en/news-events/news/question-papal-heresy-part-2

———. "The State of Necessity". *SiSiNoNo*, n.° 84, janeiro de 2009.

Gloria.tv. "Cross Crumbles - Coronavirus Continues." 30 de março de 2020. https://gloria.tv/post/8oeFDUv2tEd74AZPemCAbpaY1

———. "Viganò: Not Even The Most Optimistic Freemason Would Have Dreamed Francis' Papacy." 22 de novembro de 2019. https://gloria.tv/post/ZAR2rh2u3K3b36obpsjknTw1i/

Gracida, René. "What next?" *Abyssus Abyssum Invocat*, 4 de fevereiro de 2019. https://abyssum.org/2019/02/04/what-next/

Gregg, Samuel. "*Fratelli Tutti* is a familiar mixture of dubious claims, strawmen, genuine insights." *Catholic World Report*, 5 de outubro de 2020. https://www.catholicworldreport.com/2020/10/05/fratelli-tutti-is-a-mixture-of-dubious-claims-strawmen-genuine-insights/

Gregório XVI. *Mirari Vos*, 1832. https://www.papalencyclicals.net/Greg16/g16mirar.htm

Griffin, Patrick. "Rites." *The Catholic Encyclopedia*. Vol. 13. Nova Iorque: Robert Appleton Company, 1912. http://www.newadvent.org/cathen/13064b.htm

Griffith, Susan. "Apostolic Authority and the 'Incident at Antioch': Chrysostom on Galatians 2:11-14." *Studia Patristica*, Vol. XCVI, (Jan. 2017): 117-126.

Groen, Basilius. "The Interplay of Hebrew, Greek and Latin in Christian Worship during the First Millenium: some views." *Ökumenisches Forum*, Issue 40-41, (2018-2019): 39-62.

Grondin, Charles. "Why Did Jesus Condemn the Practice of Corban?" *Catholic Answers*, 14 de julho de 2022. https://www.catholic.com/qa/why-did-jesus-condemn-the-practice-of-corban

Guarino, Thomas. "Pope Francis and St. Vincent of Lérins." *First Things*, 16 de agosto de 2022. https://www.firstthings.com/web-exclusives/2022/08/ pope-francis-and-st-vincent-of-lrins

———. *The Disputed Teachings of Vatican II: Continuity and Reversal in Catholic Doctrine*. Grand Rapids: William B. Eerdmans, 2018.

Guilbert, George. "Harnack, Loisy, and the Gospel." *The Biblical World*, Vol 40, No 2 (Ago 1912): 92-96.

Gurian, Waldemar. "Lamennais". *The Review of Politics*, Vol. 9, No. 2 (Abril 1947): 205-229.

Hall, Kennedy. "'Prayers answered': Catholics denied Mass during COVID lockdowns establish new Latin Mass Chapel." *LifeSiteNews*, 19 de outubro de 2021. https://www.lifesitenews.com/news/prayers-answers-catholics-denied-mass-during-covid-lockdowns-establish-new-latin-mass-chapel/

Hanna, Erin. "On holiest of days, Pope slams women's ordination supporters." *Women's Ordination Conference*, 5 de abril de 2012. https://www.womensordination.org/2012/04/on-holiest-of-days-pope-slams-womens-ordination-supporters/

Hardon, John. *Catholic Dictionary: An Abridged and Updated Edition of the Modern Catholic Dictionary*. Nova Iorque: Image, 2013.

Harris, R. Laird. *Fundamental Protestant Doctrines*. Wilmington: Bible Presbyterian Press, 1949.

Harrison, Brian. "Vatican II's Declaration on Religious Liberty." *Catholic Answers*, 1 de julho de 2015. https://www.catholic.com/magazine/print-edition/vatican-iis-declaration-on-religious-liberty

Hausam, Mark. "Historical Challenges to the Infallibility of the Church, Part Three: Pope Honorius." *The Christian Freethinker*, 30 de julho de 2019. http://freethoughtforchrist.blogspot.com/search/label/Pope%20Honorius/

———. "Historical Challenges to the Infallibility of the Church, Part Two: Pope Liberius." *The Christian Freethinker*, 27 de julho de 2019. http://freethoughtforchrist. blogspot.com/search/label/Pope%20Liberius

———. "Was Pope Vigilius a heretic?" *Where Peter Is*, 14 de agosto de 2019. https://wherepeteris.com/was-pope-vigilius-a-heretic/

Hay, Jennifer. "Did the Early Christians subscribe to *Sola Scriptura?*" *Catholic Answers*, 1 de abril de 2009. https://www.catholic.com/magazine/print-edition/did-the-early-christians-subscribe-to-sola-scriptura

Hefele, Joseph. *A History of the Councils of the Church from the Original Documents*, Vol. IV. Traduzido por William Clark. Edimburgo: T & T Clark, 1895.

———. *A History of the Councils of the Church from the Original Documents*, Vol. V. Traduzido por William Clark. Edimburgo: T & T Clark, 1896.

Henderson, Alan. "According to a 19th century legend, the Truth and the Lie meet one day." *Medium*, 1 de janeiro de 2020. https://medium.com/@mistywindow/according-to-a-19th-century-legend-the-truth-and-the-lie-meet-one-day-b318378935f4

Henley, Jon. "Italy records lowest coronavirus death toll for a week." *The Guardian*, 1 de abril de 2020. https://www.theguardian.com/world/2020/apr/01/italy-extends-lockdown-amid-signs-coronavirus-infection-rate-is-easing

Hickson, Maike. "Bp. Schneider: Pope Must Formally Correct Statement That God Wills False Religions." *LifeSiteNews*, 8 de maio de 2019. https://www.lifesitenews.com/news/bp-schneider-pope-must-formally-correct-statement-that-god-wills-false-religions/

Hilário de Poitiers. *Da Trindade*. Livro V, como citado em https://www.newadvent.org/fathers/330205.htm

Hillerbrand, Hans. "Martin Luther." *Encyclopedia Britannica*, 20 de julho de 1998. https://www.britannica.com/biography/Martin-Luther

Hindson, Ed, e Dan Mitchell. *The Popular Encyclopedia of Church History*. Eugene: Harvest House Publishers, 2013.

Hirsch, Emil, Kaufmann Kohler, Joseph Jacobs, Aaron Friedenwald, Isaac Broydé. "Circumcision." *The Jewish Encyclopedia*, Nova Iorque: Funk & Wagnalls, 1901-1906. https://www.jewishencyclopedia.com/articles/4391-circumcision

Hoakley. "Too Real: the narrative paintings of Jean-Léon Gérôme, 7." *The Eclectic Light Company*, 16 de agosto de 2018. https://eclecticlight.co/2018/08/16/too-real-the-narrative-paintings-of-jean-leon-gerome-7/

Holmes, Jeremy. "On non-infallible teachings of the Magisterium and the meaning of '*obsequium religiosum*,'" *Catholic World Report*, 30 de dezembro de 2017. https://www.catholicworldreport.com/2017/12/30/on-non-infallible-teachings-of-the-magisterium-and-the-meaning-of-obsequium-religiosum/

Horn, Trent. "'Prudential Judgment,' and Voting Q+A." *Catholic Answers*, 24 de setembro de 2020.

"How Constantine's Victory at The Milvian Bridge let to the spread of Christianity" *History Hit*, 28 de outubro de 2016. https://tinyurl.com/2p9yan4a/

Howard, Thomas. *The Pope and the Professor: Pius IX, Ignaz von Dollinger, and the Quandary of the Modern Age*. Oxford: Oxford University Press, 2017.

Huddleston, Gilbert. "Pope St. Gregory I ('the Great')." *The Catholic Encyclopedia*. Vol. 6. Nova Iorque: Robert Appleton Company, 1909. http://www.newadvent.org/cathen/06780a.htm/

Hughes, Joseph. "Utraquismo." *The Catholic Encyclopedia*. Vol. 15. Nova Iorque: Robert Appleton Company, 1912. http://www.newadvent.org/ cathen/15244b.htm/

Ickert, Scott. ""Catholic Controversialist Theology and '*Sola Scriptura*:' the case of Jacob van Hoogstraten." *The Catholic Historical Review*, Vol. 74, No. 1 (Jan 1988): 13-33.

Igreja Católica, ed. *Catecismo da Igreja Católica*. Libreria Editrice Vaticana, 1993. Vaticano.va.

Inácio de Antioquia. "Epístola aos Esmirnenses", como citado em Bennet, Rod. *Four Witnesses: The Early Church in her own words*. São Francisco: Ignatius Press, 2002.

———. "Epístola aos Romanos". https://www.newadvent.org/fathers/0107.htm

Instituto Nacional de Estatística. *Censos 2011 Resultados Definitivos-Portugal*. Lisboa, 2012.

Ireneu de Lião. *Contra as Heresias*, Livro III. https://www.newadvent.org/fathers/0103303.htm

Irmão André Marie [pseud.]. "*Amoris Laetitia* and the 'Authentic Magisterium.'" *Catholicism.Org* (blogue), 5 de dezembro de 2017. https://catholicism.org/amoris-laetitia-authentic-magisterium.html.

Ivereigh, Austen. *The Wounded Shepherd.* Nova Iorque: Henry Holt and Co., 2019.

Jenner, Henry. "Gallican Rite." *The Catholic Encyclopedia.* Vol. 6. Nova Iorque: Robert Appleton Company, 1909. http://www.newadvent.org/cathen/06357a.htm

———. "Mozarabic Rite." *The Catholic Encyclopedia.* Vol. 10. Nova Iorque: Robert Appleton Company, 1911. http://www.newadvent.org/cathen/10611a.htm

"Jesus was a capitalist - not a socialist." *Reclaiming America for Jesus Christ.* 20 de dezembro de 2010. http://reclaimamericaforchrist.org/2010/12/20/jesus-was-a-capitalist-not-a-socialist/

João, duque da Saxónia, Jorge, marquês de Brandemburgo, Ernesto, duque de Luneburgo, Filipe, landgrave de Hesse, João Frederico, duque da Saxónia, Francisco, duque de Luneburgo, Wolfgang, Príncipe de Anhalt, et al. *Confissões de Augsburgo.* 1530. https://bookofconcord.org/augsburg-confession/

João Paulo II. "Concelebração Eucarística no 'Trans World Dome' durante a Viagem Apostólica de João Paulo II ao México e Estados Unidos" 27 de janeiro de 1999. Vatican.va.

———. *Familiaris Consortio.* Libreria Editrice Vaticana, 1981. Vatican.va.

———. *Ut Unum Sint.* Libreria Editrice Vaticana, 1995. Vatican.va.

João XXIII. "Discorso del Santo Padre nella Solenne Apertura del Concilio Ecumenico Vaticano II." 11 de outubro de 1962. Vatican.va.

Johnson, Samuel. *The Absolute Impossibility of Transubstantiation Demonstrated.* Londres: The Sun, 1688; Ann Arbor: Early English Books Online Text Creation Partnership, 2022. https://tinyurl.com/3kahymw5/

Jong, Jonathan. "On receiving communion in one kind." *St. Mary Magdalen School of Theology.* 11 de março de 2020. https://www.theschooloftheology.org/posts/essay/communion-in-one-kind/

Joseph, Peter. "The Catholic Magisterium." *The Catholic Answer*, Setembro/Outubro de 1998.

Joy, John. "Capital Punishment and the Infallibility of the Church" *Dialogos Instituto*, 27 de outubro de 2017. https://dialogos-institute.org/blog/wordpress/capital-punishment-and-the-infallibility-of-the-church-john-p-joy/

———. "Disputed Questions on Papal Infallibility—Part 1." *One Peter Five*, 5 de agosto de 2022. https://onepeterfive.com/disputed-questions-on-papal-infallibility-part-1/

Kaiser, Denis. "Leo the Great on the Supremacy of the Bishop of Rome." *Andrews University Seminary Student Journal*. Vol. 1, No. 2 (2015): 73-89.

Keating, Joseph. "Christianity." *The Catholic Encyclopedia*. Vol. 3. Nova Iorque: Robert Appleton Company, 1908. http://www.newadvent.org/cathen/03712a.htm

Kirby, Sarah. "7 Persistent Myths About Henri de Lubac's Theology," *Church Life Journal*, 23 de março de 2023. https://tinyurl.com/yr34x5n4

Kirsch, Johann. "Pope John XXII." *The Catholic Encyclopedia*. Vol. 8. Nova Iorque: Robert Appleton Company, 1910. http://www.newadvent.org/cathen/08431a.htm

———. "Pope St. Hormisdas." *The Catholic Encyclopedia*. Vol. 7. Nova Iorque: Robert Appleton Company, 1910. http://www.newadvent.org/cathen/07470a.htm

———. "Pope St. Victor I." *The Catholic Encyclopedia*. Vol. 15. Nova Iorque: Robert Appleton Company, 1912. http://www.newadvent.org/cathen/15408a.htm

———. "Pope Vigilius." *The Catholic Encyclopedia*. Vol. 15. Nova Iorque: Robert Appleton Company, 1912. http://www.newadvent.org/cathen/15427b.htm

Kovach, Tony. "An Interactive Detective Story." *Catholic Answers*, 1 de julho de 1999. https://www.catholic.com/magazine/print-edition/an-inter-active-detetive-story

Kwasniewski, Peter. *From Benedict's Peace to Francis's War*. Brooklyn: Angelico Press, 2021.

———. "How Protestants, Orthodox, Magisterialists and Traditionalists differ on the Three Pillars of Christianity." *One Peter Five*, 26 de maio de 2022. https://onepeterfive.com/how-protestants-orthodox-magisterialists-and-traditionalists-differ-on-the-three-pillars-of-christianity/

———. "How to Properly Understand the Role of the Papacy (Guest: Dr. Peter Kwasniewski)" por Eric Sammons. *Crisis Magazine*, 19 de agosto de 2022. https://www.crisismagazine.com/podcast/how-toproperly-understand-the-role-of-the-papacy-guest-dr-peter-kwasniewski

———. "My Journey from Ultramontanism to Catholicism." *Catholic Family News Blog*, 21 de fevereiro de 2021. https://catholicfamilynews.com/blog/2021/02/04/my-journey-from-ultramontanism-to-catholicism/

———. "Pius X Condemns Modernism: Relevant Then, Relevant Now." *One Peter Five*, 18 de setembro de 2018.

———. "What does it mean to be a 'traditional Catholic? Aren't all Catholics traditional?" *Rorate Caeli*, 22 de fevereiro de 2012. https://roratecaeli.blogspot.com/2012/01/who-is-traditionalist.html?m=1

La Bachelet. "Benoit XII". *Dictionnaire de Théologie Catholique. Tome Deuxième*. 13ª edição. Paris: Letouzey et Ané Editeurs, 1910, 653-669.

Lambe, Patrick. "Biblical Criticism and Censorship in Ancien Régime France: the Case of Richard Simon." *The Harvard Theological Review*, Vol. 78, No. 1/2 (Jan-Abr. 1985): 149-177.

Lawler, Phil. "Pope's new encyclical ignores previous social teaching." *Catholic Culture*, 8 de outubro de 2020. https://www.catholicculture.org/ commentary/popes-new-encyclical-ignores-previous-social-teaching/

———. "The Liturgical Edsel." *Catholic Culture*, 22 de dezembro de 2021. https://www.catholicculture.org/commentary/liturgical-edsel-11085/

———. "This Disastrous Papacy." *Catholic Culture*, 1 de março de 2017. https://www.catholicculture.org/commentary/this-disastrous-papacy/

———. "*Traditionis Custodes*: a needless extension of papal power." *Catholic Culture*, 17 de fevereiro de 2022. https://www.catholicculture.org/commentary/traditionis-custodes-needless-extension-papal-power/

Leão XIII. *Aeterni Patris*, Libreria Editrice Vaticana, 1879. Vatican.va.

———. *Sapientiae Christianae*. Libreria Editrice Vaticana, 1890. Vatican.va.

Lee, Brendan. "Coronavirus and Communion: Sharing is not always caring." *Newcastle Herald*, 1 de julho de 2021. https://www.newcastleherald.com.au/story/6660207/coronavirus-and-communion-sharing-is-not-always-caring/

Levy, Ian. "Interpreting the Intention of Christ: Roman Responses to Bohemian Utraquism from Constance to Basel", em *Europe After Wyclif*, editado por Patrick Hornbeck e Michael Van Dussen, Nova Iorque: Fordham University Press, 2017, 173-195.

Lewis, Mike. "A Myth that won't die." *Mike Lewis Extra*, 30 de setembro de 2021. https://mikelewis.substack.com/p/a-myth-that-wont-die

———. "Getting it Half-right: Sedes and SSPX." *Where Peter Is*, 21 de março de 2019. https://wherepeteris.com/getting-it-half-right-sedes-and-sspx/

———. "Perspective on the China / Vatican deal." *Where Peter Is*, 30 de setembro de 2018. https://wherepeteris.com/perspective-on-the-china-vatican-deal/

———. "Simply Inadmissible." *Where Peter Is*, 22 de maio de 2020. https://wherepeteris.com/simply-inadmissible/

Loader, William. *Jesus' Attitude Towards the Law: A Study of the Gospels*. Michigan: William B. Eerdman's Publishing Company, 2002.

Lopes, Antonino. *The Popes. The Lives of the Pontiffs throughout 2000 Years of History*. Roma: Futura Edizione, 2005.

Lossky, Vladimir. *In the Image and Likekeness of God*. Nova Iorque: St. Vladimir's Seminary Press, 1974.

Lutero, Martinho. *The Babylonian Captivity of the Church, 1520-the Annotated Luther Study Edition*, editado por Paul Robinson. Minneapolis: Fortress Press, 2016.

Lutero, Martinho, Justus Jonas, John Bugenhagen, Caspar Creutziger, Niclas Ambsdorf, George Spalatin, Philip Melanchthon, *et al. Artigos de Esmalcalda*. 1537. https://bookofconcord.org/smalcald-articles/

MacErlean, Andrew. "Motu Proprio." *The Catholic Encyclopedia*, Vol. 10. Nova Iorque: Robert Appleton, 1911. https://www.newadvent.org/cathen/10602a.htm/

Mallett, Mark. "On Vatican Funkiness." *The Now Word* (blogue), 22 de outubro de 2019 https://www.markmallett.com/blog/2019/10/22/on-vatican-funkiness/

Mares, Courtney. ""Amazon Synod: Ecological ritual performed in Vatican gardens for pope's tree planting ceremony." *Catholic News Agency*, 4 de outubro de 2019. https://www.catholicnewsagency.com/news/

42454/amazon-synod-ecological-ritual-performed-in-vatican-gardens-for-popes-tree-planting-ceremony

Marinou-Boura, Theoni. "The term Mother of God in the Church Fathers and writers." *Pemptousia*, 5 de setembro de 2016. https://pemptousia.com/ 2016/09/the-term-mother-of-god-in-the-church-fathers-and-writers/

Marshall, Taylor. "182: Red Pilled on Pope Francis with Patrick Coffin, Dr Taylor Marshall and Timothy Gordon [Podcast]." *Chartable* podcast, 01:33:36. https://chartable.com/podcasts/taylor-marshall-catholic-show/episodes/27325875-182-red-pilled-on-pope-francis-with-patrick-coffin-dr-taylor-marshall-and-timothy-gordon-podcast/

———. *The Crucified Rabbi: Judaism & the Origins of Catholic Christianity*. Dallas: Saint John Press, 2009.

Martini, Stefano. "La malinconia come luogo della criticità della condizione umana". Palestra para o Istituto di Cultura Italo-Tedesco, 2010. https://irp-cdn.multiscreensite.com/c6e448df/files/uploaded/2011_Romano_Guardini.pdf

Martins, Nuno. *Introdução à Teologia*. Lisboa: Universidade Católica Editora, 2003.

Massey, Michael. "Sedevacantism is Modern Day Luciferianism." *One Peter Five*, 2 de dezembro de 2019. https://onepeterfive.com/sedevacantism-luciferianism/

Mathews, Shailer. "The Council at Jerusalem." *The Biblical World*, Vol. 33, No. 5 (Maio 1909): 337-342.

Mathison, Keith. "*Solo scriptura*—the difference a vowel makes." *Modern Reformation*, Vol. 16, No. 2 (Março/Abril de 2007): 25-29.

McCown, Chester. "Alfred Loisy: Unfaltering Critic." *The Journal of Religion*, Vol. 22, No. 1 (Jan. 1942): 20-38.

McCusker, Matthew. "Key doctrinal errors and ambiguities of *Amoris Laetitia*." *Rome Life Forum*, 6 de maio de 2016.

———. "The almost unbelievable account of how the Synod on the family was almost hijacked by an anti-family agenda." *LifeSiteNews*, 24 de junho de 2015. https://www.lifesitenews.com/opinion/the-almost-unbelievable-account-of-how-the-synod-on-the-family-was-almost-h/

McGuckin, John. *St. Cyril of Alexandria and the Christological controversy*. Leiden: E.J. Brill, 1994.

Mews, Constant. "Gregory the Great, the Rule of Benedict and Roman liturgy: the evolution of a legend." *Journal of Medieval History*, Vol. 37, No. 2 (2011): 125-144.

Miller, Peter. "A Brief Defense of Traditionalism." *Seattle Catholic* (blogue), 21 de dezembro de 2001. https://www.seattlecatholic.com/article_20011221_A_Brief_Defense_of_Traditionalism.html

Milles, Brian. "A Hegelian Papacy?" *One Peter Five*, 23 de outubro de 2014. https://onepeterfive.com/a-hegelian-papacy/

Mirus, Jeffrey. "Pope St. Pius V and *Quo Primum*: Did the Pope Intend to Bind His Successors from Changing the Tridentine Mass?" *EWTN*, 1996. https://tinyurl.com/ypvtveaw/

Modello, Geoffrey. "Hegelianism." *The Catholic Encyclopedia*, Vol. 5. Nova Iorque: Robert Appleton Company, 1909. https://www.newadvent.org/cathen/07192a.htm

Mohrmann, Christine. "How Latin Came to Be the Language of Early Christendom." *Studies: An Irish Quarterly Review*, Vol. 40, No. 159 (Set. 1951): 277-288.

Monges Beneditinos de Solesmes. *Papal Teachings: The Church*. Traduzido por Madre O'Gorman. Boston: Edições St. Paul Editions, 1980.

Montagna, Diane. "'Exclusive: Bishop Schneider Wins Clarification on 'Diversity of Religions' from Pope Francis, Brands Abuse Summit a 'Failure.'" *LifeSiteNews*, 7 de março de 2019. https://www.lifesitenews.com/news/bishop-schneider-extracts-clarification-on-diversity-of-religions-from-pope-francis-brands-abuse-summit-a-failure/

Morrisey, F.G. "Apostolic Exhortation" *New Catholic Encyclopedia*, 2ª Edição, Vol. 1. Washington, DC: Catholic University of America, 2003, 585-86.

Moss, Candida. "Hubristic Specialists: Catholic Responses to Higher Biblical Criticism," *Studies in the Bible and Antiquity*, Vol. 8, Issue 4 (2016): 32-44.

Mullin, Robert. *A Short World History of Christianity*. Louisville: Westminster John Knox Press, 2008.

Nash, Tom. "A Primer on Biblical Typology." *Catholic Answers*. https://www.catholic.com/qa/a-primer-on-biblical-typology/

―――. "Who are the Twelve Apostles, and what happened to them?" *Catholic Answers.* https://www.catholic.com/qa/were-all-twelve-apostles-martyred/

Nestório. "Resposta à Segunda Carta de Cirilo de Alexandria", conforme citado em *Early Church Texts.* https://earlychurchtexts.com/public/nestorius_second_letter_to_cyril.htm

―――. "Terceira Epístola de Nestório a Celestino de Roma". Traduzido por Mark DelCogliano. Tertullian.org. https://www.tertullian.org/fathers/nestorius_two_letters_01.htm

New Catholic [pseudo.], "The Horror." *Rorate Caeli*, 13 de março de 2013. https://rorate-caeli.blogspot.com/2013/03/the-horror-buenos-aires-journalist.html

Newman, John Henry. *An Essay in Aid of a Grammar of Assent.* Londres: Burns, Oates, & Co., 1874.

―――. *An Essay on the Development of Christian Doctrine.* 6ª Edição. Notre Dame: University of Notre Dame Press, 1989.

Noll, Mark. "Martin Luther and the Concept of 'True' Church." *The Evangelical Quarterly*, Vol. 50, No. 2 (Abr.-Jun. 1978): 79-85.

Oestreicher, Paul. "Was Jesus gay? Probably." *The Guardian*, 20 de abril de 2012. https://www.theguardian.com/commentisfree/belief/2012/apr/20/was-jesus-gay-probably/

O'Neill, Taylor. "A Defense of Ultramontanism Contra Gallicanism." *Church Life Journal*, 12 de outubro de 2018. https://churchlifejournal.nd.edu/articles/a-defense-of-ultramontanism-contra-gallicanism/

O'Malley, John. *Trent: What happened at the Council.* Cambridge: Belknap Press, uma impressão da Harvard University Press, 2013.

―――. *Vatican I: the Council and the making of the Ultramontane Church.* Cambridge: Belknap Press, uma impressão da Harvard University Press, 2018.

―――. *What Happened at Vatican II.* Cambridge: Belknap Press, uma impressão da Harvard University Press, 2010.

Ott, Ludwig. *Fundamentals of Catholic Dogma.* Baronius Press, 2018.

Pace, Edward. "Beatific Vision." *The Catholic Encyclopedia.* Vol. 2. Nova Iorque: Robert Appleton Company, 1907. http://www.newadvent.org/cathen/02364a.htm

Pakaluk, Michael. "Cardinal Dulles's Dubia." *First Things*, 6 de agosto de 2018. https://www.firstthings.com/web-exclusives/2018/08/cardinal-dulless-dubia/

Pauck, Wilhelm. "Adolf von Harnack". *Encyclopedia Britannica*, 6 de junho de 2022, https://www.britannica.com/biography/Adolf-von-Harnack

Paulo VI. "Audiência Geral" 12 de janeiro de 1966. Vatican.va.

———. "Audiência Geral" 19 de janeiro de 1972. Vaticano.va.

———. *Evangelii Nuntiandi*. Libreria Editrice Vaticana, 1975. Vatican.va.

Pelikan, Jaroslav. "Christianity as an Enfolding Circle [Conversation with Jaroslav Pelikan]" por Joseph Carey. *U.S. News & World Report*. Vol. 106, no. 25 (26 de junho de 1989): 57.

Pelletier, Rodney. "Self-described Catholics abandoning true teachings". *Church Militant*, 14 de junho de 2021. https://www.churchmilitant.com/news/article/deserting-doctrine/

Pentin, Edward. "Cardinal Burke on *Amoris Laetitia Dubia*: 'Tremendous Division' Warrants Action." *National Catholic Register*, 15 de novembro de 2016. https://www.ncregister.com/news/cardinal-burke-on-amoris-laetitia-dubia-tremendous-division-warrants-action/

———. "Full Text and Explanatory Notes of Cardinals' Questions on '*Amoris Laetitia*.'" *National Catholic Register*, 14 de novembro de 2016. https://www.ncregister.com/blog/full-text-and-explanatory-notes-of-cardinals-questions-on-amoris-laetitia/

Peters, Edward. "A Non-Magisterial Magisterial Statement?" *In the Light of the Law* (blogue), 15 de dezembro de 2015. https://canonlawblog.wordpress.com/2015/12/15/a-non-magisterial-magisterial-statement/

Pettegrew, Larry. "The Perspicuity of Scripture." *TMSJ*, Vol 15, No. 2 (Outono de 2004): 209-225.

Phips, William. "Did Jesus marry?" *The New York Times*, 20 de janeiro de 1971.

Pié-Ninot, Salvador. "L'Ultima Parola." *L'Osservatore Romano*, 17 de março de 2017.

Pio IX. *Quartus Supra*, 1873. https://www.papalencyclicals.net/pius09/p9quartu.htm

———. *Syllabus* de Erros, 1864. https://www.papalencyclicals.net/pius09/p9syll.htm

———. *Tuas Libenter*. 21 de dezembro de 1863. Vatican.va.

Pio V. *Quo Primum*, 1570. https://www.papalencyclicals.net/pius05/p5quopri.htm

Pio X. "Discorso del Santo Padre Pio X ai Sacerdoti dell'Unione Apostolica in Occasione del Cinquantesimo Anniversario della Fondazione", 18 de novembro de 1912. Vatican.va.

———. *Il Fermo Proposito*. Libreria Editrice Vaticana, 1905. Vatican.va.

———. *Pascendi Dominici Gregis*, Libreria Editrice Vaticana, 1907. Vatican.va.

———. *The Oath against Modernism*, https://www.papalencyclicals.net/pius10/p10moath.htm

Pio XI. *Casti Connubii*. Libreria Editrice Vaticana, 1930. Vatican.va.

Pio XII. "A los Participantes en el I Congreso Internacional de Histopatología del Sistema Nervioso". 14 de setembro de 1952. Vatican.va.

———. *Divino Afflante Spiritu*. Libreria Editrice Vaticana, 1943. Vatican.va.

———. *Humani Generis*. Libreria Editrice Vaticana, 1950. Vatican.va.

———. *Mystici Corporis Christi*. Libreria Editrice Vaticana, 1943. Vatican.va.

Pontifício Conselho "Justiça e Paz". *Compêndio de la Doctrina Social de la Iglesia*. Libreria Editrice Vaticana, 2004. Vatican.va.

"Portuguese Black Pudding (Morcela) Recipe", *Portuguese Recipes*, 16 de abril de 2016. https://portugueserecipes.ca/recipe/274/1/Portuguese-Black-Pudding--Morcela-?r=1

Price, Richard e Mary Whitby. *Chalcedon in Context*. Liverpool: Liverpool University Press, 2009.

"A Portuguese favorite: Arroz de cabidela recipe", *Taste Porto*. https://tasteporto.com/typical-portuguese-food-recipe-arroz-de-cabidela/

Ramis, Gabriel. "Liturgical Families in the West," em *Introduction to the Liturgy*, editado por Anscar Chupungco, Minnesota: Liturgical Press, 1997, 25-29.

Ratzinger, Joseph. *Principles of Catholic Theology. Building Stones for a Fundamental Theology*. São Francisco: Ignatius Press, 1987.

———. "Relativism: The Central Problem for Faith Today." *EWTN Global Catholic Television Network*, maio de 1996. https://www.ewtn.com/ catholicism/library/relativism-the-central-problem-for-fa-faith-today-2470/

———. "Santa Missa 'Pro Eligendo Romano Pontifice': Homília do Cardeal Joseph Ratzinger, Decano do Colégio Cardinalício." 18 de abril de 2005. Vatican.va.

———. "Worthiness to Receive Holy Communion: General Principles." *EWTN Global Catholic Television Network*. https://www.ewtn.com/ catholicism/library/worthiness-to-receive-holy-communion-general-principles-2153/

Reno, Russell. "Questioning the Shutdown." *First Things*, 20 de março de 2020. https://www.firstthings.com/web-exclusives/2020/03/questioning-the-shutdown/

Rosner, Brian. *Paul and the Law: Keeping the Commandments of God*. Illinois: InterVarsity Press, 2013.

Rutler, George. "Pope Francis' new comments on the death penalty are incoherent and dangerous." *Catholic World Report*, 18 de dezembro de 2018. https://www.catholicworldreport.com/2018/12/18/pope-francis-new-comments-on-the-death-penalty-are-incoherent-and-dangerous/

Sammons, Eric. "Can Catholics 'Recognize and Resist'?" *One Peter Five*, 13 de dezembro de 2021. https://onepeterfive.com/can-catholics-recognize-and-resist/

Sauvage, George. "Tradicionalism." *The Catholic Encyclopedia*. Vol. 15. Nova Iorque: Robert Appleton Company, 1912. http://www.newadvent.org/ cathen/15013a.htm

Savelle, Charles. "A Reexamination of the Prohibitions in Acts 15." *Bibliotheca Sacra*, 161 (outubro-dezembro de 2004): 449-68.

Schaff, Philip. *Nicene and Post-Nicene Fathers*, Series II, Vol. 14. Grand Rapids: Christian Classics Ethereal Library.

Schatz, Klaus. *Papal Primacy: From Its Origins to the Present*. Minnesota: The Liturgical Press, 1990.

———. *Vaticanum I*, 1869-1870. Paderborn: Verlag Ferdinand Schöningh, 1992.

Schiffer, Kathy. "Dulia and Hyperdulia: Do Catholics really worship Mary?" *National Catholic Register*, 10 de dezembro de 2020. https://www.ncregister.com/blog/dulia-hyperdulia-and-mary/

Schneider, Athanasius. "On the question of a heretical pope." *Gloria Dei*, 28 de março de 2019. https://www.gloriadei.io/on-the-question-of-a-heretical-pope/

Schnitker, Sarah, e Robert Emmons "Hegel's Thesis-Antithesis-Synthe-sis Model." Em: Runehov, Anne, e Lluis Oviedo. *Encyclopedia of Sciences and Religions*. Springer: Dordrecht, 2013.

Sheehan, Michael. *Apologetics and Catholic Doctrine*. Editado por Peter Joseph. Londres: Baronius, 2009.

Sheed, Frank. *Theology for Beginners*. Londres: Sheed and Ward, 1960.

Sheridan, Edward. "A Note on Mr. Blanshard." *Thought: Fordham University Quarterly*, 1950, vol. 25, issue 4, 692-695.

Skeel, David, e Tremper Longman. "The Mosaic Law in Christian Perspective." *University of Pennsylvania Law School Public Law and Legal Theory Research Paper Series*, Research Paper n.º 11-25 (2 de agosto de 2011): 1-21.

Skojec, Steve. "Smashing Traditions: The Vatican War Machine is Back." *One Peter Five*, 21 de janeiro de 2016. https://onepeterfive.com/smashing-traditions-the-vatican-war-machine-is-back/

———. "The Hermeneutic of Ambiguity." *One Peter Five*, 17 de novembro de 2014. https://onepeterfive.com/hermeneutic-ambiguity/

Smith, Scott. "Friends Don't Let Friends Accidentally Dogmatize the Extreme Opinion of Albert Pighius." *Reduced Culpability*, 30 de outubro de 2021. https://reducedculpability.blog/2021/10/30/friends-dont-let-friends-accidentally-dogmatize-the-extreme-opinion-of-albert-pighius/

Solimeo, Luiz. "*Fratelli Tutti*: A Socialist-Utopian, Ecumenical-Interreligious Encyclical." *The American Society for the defense of Tradition, Family, and Property* (blogue), 29 de outubro de 2020. https://www.tfp.org/fratelli-tutti-a-socialist-utopian-ecumenical-interreligious-encyclical/

Sommer, Benjamim. *The Bodies of God and the World of Ancient*. Nova Iorque: Cambridge University Press, 2009.

Soro, Mar. *The Church of the East: Apostolic & Orthodox*. San Jose: Adiabene Publications, 2007.

Sparks, Matthew. "Sub Utraque Specie: a Reformed Argument for Communion under both kinds" Trabalho apresentado em Cumprimento Parcial dos Requisitos para ST5250-Eclesiologia e Sacramentos. Reformed Seminary, 2020.

Spencer, Robert. "The Truth about Pope Honorius." *Catholic Answers*, 1 de setembro de 1994. https://www.catholic.com/magazine/print-edition/the-truth-about-pope-honorius/

Spinka, Matthew, e Frantisek Bartos. "Jan Hus." *Encyclopedia Britannica*, 20 de julho de 1998. https://www.britannica.com/biography/Jan-Hus

Stern, Jay. "Jesus' Citation of Dt 6,5 and Lv 19,18 in the light of Jewish Tradition." *The Catholic Biblical Quarterly*, Vol. 28, No. 3 (julho de 1966): 312-316.

Strand, Kenneth. "John as Quartodeciman: A Reappraisal." *Journal of Biblical Literature*, vol. 84, issue 3 (set. 1965): 251-258.

———. "Sunday Easter and Quartodecimanism in the Early Christian Church." *Andrews University Seminary Studies*, Vol. 28, No. 2 (Verão de 1990): 127-13.

Strickland, Joseph, Henry Gracida, Robert Mutsaerts, Athanasius Schneider, James Altman, Heinz-Lothar Barth, Donna Bethell *et al*. *"The teaching of the Catholic faith on the reception of the Holy Eucharist."* https://www.lifesitenews.com/wp-content/uploads/2022/09/The-teaching-of-the-Catholic-faith-on-the-reception-of-the-Holy-Eucharist.pdf

Swidler, Leonard. *Jesus was a Feminist: What the Gospels reveal about His Revolutionary Perspective*. Plymouth: Sheed and Ward, 2007.

Tanner, J. Paul. "Apostate Jerusalem as Babylon the Great: Another Look at Revelation 17-18." Artigo apresentado na *ETS SW Regional Conference, Fort Worth, Texas, 31 de março de 2017*.

Tawfike, Mina. "The Mother of God: Theotokos—Reevaluation of the term." *Diss. Alexandria School of Theology*, 2011. http://tinyurl.com/2cn92pt4/

"The 21 Ecumenical Councils." *New Advent*. https://www.newadvent.org/library/almanac_14388a.htm

The Italian Insider. "Ratzinger comes to defence of Pope Francis." 13 de março de 2018. http://www.italianinsider.it/?q=node/6505/

Thiessen, Mateus. "Abolishers of the Law in Early Judaism and Matthew 5,17-20." *Biblica* Vol. 93, No. 4 (2012): 543-556.

Thomson, Judith. "A Defense of Abortion." *Philosophy & Public Affairs*, Vol. 1, No. 1 (Outono de 1971): 39-54.

Toner, Patrick. "Communion under Both Kinds." *The Catholic Encyclopedia*. Vol. 4. Nova Iorque: Robert Appleton Company, 1908. http://www.newadvent.org/cathen/04175a.htm

Tossati, Marco. "The Amazon Synod: a Trojan Horse to destroy Priestly Celibacy?" *One Peter Five*, 29 de março de 2019. https://onepeterfive.com/amazon-synod-celibacy/

"Tradition." *Merriam-Webster.com*. 2022. https://www.merriam-webster.com

Travers, Patrick. "*Amoris Laetitia* and Canon 915: A Merciful Return to the 'Letter of the Law.'" Pts. 1 e 2. *Periodica de Re Canonica*, Vol. 107, No. 1 (2018): 297-326; No. 3 (2018): 367-418.

Trento. "4ª Sessão". 8 de abril de 1546, como citado por http://www.thecouncilof-trent.com/

Turner, William. "Scholasticism". *The Catholic Encyclopedia*, Vol. 5. Nova Iorque: Robert Appleton Company, 1909. https://www.newadvent.org/cathen/13548a.htm

Urbano, Artur. "Clothes and the Man: How popes communicate through clothing." *America Magazine*, 13 de maio de 2013. https://www.americamagazine.org/issue/clothes-and-man/

Vale, Gillian, Sarah Davis, Susan Lambeth, Steven Schapiro. ""Acquisition of a socially learned tool use sequence in chimpanzees: Implications for cumulative culture." *Evolution and Human Behavior* Vol. 38, Issue 5 (setembro, 2017): 635-44.

van den Aardweg, Gerard, Claude Barthe, Philip Beattie, Jehan de Belleville, Robert Brucciani, Mario Caponnetto, Robert Cassidy, *et al*. "*Correctio Filialis de Haeresibus Propagatis*." 16 de julho de 2017. https://www.correctiofilialis.org/

van der Breggen. "Acorns and oak trees… and abortion." *Apologia*, 2 de outubro de 2008.

http://apologiabyhendrikvanderbreggen.blogspot.com/2008/10/acorns-and-oak-treesand-abortion.html

Vatican News. "Pope Francis-Feast of Saint Francis 2019-10-04." Vídeo *do YouTube*, 01:13:00. 4 de outubro de 2019. https://www.youtube.com/watch?v=1wioisaIU2I/

Vaticano I. "Constituição Dogmática sobre a Fé Católica: *Dei Filius*", 24 de abril de 1870. https://www.papalencyclicals.net/councils/ecum20.htm

———. "Constituição Dogmática sobre a Igreja de Cristo: *Pastor Aeternus*", 18 de julho de 1870. https://www.papalencyclicals.net/councils/ecum20.htm

Vaticano II. *Dei Verbum*, 18 de novembro de 1965. Vatican.va.

———. *Dignitatis Humanae*. 7 de dezembro de 1965. Vatican.va.

———. *Gaudium et Spes*. 7 de dezembro de 1965. Vatican.va.

———. *Gravissimum educationis*. 28 de outubro de 1965. Vatican.va.

———. *Lumen Gentium*. 21 de novembro de 1964. Vatican.va.

———. *Optatam totius*. 28 de outubro de 1965. Vatican.va.

Vennari, "Modernism in a Nutshell—Religions must change with the times", como visto em *Reject Modernism*, 5 de dezembro de 2013. https://reject-modernism.com/2013/12/05/modernism-in-a-nutshell/

Vere, Peter. "A Canonical History of the Lefebvrite Schism." *MA thesis*, Saint Paul University, 1999. https://www.catholicculture.org/culture/library/view.cfm?recnum=1392

Vermeersch, Arthur. "Modernism." *The Catholic Encyclopedia*, Vol. 10. Nova Iorque: Robert Appleton, 1911.

Vicente de Lérins. *Commonitorium*. Editado por Philip Schaff e Henry Wace. Traduzido por C.A. Heurtley. Do *Nicene and Post-Nicene Fathers*, Segunda Série. Buffalo: Christian Literature, 1894. http://www.newadvent.org/fathers/3506.htm

Vilijoen, François. "Jesus' Teaching on the 'Torah' in the Sermon on the Mount." *Neotestamentica* Vol. 40, No. 1 (2006): 135-155.

Visser, Jan. "The Old Catholic churches of the Union of Utrecht." *International Journal for the Study of the Christian Church*, Vol. 3, No. 1 (2003): 68-84.

Vones, Ludwig. "The Substitution of the Hispanic Rite by the Roman Rite in the Kingdoms of the Iberian Peninsula," em *Hispania Vetus: Musical-Liturgical Manuscripts from Visigothic Origins to the Franco-Roman Transition (9th-12th centuries)*. Editado por Susana Zapke, Bilbao: Fundación BBVA, 2007.

Voter's Guide for Serious Catholics. San Diego: Catholic Answers Action, 2006.

Waldstein, Michael. "Historical-Critical Scripture Studies and the Catholic Faith." *EWTN Global Catholic Television Network*, https://www.ewtn.com/catholicism/library/historicalcritical-scripture-studies-and-the-catholic-faith-12336/

Wedig, Mark. "Reception of the Eucharist Under Two Species." *Pastoral Liturgy*, 27 de novembro de 2010. http://www.pastoralliturgy.org/resources/0705ReceptionEucharistTwoSpecies.php

Weigel, George. "*Caritas in Veritate* in Gold and Red." *National Review*, 7 de julho de 2009. https://www.nationalreview.com/2009/07/caritas-veritate-gold-and-red-george-weigel/

Wells, Christopher. "Pope announces extraordinary *Urbi et Orbi* blessing." *Vatican News*, 22 de março de 2020. https://www.vaticannews.va/en/pope/news/2020-03/pope-calls-for-christians-to-unite-in-prayer-for-end-to-pandemic.html

White, Clare. "A clump of cells. What it is and what it isn't." *Medium*. 4 de fevereiro. 2018. https://medium.com/@ClaireJWhite/a-clump-of-cells-71071af908d9

Wilhelm, Joseph. "Heresy." *The Catholic Encyclopedia*. Vol. 7. Nova Iorque: Robert Appleton Company, 1910. http://www.newadvent.org/cathen/07256b.htm

———. "Jan Hus." *The Catholic Encyclopedia*. Vol. 7. Nova Iorque: Robert Appleton Company, 1910. http://www.newadvent.org/cathen/07584b.htm

Winfield, Nicole. "Pope's Amazon synod proposes married priests, female leaders." *Associated Press*, 27 de outubro de 2019. https://tinyurl.com/5n7p35te/

———. "Pope reverses Benedict, reimposes restrictions on Latin Mass." *Associated Press*, 16 de julho de 2021. https://tinyurl.com/5b3yu3hs/

Ybarra, Eric. "Pope Victor I (189-98) & the Roman Primacy – Critical Analysis." *Eric Ybarra* (blogue), 13 de janeiro de 2017. https://tinyurl.com/23a3tsc4/

Apêndices

Lista de Papas[1]

Nº	Nome (Nome de nascimento)	Pontificado	Destaques
1.	S. Pedro (Simão Bar-Jonas)	33-67	Foi o primeiro papa, escolhido pelo próprio Jesus Cristo. Resolveu a controvérsia judaizante no Concílio de Jerusalém. Foi corrigido por S. Paulo quando, na sua capacidade privada, contradisse o que ele próprio tinha decretado no concílio.
2.	S. Lino	67-76	Foi o primeiro sucessor de Pedro
10.	S. Pio I	140-155	Excomungou Marcião.
11.	S. Aniceto	155-166	Encontrou-se com S. Policarpo de Esmirna e permitiu a diversidade litúrgica no que respeita à data da celebração da Páscoa.
14.	S. Vítor I	189-199	Foi o primeiro papa a utilizar o latim nos documentos oficiais da Igreja e, possivelmente, até na liturgia. Excomungou os quartodecimanos.
16.	S. Calisto I	217-222	Excomungou Sabélio
25.	S. Dionísio	259-268	Resolveu a controvérsia entre o Bispo Dionísio de Alexandria e alguns cristãos (provavelmente sabelianos) que o acusavam de não professar o *homoousios*.
33.	S. Silvestre I	314-335	Era o papa reinante na altura da morte do Imperador Constantino.
36.	Libério	352-366	Foi um dos papas alegadamente heréticos, pois teria alegadamente assinado uma declaração semi-ariana sob coação.

---

[1] Dados recolhidos de Lopes. *The Popes*. Apenas estão listados os papas mencionados neste livro. Também só estão listados os destaques mencionados neste livro. S. - Santo. Bto. - Beato. Vn. - Venerável.

43.	S. Celestino I	422-432	Ajudou S. Cirilo de Alexandria a condenar Nestório.
44.	S. Sisto III	432-440	Prosseguiu a campanha contra o Nestorianismo.
45.	S. Leão Magno	440-461	Contribuiu com um tomo para o Concílio de Calcedónia, ajudando assim a condenar o Monofisismo. Consolidou a autoridade universal do bispo de Roma, chamando-se a si próprio "herdeiro de Pedro" e "vigário de Pedro". Compôs o mais antigo livro litúrgico do rito romano em existência hoje. Saiu das muralhas de Roma para pedir a Átila, o Huno, que poupasse a cidade.
49.	S. Gelásio I	492-496	Compôs o sacramentário gelasiano, com um rito romano contendo uma mistura de elementos romanos e galicanos.
52.	S. Hormisda	514-523	Compôs a Fórmula de Hormisda, declarando que a religião católica se conservava sempre imaculada na Sé Romana, exigindo aos seus colegas bispos que assinassem esta fórmula para sanar um cisma.
59.	Vigílio	537-555	Foi um dos papas alegadamente heréticos, tendo-se recusado inicialmente a condenar os Três Capítulos nestorianos, mas acabando por mudar de opinião. Ratificou os decretos do Segundo Concílio de Constantinopla, condenando os Três Capítulos.
64.	S. Gregório Magno	590-604	Reformou a liturgia, cristalizando o rito romano. Criou o canto gregoriano.
70.	Honório I	625-638	Foi um dos papas alegadamente heréticos, pois confessou que Jesus não possuía duas vontades contraditórias de uma forma que poderia ser mal interpretada como monotelita, tendo também permitido

			que a heresia monotelita se tivesse espalhado pela sua negligência.
71.	Severino	640	Recusou-se a ratificar a *Ecthesis* monotelita.
72.	João IV	640-642	Tentou impedir a disseminação do Monotelismo. Escreveu uma apologética em favor do Papa Honório.
79.	S. Agatão	678-681	Escreveu uma carta ao Terceiro Concílio de Constantinopla, exaltando a fiabilidade do papado, contribuindo assim para a condenação do Monotelismo.
80.	S. Leão II	682-683	Ratificou os decretos do Terceiro Concílio de Constantinopla, assegurando assim a condenação do Monotelismo, mas também mudando a anatematização de Honório de "heresia" para "negligência".
95.	Adriano I	772-795	Ajudou Carlos Magno a implementar o rito romano no Império Franco.
122.	João X	914-928	Aprovou o rito moçárabe.
156.	Alexandre II (Anselmo da Baggio)	1061-1073	Tentou inicialmente suprimir o rito moçárabe, mas cedeu depois de o sínodo local de Mântua o ter declarado isento de erros.
157.	S. Gregório VII (Hildebrando di Soana)	1073-1085	Implementou as chamadas reformas gregorianas, destinadas a travar a imoralidade e a corrupção clericais. Suprimiu o rito moçárabe. Excomungou o Sacro Imperador Romano Henrique IV, reforçando assim o poder secular do papado.
171.	Lúcio III (Ubaldo Allucignoli)	1181-1185	Condenou os valdenses e os cátaros.
193.	Bonifácio VIII (Benedetto Caetani)	1294-1303	Definiu infalivelmente, na sua bula *Unam Sanctam*, que Cristo e o seu Vigário constituem uma única cabeça, e que fora da Igreja não há salvação.
196.	João XXII (Jacques d'Euse)	1316-1334	Condenou os *Fraticelli* como hereges. Foi um dos papas supostamente heréticos, uma vez que sustentou, durante algum tempo, crenças

			erróneas sobre a visão beatífica, embora não as tivesse pregado magisterialmente, mas apenas para permitir a sua discussão.
197.	Bento XII (Jacques Fournier)	1334-1342	Definiu o dogma da visão beatífica imediata na bula *Benedictus Deus*.
210.	Pio II (Enea Piccolomini)	1458-1464	Reverteu as concessões do Concílio de Basileia às práticas utraquistas.
217.	Leão X (Giovanni dei Medici)	1513-1521	Condenou Lutero na bula *Exsurge Domini*.
225.	S. Pio V (Antonio Ghisleri)	1566-1572	Aplicou as decisões do Concílio de Trento, que tinham como objetivo contrariar a Reforma Protestante. Promulgou uma versão do missal romano de acordo com as diretivas de Trento, que viria a ser conhecido como a MTL.
227.	Sisto V (Felice Peretti)	1585-1590	Elogiou a teologia escolástica.
240.	Bto. Inocêncio XI (Benedetto Odescalchi)	1676-1689	Entrou em conflito com a autoridade do Rei Luís XIV de França, levando à Assembleia do Clero de 1681 que cristalizaria o Galicanismo.
241.	Alexandre VIII (Pietro Ottoboni)	1689-1691	Publicou a bula *Inter Multiplices*, anulando a declaração do clero francês de 1681.
254.	Gregório XVI (Bartolomeo Cappellari)	1831-1846	Condenou o movimento ecuménico indiferentista do seu tempo na encíclica *Mirari Vos*. Condenou o liberalismo de Lamennais na encíclica *Singulari Nos*.
255.	Bto. Pio IX (Giovanni Mastai-Ferretti)	1846-1878	Promoveu o movimento ultramontano. Definiu o dogma da Imaculada Conceição na bula *Ineffabilis Deus*. Promulgou o *Syllabus* de Erros. Introduziu o conceito de "magistério ordinário" no léxico papal oficial. Defendeu o Papa Libério na encíclica *Quartus Supra*. Convocou o Concílio Vaticano I. Perdeu os Estados Pontifícios.

256.	Leão XIII (Vincenzo Pecci)	1878-1903	Introduziu a Doutrina Social da Igreja com a publicação da encíclica *Rerum Novarum*, condenando o Comunismo e afirmando o direito à propriedade privada. Fomentou o movimento neoescolástico e o renascimento do tomismo na sua encíclica *Aeterni Patris*. Pediu a obediência dos fiéis, não só ao magistério infalível, mas também ao magistério ordinário, na sua encíclica *Sapientiae Christianae*.
257.	S. Pio X (Giuseppe Sarto)	1903-1914	Condenou e pôs efetivamente fim ao movimento modernista através da publicação da encíclica *Pascendi Dominici Gregis*. Implementou e apelou a reformas litúrgicas.
258.	Bento XV (Giacomo della Chiesa)	1914-1922	Formulou o princípio "coisas antigas, mas de uma forma nova".
259.	Pio XI (Achille Ratti)	1922-1939	Pediu a obediência dos fiéis, não só ao magistério infalível, mas também ao magistério ordinário, na sua encíclica *Casti Connubii*.
260.	Vn. Pio XII (Eugenio Pacelli)	1939-1958	Guiou a Igreja durante a 2ª Guerra Mundial. Falou favoravelmente do método histórico-crítico na sua encíclica *Divino Afflante Spiritu*. Esclareceu que as encíclicas papais pertencem ao magistério ordinário na sua encíclica *Humani Generis*. Explicou que não se pode seguir Cristo sem seguir o seu Vigário, na encíclica *Mystici Corporis Christi*. Tentou reprimir a teologia do *ressourcement*.
261.	S. João XXIII (Angelo Roncalli)	1958-1963	Promulgou uma nova edição do missal romano (a última antes do Concílio Vaticano II). Convocou o Concílio Vaticano II. Desenvolveu o conceito de *aggiornamento* e "sinais dos tempos".

262.	S. Paulo VI (Giovanni Montini)	1963-1978	Implementou o Concílio Vaticano II, nomeadamente as reformas litúrgicas por ele solicitadas. Publicou a exortação *Evangelii Nuntiandi*, sobre a evangelização no nosso tempo.
264.	S. João Paulo II (Karol Wojtyla)	1978-2005	Publicou um novo Catecismo da Igreja Católica, ainda hoje em vigor. Apelou à abolição da pena de morte a nível mundial. Permitiu a comunhão apenas aos casais divorciados e recasados que aceitassem viver como "irmão e irmã" na exortação *Familiaris Consortio*.
265.	Bento XVI (Joseph Ratzinger)	2005-2013	Promoveu uma "hermenêutica da continuidade" em relação ao Vaticano II, em oposição a uma "hermenêutica de rutura". Tentou travar a "ditadura do relativismo" dos tempos modernos. Apelou à abolição da pena de morte em todo o mundo, tal como o seu antecessor. Promulgou a *Summorum Pontificum*, permitindo uma maior liberdade na celebração da edição pré-conciliar do missal romano. Foi o primeiro papa a demitir-se voluntariamente em 718 anos.
266.	Francisco (Jorge Bergoglio)	2013-presente	Tentou implementar um modelo de governação da Igreja inspirado no conceito de sinodalidade. Permitiu a comunhão aos divorciados e recasados com circunstâncias atenuantes que diminuíssem a sua culpabilidade subjetiva na sua exortação *Amoris Laetitia*. Deu continuidade aos acordos diplomáticos com a China implementados pelos seus antecessores. Ensinou que a pena de morte devia passar a ser considerada moralmente inadmissível.

				Assinou a Declaração Conjunta de Abu Dabi com o Grande Imã de Al Azhar, Ahmed Al-Tayeb, assinalando uma nova etapa de cooperação entre o Catolicismo e o Islão.
				Convocou um sínodo para promover a evangelização da região Pan-Amazónica e defender os direitos dos povos indígenas.
				Guiou a Igreja durante a pandemia COVID-19, nomeadamente através do seu famoso discurso numa benção extraordinária *Urbi et Orbi*.
				Publicou a encíclica social *Fratelli tutti*, sobre a fraternidade humana.
				Publicou a carta apostólica *Desiderio desideravi*, sobre a liturgia.
				Promulgou *Traditionis Custodes*, que restringiu celebrações litúrgicas de acordo com a edição de 1962 do missal romano.

Lista de Concílios[2]

Nº	Nome	Data	Destaques
Apóst.	Concílio de Jerusalém	49	Condenou a heresia judaizante, permitindo aos gentios comerem de carnes "impuras" e não serem circuncidados.
1.	Primeiro Concílio de Niceia	325	Promulgou o credo niceno. Definiu a consubstancialidade do Filho com o Pai (*homoousios*). Condenou o Arianismo. Condenou o Quartodecimanismo.
2.	Primeiro Concílio de Constantinopla	381	Acrescentou as cláusulas relativas ao Espírito Santo ao credo niceno.
3.	Concílio de Éfeso	431	Condenou o Nestorianismo. Aprovou o termo *Theotokos*.
4.	Concílio de Calcedónia	451	Condenou o Monofisismo.
5.	Segundo Concílio de Constantinopla	553	Condenou os Três Capítulos nestorianos.
6.	Terceiro Concílio de Constantinopla	680-681	Condenou o Monotelismo.
9.	Primeiro Concílio de Latrão	1123	Implementou reformas na disciplina eclesiástica, com o objetivo de travar a corrupção clerical. Instituiu o celibato clerical obrigatório. Proibiu a investidura clerical por reis e príncipes.
10.	Segundo Concílio de Latrão	1139	
16.	Concílio de Constança	1414-1418	Terminou o Grande Cisma do Ocidente. Condenou o Hussismo, bem como a necessidade do Utraquismo.
17.	Concílio de Basileia-Ferrária-Florença	1431-1439	Permitiu que os utraquistas comungassem em ambos os géneros, desde que reconhecessem a doutrina da concomitância. Permitiu comer carne de animais estrangulados, bem como sangue.

---

[2] Dados de "The 21 Ecumenical Councils." *New Advent*. Só estão listados os concílios ecuménicos mencionados neste livro. Embora o Concílio de Jerusalém não seja considerado um concílio ecuménico, decidi listá-lo aqui devido à sua importância para este livro. Os concílios locais não estão listados. Estão listados apenas os destaques mais importantes mencionados neste livro. Apóst. - Apostólico.

			Insinuou a doutrina do primado papal, que seria desenvolvida mais tarde.
19.	Concílio de Trento	1545-1563	Definiu os dogmas da transubstanciação e da concomitância. Condenou o Protestantismo. Instituiu reformas eclesiais. Estabeleceu os princípios da Contra-Reforma. Solicitou uma reforma litúrgica, posteriormente levada a cabo pelo Papa S. Pio V. Reafirmou a condenação de Constança da necessidade do Utraquismo.
20.	Concílio Vaticano I	1869-1870	Definiu os dogmas do primado e da infalibilidade papais. Condenou o Galicanismo. Condenou o Tradicionalismo.
21.	Concílio Vaticano II	1962-1965	Promoveu uma abordagem mais dialógica com o mundo moderno. Desenvolveu a doutrina católica sobre o ecumenismo e o diálogo inter-religioso, bem como sobre as relações entre a Igreja e o Estado. Solicitou uma reforma litúrgica, posteriormente levada a cabo pelo Papa S. Paulo VI. Reabilitou os teólogos do *ressourcement*.

Lista de Heresias[3]

Nome	Heresiarca	Princípios principais	Condenação (data)
Arianismo	Ário	O Filho é uma criatura e, portanto, não é coeterno com o Pai.	Primeiro Concílio de Niceia (325)
Catarismo	Desconhecido	Há dois deuses: o deus bom do Novo Testamento e o demiurgo mau do Antigo Testamento (ver Marcionismo). A Eucaristia, o purgatório e as orações aos santos ou pelos defuntos são falsos ensinamentos. A procriação é um mal.	Bula *Ad abolendam* do Papa Lúcio III (1184)
Docetismo	Desconhecido	Jesus era apenas divino, não humano, e o Seu corpo era apenas uma ilusão.	Epístola aos Esmirnenses de S. Inácio de Antioquia (ca. 110)
Ebionismo	Desconhecido	Jesus foi apenas um profeta, escolhido por Deus porque era justo ao seguir a Lei. Os cristãos devem, portanto, seguir toda a Lei mosaica também.	*Contra as Heresias*, de S. Ireneu de Lião (ca. 180)
Eutiquianismo	Eutiques	*Ver Monofisismo*	

---

[3] Apenas as heresias mencionadas neste livro estão listadas.

Febronianismo	Bispo von Hontheim (Justino Febrónio)	*Versão alemã do Galicanismo*	
Fraticelli, heresia dos	Ângelo de Clareno	A regra franciscana de pobreza é necessária para seguir Cristo. A Igreja era uma entidade corrupta e o papa não tinha jurisdição sobre o seu governo.	Bula *Sancta Romana Ecclesia* de João XXII (1317)
Galicanismo	Diversos	O primado papal é limitado pelo poder temporal dos reis franceses, pela autoridade dos concílios ecuménicos, pelo consentimento dos bispos franceses e pelos cânones e costumes das igrejas locais francesas.	Constituição Dogmática *Pastor Aeternus*, do Concílio Vaticano I (1870)
Gnosticismo	Diversos	*Grupo heterogéneo ligado pelas seguintes crenças comuns*: 1) a salvação vem do conhecimento (gnose); 2) a matéria é uma deterioração do espírito; 3) o fim último é a libertação da matéria e o	*Contra as Heresias*, de S. Ireneu de Lião (ca. 180)

		retorno ao espírito-Deus.	
Hussismo	João Huss	Deve haver liberdade de pregação. Os clérigos não devem possuir propriedades e as propriedades da Igreja devem ser expropriadas. *Ver também Utraquismo*	Concílio de Constança (1415)
Josefismo	José II	*Versão austríaca do Galicanismo*	
Judaizante, heresia	Desconhecido	Os gentios que se convertem ao Cristianismo devem seguir todos os preceitos da Lei mosaica, incluindo a circuncisão.	Concílio de Jerusalém (ca. 49)
Lollardismo	John Wycliffe	A Eucaristia sofre uma consubstanciação e não uma transubstanciação. O sacramento da confissão é uma blasfémia. O celibato clerical e as orações pelos defuntos não são aconselháveis.	Concílio de Constança (1415)
Marcionismo	Marcião	O deus benevolente do Novo Testamento, que enviou Jesus Cristo como salvador, não é o mesmo que o	Excomunhão de Marcião pelo Papa S. Pio I (ca. 144)

		demiurgo criador malévolo do Antigo Testamento.	
Modernismo	Alfred Loisy	A Igreja deve adaptar os seus dogmas ao mundo moderno.	Encíclica *Pascendi Dominici Gregis* do Papa S. Pio X (1907)
Monofisismo	Eutiques	Jesus tinha uma só natureza, tendo a natureza humana sido absorvida pela natureza divina	Concílio de Calcedónia (451)
Monotelismo	Sérgio Pirro	Jesus tem apenas uma vontade, em vez de uma vontade humana e uma vontade divina	Terceiro Concílio de Constantinopla (681)
Nestorianismo	Nestório	Jesus tinha hipóstases humanas e divinas distintas, pelo que o termo *Theotokos* é incorreto	Concílio de Éfeso (431)
Protestantismo	Martinho Lutero Ulrico Zuínglio João Calvino	*Grupo heterogéneo ligado pelas crenças em* sola fide *("só a fé"),* sola gratia *("só a graça") e* sola scriptura *("só a escritura"). Também acreditam (em geral) que certas doutrinas católicas, como a veneração dos santos, as estátuas de santos e o purgatório não são bíblicas e, portanto, são falsas.*	Bula *Exsurge Domine* do Papa Leão X (1520) Concílio de Trento (1545-1563)
Quartodecimanismo	Polícrates de Éfeso	A prática mais tradicional é que a	Excomunhão de Polícrates pelo

		Páscoa seja celebrada na mesma data que a *Pascha* judaica.	Papa S. Vítor I (180-190) Primeiro Concílio de Niceia (325)
Sabelianismo	Sabélio	A Trindade consiste em três operações ou modos, em vez de três pessoas distintas.	Excomunhão de Sabélio pelo Papa S. Calisto I (ca. 220)
Semi-Arianismo	Jorge de Laodiceia Eustáquio de Sebasteia	Pai e Filho não são da mesma substância (*homoousios*), mas de substâncias semelhantes (*homoiousios*).	Escritos de S. Atanásio de Alexandria (350-370s)
Taboritismo	Petr Hromadka	*Ramo radical do Utraquismo, que rejeitava a doutrina da concomitância e as concessões feitas pelo Concílio de Basileia.*	Concílio de Trento (1545-1563)
Tradicionalismo	Felicité de Lamennais	Antes de confiar na razão, é preciso dar um salto de fé, acreditando cegamente na "razão geral" (o acordo comum de todos).	Constituição Dogmática *Dei Filius*, do Concílio Vaticano I (1870)
Utraquismo	João Huss Jacob de Mies	Os leigos devem receber a comunhão em ambas as espécies, pão e vinho.	Concílio de Constança (1415) Concílio de Trento (1545-1563)
Valdensianismo	Pedro Valdo	É preciso viver uma pobreza apostólica que se sobrepõe às prerrogativas dos bispos locais.	Bula *Ad abolendam* do Papa Lúcio III (1184)

www.ingramcontent.com/pod-product-compliance
Lightning Source LLC
Chambersburg PA
CBHW050848160426
43194CB00011B/2071